발간에 즈음하여

자본주의시장에서 주식의가치평가를 모르고
사는 것은 바람직하지않다
급변하는 정세에 적응을 해야하고 금융시장의
가치창조를 위해 현대인은 알아야한다
이론을 알면 실전에적은해야하고 나름대로 포트폴리오를
잘짜서 안정적설계를 해야하는데 주가지수의 근원인 상장종목의
고난이도 전략을 취해야한다
대부분 기초자산에서 파생된것이어서 현물시장과 선물옵션시장
주식선물시장은 톱니바퀴처럼움직인다
이번에는 현물시장과 병행하여 선물옵션시장을 바라보았고
필자는 1만포인트 코스피시대가 왔다 여기서 대응을해서 기회를
잡아야한다고 판단했다
앞으로 밴트폭이커서 골드와마찬가지로 몇십배는 언제나 발생할수있으므로 잘관리
하면 초대박을 올릴 수 있다
이 도서는 현물시장과 선물시장의 관계를 잘분석해서 위험관리를
잘하고 자산관리를 스스로 잘할 수 있는 역량을 키우게하였다
AI 시대 불록체인시대 주식방향이 어디로가는지를 간파하고 투자
포트폴리오를 짜라 당부드린다
수백가지 수천가지 전략이 있으나 기본개념을 파악 코스피 1만포인트
시대에 대비하여야한다 부동산을 유동회시키는 상품개발도 시급하다
앞으로 여러분에게 도움이되는 지식을 잘습득하도록 최선을 다하겠습니다 주식시
장 ETF 시장을 잘파악하고 해지상품인 선물옵션도 틈틈이
습득하여 자랑스런 K투자자가 많이 탄생하길바란다

2025년 11월25일

OX경제연구소배상

1만포인트시대
코스피200선물옵션주가지수해외선물비트코인 최고수익률전략

목차

1. 국내선물의 이해

1-1 선물특징

1 기초자산을 표시하며 2005년지수기준분의 현재지수 곱하기 100으로
현재 470은 1990년에비해 4.7배 상승을 나타낸다

첫상장은 1996년 5월3일에개장되엇음

2 현물을 방어목적으로 만들었다
현물을 사고 코스피200현물 470곱하기
25만원어치 골고루사고 그에상응한
선물을매도한다면 현물배당은가능하고
투자수익은 0원이다

3 2025년12월물 2026년3월6월9월12월물 2027년6월물12월물
이 상장되어있다 다음월물포함 7개상장됨

4주가지수선물도 이것을근거로 만들어져있다

5 미니선물은 2025 10월11월12월 2026년 1월2월3월
물이 상장되어 10월물포함6개이다

선물옵션비율

선물   1당 25만   옵션   1당 25만
미니선물 1당 5만   미니옵션 1당 5만

옵션호가당 0.1 당 2만5천원   0.01당 2500원
미니옵션호가당 0.1당 5000원 0.01당 500원

시총분석

코스피상위10종 1520조
코스피200 전체 1967조
코스피200시총합계2190조

1-2 옵션특징

변화된 p = 행사가 p $(1+cd)^{d/365}$

p 는프리미엄 d 는 기간일수

d=0 이 됨에따라 행사가p 가 변화되p가된다

어떻케 조화를 이루느냐가 수익의관건

1 단타형 인가 장타형인가 에따라 전략이다르다
2 호가위험 체결위험 청산위험 수수료위험이 존재한다
3 선물보조기능이 있다
4 한국은 두 번째목요일이다
5 옵션만기일은 코스피200현물지수로 정산된다
6 트리풀만기일 즉 현물과선물옵션이 정산되는날이다
7 옵션은 등가기준 시간가치로 나오면 행사가로 로그정규분포로
   나온다

1-3 케이팝데몬헌터스 전략

I was a ghost, I was alone, hah
어두워진, hah, 앞길속에 (Ah)
Given the throne, I didn't know how to believe
I was the queen that I'm meant to be
I lived two lives, triedtoplayboth sides
But Icouldn't find myown place
Called a problem child 'cause I got too wild
But now that's how I'm getting paid, 끝없이 on stage
I'm done hidin', now I'm shinin' like I'm born to be
We dreamin' hard, we came so far, now I believe
We're goin' up, up, up, it's our moment
You know together we're glowing
Gonna be, gonna be golden
Oh, up, up, up with our voices
영원히 깨질 수 없는
Gonna be, gonna be golden
Oh, I'm done hidin' now I'm shinin' like I'm born to be
Oh, our time, no fears, no lies
That's who we're born to be
Waited so long to break these walls down
To wake up and feel like me
Put these patterns all in the past now
And finally live like the girl they all see
No more hiding, I'll be shining like I'm born to be
'Cause we are hunters, voices strong, and I know I believe
We're goin' up, up, up, it's our moment
You know together we're glowing
Gonna be, gonna be golden
Oh, up, up, up, with our voices
영원히 깨질 수 없는
Gonna be, gonna be golden
Oh, I'm done hidin', now I'm shining like I'm born to be
Oh, our time, no fears, no lies
That's who we're born to be
You know we're gonna be, gonna be golden
We're gonna be, gonna be
Born to be, born to be glowin'
밝게 빛나는 우린
You know that it's our time, no fears, no lies
That's who we're born to be

1-4 코스피200 선물옵션데몬헌터스 메시지

코스피200 선물옵션 데몬헌터스를 만난계기는 코스피200선물옵션
무료교육이 1996년 시작되었다
처음 시장이 개방되어 상장될무렵이다
많은 고수들이 배출되었는데 아마 코스피지수가 800 선이었다
그분에 따라 많은 것을 학습받았는데 실패가 여러번있었고
주위에 돈있는분 모두 깡통이 되었다
30년세월 이 지나 IMF 등 수많은 사건을 격였는데 무지의상태에서는
깡통이라는점이다
사자의 메시지를 여러분에게 전하려한다
한마디로 UP UP UP 이다
UP 관리를 어떻케 잘하는냐가 중요하다
잦은매매하지말라 무작정단타하지말고 중립형이면서 우상향포지션을
가져라 심리적 위축을피하라
매매를 알고해야한다
선물매수 선물매도 콜옵션매수 콜옵션매도 풋옵션매수 풋옵션매도
어떻케 조화를 이루면서 장기적으로 수익전략을 구사하라
6개월단위 12개월단위 로 수익을 극대화하라
코덱스현물과 겸하라

1-5선물옵션데몬헌터스전략

C+X=P+F
풋콜페러티

프리미엄은 내재가치+시간가치

포지션을짤 때 시간과기간을 고려하라

많은직장인 월급날 보너스날을 기준으로 변화가
일어난다

현재 가장수익이 적게 설계하라

1-5주식선물

국내 주식선물 종목수는2025년 9월 28일 기준 258개입니다. 이는 2024년 11월 4일 코리아 밸류업 지수 36개 종목이 추가 상장되면서 기존 222개에서 크게 늘어난 수치입니다.
1
최근 주식선물 종목수 변화

- 2024년 11월 4일 기준: 258개 종목 상장
- 2024년 5월 기준: 222개 종목 상장

3-1 델타

델타(Delta)란 무엇인가?

선물 가격으 변동으로 인해 옵션 가격 또는 프리미엄에
생기는 변화를 말하며, 일정부분의 기초자산의
움직임을 보여 줍니다

등가의 양 델타의 합은 1.0000이 됩니다
항상 등가의 중심델타는 0.5(50델타라 말함)이며 1.00-0.00이며 콜은 양수
풋은 음수로 표시 됩니다
0.5라는 의미는 변동폭이 50%만큼 움직인다는 것입니다.
참고로 선물 계약의 델타는 1.00이 됩니다

3-2 감마

감마와 세타옵션 민감도 두번째 지표로 감마(Gamma)를 들 수 있다. 델타가 주가지수의 변화에 대하여 옵션프리미엄이 연동하는 정도를 나타내는 비율이라면 감마는 주가지수의 변화가 옵션델타에 미치는 영향을 나타낸 것이다.
즉 주가지수가 한 단위 상승(하락)했을 때 델타의 변화 정도가 바로 감마이다.

따라서 감마의 절대치가 크다는 것은 주가지수의 작은 변화에도 델타가 크게 움직인다는 의미이므로 프리미엄이 크게 상승(하락)할 수 있다는 의미로 받아들이면 된다. 반대로 절대치가 적은 감마는 델타가 안정되어 있다는 것이므로 프리미엄이 크게 움직이지 않는다는 것을 말한다.
일반적으로 만기일이 가까워지면 ITM옵션과 OTM옵션의 감마는 적은 값을 나타낸다. 이는 시간가치 잠식효과(Time Decay)에 따라 델타가 안정되기 때문이다. 그러나 ATM옵션의 감마는 만기일 직전 델타의 불안정성 때문에 높은 값을 가지게 된다. 간혹 옵션시장에서 대박이 터졌을 때는 만기일을 앞두고 프리미엄이 급등락한 결과이다. 이 때 감마값이 크게 나타난다.
결국 감마가 크다는 것은 적은 투자 원금으로 많은 수익을 낼 수 있는 레버리지 효과가 크다는 의미이고 옵션매도자 입장에서는 투자위험이 증대됨을 뜻한다.

델타방향과 감마방향 일치한다

3-3 세타

시간의경과는 시간가치의감소로이어져
프리미엄하락을초래한다
이러한 시간경과에대한 옵션프리미엄의 변화의 정도를 나타난다

-세타란
시간가치로 손실 이라는뜻 매수면
세타가 -

+세타란
시간가치로 수익이라는뜻 매도면
세타가+

등가에 가까울 때 세타가 가장큰값을갖는다
옵션은 열역학방정식과 유사함
등가에서 시간가치프리미엄이 가장높다
등가가까운옵션이 변동성이높다
30일 60일 90 일은 멀면멀수로 프리미엄이 높다

3-4 베가

베가는 내재변동성에 대한 옵션의 민감도를 측정하는 그릭문자입니다.

이것은 내재변동성 1포인트 변화에 대한 옵션가격의 변화입니다. 트레이더들은 변동성을 언급할 때 대개 소수점을 사용하지 않습니다. 예를 들어 변동성 14%는 통상 "변동성 14(vol at 14)"라고 말합니다.

변동성과 베가를 혼동하지 않아야 합니다. 변동성은 기초 선물의 역사적 혹은 기대 탄력성입니다. 역사적 변동성은 과거의 변동성이기 때문에 이미 알려져 있습니다. 기대 변동성은 선물계약의 알려지지 않은 변동성인데 내재변동성으로 옵션가격에 반영됩니다.

반면 베가는 특정 옵션의 내재변동성 변화에 대한 민감도입니다.

변화분에대한변화 민감도를 나타냄

3-5 롤오버

롤오버는 금융, 선물, 옵션, 물류 등 다양한 분야에서 만기 연장 또는 계약 이월을 의미하는 용어로, 주로 투자자가 기존 포지션을 청산하고 새로운 계약으로 교체해 만기를 연장하는 전략을 뜻합니다.

주요 개념과 용례

1. 금융·선물시장

- 롤오버는 만기가 도래하는 선물계약이나 파생상품을 청산하고, 동일한 또는 유사한 조건의 새로운 계약으로 교체하는 과정입니다. 이를 통해 투자자는 포지션을 계속 유지할 수 있으며, 실물 인수나 현금 정산을 피할 수 있습니다.

- 롤오버 시 기존 계약과 새 계약의 가격 차이로 인해 롤오버 비용(또는 이익)이 발생할 수 있습니다.

3-5 주요전략

🚗 사이드카(Sidecar)란 무엇인가요?

사이드카는 원래 오토바이에 부착된 보조 좌석을 뜻하는 말입니다.
하지만 주식 시장에서는 전혀 다른 의미로 사용되죠.
사이드카란 선물 시장에서 급격한 가격 변동이 일어났을 때,
프로그램 매매로 인한 과도한 시장 충격을 막기 위해 일정 시간 동안
프로그램 매매를 일시적으로 정지시키는 제도를 말합니다.
쉽게 말하면, 시장이 너무 빠르게 급등하거나 급락할 때
🪧 "잠깐! 흥분하지 말고 진정하자!"
하고 자동으로 브레이크를 거는 안전 장치라고 할 수 있어요.

📊 사이드카는 언제 발동되나요?

코스피, 코스닥 등 우리나라 주식 시장에서는 다음과 같은 조건에서 사이드카가
발동됩니다.

✅ 조건 1

선물 지수가 전일 종가 대비 ±5% 이상 변동

✅ 조건 2

이 상태가 1분 이상 지속

✅ 조건3

프로그램 매매가 활성화된 상태

이 세 가지 조건이 충족되면,
한국거래소는 **프로그램 매매를 5분간 정지**시킵니다.

즉, 사이드카 발동 = 5분 동안 프로그램 매매가 중지됨
하지만 전체 주식 매매가 멈추는 건 아닙니다!🧐
이 점에서 '사이드카'는 '서킷 브레이커(Circuit Breaker)'와 다릅니다.

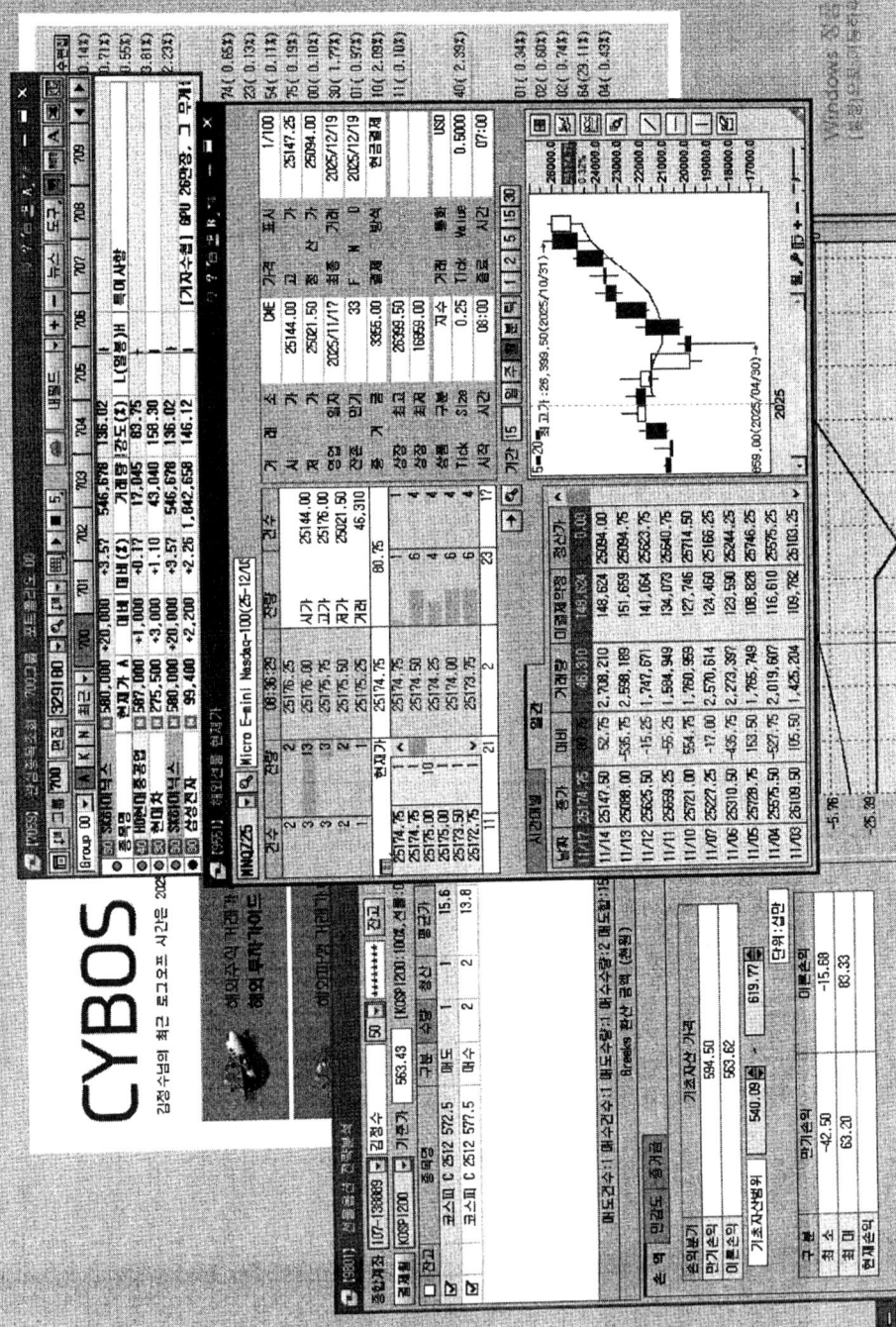

시가총액 10위종목 비증50% 거례   만기후15일간
레버리지합성 25일이후 포지션잡고
변동성수익실현
현물포지션없이 거래는 위험

주식
주식+주식선물

삼성전자
sk하이닉스
현대건설
현대자동차

합성표준

최대이익과 최대손실을 고려
주가지수 4000포인트 밴드고려
장을 크게보자

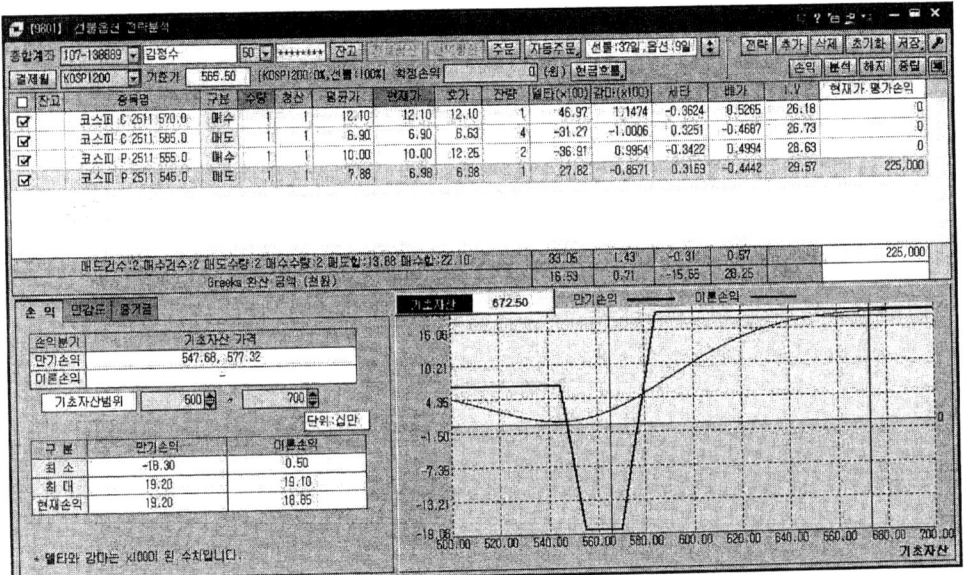

기준포지션

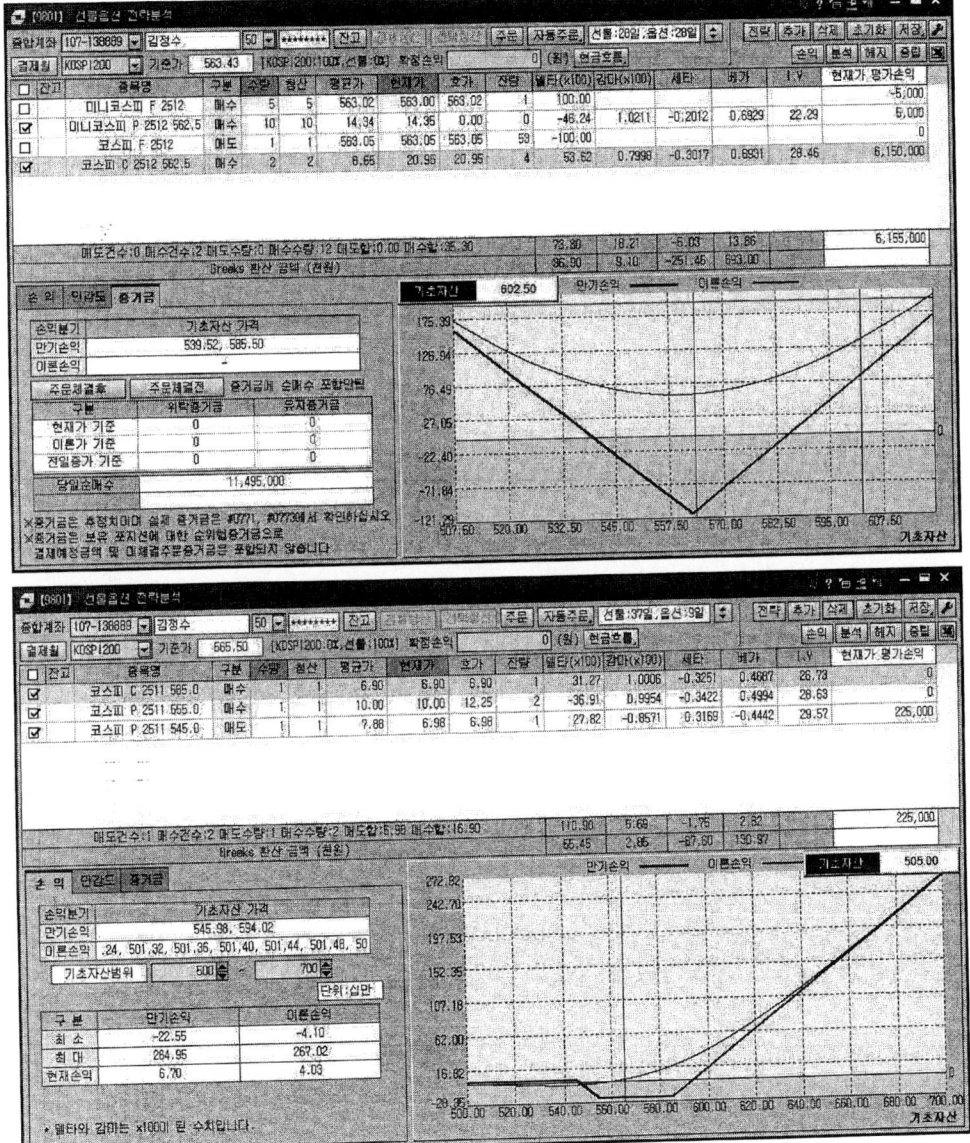

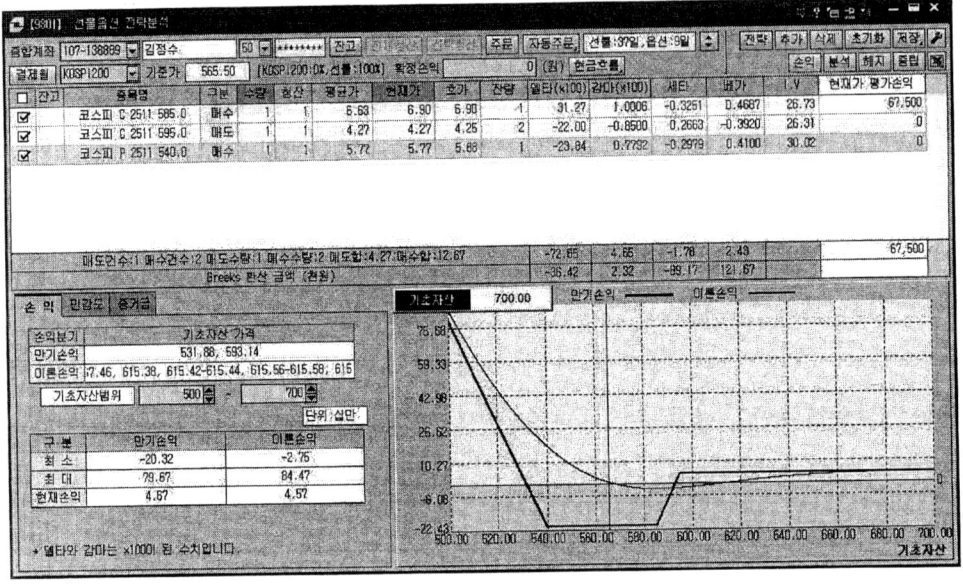

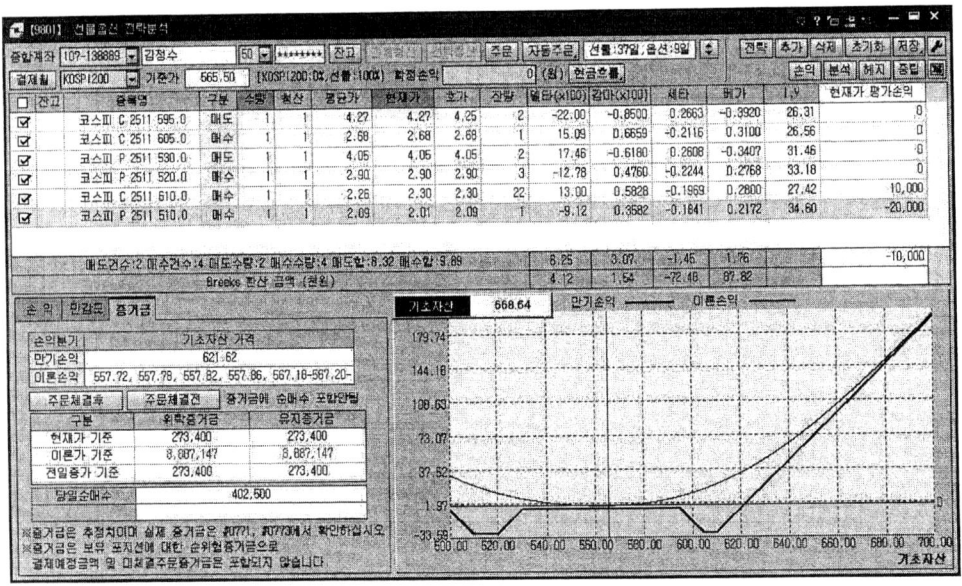

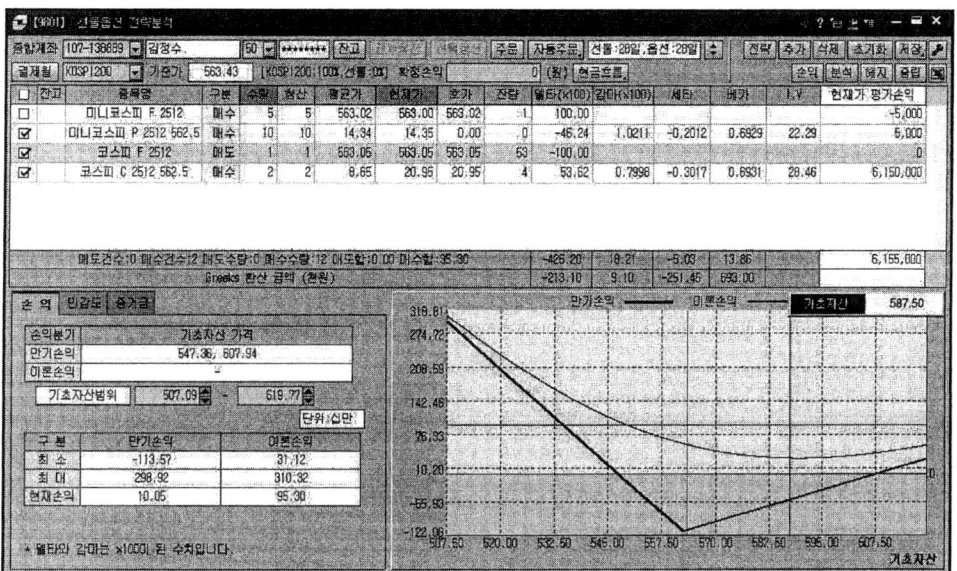

코스피200선물옵션극외가생성

코스피200선물옵션의극외가옵션(만기일 기준 행사가격이 매우 먼 옵션) 생성 조건은 기본적으로 행사가격 간격과 시장 수요에 따라 결정됩니다.

극외가옵션 생성 기준

- **행사가격 간격**: 코스피200 옵션은 ATM(중간), ITM(내가), OTM(외가)로 구분되며, 각 결제월별로 ATM 1개, ITM 16개, OTM 16개(최신 3개 월물은 OTM 6개)로 행사가격이 설정됩니다. 극외가옵션은 이 OTM 구간 중에서도 행사가격 간격이 매우 넓은 종목에 해당합니다.

- 1
- **시장 수요와 거래량**: 극외가옵션은 일반적으로 거래량이 적고, 시장 수요가 낮을 경우 생성이 제한되거나 거래가 중단될 수 있습니다. 거래소는 시장 안정성을 위해 극외가옵션의 생성 및 거래를 제한할 수 있습니다.

- 1
- **거래소 규정**: 코스피200 옵션의 행사가격은 최근 6개월 이내 2.5포인트(또는 5포인트) 간격으로 설정되며, 지수 변동에 따라 조정됩니다. 극외가옵션은 이 범위 외의 가격대에서 생성됩니다.

- 1

참고 사항

- 극외가옵션 생성은 시장 수요와 거래량, 거래소 정책에 따라 유동적으로 조정되며, 특정 조건(예: 거래량 미달) 시 생성이 제한될 수 있습니다.
- 정확한 생성 조건은 거래소 공지 및 시장 상황을 확인해야 하며, 공식 규정은 거래소 홈페이지에서 최신 정보를 확인하는 것이 필요합니다.

요약하면, 극외가옵션은 행사가격 간격과 시장 수요에 따라 생성되며, 거래소 정책에 따라 생성이 제한될 수 있습니다.

코스피200선물옵션은 1000포인트수직상승시

하루평균 10포인트 상승시 현재 595에서

10일후 695 달하는데 수익은 업청나다

2025년 극외가 0.14에서 0.48 30배 나오는데

등가 4에서 12   3배

외가상승률은 어머어마하다

201▼C660 크스피 C 2512 660.0

현재가	0.88	—	1.62	(64.80%)	
건수	매도	호가	매수	건수
(1)	3	0.99		
(2)	5	0.97	최고호가:	33.85
(1)	1	0.94	최저호가:	0.01
(3)	18	0.92		
(1)	3	0.91		
		0.88	48 (	3)
		0.87	4 (	1)
		0.86	4 (	1)
		0.85	6 (	2)
		0.84	4 (	1)
(36)	116	62	178 (	20)

KOSPI 200	선 물		563.43	-25.22 (	4.28%)
			563.05	-27.70 (	4.69%)
시 가		1.34 (	34.33%)
고 가		1.37 (	35.77%)
저 가		0.88 (	0.00%)
거 래 량		4,466
거래대금		1,341 (백만)
미 결 제		3,458 (	931)
이론가격		0.05 (	660.00%)
최 고 가		5.75 (25/11/11) (	84.70%)
최 저 가		0.88 (25/11/14) (	0.00%)

과거변동	21.70(%)		2.58(%)
내재변동	32.23	델 타	0.51
감 마	0.04	세 타	-0.0091
베 가	0.0229	로	0.0021
최종거래	2025/12/11	잔존일수	28

다음

시간	체결가	대비	체결량	미결제
15:45:00	0.88	-1.62	14	3,467
15:34:02	0.91	-1.59	4	3,471
15:33:33	0.91	-1.59	1	3,470
15:32:43	0.90	-1.60	-1	3,468
15:32:43	0.90	-1.60	2	3,468
15:32:43	0.90	-1.60	5	3,468
15:32:38	0.91	-1.59	5	3,468

11/16 00:55:23

[9727] 증권현재가

2017 C565 ▼ 코스피 C 2512 565.0

현재가 19.55 - 17.00 (-46.51%)

건수	매도	호가	매수	건수
		최고호가: 87.00		
		최저호가: 0.01		
1)	2	86.95		
1)	1	22.00		
1)	1	21.00		
1)	1	20.35		
		9.95	1	(1
		9.85	1	(1
		9.00	1	(1
		0.30	11	(1
		0.24	1	(1
4)	5	57	62 (	12)

다음

KOSPI 200

선물	563.43	-25.22 (	4.28%)
	563.05	-27.70 (	4.69%)

시가	25.45 (	23.18%)
고가	25.80 (	24.22%)
저가	19.55 (	0.00%)
거래량	149	
거래대금	778 (백만)	
미결제	337 (	102)
이론가격	13.28 (	47.21%)
최고가	46.55 (25/11/04) (	58.00%)
최저가	0.26 (25/09/11) (	7419.23%)

괴리율	21.70(%)	이 자율	2.58(%)
내재변동	31.76	델 타	50.66
감마	1.17	세 타	-0.2604
베가	0.6224	로	0.2087
최종거래	2025/12/11	잔존일수	28

시간대별 일자별

시간	체결가	대비	체결량	미결제
15:34:56	19.55	-17.00	1	337
15:33:23	19.80	-16.75	1	336
15:33:02	19.75	-16.80	1	335
15:32:12	19.65	-16.90	1	334
15:31:45	19.60	-16.95	1	333
15:31:31	19.75	-16.80	1	333
15:31:23	19.70	-16.85	1	333

11/16 00:54:45

100만원으로 5년내 100억만들기

한마디로 가능하다

독자여러분은 반드시 도달하리라 믿는다

주식학원 5년 선물옵션 20년 경력자로서

암울한 시기를 보냇다

시총10위종목중 우량종목을선택 년내로 2-3배

수익을 내자 거의 90%는 수익을 냈다고본다

앞으로 AI 시대 관련주를 탐색하자

여기서 6개월안에 수익금 100만원으로 5배수익을내자

그러면 100만원이 1000만원된다

2025년 8월시작 2025년 12월 100%수익

2026년 6월까지 1000%수익 주식으로가능하다

그안에 옵션 1마리만 매주 투자하자 현재수익률 100배

10만원이 1000만원됨

끊임없이 도서로 공부해서 완벽한투자전문가가되자

2026년 상반기 2000만원을 만든다

여기서 우량주발굴 주도주발굴로 주식50%투자하고

선물옵션ETF 50%투자하자

필자는 2-3년내로 주가지수 7000 이상 1만포인트 보고있으므로

2000된후에 2억에서 10억가는 것은 그다지 어렵지않다

억단위넘으로 전문투자자로 주식선물옵션ETF 만투자해서 년1억을

안정적으로번다면 직업으로 손색이 없다

독자여러분에게 이유를 설명해주고 최소 1만명을 전문투자자로

K-전문투자자를 만들어드리고싶다

합성표준

최대이익과 최대손실을 고려
주가지수 4000포인트 밴드고려
장을 크게보자

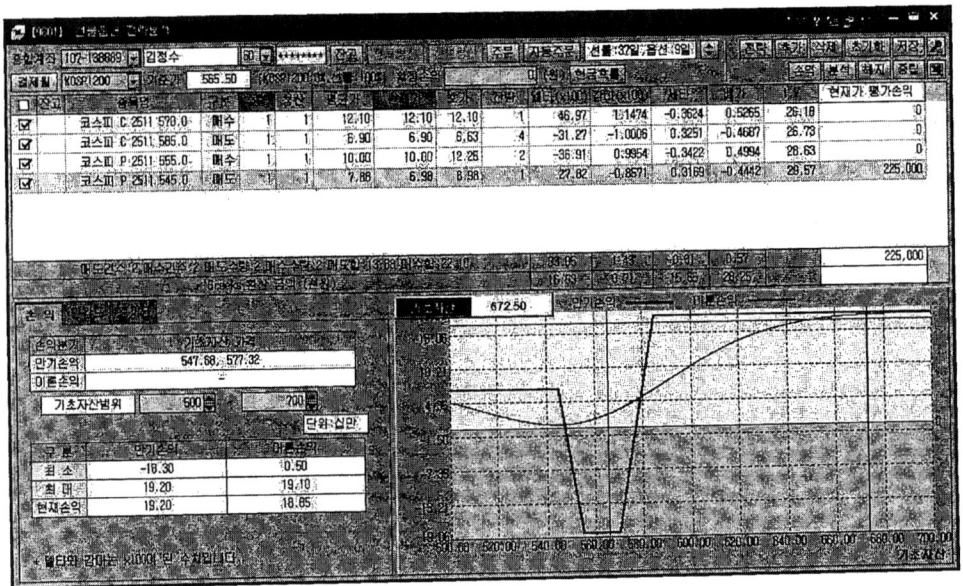

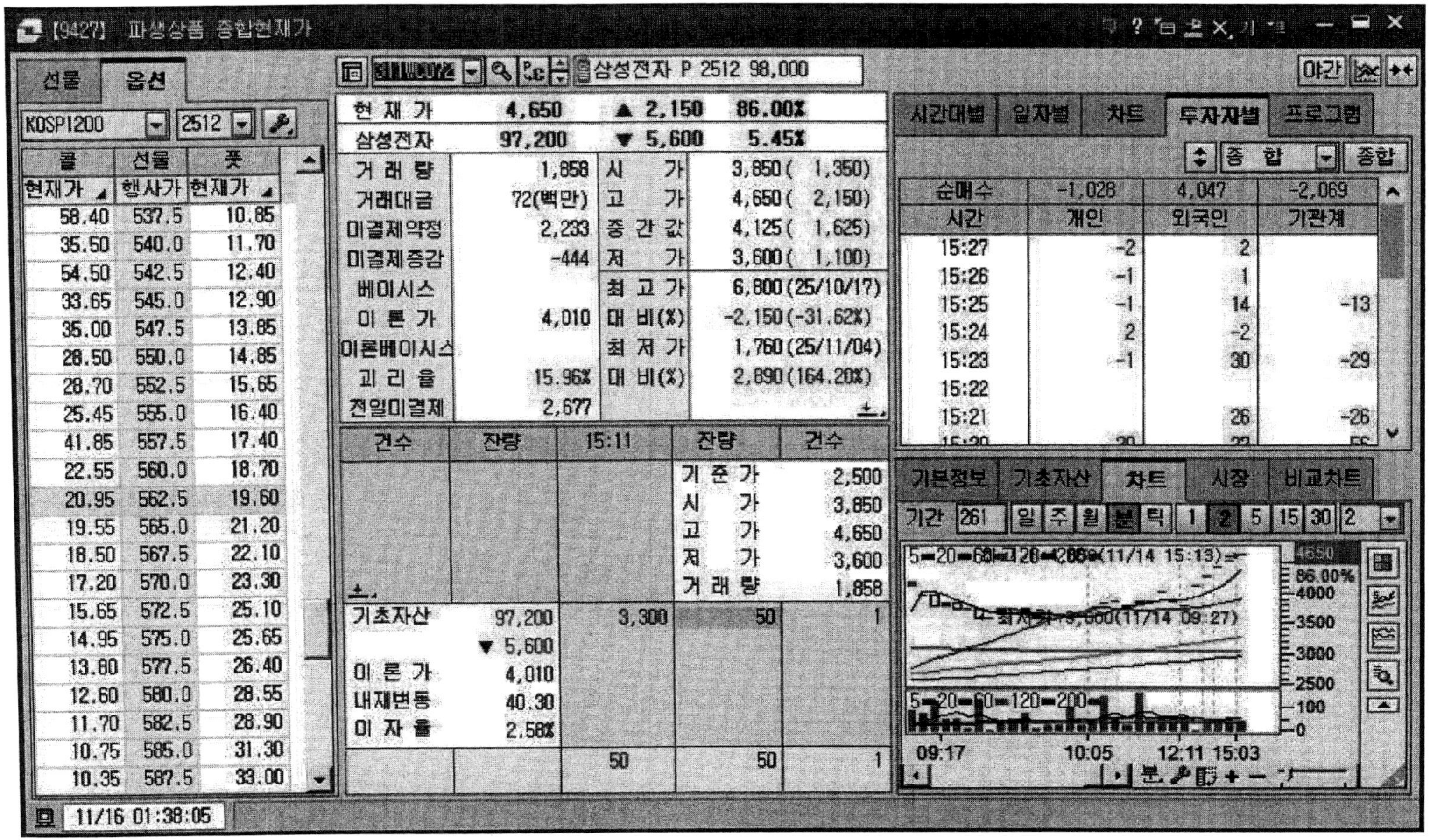
[9427] 파생상품 종합현재가
선물
옵션
KOSPI200
2512
콜
선물
풋
현재가
행사가
현재가
58.40 537.5 10.85
35.50 540.0 11.70
54.50 542.5 12.40
33.65 545.0 12.90
35.00 547.5 13.85
28.50 550.0 14.85
28.70 552.5 15.65
25.45 555.0 16.40
41.85 557.5 17.40
22.55 560.0 18.70
20.95 562.5 19.60
19.55 565.0 21.20
18.50 567.5 22.10
17.20 570.0 23.30
15.65 572.5 25.10
14.95 575.0 25.65
13.80 577.5 26.40
12.60 580.0 28.55
11.70 582.5 28.90
10.75 585.0 31.30
10.35 587.5 33.00
11/16 01:38:05
삼성전자 P 2512 98,000
현 재 가 4,650 ▲ 2,150 86.00%
삼성전자 97,200 ▼ 5,600 5.45%
거 래 량 1,858
거래대금 72(백만)
미결제약정 2,233
미결제증감 -444
베이시스
이 론 가 4,010
이론베이시스
괴 리 율 15.96%
전일미결제 2,677
시 가 3,850 (1,350)
고 가 4,650 (2,150)
중 간 값 4,125 (1,625)
저 가 3,600 (1,100)
최 고 가 6,800 (25/10/17)
대 비(%) -2,150 (-31.62%)
최 저 가 1,760 (25/11/04)
대 비(%) 2,890 (164.20%)
건수 잔량 15:11 잔량 건수
기 준 가 2,500
시 가 3,850
고 가 4,650
저 가 3,600
거 래 량 1,858
기초자산 97,200
▼ 5,600
이 론 가 4,010
내재변동 40.30
이 자 율 2.58%
3,300 50 1
50 50 1
야간
시간대별
일자별
차트
투자자별
프로그램
종 합
종합
순매수 -1,028 4,047 -2,069
시간 개인 외국인 기관계
15:27 -2 2
15:26 -1 1
15:25 -1 14 -13
15:24 2 -2
15:23 -1 30 -29
15:22
15:21 26 -26
기본정보
기초자산
차트
시장
비교차트
기간 261
일 주 월 분 틱 1 2 5 15 30 2
09:17
10:05
12:11 15:03

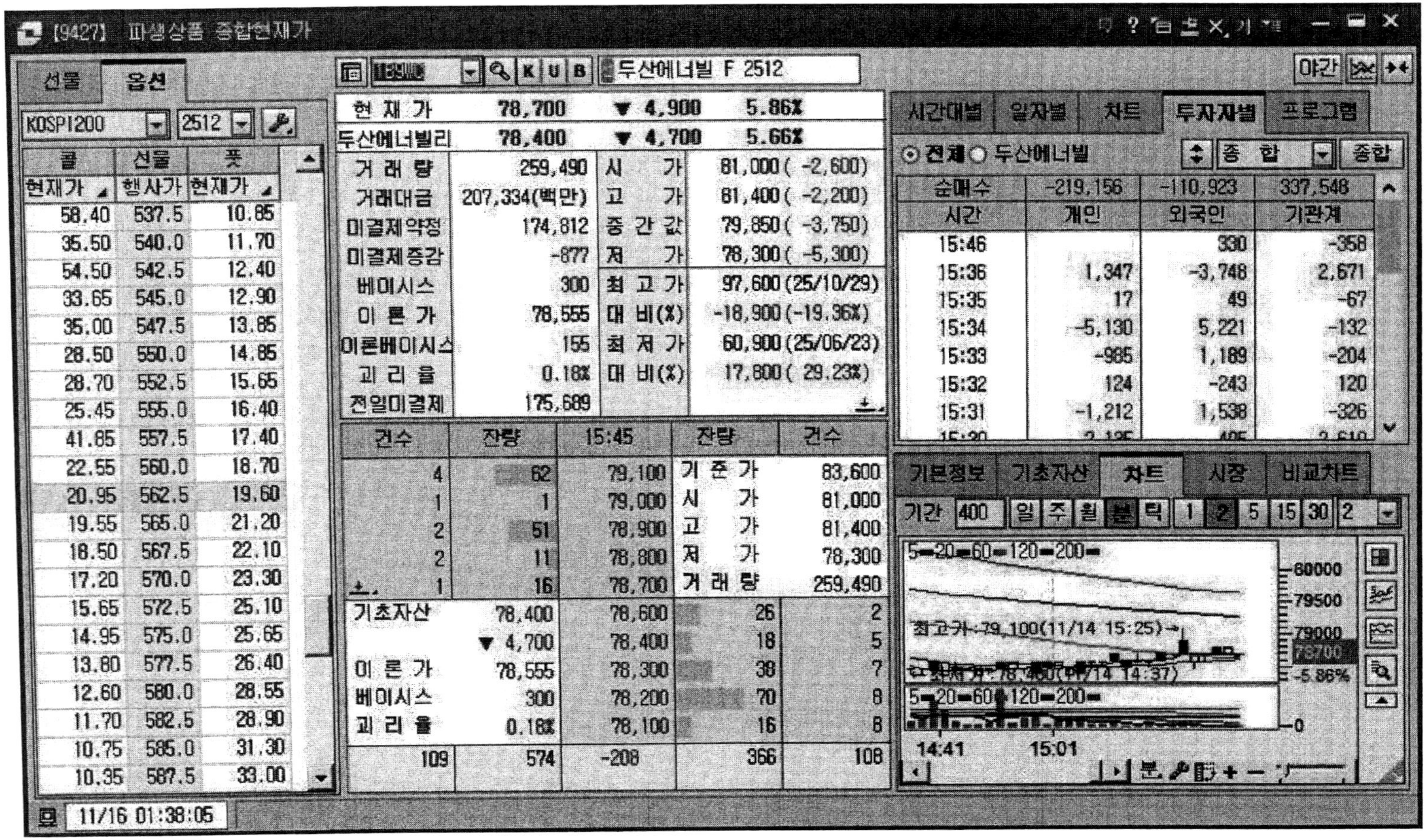
[9427] 파생상품 종합현재가
선물
옵션
KOSPI200
2512
콜
선물
풋
현재가
행사가
현재가
두산에너빌 F 2512
현 재 가 78,700 ▼ 4,900 5.86%
두산에너빌리 78,400 ▼ 4,700 5.66%
거 래 량 259,490
거래대금 207,334(백만)
미결제약정 174,812
미결제증감 -877
베이시스 300
이 론 가 78,555
이론베이시스 155
괴 리 율 0.18%
전일미결제 175,689
시 가 81,000 (-2,600)
고 가 81,400 (-2,200)
중 간 값 79,850 (-3,750)
저 가 78,300 (-5,300)
최 고 가 97,600 (25/10/29)
대 비(%) -18,900 (-19.36%)
최 저 가 60,900 (25/06/23)
대 비(%) 17,800 (29.23%)
건수
잔량
15:45
기 준 가 83,600
시 가 81,000
고 가 81,400
저 가 78,300
거 래 량 259,490
기초자산 78,400
▼ 4,700
이 론 가 78,555
베이시스 300
괴 리 율 0.18%
야간
시간대별
일자별
차트
투자자별
프로그램
전체
두산에너빌
종 합
순매수 -219,156 -110,923 337,548
시간
개인
외국인
기관계
기본정보
기초자산
차트
시장
비교차트
기간 400
일 주 월 분 틱
최고가 79,100(11/14 15:25)
최저가 78,400(11/14 14:37)
14:41
15:01
11/16 01:38:05

종합계좌 [107-198889] [김정수] | 잔고

결제월 [KOSPI1200] 기준가 [576.65] | [50] [*******] | [KOSPI1200:100% 선물:100%] 확정손익

주문 자동주문 선물:25일, 옵션:25일 | 전략 추가 삭제 분석 초기화 저장 중립

손익 분석 유지 중립

종목명	구분	수량	청산	평균가	이론가	호가	잔량	델타(x100)	감마(x100)	세타	베가	I.V	이론가 평가손익
코스피 F 2512	매수	1	1	575.60	577.67	575.60	118	100.00					517,500
미니코스피 F 2512	매도	5	5	575.66	577.67	575.60	3	-100.00					-502,500
코스피 P 2512 577.5	매수	2	2	12.15	18.84	20.00	2	-47.95	0.8324	-0.2769	0.6802	28.03	3,345,000
코스피 C 2512 577.5	매수	2	2	19.90	18.00	19.90	2	51.96	0.8941	-0.2975	0.6803	26.09	-950,000
미니코스피 C 2512 577.5	매수	5	5	18.45	17.29	18.45	2	51.91	0.9308	-0.2866	0.6803	25.07	-290,000
미니코스피 F 2512	매도	1	1	575.60	577.67	575.55	101	-100.00					-517,500
미니코스피 C 2512 577.5	매수	10	10	17.15	17.29	18.45	2	51.91	0.9308	-0.2866	0.6803	25.07	70,000

매도건수:0 매수건수:1 매도수량:0 매수수량:10 매도합:0.00 매수합:17.29

Greeks 환산 금액 (전원)

	19.10	9.31		-2.87	6.80		-447,500
	9.55	4.65		-143.30	340.15		

손익 | 민감도 | 증거금

기초자산 가격
541.30, 613.70
560.76, 588.72, 588.78-588.80

주문체결결과	순매수 포함안됨	
증거금예		유지증거금
구분	위탁증거금	
현재가 기준	0	0
이론가 기준	0	0
전일종가 기준	0	0
당일순매수		8,575,000

※증거금은 추정치이며 실제 증거금은 #0771, #0730에서 확인하십시오.
※증거금은 보유 포지션에 대한 순위험증거금으로
결제예정손익 및 미체결주문증거금은 포함되지 않습니다.

560.00

기초자산 | 만기손익 | 이론손익

52.50
28.14
3.79
-20.56
-44.92
-69.27
-93.82

520.00 532.50 545.00 557.50 570.00 582.50 595.00 607.50 620.00 632.50
기초자산

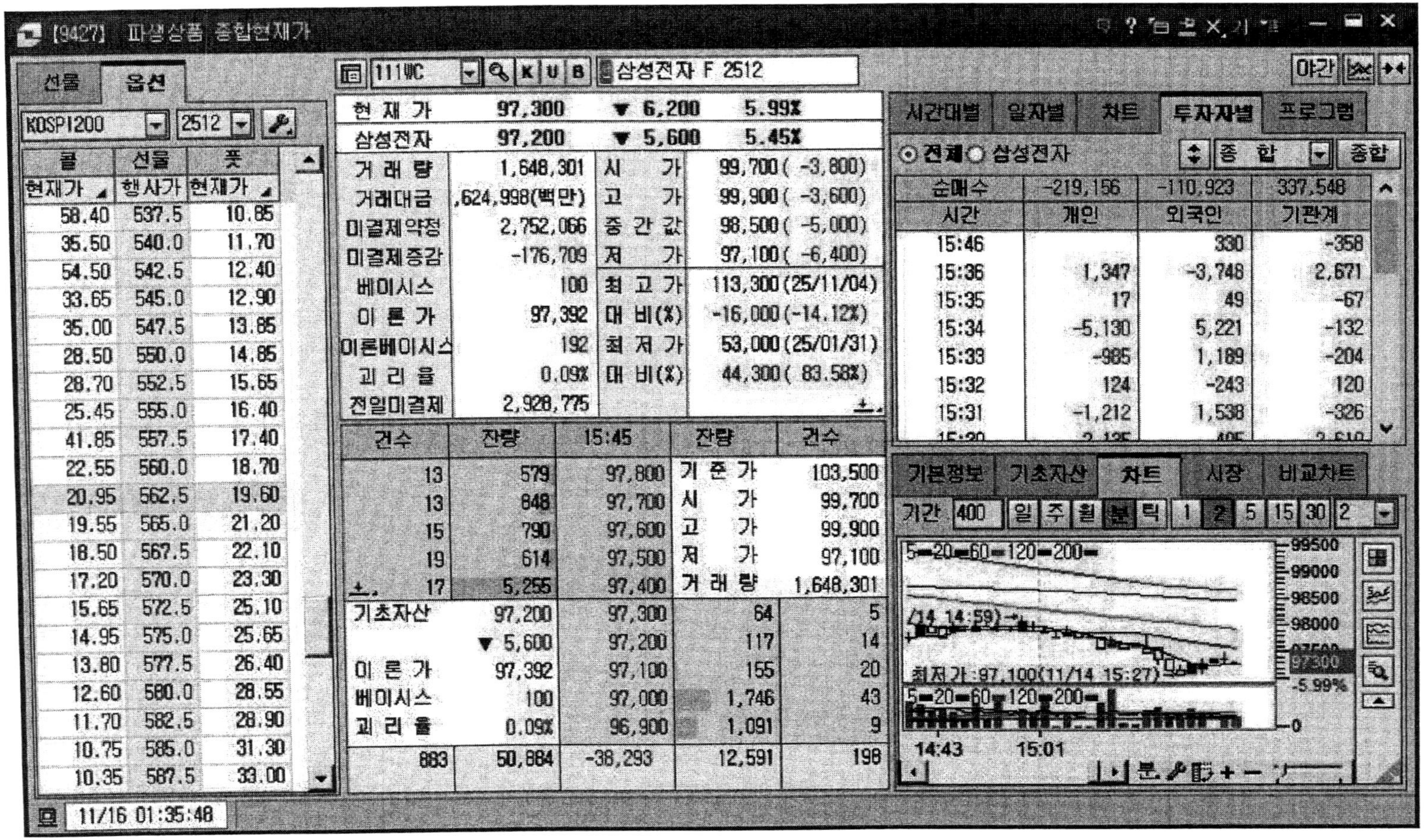
[9427] 파생상품 종합현재가
선물
옵션
KOSPI200
2512
콜
선물
풋
현재가
행사가
현재가
111WC
삼성전자 F 2512
야간
현 재 가
97,300
▼ 6,200
5.99%
삼성전자
97,200
▼ 5,600
5.45%
거 래 량
1,648,301
거래대금
,624,998(백만)
미결제약정
2,752,066
미결제증감
-176,709
베이시스
100
이 론 가
97,392
이론베이시스
192
괴 리 율
0.09%
전일미결제
2,928,775
시 가
99,700 (-3,800)
고 가
99,900 (-3,600)
중 간 값
98,500 (-5,000)
저 가
97,100 (-6,400)
최 고 가
113,300 (25/11/04)
대 비(%)
-16,000 (-14.12%)
최 저 가
53,000 (25/01/31)
대 비(%)
44,300 (83.58%)
건수
잔량
15:45
잔량
건수
기 준 가
103,500
시 가
99,700
고 가
99,900
저 가
97,100
거 래 량
1,648,301
기초자산
97,200
▼ 5,600
이 론 가
97,392
베이시스
100
괴 리 율
0.09%
883
50,884
-38,293
12,591
198
시간대별
일자별
차트
투자자별
프로그램
전체
삼성전자
종 합
종합
순매수
-219,156
-110,923
337,548
시간
개인
외국인
기관계
기본정보
기초자산
차트
시장
비교차트
기간
400
일
주
월
분
틱
최저가:97,100(11/14 15:27)
-5.99%
14:43
15:01
11/16 01:35:48

A간열 체결 | 6주간 | 전일추이

101WC ▼ 🔍 K U B | 코스피 F 2512 | 현재가 | 편집 | 베이시스

날짜	시가	고가	저가	종가	대비	거래량	이론선물	미결제약정	베이시스
11/14	576.50	576.50	563.05	563.05	-27.70	239,433	564.54	236,298	-0.38
11/13	586.40	593.10	582.70	590.75	3.05	205,938	589.85	230,146	2.10
11/12	582.30	589.05	577.90	587.70	6.00	218,791	587.96	233,519	0.97
11/11	583.15	594.90	576.20	581.70	4.80	306,777	582.67	229,903	0.29
11/10	561.90	579.70	561.70	576.90	18.20	236,845	576.60	237,282	1.59
11/07	560.95	571.00	549.25	558.70	-10.45	317,088	559.35	239,757	0.72
11/06	580.45	582.00	562.25	569.15	3.65	337,869	569.80	238,496	0.77
11/05	576.00	577.35	544.40	565.50	-17.65	454,019	566.86	242,035	0.10
11/04	603.85	603.90	581.70	583.15	-15.80	317,951	583.49	240,933	1.21
11/03	581.45	599.25	580.70	598.95	17.80	262,920	600.67	238,086	-0.08
10/31	576.30	581.85	571.25	581.15	6.95	265,503	581.16	236,881	1.69
10/30	577.00	583.60	572.30	574.20	1.15	410,847	576.93	237,623	-1.01
10/29	567.30	573.05	560.10	573.05	11.90	298,486	573.25	236,307	1.54
10/28	566.85	566.85	555.00	561.15	-5.35	247,111	561.27	238,157	1.64
10/27	560.55	566.70	557.35	566.50	15.05	255,611	567.51	237,205	0.81
10/24	545.05	552.55	542.60	551.45	14.40	229,943	551.88	242,124	1.44
10/23	536.55	546.25	533.15	537.05	-6.30	311,134	538.24	239,017	0.68
10/22	536.00	543.50	530.05	543.35	6.15	265,810	544.52	238,826	0.76
10/21	541.65	548.25	535.50	537.20	1.05	314,634	537.22	237,542	1.92
10/20	532.00	536.15	522.45	536.15	10.35	270,205	537.25	239,215	0.87
10/17	522.70	533.50	521.30	525.80	1.20	316,917	527.52	235,069	0.32

블로그   카페   이미지   지식iN   인플루언서   동영상   쇼핑   뉴스   〈 ⅀ 〉   ⋯

증권정보

국내증시 ▾   시가총액 상위종목 ▾

시가총액상위종목 ▾

종목명	현재가	전일대비	등락률	시가총액	거래량
삼성전자	100,300	▲ 800	+0.80%	593조7,397억	12,030,385주
SK하이닉스	547,000	▲ 26,000	+4.99%	398조2,173억	3,013,644주
LG에너지솔루션	513,500	▲ 3,500	+0.69%	120조1,590억	270,914주
삼성바이오로직스	1,217,000	▼ 15,000	-1.22%	86조6,188억	99,839주
삼성전자우	78,700	▲ 1,000	+1.29%	64조2,172억	1,392,165주
두산에너빌리티	93,500	▲ 7,100	+8.22%	59조8,925억	9,415,633주
HD현대중공업	597,000	▲ 3,000	+0.51%	52조9,976억	132,871주
현대차	256,500	▲ 6,000	+2.40%	52조5,204억	458,788주
한화에어로스페이스	992,000	▼ 4,000	-0.40%	51조1,509억	74,092주
기아	115,500	▲ 1,900	+1.67%	45조4,827억	431,460주

코스피 | 코스닥

＜ 시가총액 상위종목 더 보기 ＞

네이버는 본 정보의 정확성에 대해 보증하지 않으며, 본 정보를 이용한 투자에 대한 책임은 해당 투자자에게 귀속됩
니다.

연관 검색어 ⑦   접모 ✕

코스닥 시가총액 상위종목	종목 시가총액 상위종목
코스피 시가총액 상위종목	베트남 시가총액 상위종목 ⑤
일본 시가총액 상위종목	⌄

🅝 **네이버 클립 프로필**   ⌄
세로운 공간에 내 채널을 자유자재로 꾸

⚫ **벌다세일**   ⌄
1년에 한 번뿐인 최대 세일

◉ **네이버쇼핑 컬리름**   ⌄
멤버십 2만원 이상 무료배송

🌐 **장소 기록들이 샆나다**   ⌄
클립 올리고 네이버페이 포인트 받기

선물 종목 KOSPI200 2512

현재가 42,600 ▼31,000 42.12%
SK하이닉스 560,000 ▼52,000 8.50%

현재가 : SK하이닉스 C 2512 560,000

현 재 가	42,600	시 가	54,400 (-19,200)
거 래 량	5	고 가	54,400 (-19,200)
거래대금	2(백만)	중 간 값	48,500 (-25,100)
미결제약정	89	저 가	42,600 (-31,000)
미결제증감	1	최 고 가	81,800 (25/11/10)
베이시스		대 비 (%)	-39,200 (-47.92%)
이 론 가	33,637	최 저 가	23,600 (25/10/21)
이론베이시스		대 비 (%)	19,000 (80.51%)
괴 리 율	26.65%		
전일미결제	88		

건수	전량	15:12	전량	호가정보		건수
				기 준 가	73,600	1
				시 가	54,400	1
				고 가	54,400	
			20	저 가	42,600	5
			5	가 중 합		
기초자산	560,000	100				
이 론 가	▼52,000	90				
내재변동	33,637					
이 자 율	68.11					
	2.58%	25		25		2

종목 투자자별 실시간 차트 프로그램

순매수	-295	3,252	-2,335
시간	외국인	개인	기관계
15:32	-1	1	-5
15:29	5		
15:27	-11	11	28
15:26	-28		-64
15:24	53	11	19
15:23	-26	7	
15:22			

기본정보 기초자산 차트 비교차트

기간 19   기초가 21.21 기초선(2025/10/23)

50,000 42,600 -42.12%

5=20=60=120=200= 11

일 주 월 분 틱   시장   1 2 5 15 30

선물	풋	콜	
현재가	현시가	현재가	풋
58.40	537.5	10.85	
35.50	540.0	11.70	
54.50	542.5	12.40	
33.65	545.0	12.90	
35.00	547.5	13.85	
28.50	550.0	14.85	
28.70	552.5	15.65	
25.45	555.0	16.40	
41.85	557.5	17.40	
22.55	560.0	18.70	
20.95	562.5	19.60	
19.55	565.0	21.20	
18.50	567.5	22.10	
17.20	570.0	23.30	
15.65	572.5	25.10	
14.95	575.0	25.65	
13.80	577.5	26.40	
12.60	580.0	28.55	
11.70	582.5	28.90	
10.75	585.0	31.30	
10.35	587.5	33.00	

11/16 01:51:05

KOSPI200 576.65 | 최근월선물 575.55 | 변동성 22.96 % | 잔존일수 | 대비 | 4 월 | 검표시

풋 / 콜

행사가 현재가	대비	매도호가	매수호가	거래량	이론가	괴리율	지수환산	현재가	대비	매도호가	매수호가	거래량	이론가	괴리율
567.5	12.45 7.29	43.45(10)	1.13(2)	46	11.35	9.69	4024.36	4.00	-6.50	4.00(1)	3.72(1)	105	2.04	96.08
570.0	9.94 1.89	11.85(2)	6.35(2)	3	9.56	3.97	4042.09	4.80	-7.15	4.80(3)	4.66(3)	262	2.75	74.55
572.5	9.12 2.47	38.55(2)	1.39(2)	123	7.93	15.01	4059.82	5.76	-7.64	5.81(1)	5.12(1)	134	3.62	59.12
575.0	6.96 1.99	8.79(2)	6.96(2)	141	6.47	7.57	4077.55	6.78	-6.27	7.50(1)	6.77(1)	143	4.66	45.49
577.5	4.43 2.14	5.65(33)	4.43(2)	3,592	5.19	-14.64	4095.28	8.07	-3.93	8.10(1)	5.29(1)	25	5.88	37.24
580.0	4.31 0.85	4.37(11)	4.31(9)	2,536	4.09	5.38	4113.01	8.90	-5.35	9.50(1)	8.30(1)	99	7.28	22.25
582.5	4.10 1.12	4.12(1)	3.96(1)	1,458	3.17	29.34	4130.73	10.80	-5.20	12.25(2)	7.24(2)	33	8.85	22.03
585.0	3.10 0.35	3.10(9)	3.05(1)	5,014	2.40	29.17	4148.46	12.45	-10.40	14.10(2)	0.45(3)	10	10.59	17.56
587.5	2.10 0.06	2.46(2)	2.10(29)	3,940	1.79	17.32	4166.19	25.10	0.00	69.50(2)	0.70(3)	0	12.47	101.28
590.0	2.06 0.31	2.08(7)	2.06(7)	1,150	1.30	58.46	4183.92	27.40	0.00	18.15(2)	0.54(3)	0	14.49	89.10
592.5	1.45 -0.03	1.45(1)	1.42(1)	669	0.93	55.91	4201.65	27.50	0.00	0.00(0)	16.50(2)	0	16.61	67.37
595.0	1.11 0.00	1.14(1)	1.10(3)	2,186	0.65	70.77	4219.38	32.05	0.00	0.00(0)	18.80(2)	0	18.83	70.21
597.5	0.89 -0.06	0.89(4)	0.86(1)	928	0.44	102.27	4237.11	34.40	0.00	0.00(0)	21.05(2)	0	21.12	62.88
600.0	0.66 -0.09	0.67(4)	0.65(10)	1,441	0.29	127.59	4254.63	36.80	0.00	0.00(0)	23.30(2)	0	23.48	56.73

K200	현재가	대비	매도호가	매수호가	거래량	이론가	괴리율(%)	미결제	미결증감	시가	고가	저가	베이시스	이론베이시스
최근월선물	575.55	2.50	575.60	575.55	214,689	577.67	-0.37	233,305	-2,993	572.75	577.25	569.95	-1.10	1.02
차근월선물	576.20	2.65	576.20	575.55	390	578.46	-0.39	10,201	90	572.05	577.25	570.40	-0.45	1.81

Call					행사가	Put				
거래량	매수(전량)	매도(전량)	대비	현재가		현재가	대비	매도(전량)	매수(전량)	거래량
0	0(	0(	0	19,400	78,000	150	70	0(	0(	
0	0(	0(	0	17,400	80,000	220	80	0(	0(	2
0	0(	0(	0	15,600	82,000	250	10	0(	0(	
0	0(	0(	0	13,800	84,000	350	−60	0(	0(	
0	0(	0(	0	12,000	86,000	660	0	0(	0(	
0	0(	0(	0	10,200	88,000	850	−470	0(	0(	18
0	0(	0(	0	10,000	90,000	990	−630	0(	0(	1,88
89	0(	0(	2,300	10,000	92,000	1,400	−400	0(	0(	1,55
30	0(	0(	2,000	8,600	94,000	1,880	−970	0(	0(	1,40
226	0(	0(	1,300	7,300	96,000	2,500	−1,150	0(	0(	66
763	0(	0(	1,150	6,000	98,000	4,250	−400	0(	0(	
3,396	0(	0(	1,550	5,000	100,000	4,200	−1,800	0(	0(	1,23
11,891	0(	0(	1,080	3,000	105,000	7,800	−1,500	0(	0(	2,78
3,436	0(	0(	780	1,780	110,000	13,200	0	0(	0(	
2,503	0(	0(	510	1,040	115,000	18,000	0	0(	0(	
1,158	0(	0(	390	670	120,000	22,800		0(	0(	

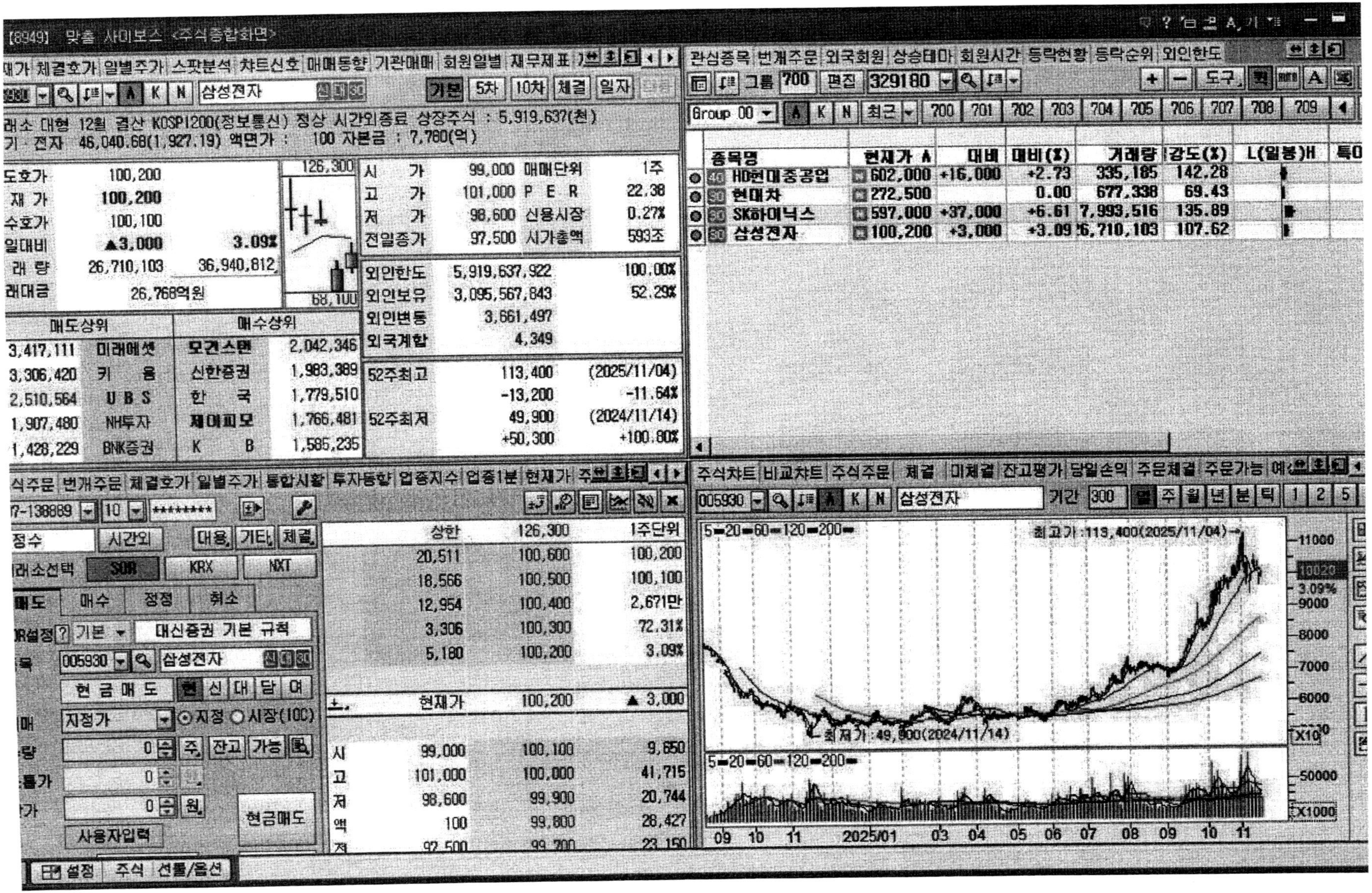
[8949] 맞춤 사이보스 <주식종합화면>
대가 체결호가 일별주가 스팟분석 차트신호 매매동향 기관매매 회원일별 재무제표
삼성전자
기본 5차 10차 체결 일자
래소 대형 12월 결산 KOSPI200(정보통신) 정상 시간외종료 상장주식 : 5,919,637(천)
기 전자 46,040.68(1,927.19) 액면가 : 100 자본금 : 7,780(억)
도호가 100,200
재 가 100,200
수호가 100,100
일대비 ▲3,000 3.09%
래 량 26,710,103 36,940,812
래대금 26,768억원
126,300
68,100
시 가 99,000 매매단위 1주
고 가 101,000 P E R 22.38
저 가 98,600 신용시장 0.27%
전일종가 97,500 시가총액 593조
외인한도 5,919,637,922 100.00%
외인보유 3,095,567,843 52.29%
외인변동 3,661,497
외국계합 4,349
매도상위
매수상위
3,417,111 미래에셋 모건스탠 2,042,346
3,306,420 키 움 신한증권 1,983,389
2,510,564 U B S 한 국 1,779,510
1,907,480 NH투자 제이피모 1,766,481
1,428,229 BNK증권 K B 1,585,235
52주최고 113,400 (2025/11/04)
-13,200 -11.64%
52주최저 49,900 (2024/11/14)
+50,300 +100.80%
관심종목 번개주문 외국회원 상승테마 회원시간 등락현황 등락순위 외인한도
그룹 700 편집 329180 도구
Group 00 최근 700 701 702 703 704 705 706 707 708 709
종목명 현재가 대비 대비(%) 거래량 강도(%) L(일봉)H
HD현대중공업 602,000 +16,000 +2.73 335,185 142.28
현대차 272,500 0.00 677,338 69.43
SK하이닉스 597,000 +37,000 +6.61 7,993,516 135.89
삼성전자 100,200 +3,000 +3.09 26,710,103 107.62
식주문 번개주문 체결호가 일별주가 통합시황 투자동향 업종지수 업종1분 현재가
7-138889 10 ********
정수 시간외 대용 기타 체결
래소선택 SOR KRX NXT
매도 매수 정정 취소
설정 기본 대신증권 기본 규칙
005930 삼성전자
현 금 매 도 현 신 대 담 여
지정가 지정 시장(10C)
주 잔고 가능
원
사용자입력 현금매도
상한 126,300 1주단위
20,511 100,600 100,200
18,566 100,500 100,100
12,954 100,400 2,671만
3,306 100,300 72.31%
5,180 100,200 3.09%
현재가 100,200 ▲ 3,000
시 99,000 100,100 9,650
고 101,000 100,000 41,715
저 98,600 99,900 20,744
액 100 99,800 28,427
저 92,500 99,700 23,150
주식차트 비교차트 주식주문 체결 미체결 잔고평가 당일손익 주문체결 주문가능
005930 삼성전자 기간 300 일 주 월 년 분 틱 1 2 5
5 20 60 120 200
최고가 : 113,400(2025/11/04)
최저가 : 49,900(2024/11/14)
11000 10020 3.09% 9000 8000 7000 6000 X10
50000 X1000
09 10 11 2025/01 03 04 05 06 07 08 09 10 11
설정 주식 선물/옵션

종목명	현재가	대비	대비(%)	거래량	강도(%)
HD현대중공업	602,000	+16,000	+2.73	335,185	142.28
현대차	272,500	0	0.00	677,338	69.43
SK하이닉스	597,000	+37,000	+6.61	7,993,516	135.89
삼성전자	100,200	+3,000	+3.09	6,710,103	107.62

Group 00

SK하이닉스

시 가	572,000	1주
고 가	608,000	P E R 15.06
저 가	572,000	신용시장 0.31%
전일종가	564,000	시가총액 434조
외인한도	728,002,365	100.00%
외인보유	391,358,403	53.76%
외인변동	659,700	
외국계합	913,989	
52주최고	646,000	(2025/11/11)
	-49,000	-7.59%
52주최저	157,500	(2024/11/29)
	+439,400	+278.81%

도가 597,000
저가 597,000
수호가 596,000
일대비 ▲37,000 6.61%
거 량 7,993,516 10,118,303
거래금 47,533억원

매도상위
1,321,485 키 움
1,154,213 미래에셋
519,680 NH투자
468,621 한 국
374,058 디 비

매수상위
978,426 미래에셋
798,678 키 움
698,552 NH투자
637,958 신한투자
435,543 한 국

매도			현재가	
	10,339	601,000		
	7,191	600,000		
	5,889	599,000		
	6,224	598,000	79.00%	
	3,051	597,000	6.61%	
상한		728,000		799

	현재가		
시	572,000	597,000	▲37,000
고	608,000	596,000	11,951
저	572,000	595,000	10,527
	5,000	594,000	5,076
	564,000	593,000	7,622
		592,000	15,536

000660 SK하이닉스

SOR KRX NXT

계좌번호 ******

현금매도

사용자입력

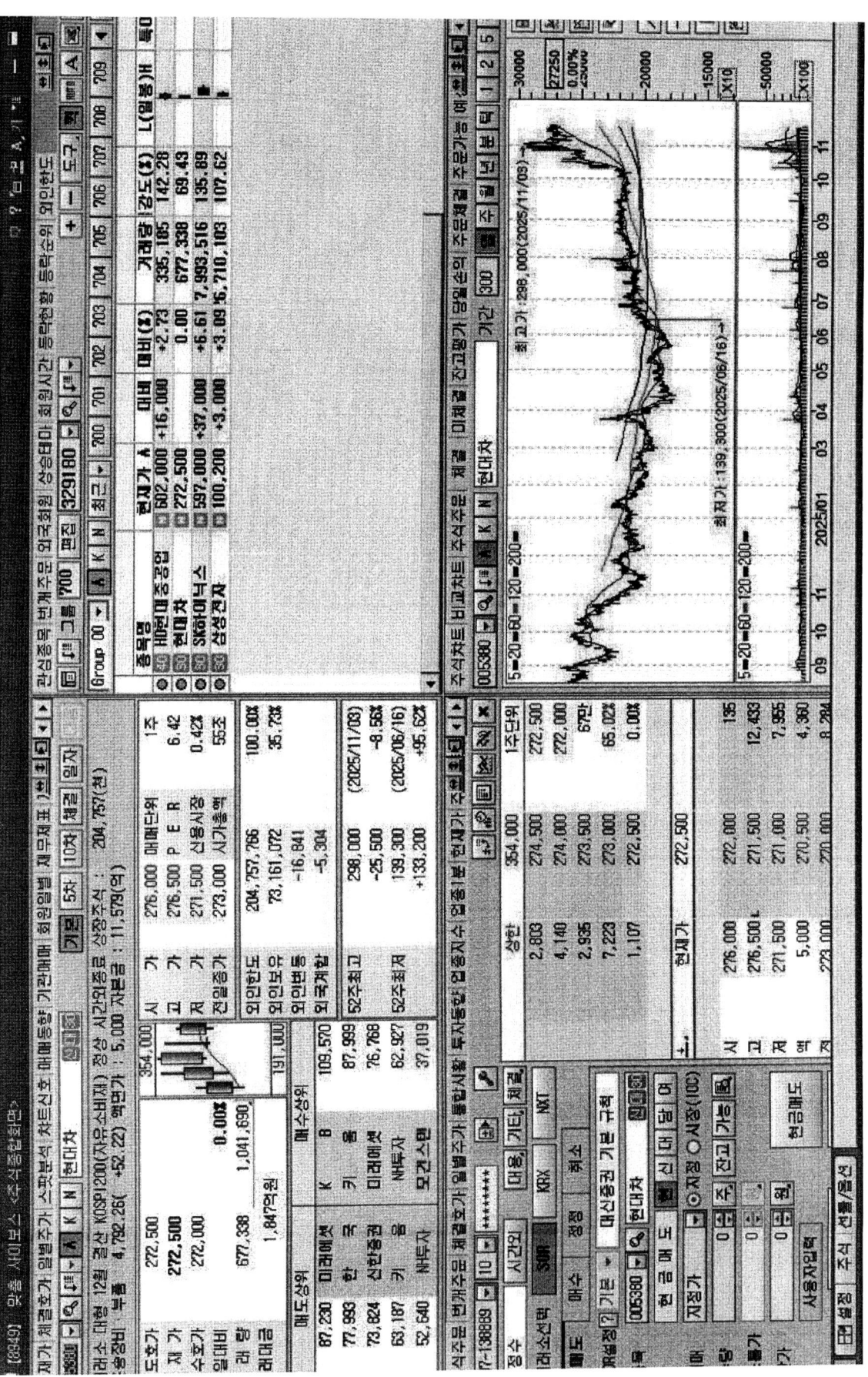

[8949] 맞춤 사이보스 <주식종합화면>

재가 체결호가 일별주가 일별주가 스팟분석 차트신호 기린매매 기린매매 매매동향 재무제표 기분초[

종목명	현재가 ▲	대비	매비(%)	거래량	강도(%)
HD현대중공업	602,000	+16,000	+2.73	335,185	142.28
현대차	272,500	0.00	0.00	677,338	69.43
SK하이닉스	597,000	+37,000	+6.61	7,993,516	135.89
삼성전자	100,200	+3,000	+3.09	6,710,103	107.62

Group 00 ▼

L(일봉)H

종목: HD현대중공업

			매매단위	1주
시 가	602,000	586,000		
고 가	602,000	605,000	PER	57.22
저 가	601,000	583,000	신용시장	0.09%
전일종가		581,000	시가총액	53조

외인한도	88,773,116	100.00%
외인주문	9,668,128	10.91%
외인변동	-37,355	
외국계합	83,700	

52주최고	640,000	(2025/10/27)	-5.94%
	-38,000		
52주최저	168,900	(2024/11/06)	+256.42%
	+433,100		

매도상위
K	B	
37,530	35,887	신한증권
34,465	키 움	
25,069	한 국	
22,960	미 신	

매수상위
47,724	메릴린치
39,248	모건스탠
38,146	신한증권
28,950	한 국
21,024	미 신

도호가 602,000
재 가 602,000
수호가 601,000
일대비 ▲16,000 2.73%
거 량 335,185
거 대금 1,347,814 2,002억원

종합 KOSPI200(종중업) 평상 시간외종업 : 88,773(전)
4,792.26(+52.22) 백만가 : 5,000 자본금 : 4,438(억)

최고가: 640,000(2025/10/27)
최저가: 168,900(2024/11/06)

5-20-60-120-200
2.73%
80200

재가 체결강도 일별주가 일별주가 스파트 차트분석 차트신호 매매동향 기관별매매 회원별 재무재표 기본...

매소 대항 12월 결산 KOSPI200(선물내) 장상 시간외종가 상상 시간외종가
4,792.26(+52.22) 억만가 : 5,000 자본금 : 2,703(억)

도주가	983,000	시 가	959,000	매매단위	1주
제 가	983,000	고 가	983,000	P E R	19.06
수주가	982,000	저 가	982,000	신용시장	0.41%
일대비	▲28,000	전일종가	959,000	시가총액	50조
라 합	203,518			
라대금	1,971억원	외인한도	51,563,401		100.00%
		외인보유	22,862,077		44.34%
		외인변동	4,664		
		외국계합	15,517		

매도상위 매수상위

매도상위		매수상위	
28,243	골드만삭	미래에셋	17,891
17,949	키 움	골드만삭	17,333
14,862	한 국	한 국	16,296
13,649	신한증권	모건스탠	15,303
10,781	NH투자	신한증권	13,452

| 52주최고 | 1,127,000 | (2025/09/30) | -12.78% |
| 52주최저 | 265,871 | (2024/12/10) | +269.73% |

1,241,000
2.93%
290,879
669,000

종목명 | 현재가 | 대비 | 대비(%) | 거래량 | 강도(%)
HD현대중공업 | 602,000 | +16,000 | +2.73 | 335,185 | 142.28
현대차 | 272,500 | 0 | 0.00 | 677,338 | 69.43
SK하이닉스 | 597,000 | +37,000 | +6.61 | 7,993,516 | 135.89
삼성전자 | 100,200 | +3,000 | +3.09 | 5,710,103 | 107.62

최근 329180
편집 Group 00

최고가:1,127,000(2025/09/30)
최저가:265,871(2024/12/10)

1,241,000
987,000
986,000
985,000
984,000
983,000

상한 | 1,241,000 | 1주단위
49 | 983,000
48 | 982,000
445 | 980,000 | 20만
381 | 979,000 | 69.97%
347↑ | 978,000 | 2.93%

현재가 | 959,000
시 | 983,000 | ▲28,000
고 | 982,000 | 50
저 | 980,000 | 23
하 | 979,000 | 204
| 978,000 | 227
| 5,000 | 131

청금매도

1-3 선물옵션의 이해

1. 옵션(options)의 이해

- 미래의
- 특정 날짜에 – 만기일
- 특정 자산을 – 기초자산
- 일정한 가격으로 – 행사가격
- 일정한 수량만큼 – 거래단위
- 매입하거나 – 콜옵션(call options)
- 매도할 수 있는 – 풋옵션(put options)
- 권리를 말한다.

2. 옵션시장의 발전역사

17세기 초 네덜란드의 튜울립을 기초자산으로 하는 튜울립뿌리옵션(tulip bulb options)이 거래되었으며, 17세기 말에는 영국에서 주식에 대한 옵션이 거래되었다. 18세기 말에는 미국에서 뉴욕을 중심으로 증권중개업자들이 풋콜옵션중개인협회(The Put and Call Brokers and Dealers Association)를 조직하여 주식옵션의 장외거래를 시작하였다. 이들 주식옵션거래는 주로 1일, 1주일, 1개월 만기의 단기거래로서 투기적인 거래가 성행하게 됨에 따라, 1921년에 선물거래법(Futures Trading Act)에서 옵션거래를 불법으로 규정하였으며, 1936년에는 상품거래소법(Commodity Exchange Act)에서 옵션거래를 전면 중단시켰다.

그 후 1973년 4월 6일에 시카고옵션거래소(Chicago BoardO ptionsExchange : CBOE)가 설립되어 16개 주식에 대한 콜옵션이 거래되기 시작하였으며, 1977년 6월 3일부터 주식에 대한 풋옵션 거래가 허용되었다. 1982년에 필라델피아증권거래소(Philadelphia Stock Exchange : PHLX)는 외환 옵션을 거래하기 시작하였으며, 1936년에 중단된 상품 선물옵션거래는 1982년 10월부터 다시 거래가 허용되었다.

3. 옵션의 종류

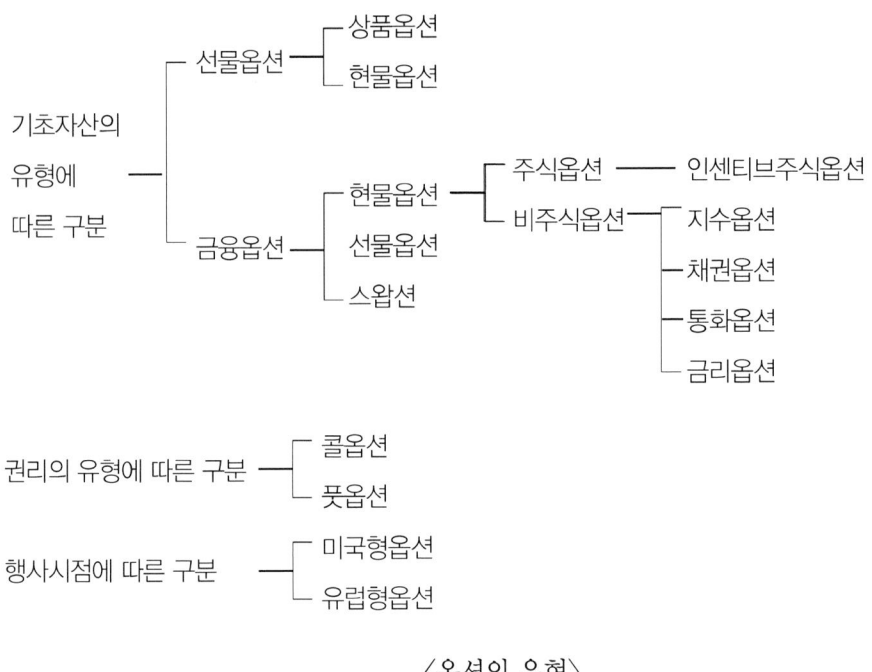

〈옵션의 유형〉

4. 콜옵션(call options)

미래의 특정날짜에 특정자산을 미리 정한 가격으로 일정한 수량만큼 살 수 있는 권리를 콜옵션(call options)이라고 한다.

예 : 보통주, 신주인수권, 전환사채의 전

5. 풋옵션(put options)

미래의 특정날짜에 특정자산을 미리 정한 가격으로 일정한 수량만큼 팔 수 있 는 권리를 풋옵션(put options)이라고 한다.

예 : 은행의 보증, 보험회사의 보험 등

6. 미국형옵션(American options)

- 미국형 옵션(American options)이란 만기일 이전에는 어느 때에나 권리를 행사할 수 있는 옵션을 말한다.
- 미국형 콜옵션은 만기일 이전에 원하는 때에 특정의 자산을 특정한 가격으로 일정한 수량만큼 매입 할 수 있는 권리가 부여된 옵션을 말한다.
- 미국형 풋옵션은 만기일 이전에 원하는 때에 특정의 자산을 특정한 가격으로 일정한 수량만큼 매도 할 수 있는 권리가 부여된 옵션을 말한다.

7. 유럽형 옵션(European options)

- 유럽형 옵션(European options)이란 만기일에만 권리를 행사할 수 있는 옵션을 말한다.
- 유럽형 콜옵션은 만기에만 특정의 자산을 특정한 가격으로 일정한 수량만큼 매입할 수 있는 권리가 부여된 옵션을 말한다.
- 유럽형 풋옵션은 만기에만 특정의 자산을 특정한 가격으로 일정한 수량만큼 매도할 수 있는 권리가 부여된 옵션을 말한다.

8. 주식옵션(stock options : SO)

개별주식옵션(stock options : SO)이란 개별주식을 기초자산으로 하는 옵션으로서, 미국의 경우 주식체가 통상적으로 100단위로 거래되기 때문에 보통 1계약(one contract)은 특정의 행사가격에 100주를 사거나 팔 수 있는 권리를 부여한다.

예 : IBM, Kodak, General Motors 등

9. 인센티브주식옵션

인센티브주식옵션(incentive stock options : ISO)제도는 미국에서 1981년 Economic Recovery Tax Act에 의해 채택된 제도로서, 주식지분을 갖지 않은 경영자 또는 종업원에게 주인의식을 가지고 경영활동 및 조직활동에 종사할 수 있도록 하기 위하여 사원들에게 일정기간이 지난 후에 자기회사의 주식을 약정당시의 가격으로 살 수 있는 권리를 부여하는 제도이다. 즉, 주

식가격이 오르더라도 사원들이 자기회사의 주식을 싼 값으로 살 수 있도록 보장해 줌으로써 사원들에게 근로의욕을 고취시키는 일종의 보상제도이다. 인센티브 주식옵션제도는 단기적인 보상제도인 봉급, 보너스, 그리고 이익참여제도(profit-shring plan)와는 달리 장기적인 보상제도라는 점에 그 특징이 있다. 이 제도에서 종업원에게 주식을 특별가격(일반적으로 낮은 가격)으로 살 수 있도록 한 옵션을 제공하게 되며, 이 경우의 옵션은 증여세가 면세된다. 옵션행사 후 일년 동안 보유한 후에 매도한 주식에서 발행한 이익은 과거 자본이득세가 과세되었으나 현재는 보통 소득과 같이 과세된다.

10. 주가지수옵션

- 주가지수옵션(stock index options : SIO)은 각국 주식시장의 지수를 지초 자산으로 하여 거래가 성립되는 옵션을 말한다.
- 미국의 경우 지수옵션으로 S&P 100, S&P 500, Major Market, NYSE Composite 등이 있다.
- 한국의 경우 KOSPI 200을 기초자산으로 하는 주가지수옵션이 1997년 7월 7일부터 거래되고 있다.

11. 한국의 주가지수(KOSPI 200)옵션

- 우리나라의 경우 KOSPI 200 현물지수를 기준으로 연속 3개월 및 3월, 6월, 9월 12월 중 최근월물 1개를 결제월로 하여, 4개의 결제월을 두고 있다.
- 우리나라의 주가지수옵션거래는 주가지수선물거래와 마찬가지로 최종거래일은 각 결제월의 두 번째 목요일(공휴일인 경우 순차적으로 앞당김)이며, 거래개시일은 최종거래일의 익일(공휴일인 경우 순차적으로 연기시킴)이다.
- 주가지수 옵션계약의 거래단위는 KOSPI 200 옵션가격(premium)에 10만원을 곱한 값을 1계약으로 정하여 거래를 한다. 따라서 주가지수 옵션계약의 금액을 다음과 같이 구할 수 있다.

12. 주가지표의 산정방법

1) 주가지수(stock price index)

어떤 기준시점에 있어서의 주식시장 전체의 가격수준을 100으로 하여 비교시점의 가격수준을 표시하는 방법이다.

① 단순주가지수(equally weighted stock price index) : 채용하는 주식들의가격합계를 기준시점과 비교시점별로 각각 계산하고 비교시점의 주기합계를 기분시점의 주가 합계로 나누어서 그 상대치를 구하는 방법이다.

$$\text{단순주가지수} = \frac{\sum_{i=1}^{n} P_{ti}}{\sum_{i=1}^{n} P_{0i}} \times 100$$

단, n = 채용하는 주식 수

P_{0i} = 기준시점(0)의 각 주식의 가격(i = 1, 2, ..., n)

P_{ti} = 비교시점(t)에서의 각 주식의 가격(i = 1, 2, ..., n)

$\sum_{i=1}^{n} P_{0i}$ = 기준시점의 주가합계

$\sum_{i=1}^{n} P_{ti}$ = 비교시점의 주가합계

② 가중주가지수(seighted price index) : 각 증권의 상대적 중요도를 가중치로한 주가지수이다. 특히 각 주식의 총시장가치(= 주가 x 주식수)를 가중치로 하여 계산된 주가지수를 가치가중주가 지수(value-weighted price index)라고 한다. 미국의 스탠다드 & 푸어 주가지수(Standard & Poor Index)와 1983년 이후 우리나라에서 사용하는 주가지수가 이 방 법을 택하고 있다.

$$\text{가중주가지수} = \frac{\sum_{i=1}^{n} W_{ti} P_{ti}}{\sum_{i=1}^{n} W_{0i} P_{0i}} \times 100$$

단, W_{0i} = 기준시점(0)에서의 증권i의 가중치

W_{ti} = 비교시점(t)에서의 증권i의 가중치

③ 개별지수평균 : 각 증권별로 기준시점에 대한 비교시점의 주가지수를 구하고, 이 개별주식의 주가지수에 대한 단순평균을 구하는 방법이다.

$$개별지수평균 = \frac{1}{n}\sum_{i=1}^{n}\frac{P_{ti}}{P_{0i}}\times100$$

2) 주가평균(price average)

어떤 특정시점에 있어서 각 주식의 가격에 대한 평균치로서 기준시점과 비교시점의 비교를 행하는 것이 아니라는 점에서 주가지수와 차이가 있다.

① 단순주가평균 : 채용하고 있는 주식의 주가합계를 채용종목수로 나눈 것으로서, 이는 주식시장 전체의 가격수준을 표시함에 있어 중요도가 상대적으로 크거나 작은 주식의 영향을 적절하게 반영하지 못한다는 단점이 있다.

$$단순주가평균 = \frac{\sum_{i=1}^{n}P_{ti}}{n}$$

단, P_{ti} = 특정시점 t에서의 주식 i의 가격

n = 채용종목수

② 가중주가평균 : 채용하고 있는 주식들의 가격을 각 주식의 상대적 중요도를 반영하는 가중치로써 가중평균한 것이다. 이 때 가중치로는 시장가치, 거래금액, 상장주식수 등이 사용된다.

$$가중주가평균 = \sum_{i=1}^{n}\frac{W_{ti}}{\sum_{i=1}^{n}W_{ti}}P_{ti}$$

단, W_{ti} = 특정시점 t에서의 주식 i의 가중치

P_{ti} = 특정시점 t에서의 주식 i의 가중치

③ 수정주가평균 : 유상증자나 무상증자 등이 이루어진 경우에 주가의 연속성을 유지하기 위하여 일정한 수정을 가한 주가를 수정주가라 하는데, 수정주가평균은 채용하고 있는 주식의 수정주가의 단순평균 또는 가중평균을 의미한다.

수정주가평균은 서로 다른 여러 시점에 대하여 투자자 전체의 부의 변 동을 표현하는데 적절한 시장지표로서 미국의 다우-존스주가평균(Dow Jones Average)이 이에 속한다. 다우-존스주가 평균은 채용종목의 주가합계를 수정제수(adjusted divisor)로 나누어 구하는 대표적인 방법이다. 예를 들면, 어떤 지표가 A, B, C 세 가지 주식의 주가평균으로 구해진다고 할 때, 특정 날짜의 주가가 모두 100,000원에 거래되고 있었다면 그 날의 주가평균은 다음과 같이 100,000원이 될 것이다.

$$\text{주가평균} = \frac{100,000+100,000+100,000}{3} = 100,000(\text{원})$$

그 후 며칠이 지나서 주식 A에 대하여 1주당 0.5주의 무상주가 배정되 었다고 하자. 다른 모든 조건이 일정하다고 하면, 기존에 주식 A를 1주 가지고 있던 투자자는 무상주 배당을 받은 후 주식수는 1.5주로 증가하였으나 기업의 가치에는 아무런 변화가 없었으므로 주가는 66,667원(=100,000원÷1.5주)으로 하락하게 된다.

이 때 무상주의 배정의 결과 주주부에는 아무런 변화가 없고 단지 주식 수만 증가하였으므로 무상주배정 전과 후의 시장지표는 동일한 값을 가 져야 하므로 수정제수는 다음과 같이 구할 수 있다.

무상주배정 전 주가평균 = 무상주배정 후 수정주가평균

$$= \frac{\text{무상주배정후수정주가합계}}{\text{수정제수}}$$

$$\therefore \text{수정제수} = \frac{\text{무상주배정후수정주가합계}}{\text{무상주 배정전주가평균}}$$

$$\therefore \text{수정제수} = \frac{66,667+100,000+100,000}{100,000} = 2.667$$

이와 같이 무상주배정 후의 수정주가합계를 기존의 제수인 3대신 수정 제수 2.667로 나누어 줌으로써 주가평균의 연속성을 확보할 수 있다. 그러므로 수정제수는 무상증자나 유상증자의 영향을 수정주가로 반영하면서 다음과 같이 나누어 주는 숫자를 조정할 때 사용된다.

$$\therefore \text{무상주배정 후 수정주가평균}$$

$$= \frac{66,667+100,000+100,000}{2.667} \cong 100,000(\text{원})$$

3) 우리나라의 주가지표

한국증권거래소는 매일의 종합주가지수(Korea Composite Stock Price Index : KOSPI)를 발표하고 있는데, 과거에는 다우-존슨주가평균과 같은 방법으로 매일의 수정주가평균을 구하고, 1975년 1월 4일의 수정주가평균을 100으로 하여 매일의 종합주가지수를 구하였다. 그러나 1983년 1월 4일부터는 스탠다드 & 푸어주가지수에서처럼 매일의 시가총액을 기준시점인 1980년 1우러 4일의 시가총액과 대비하여 종합주가지수를 구하고 있다.

$$종합주가지수 = \frac{비교시점의시가총액}{기준시점의시가총액} \times 100$$

$$= \frac{비교시점의시가총액}{1980년 1월 4일의시가총액}$$

채용종목은 상장된 보통주식 모두를 포함하고 있으며, 신규상장, 유상증자, 상장폐지 등이 발생할 경우에는 기준 시점의 시가총액을 수정하여 주고 있다.

$$신기준시가총액 = 구기준시가총액 \times \frac{수정전일의시가총액 \pm 변동액}{수정전일의시가총액}$$

4) 외국의 중요주가지표

① 다우-존스산업평균지수(DJIA) :

1884년 월 스트리트 저널(Wall Street Journal)의 창시자인 찰스 다우 (Charles Dow)가 처음 창안한 것이다. 이 지수의 계산방법은 뉴욕증권시장에 상장되어 있는 30개의 가장 안정된 주식을 표본으로하여 시장가격을 평균으로 하는 방법을 쓰고 있으며, 주식분할, 주식배당 등의 변화에 대하여 제수를 조정하여 사용하고 있다. 제수를 수정하는 방법을 앞에서 살펴본 것과 같은 방법이다.

한편, 다우-존스산업평균지수에 대한 비판은 다음과 같다.

- 표본의 수가 적어서 이를 기초로 한 주가지수는 시장 전반적인 동향을 대변할 수 없으며, 또한 표본에 선택된 주식의 성격이 상장되어 있는 모든 주식의 성격을 대표할 수 없다는 것이다.
- 주식가격에 가중하여 지수가격을 계산하는데 대한 비판이다.
- 지금은 안정되고 그 기업이 속하여 있는 기업의 주식을 택하였다고 하나, 그 주식이 산업을 대표할 수 없을 때는 표본을 새로 구성하여야 한다. 표본을 새로 구성하면 전과는 다른 성격의 지수가 되며, 전의 지수와 연속성을 유지시키기 어렵다.

② Standard and Poor's 500

미국의 스탠다드 & 푸어 회사에서 발표하는 것으로서 500개의 표본으로부터 지수가 계산되는데, 종목은 400개의 산업주(industrial stock), 40개의 전기·전화·가스 등 공공사업(utilities), 20개의 운송과 관련된 회사(transportations), ₩20개의 금융회사(financial)의 주식 뿐 만이 아니라 장외(over-the-counter)에서 거래되고 있는 주식도 포함하였다. 이 지수는 발행주식의 시가총액에 기준을 두어서 계산하고 있으며, 1941~1943년의 평균 주식가격을 10이라고 기준하 여 사용하고 있다.

5) 뉴욕증권시장지수

스탠다드푸어의 지수방법에 따라 기업의 총발행주식 가치로 가중하여 계산한다. 뉴욕증권 시장지수는 뉴욕증권시장에서 거래되는 주식을 모두 포함하여 계산하는데 1965년 12월 31일을 기준시점으로 하여 50의 기본지수로 시작하였다.

6) 동증지수와 日經다우평균

일본 동경 증권거래소에서 발표하는 것이 동증지수이다. 1950년부터 다우존스방법에 의한 동증지수를 발표해 오다가 1969년 이를 폐지하고 시가총액법으로 바꾸고, 채용종목도 전종목으로 바꾸어 1968년 1월 4일을 기준전으로 계산하고 있다. 종전에 사용하던 다우존스 방법은 일본경제신문에서 이어받아, 日經다우평균이라하여 발표되고 있으며, 이 일경다우평균의 기준시점은 1949년 5월 16일로 하고 있고, 지수계산을 위한 채용종목수는 225이다.

7) 주가지표 산정의 주의점

① 채용종목 : 시장지표를 작성하는데 포함되어야 할 채용종목은 주식시장에서 거래되는 모든 주식들이어야 하나 편의를 위하여 몇 개의 주식만을 택하여 채용종목을 삼는 것이 일반적이다. 따라서 시장지표가 진정한 의미의 시장의 가격지표로서의 역할을 하지 못하는 부분이 존재하게 된다.
② 가중방법 : 가중평균의 목적은 각 주식의 상대적 중요도를 반영하는 것이므로 시장지표는 주식 시장 전체의 가격수준 뿐 아니라 주식투자가 전체의 부의 변동을 나타내 줄 수 있는 지표로도 이용될 수 있어야 한다. 이를 위해서 가치가중평균이 사용되는데, 이는 채용종목 전체의 시장가치총계에 대한 각 주식별 시장가치합계의 비율을 가중치로 한 가중평균이다.
③ 평균의 선택 : 산술평균은 어떤 특정 시점에 있어서의 평균치를 나타내는 데 적합하고, 기하평균은 변화의 패턴 또는 상태를 나타내는 데 적합하므로 사용목적에 따라 어떤 평균의 방법을 택할 것인가를 결정하여야 한다.

13. 채권옵션(bond options : BO)

● 채권옵션(bond options : BO)은 채권을 기초자산으로 하는 옵션이다.

- 미국의 경우 채권옵션으로 중기재정증권(T-Note), 장기재정증권(T-Bond) 등에 대한 현물옵션과 CBOT Bond 선물에 관한 옵션거래가 이루어지고 있다.

14. 통화옵션(currency options : CO)

- 통화옵션(currency options : CO)은 각국의 통화를 기초자산으로 하는 옵션이다.
- Australian dollar, British pound, Canadian dollar, French Franc, German mark, Japanese Yen, Swiss franc 등을 기초자산으로 거래되고 있다.

15. 선물옵션(options on futures : OF)

- 선물옵션(options on futures : OF)은 선물계약을 기초자산으로 하는 옵션으로서, 일반적으로 선물 계약의 만기일은 옵션의 만기일에 가깝다.
- 미국의 경우 옥수수, 대두, 원유, 생우유, 유로달러, 통화선물, T-Bond 등에 대한 선물계약을 기초자산으로 하는 선물옵션이 활발히 거래되고 있다.

16. 스왑션(swaptions : options on swaps)

- 스왑션(swaptions : options on swaps)이란 스왑과 옵션의 결합된 형태로서 변동금리의 지급의무가 있는 거래당사자가 변동금리가 특정 이자율을 상회하거나 하락하는 경우에 변동금리를 고정금리로 전환할 수 있는 권리가 부여된 스왑거래를 말한다.
- 스왑션의 매입자는 특정금리보다 시장금리가 상회하는 경우에는 고정금리로 변환하는 옵션을 행사하게 되면 특정 금리보다 상회하는 부분만큼 스왑션의 매도자로부터 환급받고, 특정 금리보다 시장금리가 하락하는 경우에는 특정 금리보다 하락하는 부분만큼 스왑션의 매도자에게 지급함으로써 결과적으로 특정 금리에 지급의무를 고정시키는 효과를 가져온다.

17. 스왑(swaps)

- 스왑(swaps)이란 두 거래 당사자간에 각자의 지급의무를 일정기간 동안 서로 교환하여 부담하는 거래를 말한다. 스왑거래는 두 거래 당사자들이 자신의 지급의무로 인하여 발생하는 위험을 회피할 목적으로 사용하는 거래기법으로서, 주로 채권과 관련된 지급의무를 그 교환의 대상으로 한다.

18. 옵션관련용어

- 롱(long : buy)과 숏(short : sell, write)
- 포지션(position)
- 등가격(at-the money)
- 내가격(in-the money)
- 외가격(out-of-the money)

19. 등가격(at-the money)

- 기초자산의 가격과 행사가격이 동일한 상태에 있는 콜옵션 또는 풋옵션을 등가격(at-the money) 상태라고 한다.
- 기초자산의 시장가격 = 행사가격
- 등가격 상태에서 옵션을 행사하게 되면 이익도 손실도 발생하지 않게 된다.

20. 내가격(in-the money)

- 기초자산의 가격보다 행사가격이 낮은(높은)상태에 있는 콜옵션(풋옵션)을 내가격(in-the money)상태라고 한다.
  콜옵션의 경우 : 기초자산의 시장가격 〉 행사가격
  풋옵션의 경우 : 기초자산의 기장가격 〈 행사가격
- 특히 기초자산의 가격보다 행사가격이 매우 낮은(높은)상태에 있는 콜옵션(풋옵션)을 큰 내

가격 (deep-in-themoney)상태라고 하며, 큰 내가격(deep-in-the money)상태의 콜옵션 또는 풋옵션은 만기 또는 만기이전에 행사될 가능성이 매우 높다. 따라서 이러한 상태의 옵션은 상대적으로 높은 가격에 판매된다. 즉, 내가격에서는 이익의 실현이 가능한 상태라는 것을 의미한다.

21. 외가격(out-of-the money)

- 기초자산의 가격보다 행사가격이 높은(낮은)상태에 있는 콜옵션(풋옵션)을 외가격(out-of-the money)상태라고 한다.
  콜옵션의 경우 : 기초자산의 시장가격 〈 행사가격
  풋옵션의 경우 : 기초자산의 시장가격 〉행사가격
- 특히 기초자산의 가격보다 행사가격이 매우 높은(낮은)상태에 있는 콜옵션(풋옵션)을 큰 외가격(deep-out-of-the money)상태라고 하며, 큰 외가격(deep-out-of-the money)상태의 콜옵션 또는 풋옵션은 만기 또는 만기이전에 행사될 가능성이 매우 낮다. 따라서 이러한 옵션은 상대적으로 낮은 가격에 판매가 된다. 즉, 외가격에서는 손실을 부담하게 되는 상태라는 것을 의미한다.

22. 옵션의 기능

- 위험 헷징(hedging)기능
- 주식투자의 레버리지효과 : 콜옵션의 경우
- 새로운 투자수단의 제공
- 공매에 대한 제약회피가능 : 풋옵션의 경우

23. 주식투자의 레버리지효과 : 콜옵션의 경우

- 옵션을 이용하는 경우에는 상대적으로 저렴한 옵션가격을 지불하고 주식투자의 효과를 달성할 수 있다. 즉, 콜옵션에 대한 투자의 경우 기초자산의 가격이 상승하면 일정한 투자자금으로 기초자산의 가격이 상승하면 일정한 투자자금으로 기초자산인 주식에 투자할 때 보다

많은 기초자산에 대한 콜옵션을 구입함으로써 훨씬 높은 투자수익을 실현할 수 있고, 기초자산의 가격이 하락하면 기초자산인 주식에 투자하는 경우보다 상대적으로 적은 콜옵션 매입가격만큼의 손실만 부담하면 된다. 따라서 옵션은 주식투자에 대한 레버리지(수익확대)효과를 가져다주는 기능을 수행하고 있는 것이다.

● 예 : 현재주식의 가격이 40,000원이고, 1기간 후에 주가가 50,000원이 되었다고 할 때, 투자자가 현재 주식시장에서 직접 주식을 매입하는 경우의 수익률은 다음과 같이 25%이다.(단, 수수료와 화폐의 시간가치는 무시한다.)

$$R_s = \frac{P_{t+1} + P_t}{P_t} = \frac{50,000 - 40,000}{40,000} = 0.25(25\%)$$

● 그러나 투자자가 미래 1기간 후에 주식을 40,000원에 매입할 수 있는 권리(콜옵션)를 현재 2,000원에 매입하는 경우의 수익률은 다음과 같이 400%이다.

$$R_c = \frac{P_{t+1} - E - C}{C} = \frac{50,000 - 40,000 - 2,000}{2,000} = 4(400\%)$$

24. 공매에 대한 제약회피가능 : 풋옵션의 경우

● 기초자산에 대한 공매(short selling)가 불가능한 경우 또는 제약이 있는 경우에 풋옵션을 이용함으로써 이러한 제약을 극복할 수 있다. 만약 미래에 기초자산의 가격이 하락할 것으로 예상이 된다면 기초자산을 대주 (貸株)하여 현재 매도하고 미래에 실제로 기초자산의 가격이 하락하였을 때 낮은 가격으로 해당 기초자산인 주식을 매입하여 되돌려 줌으로써 차익을 실현하는 공매가 불가능할 때 풋옵션을 이용할 수 있다. 즉, 미래에 주가가 하락할 것으로 예상되는 경우 당해 주식에 대한 풋옵션을 매입하고 미래에 실제로 기초자산의 가격이 하락하게 되면 시장에서 동일한 주식을 낮은 가격으로 구입하여 풋옵션을 행사하면 차익의 실현이 가능하다.

25. 콜옵션의 이익의 행태(profits profile

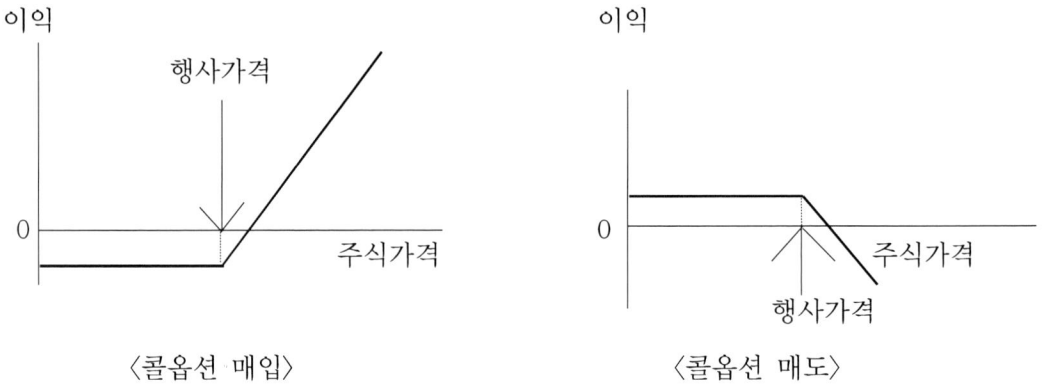

〈콜옵션 매입〉   〈콜옵션 매도〉

26. 콜옵션 가치의 행태(value profile)

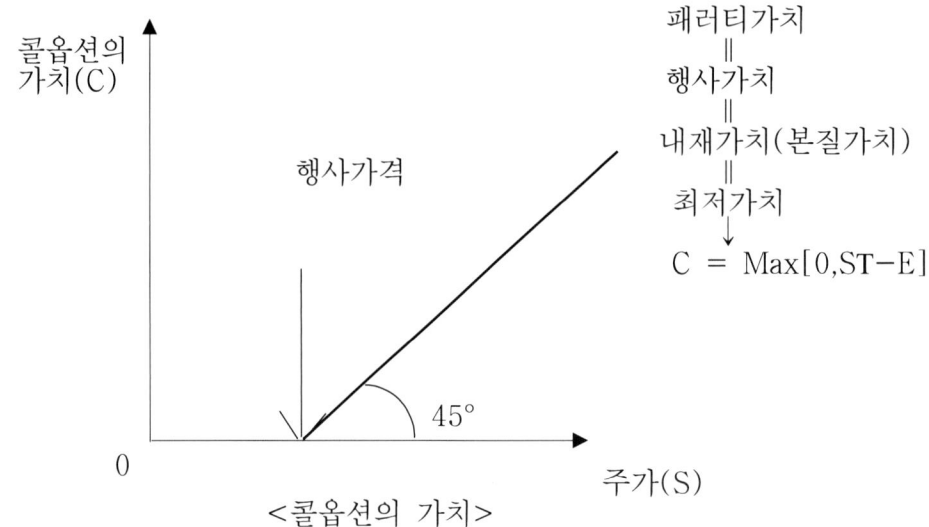

<콜옵션의 가치>

패러티가치
‖
행사가치
‖
내재가치(본질가치)
‖
최저가치

$C = Max[0, ST-E]$

27. 미국형 콜옵션 가치의 행태

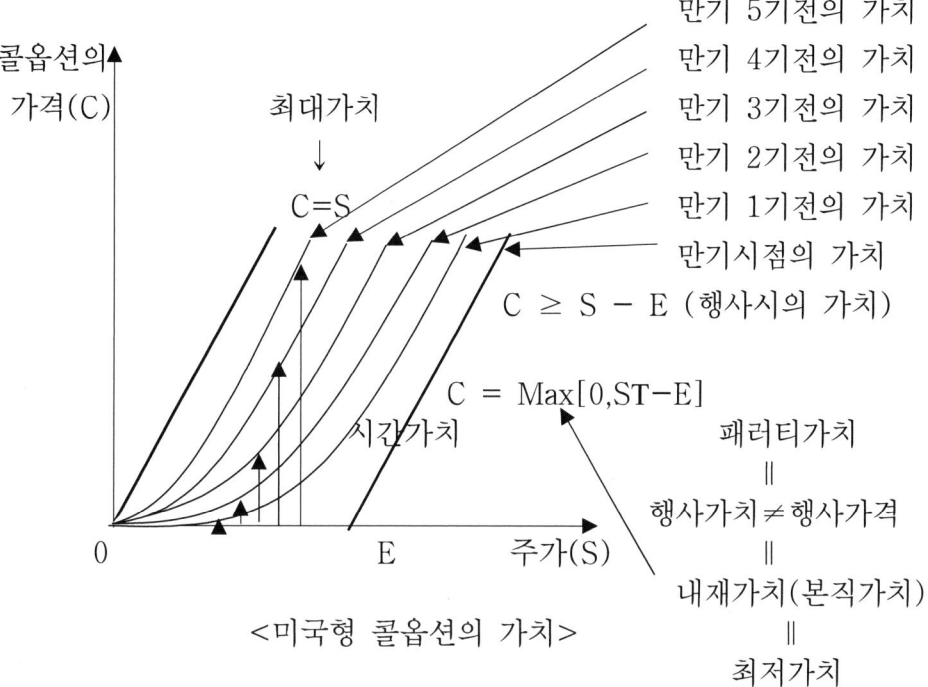

만기 5기전의 가치
만기 4기전의 가치
만기 3기전의 가치
만기 2기전의 가치
만기 1기전의 가치
만기시점의 가치

콜옵션의
가격(C)

최대가치
↓
C=S

$C \geq S - E$ (행사시의 가치)

$C = Max[0, ST-E]$

시간가치

0   E   주가(S)

패러티가치
‖
행사가치 ≠ 행사가격
‖
내재가치(본직가치)
‖
최저가치

<미국형 콜옵션의 가치>

28. 유럽형 콜옵션의 가치의 행태

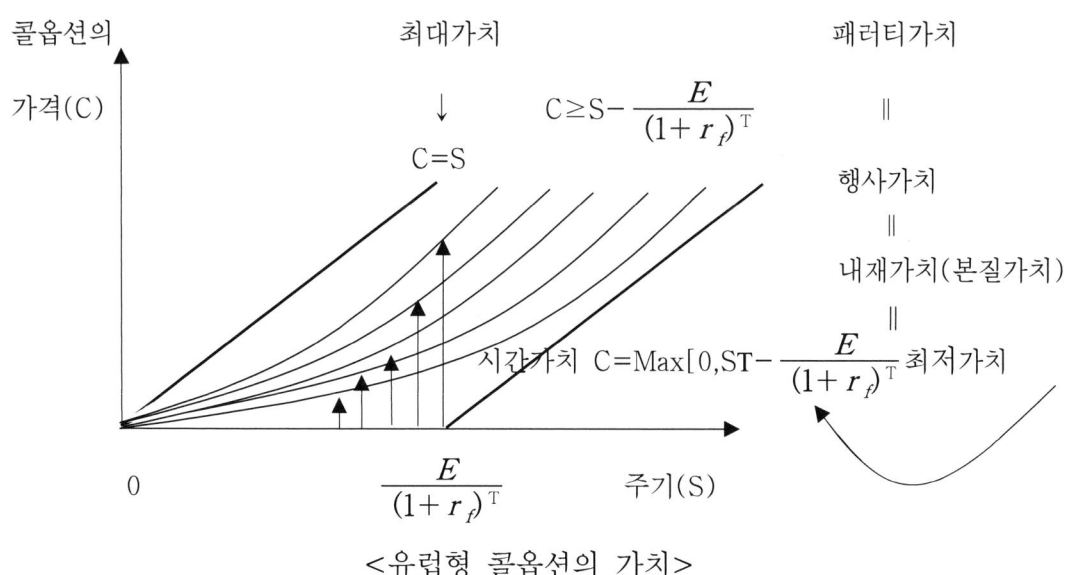

콜옵션의

가격(C)

최대가치
↓
C=S

$C \geq S - \dfrac{E}{(1+r_f)^T}$

패러티가치
‖
행사가치
‖
내재가치(본질가치)
‖
시간가치 $C = Max[0, ST - \dfrac{E}{(1+r_f)^T}]$ 최저가치

0        $\dfrac{E}{(1+r_f)^T}$ 주기(S)

<유럽형 콜옵션의 가치>

29. 콜옵션의 시간가치의 행태

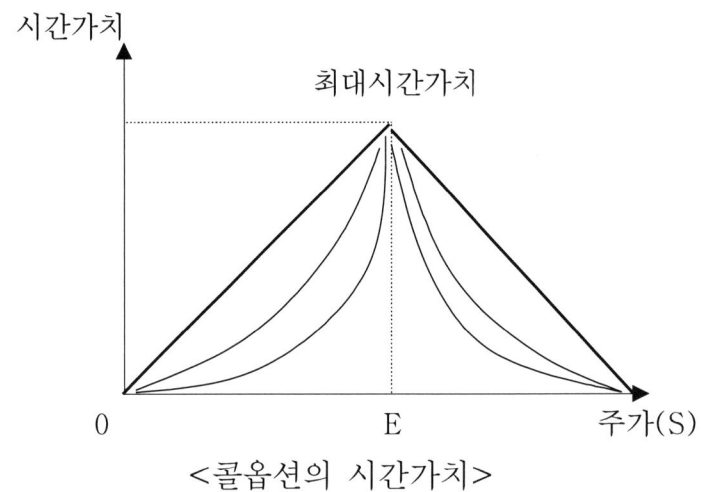

<콜옵션의 시간가치>

30. 풋옵션 이익의 행태(profits profile)

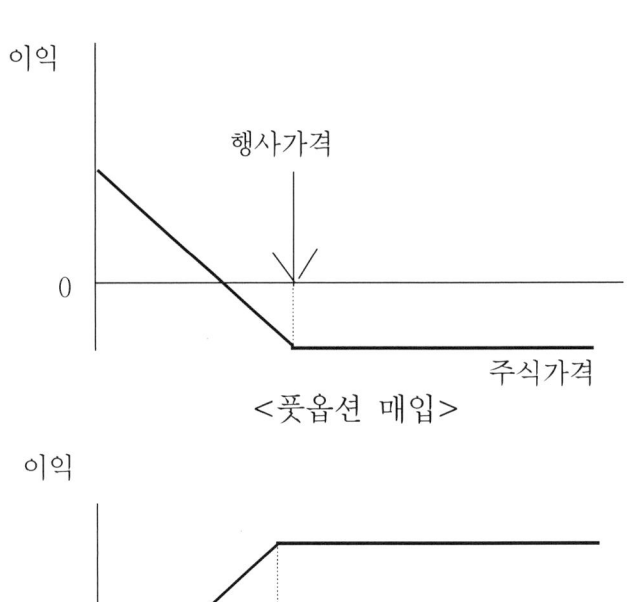

<풋옵션 매입>

<풋옵션 매도>

31. 풋옵션 가치의 행태(value profile)

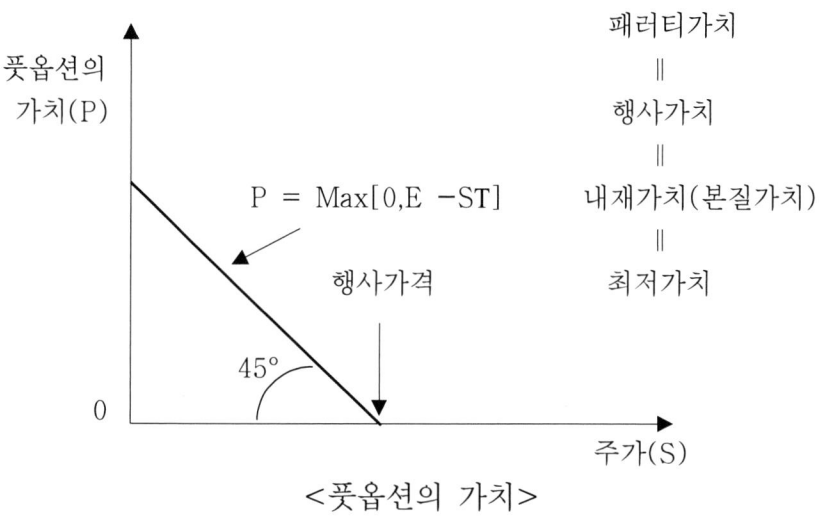

<풋옵션의 가치>

32. 미국형 풋옵션 가치의 행태

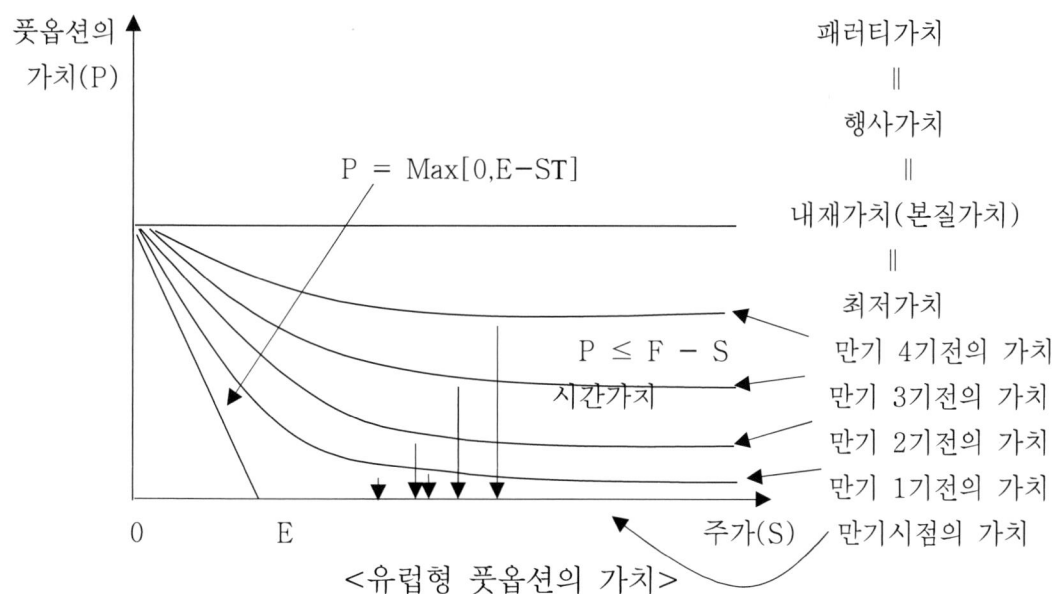

<유럽형 풋옵션의 가치>

33. 유럽형 풋옵션 가치의 행태

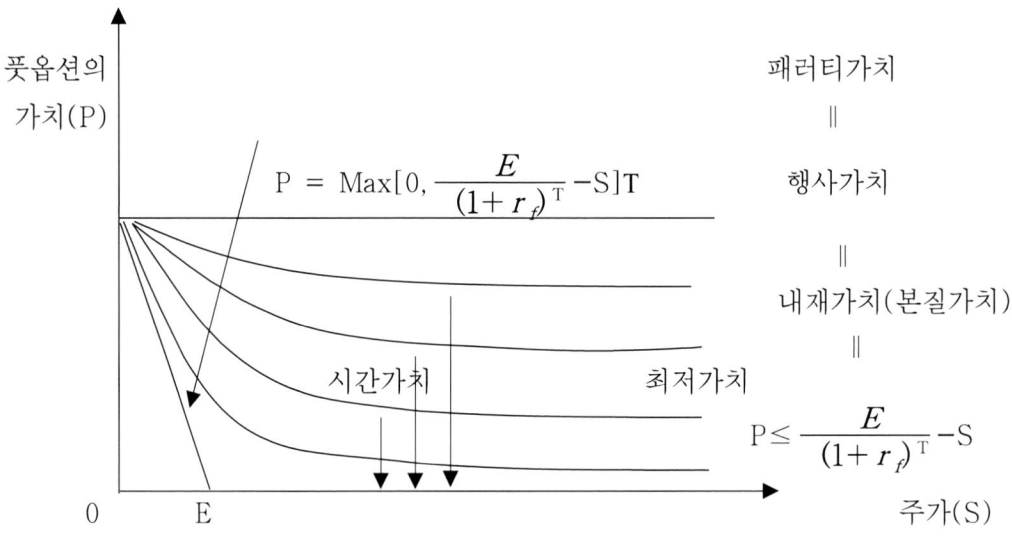

34. 콜옵션(call options)의 가격결정요인

C = f(S,E,T, σ 2 , R,d)

단, C = 콜옵션의 가격(call price or premium)

S = 기초자산(underlying asset)의 가격

E = 행사가격(striking or exercise price)

T = 만기(expiration)까지의 기간

σ 2 = 기초자산가격의 일일 분산(variance)

R = 시장이자율(market interest rate)

d = 기초자산의 주당 현금배당률 (cash dividend ratio)

35. 기초자산가격과의 관계

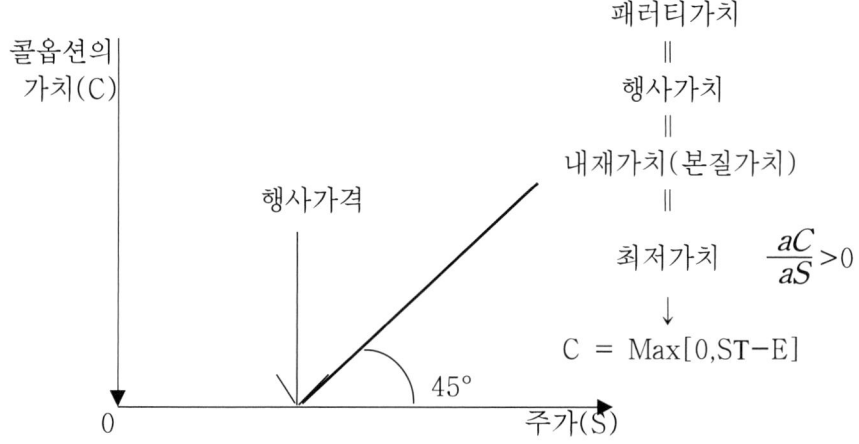

기초자산의 가격 ↑ ⇒ 콜옵션의 이익(또는 이익 실현 가능성)↑
⇒ 콜옵션의 가치 ↑

36. 행사가격과의 관

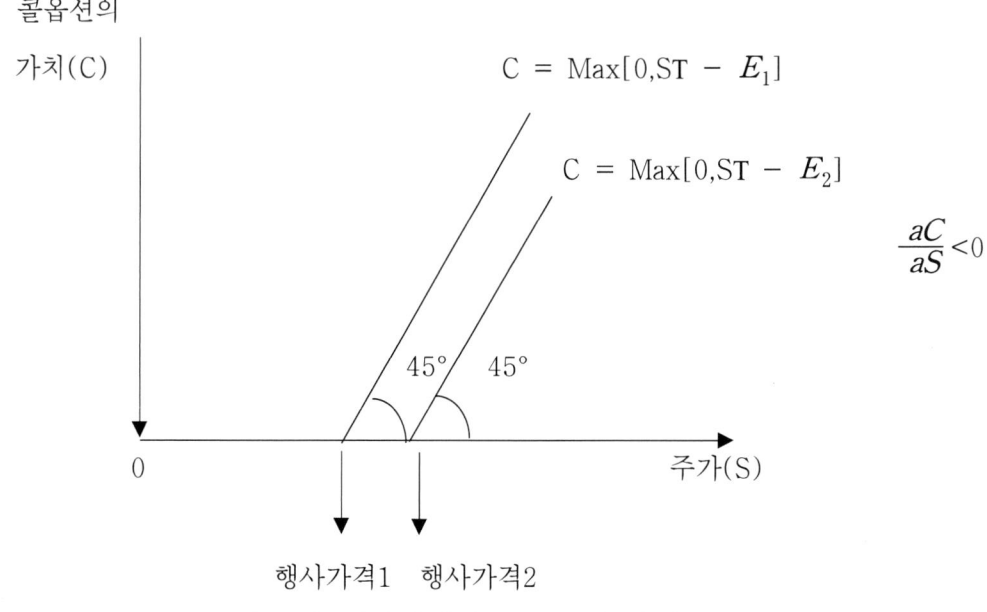

<콜옵션의 행사가격과 콜옵션의 가치>

37. 유럽형 풋옵션 가치의 행태

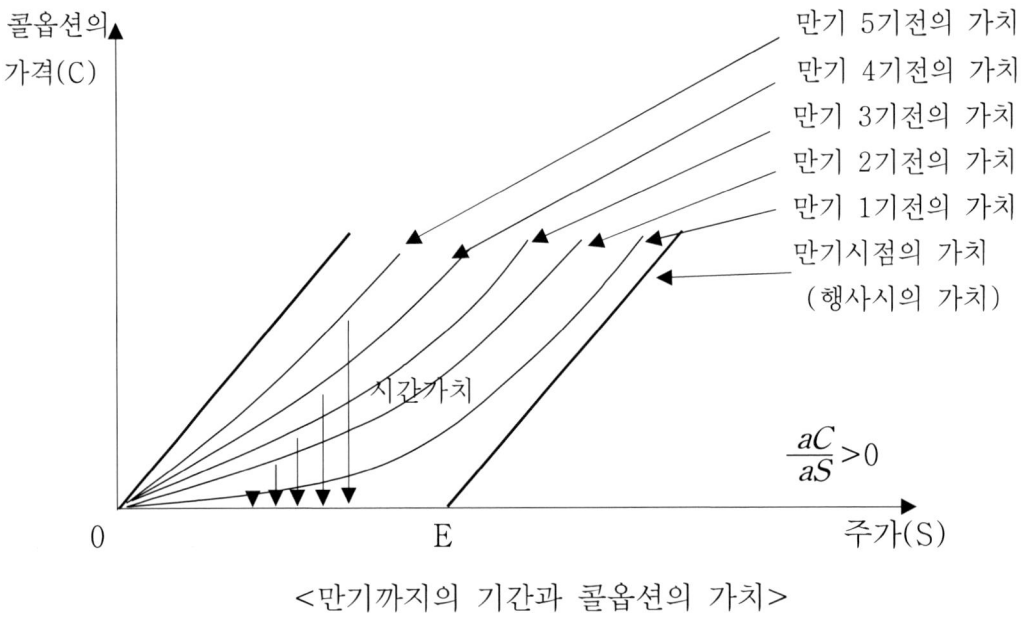

<만기까지의 기간과 콜옵션의 가치>

만기까지의 기간 ↑ ⇒ 콜옵션의 시간가치 ↑ ⇒ 풋옵션의 가치 ↑

38. 기초자산가격의 일별 분산

● 기초자산가격의 일별분산 ↑ ⇒ 콜옵션의 시간가치 ↑

⇒ 콜옵션의 가치 ↑

$$\frac{aC}{a\,\sigma^2_{Asset}} > 0$$

39. 시장이자율

● 시장이자율의 증가 ⇒ 행사가격의 현재가치 감소

⇒ 콜옵션의 가치 증가(∵ 행사가격과 콜옵션의 가치가 역의 관계를 가지므로)

$$\frac{aC}{aR} > 0$$

40. 기초자산의 현금배당률

● 현금배당이 클수록 기초자산의 가격이 많이 하락하게 되므로 콜옵션의 가치는 하락하게 된다. 즉, 행사가격이 주어져 있을 때, 다음의 콜옵션 등가식(parity)식에서 현금배당에 의해 기초자산의 가격이 하락하면 콜옵션의 가치도 하락한다.

● 현금배당 ↑ ⇒ 기초자산가격 ↓ ⇒ 콜옵션가치 ↓

41. 콜옵션(call options)의 가격결정요인

$$C = f(S, E, T, \sigma^2, R, d)$$
$$+ \quad - \quad + \quad + \quad + \quad -$$

단, C = 콜옵션의 가격(call price or premium)

S = 기초자산(under lying asset)의 가격

E = 행사가격(striking or exercise price)

T = 만기(expiration)까지의 기간

σ^2 = 기초자산가격의 일일 분산(variance)

R = 시장이자율(market interest rate)

d = 기초자산의 주당 현금배당율(cash dividend ratio)

42. 기초자산가격과의 관계

$$P = f(S, E, T, \sigma^2, R\ d)$$

단, P = 풋옵션의 가격(put price or premium)

S = 기초자산(underlying asset)의 가격

E = 행사가격(striking or exercise price)

T = 만기(expiration)까지의 기간

σ^2 = 기초자산가격의 일일 분산(variance)

R = 시장이자율(market interest rate)

d = 기초자산의 주당 현금배당률(cash dividend ratio)

43. 기초자산가격과의 관계

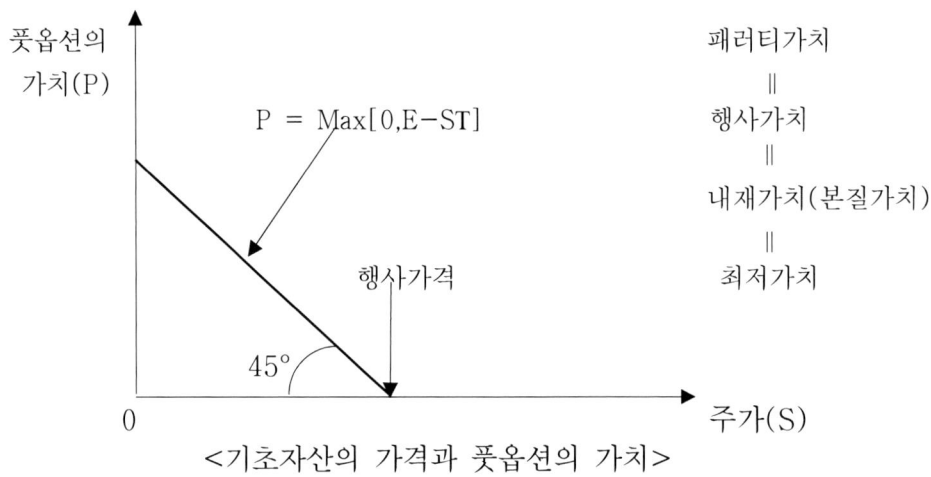

<기초자산의 가격과 풋옵션의 가치>

기초자산의 가격 ↑ ⇒ 풋옵션의 이익(또는 이익 실현 가능성) ↓
⇒ 풋옵션의 가치 ↓

44. 행사가격과의 관계

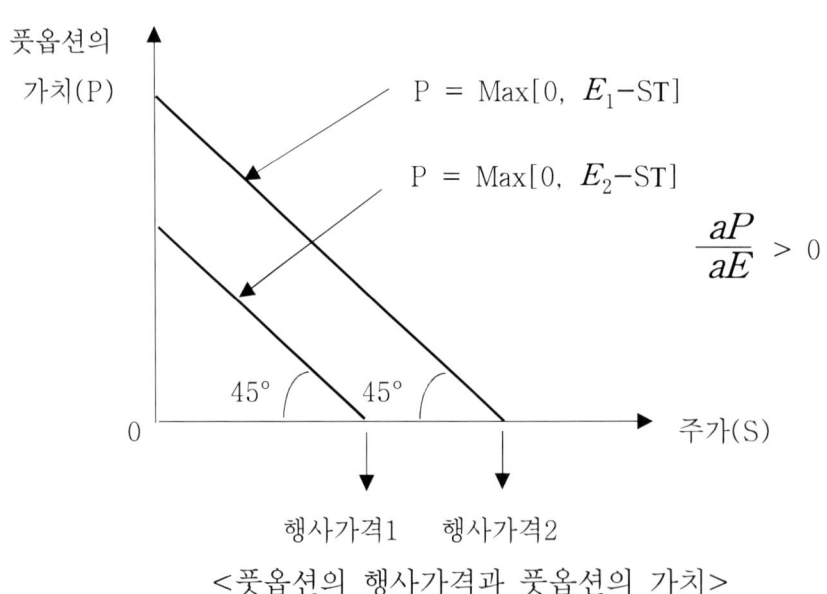

<풋옵션의 행사가격과 풋옵션의 가치>

45. 만기까지의 기간과의 관계

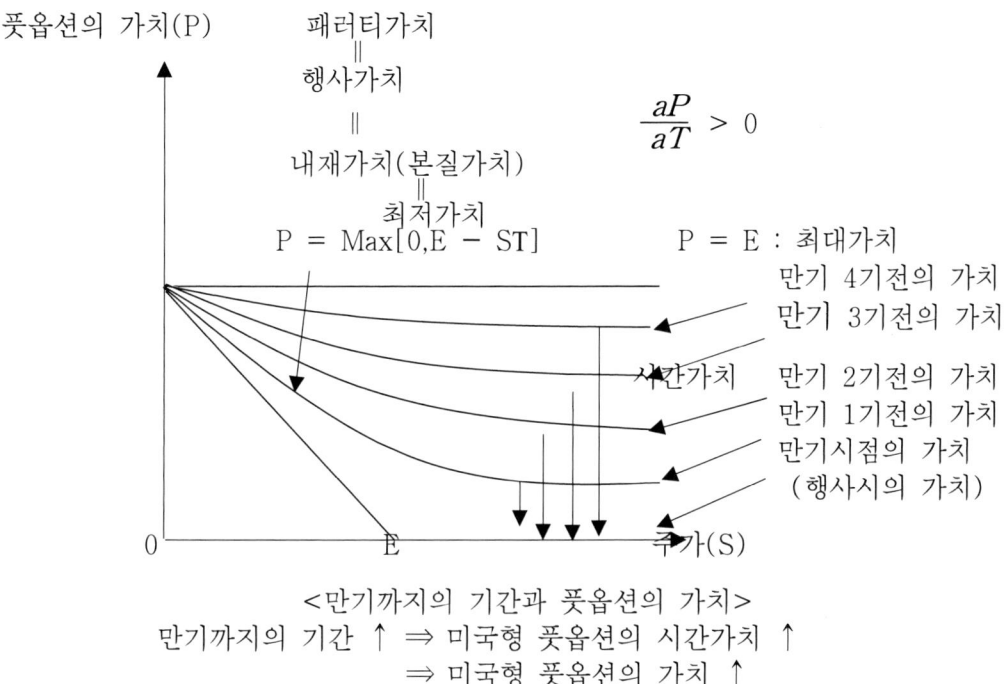

풋옵션의 가치(P)

패러티가치
||
행사가치
||
내재가치(본질가치)
||
최저가치

$$P = Max[0, E - ST]$$

$$\frac{aP}{aT} > 0$$

P = E : 최대가치

만기 4기전의 가치
만기 3기전의 가치

시간가치

만기 2기전의 가치
만기 1기전의 가치
만기시점의 가치
(행사시의 가치)

0   E   주가(S)

<만기까지의 기간과 풋옵션의 가치>
만기까지의 기간 ↑ ⇒ 미국형 풋옵션의 시간가치 ↑
⇒ 미국형 풋옵션의 가치 ↑

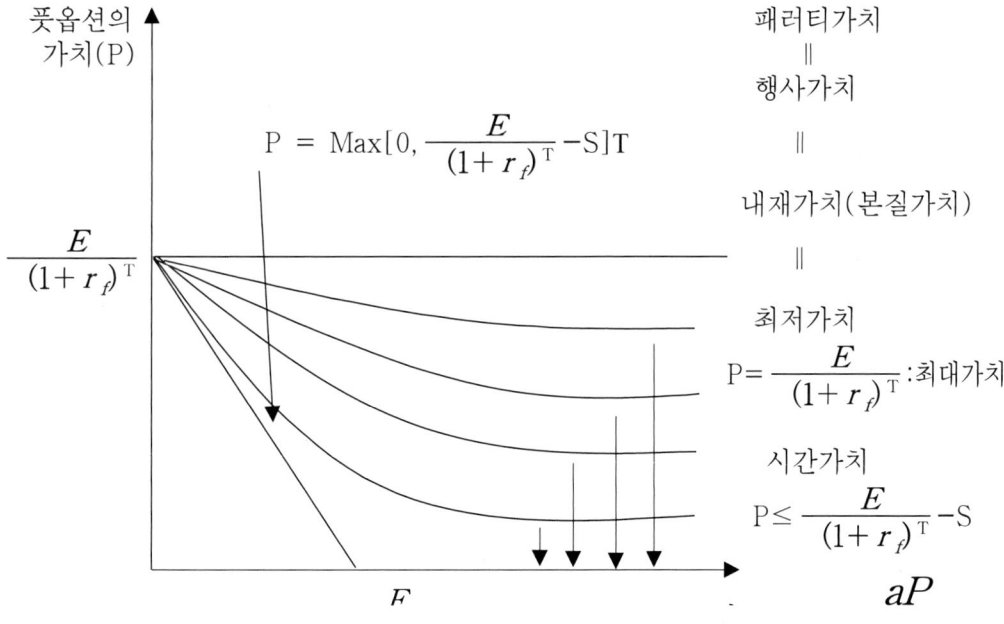

풋옵션의
가치(P)

$$P = Max[0, \frac{E}{(1+r_f)^T} - S]T$$

$$\frac{E}{(1+r_f)^T}$$

패러티가치
||
행사가치
||
내재가치(본질가치)
||
최저가치

$$P = \frac{E}{(1+r_f)^T} : 최대가치$$

시간가치

$$P \leq \frac{E}{(1+r_f)^T} - S$$

E

aP

유럽형 풋옵션 : 만기의 증가에 따른 이익실현가능성의 증가(+)

만기의 증가에 따른 이자소득기회상실의 기회손실증가(−)

90

46. 기초자산가격의 일별 분산

● 기초자산가격의 일별 분산 ↑ ⇒ 풋옵션의 시간가치 ↑

⇒ 풋옵션의 가치 ↑

$$\frac{aP}{a\ \sigma^2_{Asset}} > 0$$

47. 풋옵션(put options)의 가격결정요인

$$P = f(S, E, T,\ \sigma^2, R, d)$$
$$\quad\ \ -\ \ +\ \ +\ \ +\ \ -\ \ +$$

단, P = 풋옵션의 가격(put price or premium)

S = 기초자산(underlying asset)의 가격

E = 행사가격(striking or exercise price)

T = 만기(expiration)까지의 기간

σ^2 = 기초자산가격의 일일 분산(variance)

R = 시간이자율(market interest rate)

d = 기초자산의 주당 현금배당율(cash dividend ratio)

48. 옵션가격결정요인과 옵션가격과의 관계

● 가격결정 요인	콜옵션	풋옵션
1. 기초자산의 가격	+	−
2. 행사가격	−	+
3. 만기까지의 기간	+	+
4. 기초자산가격의 일일 분석	+	+
5. 시장이자율	+	−
6. 기초자산의 형금배당률	−	+

49. 증권거래의 유형

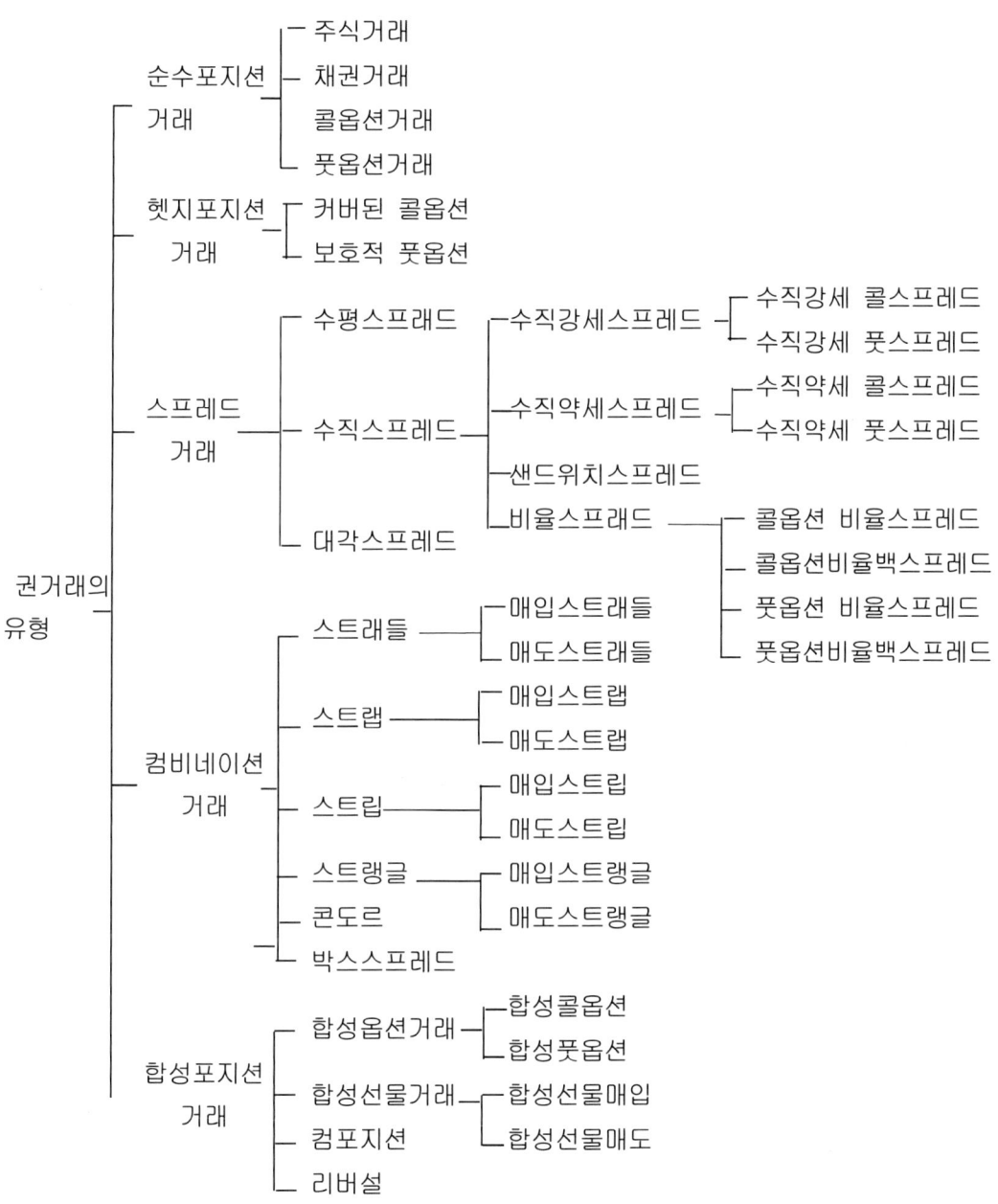

50. 주식거래의 손익

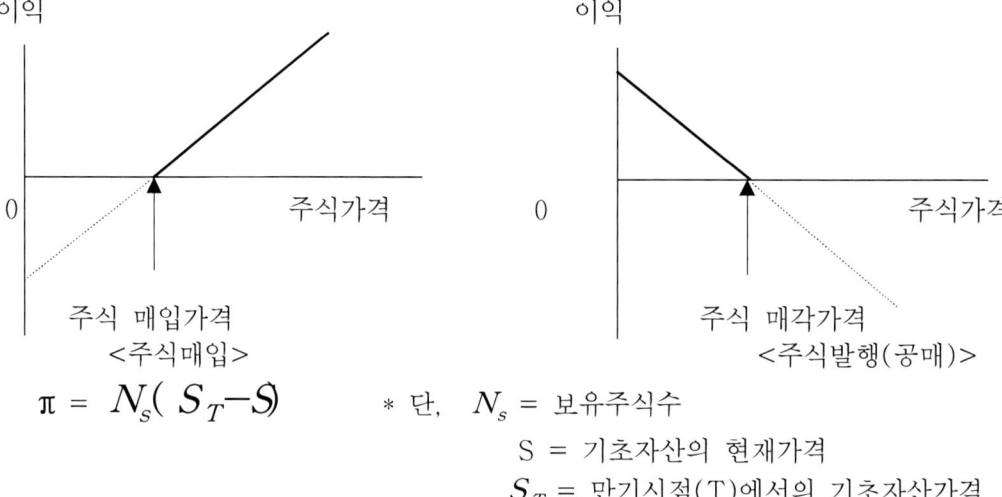

$$\pi \ = \ N_s(\,S_T - S)$$

* 단, N_s = 보유주식수

  S = 기초자산의 현재가격

  S_T = 만기시점(T)에서의 기초자산가격

51. 채권거래의 손익

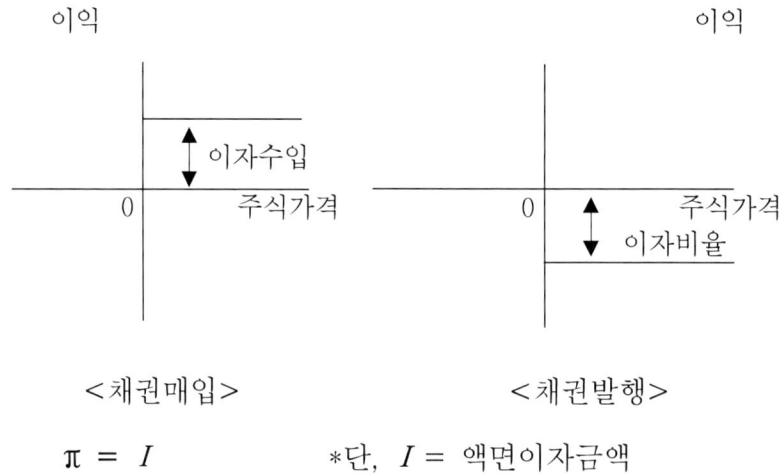

$$\pi \ = \ I$$

*단, I = 액면이자금액

52. 콜옵션거래의 손익손익

$$\pi = N_C[\,Max(0, \ S_T - E) - C]$$

● 단, N_C = 콜옵션 단위수(매입 : $N_C > 0$, 매도 : $N_C < 0$)

C = 콜옵션의 가치(가격)

E = 콜옵션의 행사가격

S = 기초자산의 현재가격

S_T = 만기시점(T)에서의 기초자산가격

53. 풋옵션거래의 손익

$$\pi = N_P[Max(0, E - S_T) - P]$$

단, N_P = 풋옵션 단위수(매입 : $N_P > 0$, 매도 : $N_P < 0$)

P = 풋옵션의 가치(가격)

E = 풋옵션의 행사가격

S = 기초자산의 현재가격

S_T = 만기시점(T)에서의 기초자산가격

54. 해지포지션(hedge options) 거래

● 헤지포지션거래란 기초자산인 주식과 옵션의 결합에 의하여 위험을 헤지하기 위한 거래로서, 커버된 콜옵션 (covered call options), 보호적 풋옵션 (protective put options) 등의 헤지포지션거래가 있다.

● (주식+콜옵션) 또는 (주식+풋옵션)

55. 커버된 콜옵션(covoered call options)

● 주식매입+콜옵션매도

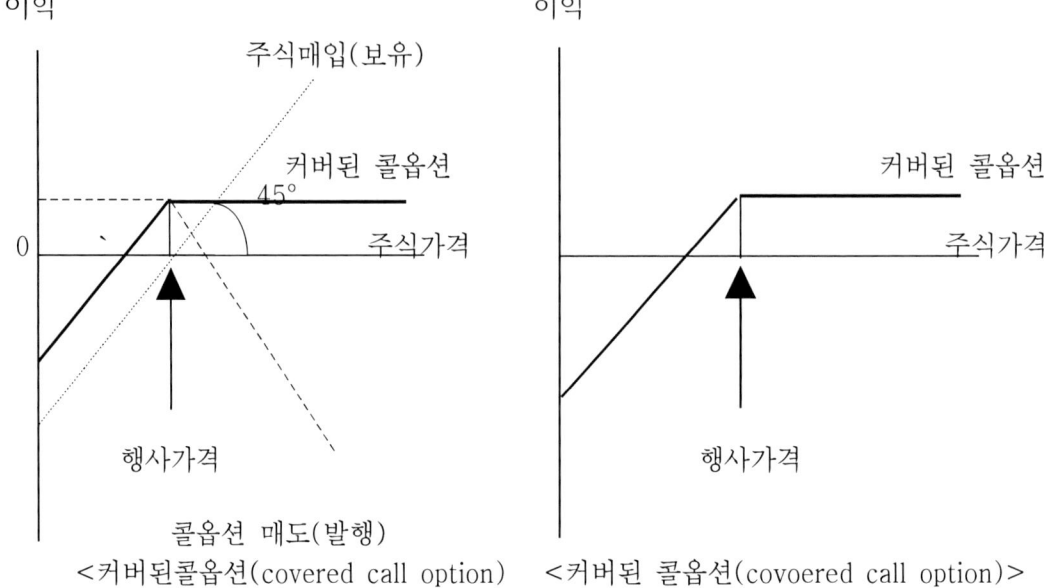

<커버된콜옵션(covered call option)   <커버된 콜옵션(covoered call option)>

56. 커버된 콜옵션거래의 손익

● 주식매입+콜옵션매도

$$\pi = N_S(\,S_T - S) + N_C[Max(0,\,S_T - E) - C]$$

● 단, $N_S > 0$, $N_C < 0$, & $N_S = -N_C$

N_S = 기초자산(주식)수 (매입, 보유, 공매 : $N_S > 0$, 매도 : $N_S < 0$)

N_C = 콜옵션 단위수 (매입 : $N_C > 0$, 매도 : $N_C < 0$)

C = 콜옵션의 가치(가격)

N_P = 풋옵션 단위수 (매입 : $N_P > 0$, $N_P < 0$)

P = 풋옵션의 가치(가격)

E = 콜옵션의 행사가격

S = 기초자산의 현재가격

S_T = 만기시점(T)에서의 기초자산가격

57. 보호적 풋옵션(protective put options)

● 주식매입 + 풋옵션매입

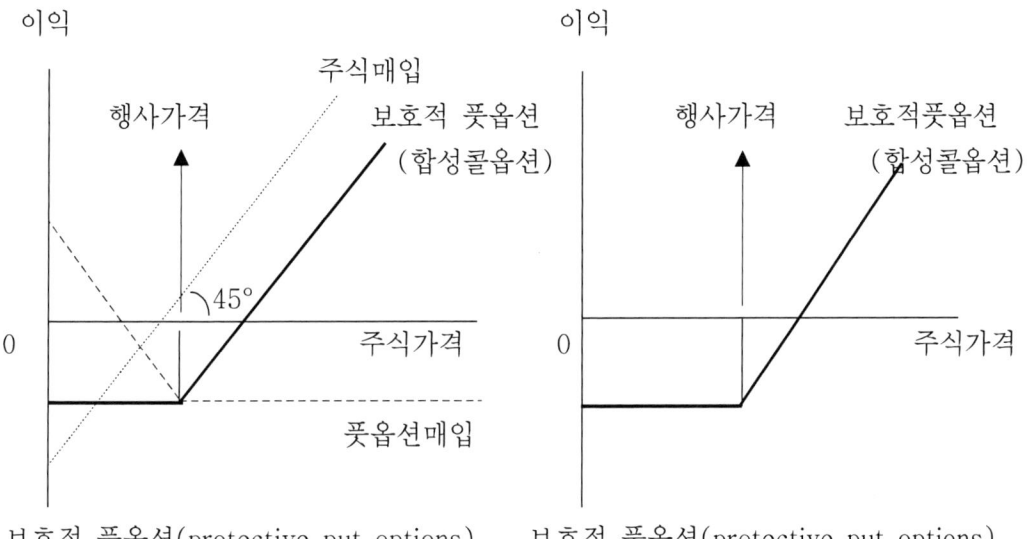

보호적 풋옵션(protective put options)　　보호적 풋옵션(protective put options)

58. 보호적 풋옵셔거래의 손익

● 주식매입 + 풋옵션매입

$$\pi = N_S(S_T - S) + N_P[Max(0, E - S_T) - P]$$

단, $N_S > 0$, $N_P > 0$, & $N_S = N_P$

N_S = 기초자산(주식)수 (매입, 보유, 공매 : $N_S > 0$, 매도 : $N_S < 0$)

N_C = 콜옵션 단위수(매입 : $N_C > 0$, 매도 : $N_C < 0$)

C = 콜옵션의 가치(가격)

N_P = 풋옵션 단위수(매입 : $N_P > 0$, 매도 : $N_P < 0$)

P = 풋옵션의 가치(가격)

E = 콜옵션의 행사가격

S = 기초자산의 현재가격

S_T = 만기시점(T)에서의 기초자산가격

59. 스프레드(spreads)거래

● (콜옵션 매입 + 콜옵션 매도) 또는 (풋옵션 매입 + 풋옵션 매도)

● 특정 기초자산에 대한 동일한 종류의 옵션, 즉 콜옵션이나 풋옵션 중의 한 종류의 옵션으로서 만기　　가 다르거나 행사가격이 서로 다른 두 개의 옵션을 하나는 매입하고, 다른하나는 매도하는 거래를　　　스프레드(spreads)거래라고　한다. 스프레드거래는　수평스프래드(horizontal·time·calendar　spreads)거래, 수직스프레드(vertical·strike·money spreads)거래, 대각스프레드(Diagonal spreads)로 구분된　　다.

● 수평스프레드는 동일한 종류의 옵션으로서 만기가 서로 다른 옵션의 결합으로 구성된 거래이다.

● 수직스프레드는 동일한 종류의 옵션으로서 행사가격이 서로 다른 옵션의 결합으로 구성된 거래이　　　다.

만기 행사가격	T_1	T_2	T_3	T_4	T_5
E_1		수	평스프	레드	
E_2	수				
E_3	직 스	대	각스프	레드	
E_4	프 레				
E_5	드				

* 대각스프레드는 동일한 종류의 옵션으로서 만기와 행사가격이 모두 다른 옵션 결합으로 구성된　　　거래이다.

60. 콜옵션을 이용한 수평스프레드

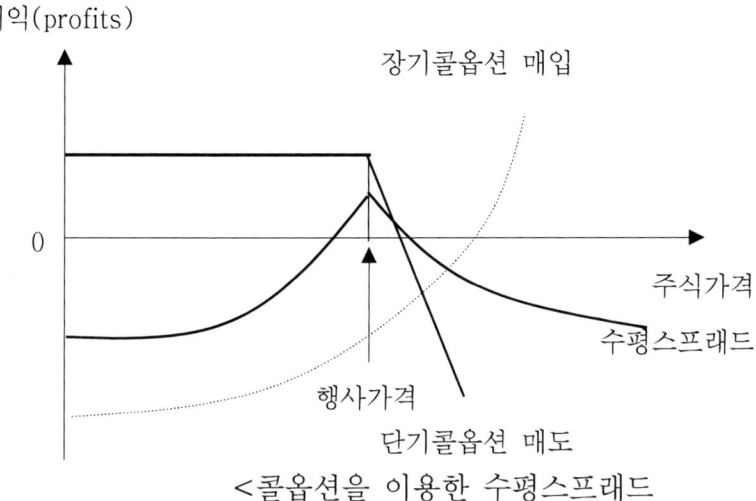

<콜옵션을 이용한 수평스프래드

61. 풋옵션을 이용한 수평스프레드

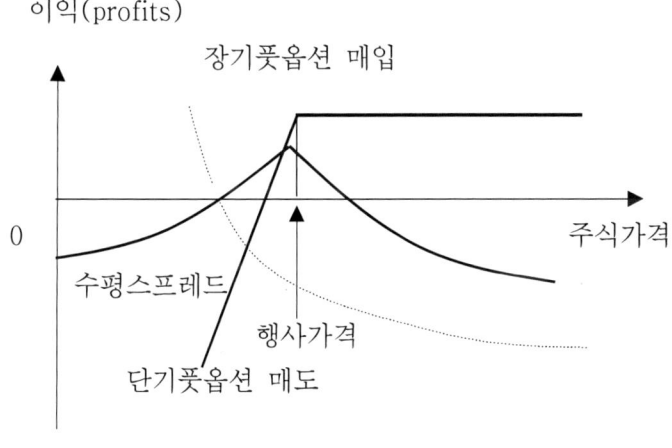

<풋옵션을 이영한 수평스프레드>

62. 수직스프레드와 그 유형

● 동일한 종류의 옵션, 즉 콜옵션이나 풋옵션 중의 한 종류의 옵션으로서 행

사가격이 서로 다른 옵션을 하나는 매입하고 다른 하나는 매도하는 거래를 수직스프레드 또는 행사스프레드(vertical·strike· money spreads)라고 한다.

1. 수직강세 콜스프레드(Bull call money spreads)

2. 수직강세 풋스프레드(Bull put money spreads)

3. 수직약세 콜스프레드(Bear call money spreads)

4. 수직약세 풋스프레드(Bear put money spreads)

5. 나비스프레드(Butterfly spreads)

6. 샌드위치스프레드(Sandwith spreads, 역나비스프레드)

7. 콜옵션 비율스프레드(call ratio spreads)

8. 콜옵션 비율백스프레드(call ratio back spreads)

9. 풋옵션 비율스프레드(put ratio spreads)

10. 풋옵션 비율백스프레드(put ratio back spreads)

63. 수직강세 콜스프레드 (Bull call money spreads)

1) 매입(long) : 두 종류의 행사가격을 갖는 콜옵션 중에서, 보다 낮은 행사가격의 콜옵션 한 단위를 매입한다.

2) 매도(short) : 두 종류의 행사가격을 갖는 콜옵션 중에서, 보다 높은 행사가격의 콜옵션 한 단위를 매도한다.

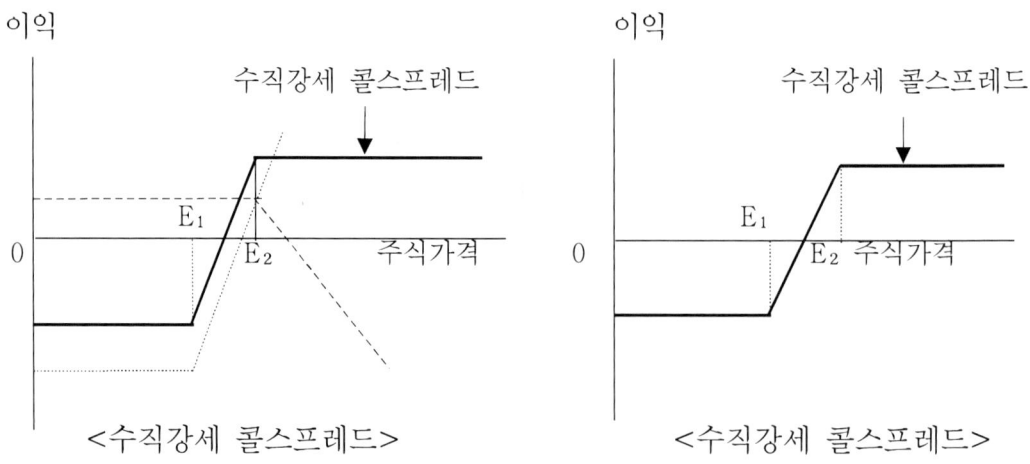

<수직강세 콜스프레드>　　　　<수직강세 콜스프레드>

2. 해외선물옵션의 이해

해외선물의이해

각국통화가치를 살펴보자

2025년 10월31일기준

1달러 1430원
1엔 929원
1위안 201원
파운드 1883원
euro/달러 125000/100000=1.25 미달러기준euro가치
비트코인 107700 달러 (1억5천4백원)
이더륨 3786달러 (5백30만원)

1. 통화선물(유로 파운드 엔) 상대적비교가치
2. 지수선물(다우,나스닥,s&p)
3. 금속선물(골드 은 구리)
4. 에너지
5. 농수산물(쌀 밀 대두)
8. 축산물

해외선물 이해하기

골드   최소변동폭 0.1   (10$)   1당100$

오일   최소변동폭 0.01   (10$)   1당 1000$

s&p wheat   최소변동폭 0.25 (12.5$)   1당 50$

euro   최소변동폭 0.00005(6.25$)   0.0001당12.5$

나스닥   최소변동폭 0.25(5$)   1당 20$

다우   최소변동폭 1 (5$)   1당 5$

생돈육   최소변동폭 0.025(10$)   1당 40$

미곡   최소변동폭 0.5(10$)   1당 20$

금리   최소변동폭 1/32 (31.25$)   1당 1000$

거래하는품목 개념정리하고 거래
유동성있는 것 거래
호가위험품목배재

지수 상하한가 7%

크루드 상하한가 10%

골드 상하한가 10%

유로 상하한가 4%

금리 상하한가 4.5%

주요해외선물증거금

거래코드	상품명	통화	위탁증거금($)	유지증거금($)
CME ES	E-mini S&P 500	USD	23,447	21,315
CME ES	Micro E-mini S&P 500	USD	2,342,135	2
CME YM	Micro E-mini Dow Jones	USD	1,511,370	3
CME YM	Micro E-mini Dow Jones	USD	1,511,370	3
CME NQ	E-mini NASDAQ100	USD	33,5630,51 10	
CME NQ	Micro E-mini Nasdaq-100	USD	3,353,056	1

```
C M N INIKKEI     225 J P 1,884,131,712,85
E   Y  YEN           Y 7        2


C M N KNikkei     225 U S 18,8017,09
E   D   ($)          D  0     1


골드                      20900 달러
크루드오일                 6806 달러
유로달러                  2970달러
```

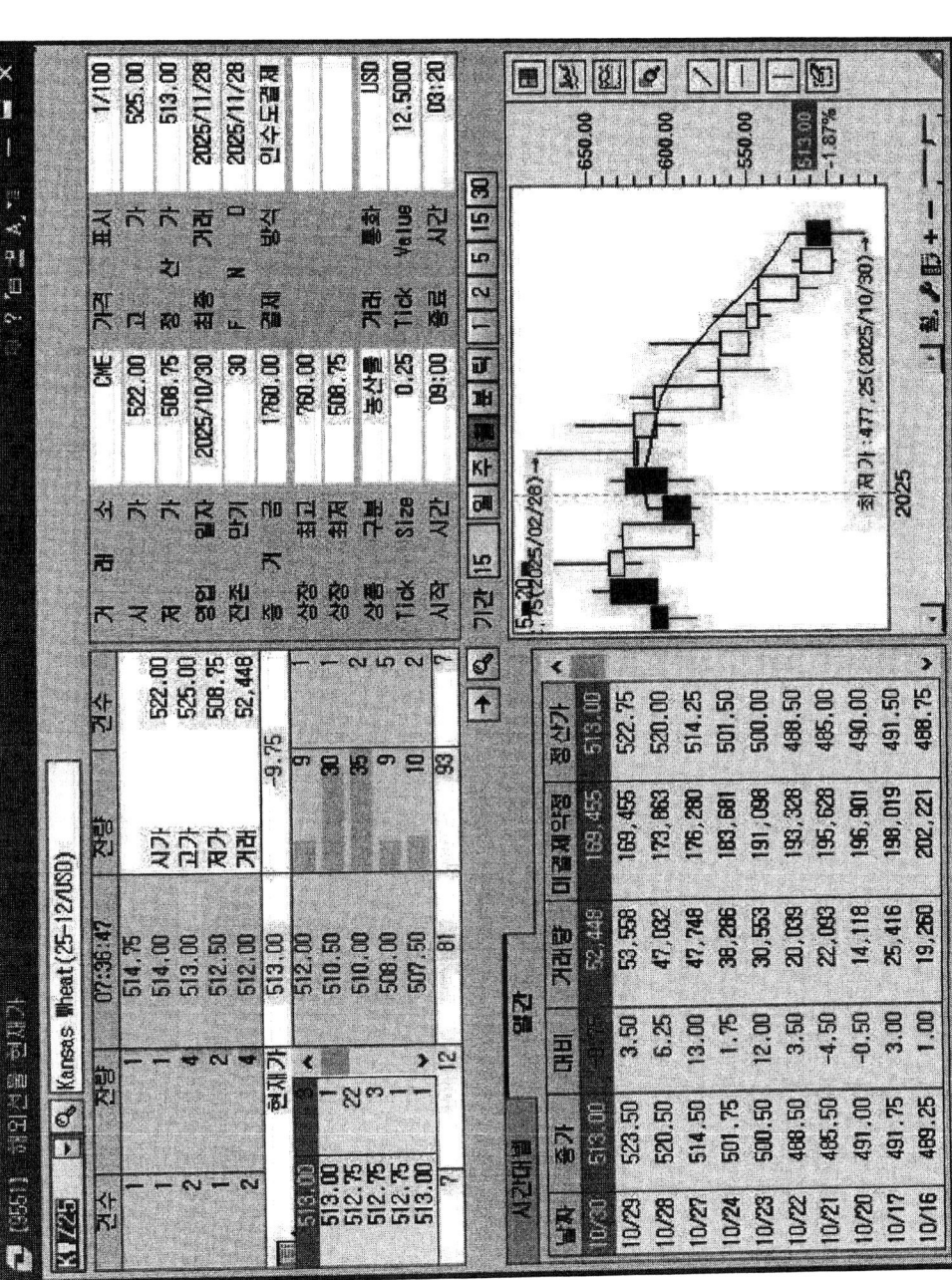

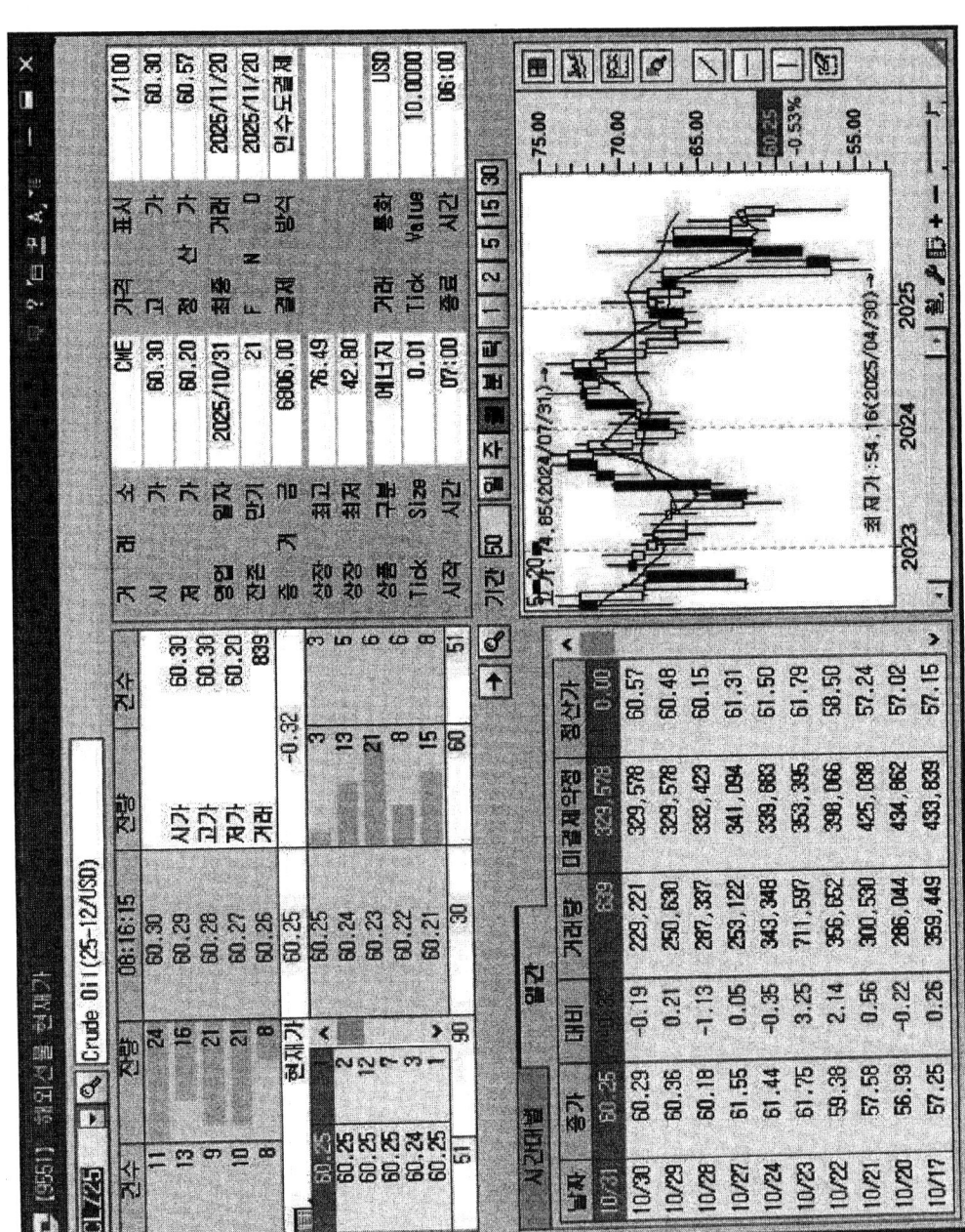

1. 미국 시가총액 순위 Top 50

'21.5.21일 기준 시가총액 순위입니다. 애플이 1등을 유지하고 있으며, 마이크로소프트, 아마존, 알파벳(구글), 페이스북 순입니다. 이른바 빅테크 기업이 1등에서 5등까지 모두 차지하고 있으며, 이 빅테크 기업은 모두 나스닥에 상장되어 있습니다.

순위	종목	종목코드	종가($)	시가 총액($)	1년 변동률(%)
1	애플	AAPL	125.43	2.09T	57.33
2	마이크로소프트	MSFT	245.17	1.85T	33.6
3	아마존닷컴	AMZN	3.20K	1.62T	31.44
4	알파벳 C	GOOG	2.35K	1.57T	66.27
5	페이스북	FB	316.23	896.66B	34.62
6	버크셔해서웨이	BRKa	432.47K	660.29B	64.38
7	알리바바 ADR	BABA	211.06	572.21B	5.69
8	테슬라	TSLA	580.88	559.58B	255.54
9	TSMC	TSM	111.85	531.33B	124.6
10	제이피모건체이스	JPM	162.66	492.42B	81.8

해외선물 월물표기

F 는 1월

G 는 2월

H 는 3월

J 는 4월

K 는 5월

M 은 6월

N 은 7월

Q 는 8월

U 는 9월

V 는 10월

X 는 11월

Z 은 12월

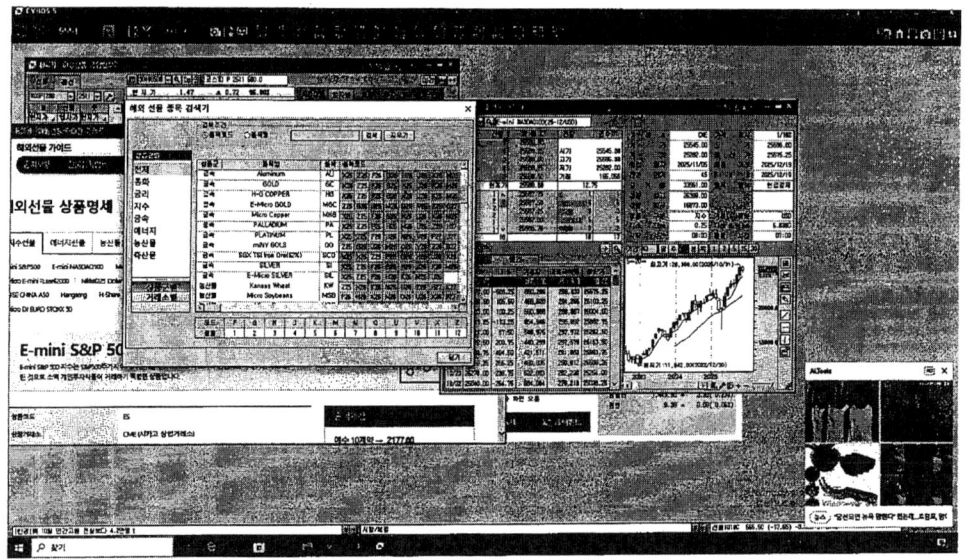

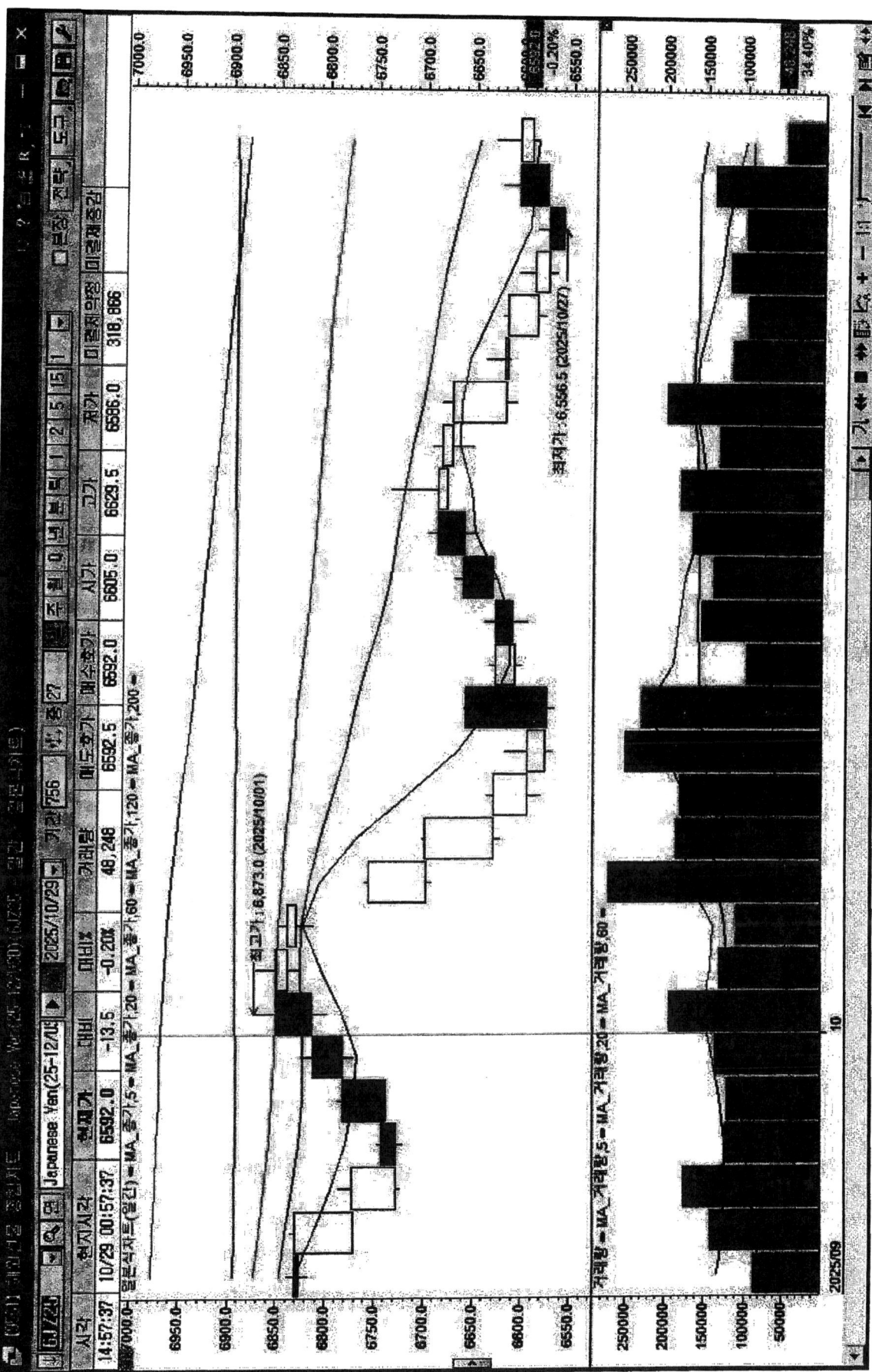

N ai선 × | N 주식 × | N S&p² × | N s&p² × | N 앤비드 × | 셀 엔비드 × | 엔비드 × | 뉴스 × | 포스 × | 인페 × | AI주 × | S&P × | 인페 × | 니스 × | AI주 × | 엔비드 × | AI주 × | 시주 × | +

smarttoday.co.kr/news/articleview.html?idxno=94729

YouTube N NAVER 🕓 로그인 🕓 세 탭 🕓 랜트홈(임대등록… 🕓 랜트홈(임대등록시… 🕓 4대보험 통합징수포… N 4대보험 통합징수포… 🕓 교보문고 협력사… 🕓 발급하기 🕓 정부24

…서, 수요 새기업 인의 거내가 둔화되면 향후를 따고 있다는 분석도 나온다.

coupang 브랜드 의류도 로켓 특가 ▶
쿠팡

오늘의 추천 뉴스

1 LH, 연말까지 분양주택 7000가구
공급…수도권 청약시장 안정 기대

2 [단독] 카카오그룹 ETF 나온다

3 [27일 실적발표] 한화오션, 포스코
퓨처엠, 포스코홀딩스…

4 아이폰17프로 변색 논란, '세정습
관'이 주범? 애플·삼성도 경고한 4

5 HD현대, 정기선 회장 승진…시장대
인사

1	us NVIDIA	Technology	4,534,870,000,000
2	us Apple	Technology	3,900,350,000,000
3	us Microsoft	Technology	3,892,040,000,000
4	us Alphabet	Technology	3,146,160,000,000
5	us Amazon	Consumer Discretionary	2,391,180,000,000
6	us Meta	Technology	1,854,860,000,000
7	us Broadcom	Technology	1,672,330,000,000
8	sA Saudi Aramco	Energy	1,667,830,000,000
9	tw TSMC	Technology	1,529,820,000,000
10	us Tesla	Consumer Discretionary	1,442,470,000,000
11	us Berkshire Hathaway	Financials	1,061,810,000,000
12	us Walmart	Consumer Staples	846,478,000,000
13	us JPMorgan Chase	Financials	817,858,000,000
14	us Oracle	Technology	807,715,000,000
15	cn Tencent	Technology	744,318,000,000
16	us Eli Lilly	Health Care	739,980,000,000
17	us Visa	Financials	674,244,000,000
18	us Mastercard	Financials	518,604,000,000
19	us Exxon Mobil	Energy	491,936,000,000
20	us Netflix	Technology	463,856,000,000
21	us Johnson & Johnson	Health Care	458,730,000,000
22	us Palantir	Technology	438,006,000,000
23	kr Samsung	Technology	437,015,000,000
24	us Costco	Consumer Staples	413,105,000,000

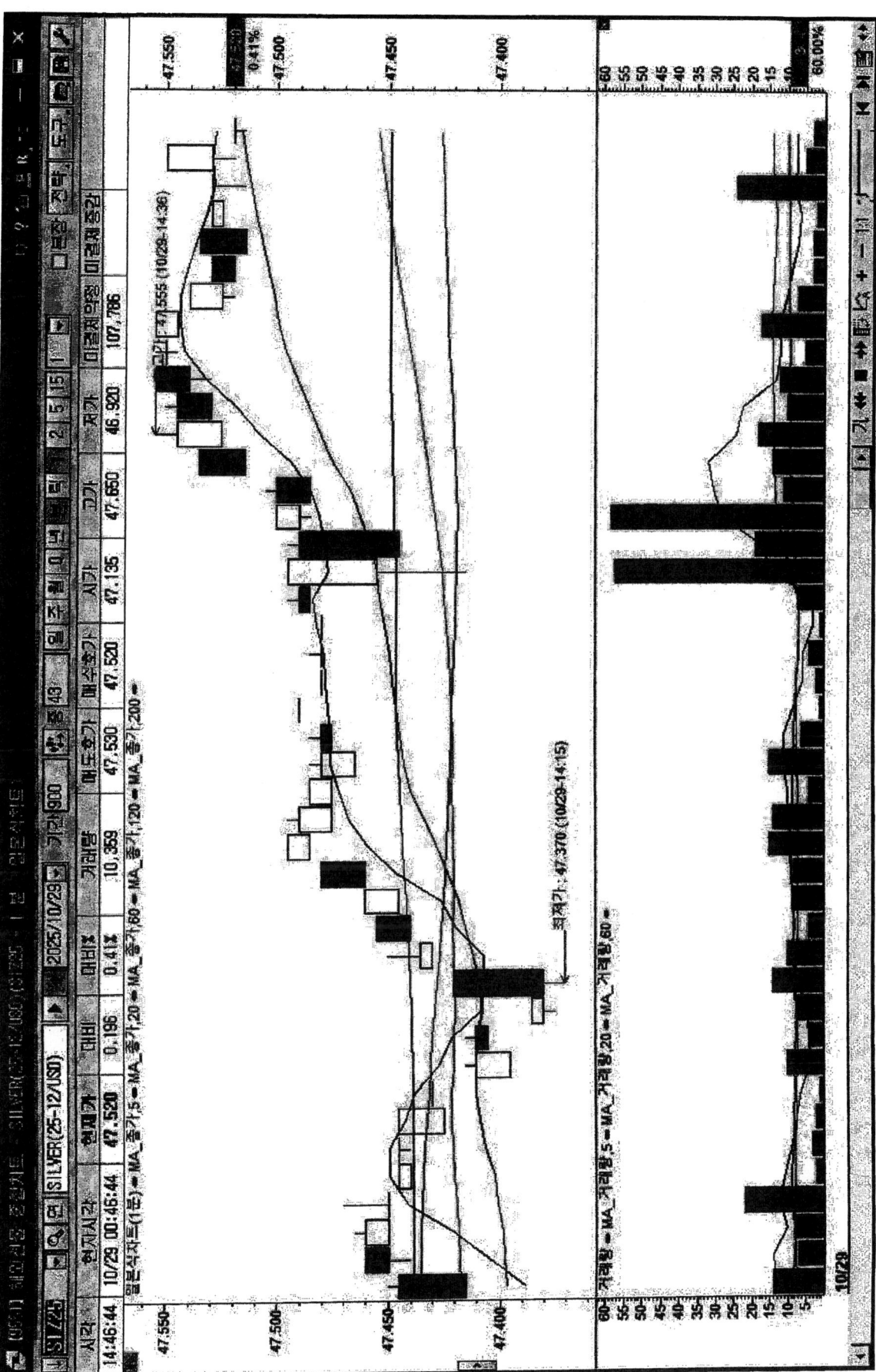

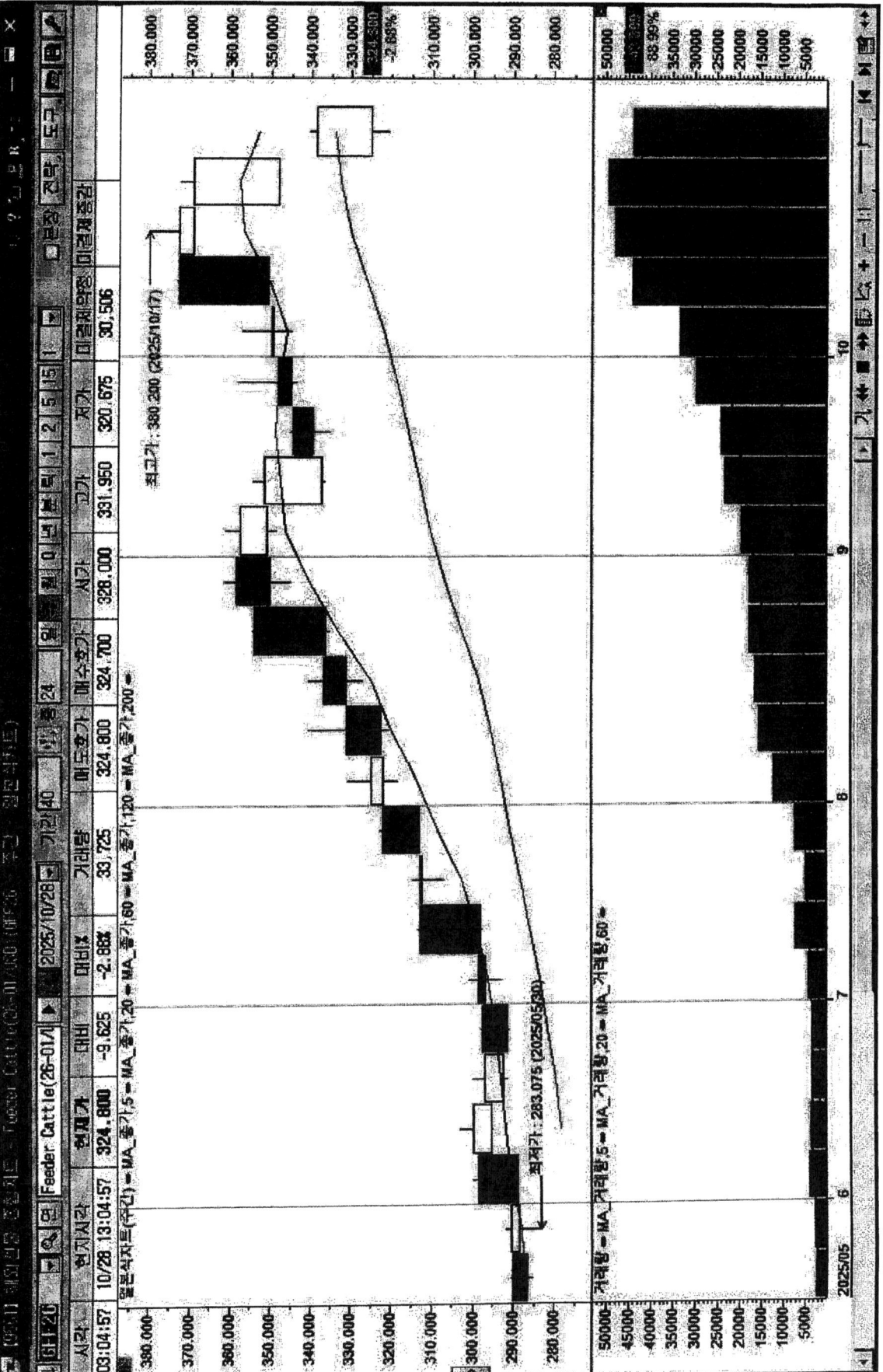

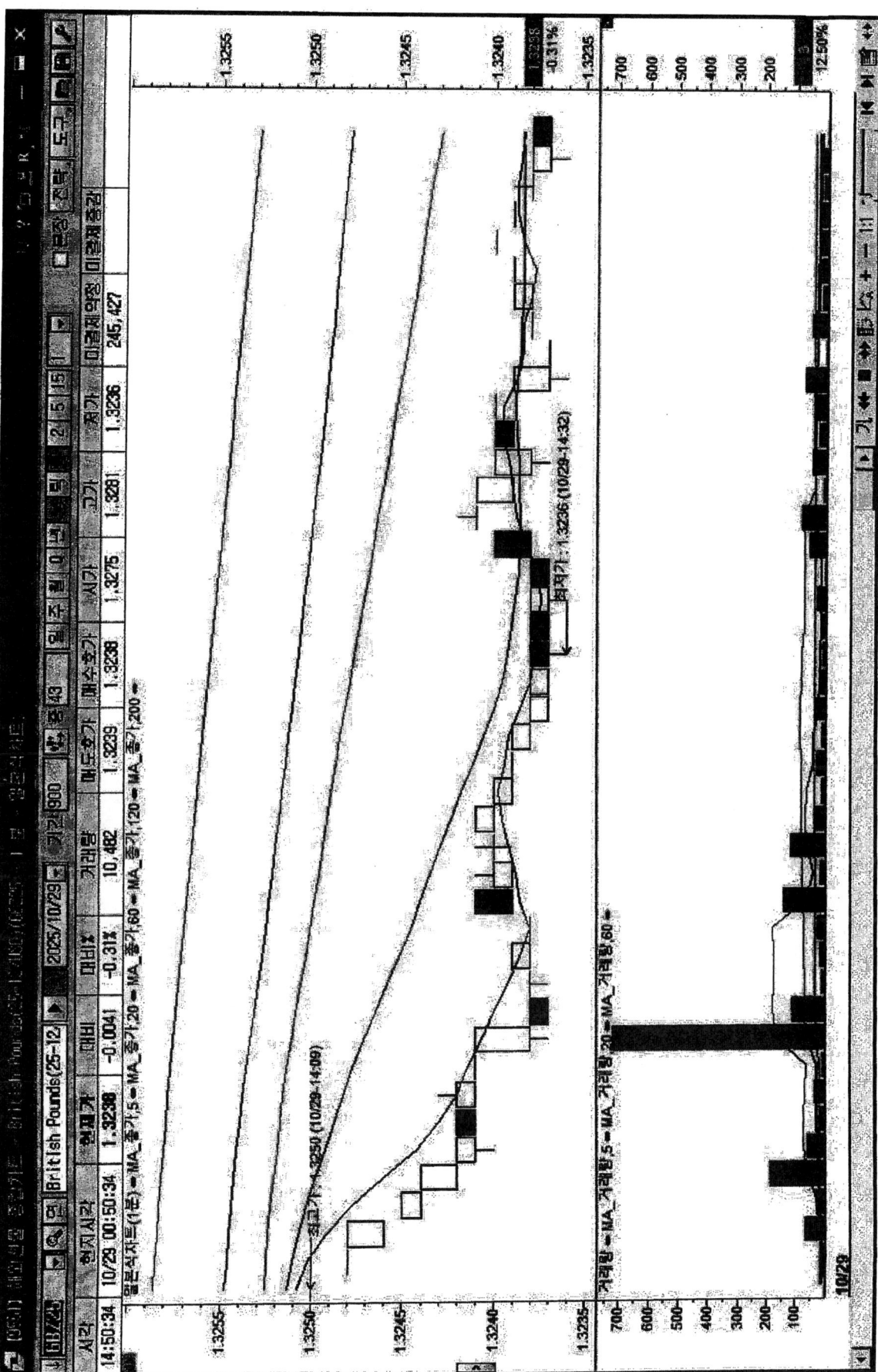

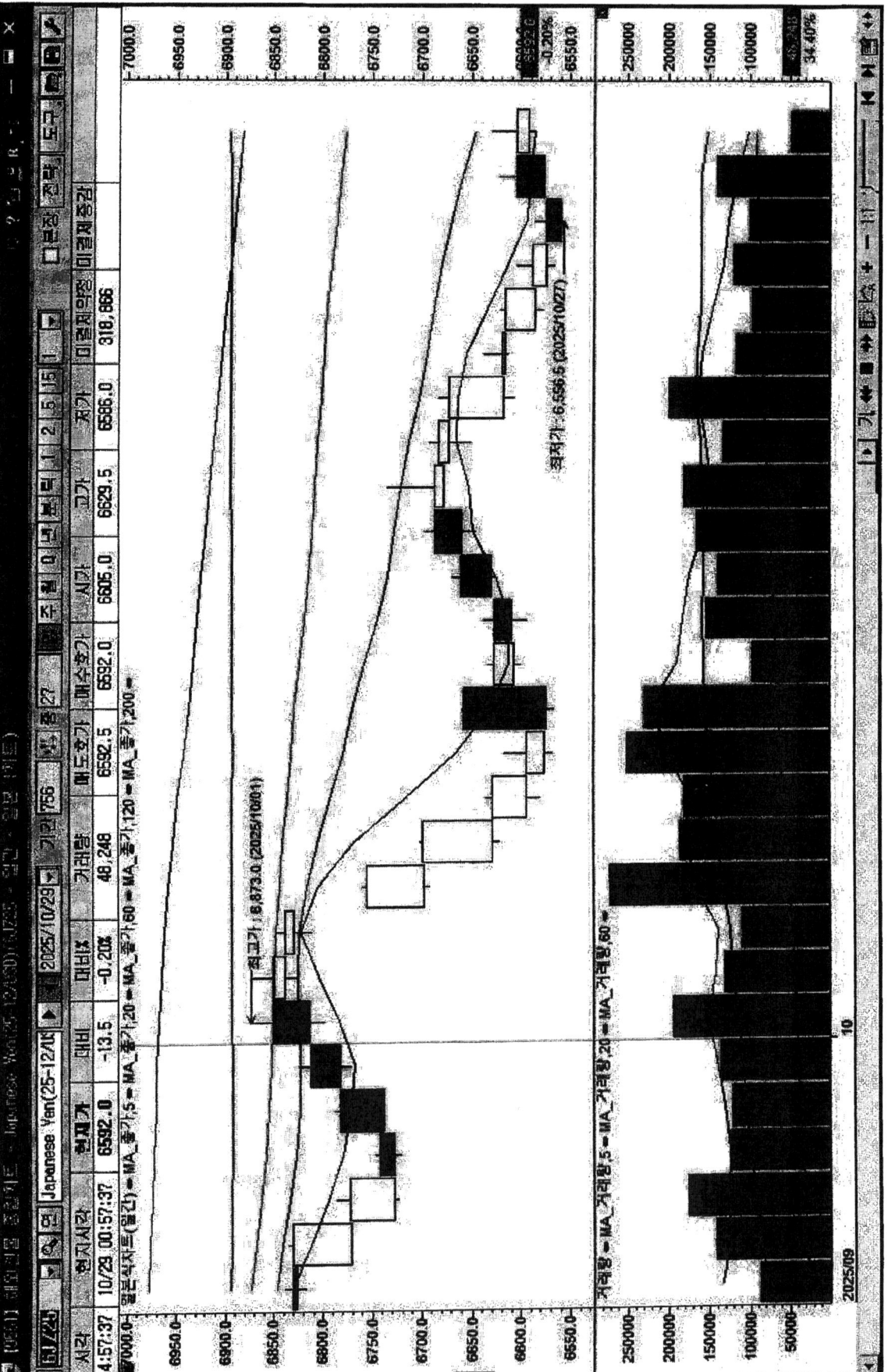

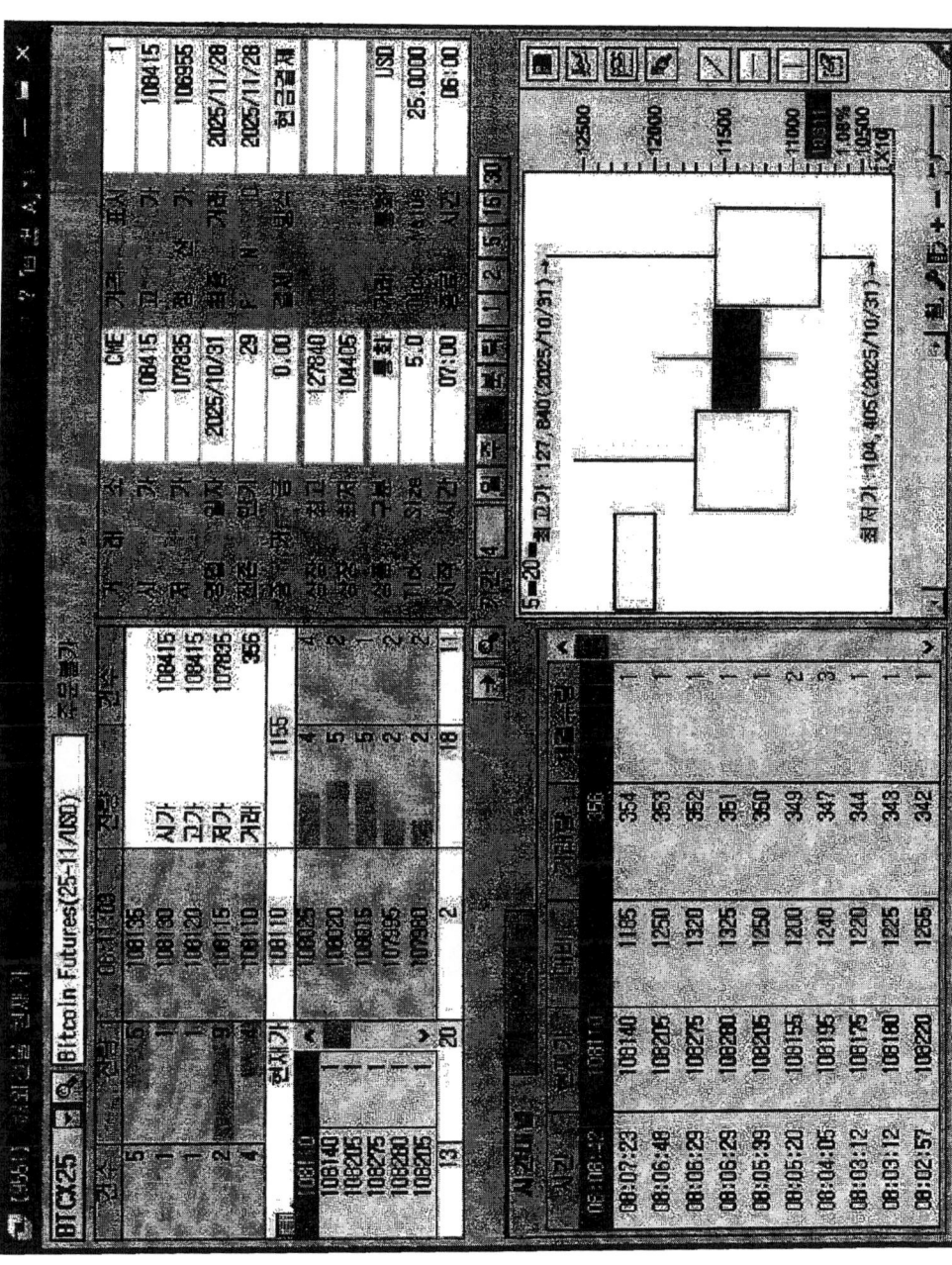

3. 주식분석

1-1 기본적 분석

▶ 대차대조표(Balance Sheet)

대차대조표는 기업의 자산과 부채 및 자기자본에 관한 내용을 담고있는 자료로서 해당 기업의 어느 특정시점에서 관찰한 기업의 자산상태를 보여주는 것입니다.

말하자면, "사진"처럼 어느 특정시점의 상태를 보여줄 뿐 어떻게 변해왔는지 그 과정을 보여 주지는 않습니다.

대차대조표는 크게 차변과 대변으로 구분이 되며, 차변은 그 회사의 자산이 얼마인지를, 대변은 그 자산을 무슨 돈으로 모았는지를 보여줍니다. 즉 주주들이 직접 돈을 출연한 것인지(자본) 아니면 타인으로부터 돈을 빌려온것인지(부채)를 보여주는 것입니다.

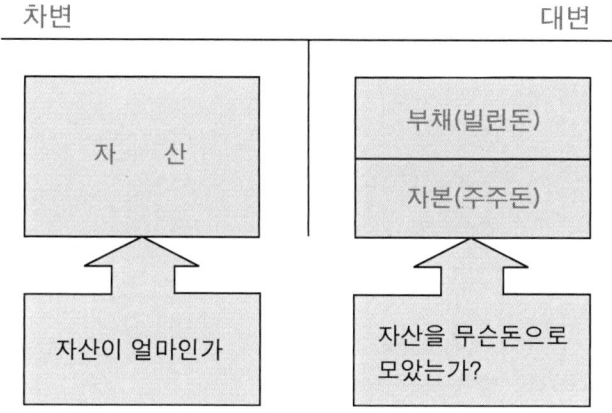

▶ 손익계산서(Income Statement)

손익계산서는, 정해진 기간동안 기업이 얼마만큼 매출액을 실현했는가, 순익 도는 순손실이 얼마인가를 보여주는 자료로서. 일정 기간동안 발생한 이익, 손실을 보여주는 일종의 "동영상"과 같은 자료입니다.

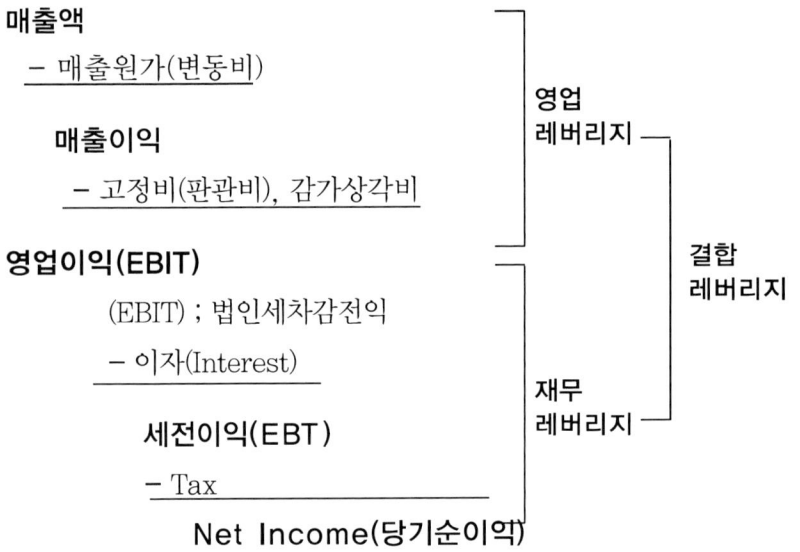

매출액
　－ 매출원가(변동비)
　　매출이익
　　　－ 고정비(판관비), 감가상각비
영업이익(EBIT)
　　　(EBIT) ; 법인세차감전익
　　　－ 이자(Interest)
　　　　세전이익(EBT)
　　　　　－ Tax
　　　　　Net Income(당기순이익)

영업 레버리지

결합 레버리지

재무 레버리지

영업이익(EBIT)
　　－ Tax(실효법인세)
　　＝ NOPLAT(세후순영업이익)
　　＝EBIT－실효법인세
　　＝EBIT(1－세율)
　　＝EBIT－법인세절감효과＋이연법인세증가액
　　＝당기순익＋지급이자－법인세절감효과

1. 증권분석의 체계 및 기본개념

1) 증권분석(Security analysis)의 개념
　① 포트폴리오 선택 : 앞으로 어떤 증권에 얼마만큼 자금을 배분할 것인가

2) 증권분석이란?
① 개별증권의 투자에 관련하여 일체의 유용한 자료와 정보를 수집하고 분석하는 것
② 자료수집시 모든 경제환경, 산업전망 및 발행기업의 제반여건을 포함
③ 위험과 수익관계에서 분석
④ 기본적 분석(fundamental analysis), 기술적 분석(technical analysis)

3) 기본적분석의 체계 : 양적분석, 질적분석

① 양적분석 : 재무제표를 중심으로 비교적 계량화가 가능한 것을 분석

② 질적분석 : 계량화가 불가능한 것들(ex.경제 및 산업동향, 개별기업의 사업내용, 경영진 등)

4) 질적분석의 접근방법 : 주로 거시방식이 많이 사용됨.

① 미시방식(Bottom Up) : 기업 → 산업 → 경제 순으로 분석

② 거시방식(Top Down) : 경제 → 산업 → 기업 순으로 분석

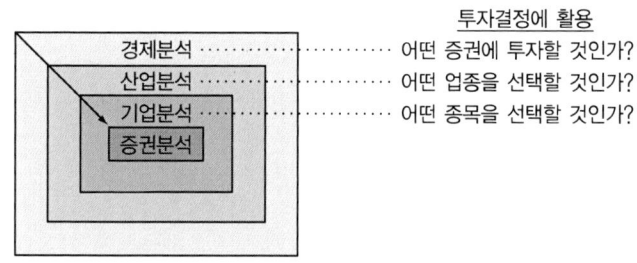

2. 가치평가와 현금흐름

1) 자산의 가치평가

① 자산의 가치= 수명이 다할때 까지 받게 되는 미래기대이익

② 실물자산의 가치 = 미래 기대현금흐름 증가＋잔존가치

(ex. 공장기계의 가치=만들어낸 제품의 가치＋고물상에 팔때 받는 돈)

③ 금융자산의 가치 = 기대현금흐름＋처분가격

(ex. 주식의 가치 = 보유기간동안 받은 배당 금액＋매도시 처분가격)

④ 가치(Value) 와 가격(Price)

• 가치(Value) : 미래 기대현금흐름으로 계산.

• 가격(Price) : 시장에서 수요와 공급에 의해 형성되어 실제 거래되는 가격(Actual Price)

• 증권시장이 효율적이라면, 가격(Price)과 가치(Value)는 동일

2) 현금흐름추정의 기본원칙

① 현금흐름의 중요성 : 자산의 가치는 미래 기대현금흐름으로 구할 수 있기 때문에, 회계이익이 아닌, 현금흐름이 중요하다.

② 현금흐름추정 시 기본원칙

- 증분기준(incremental basis)으로 추정 되어야 한다.
- 세후기준(after-tax basis)으로 추정 되어야 한다.
- 모든 간접적 효과(indirect effects)도 고려 되어야 한다.

3) 순현금흐름

① 현금흐름(CF)

> 현금흐름(CF)
> = 영업이익(EBIT) (1-법인세율)+비현금비용(감가상각액 등)

② 세후증분순현금흐름(increment after-tax net cash flows : NCF)

> NCF = 각 기간별 현금유입과 유출의 차이
> = (△매출액-△영업비) (1-세율)+세율×△감가상각비
> = (△R-△C)(1-T)+T×△D
> = (△R-△C-△D) (1-T)+△D
> = △NPAT+△D+△I (1-T)
> = {(R$_2$-R$_1$)-(C$_2$-C$_1$)-(D$_2$-D$_1$)} (1-T)+(D$_2$-D$_1$)
> T : 법인세율   R : 매출액   C : 영업비용   D : 감가상각

③ 가치평가 : 무한대모형

- 자산의 가치는 해당자산에서 기대되는 미래 모든 현금흐름의 현재가치의 합이다.
- 따라서, 미래현금흐름의 크기와 지속성, 기업의 위험도를 감안해야 한다.
- 대차대조표와 손익계산서를 동시에 고려한 무한대모형을 통해 알 수 있다.

④ 가치평가절차(순서)

- 기업의 경제적 수명을 예측한다.
- 현금흐름의 크기를 추정한다.
- 추정한 현금흐름을 현재가치로 할인하기 위한 할인율(자본비용)을 추정한다.
- 미래 현금흐름을 할인율(자본비용 또는 요구수익률)로 할인한 후 이를 모두 합산한다.
- 이 값이 바로 현재 이 기업의 가치이다.

⑤ 현금흐름의 추정

- 현금유출(cash outflow) : 매출액이나 영업이익을 얻는데 필요한 투자에 소요되는 금액 (ex. 고정자산, 유동자산, 유동부채 (대차대조표항목) ← 투자를 위해 돈이 나감)
- 현금유입(cash inflow) : 투자사업으로 부터 창출되는 부가가치 (ex. 영업이익(손익계산서항목) ← 투자의 결과 돈이 들어옴)

⑥ 현금흐름 측정기법 : 자금운용 접근법(operating approach), 자금조달 접근법

(financing approach)

자금운용접근법이든 자금조달법이든 결과는 동일하게 나옴.

3. 화폐의 시간적 가치 ★★

(1) 이자

① 화폐의 시간가치 : 오늘의 100원은 미래시점에서의 100원보다 그 가치가 크다.

② 돈은 이자를 벌어들이는 능력이 있다.

연초100만원 → 연간이자율10% 지급 → 연말의 110만원

∴ 연초100만원과 연말의 110만원은 그 가치가 동일하다.

③ 이자 : 현재의 소비나 투자를 억제하고 그 돈을 빌려주는 데 따르는 보상

원금 : 본래 빌려준 액수

만기 : 빌려온 돈을 사용 할 수 있는 기간

1) 단순이자 (simple interest)

단순이자는 본래의 원금에 대해서만 지불되는 이자

① 단순이자 : $I = PV_0 \times i \times n$

② 미래가치 : $FV = PV_0\, [\, 1 + (i \times n)]$

예 100만원을 연리10%로 6개월간 저축할 때의 단순이자는?

원금 100만원을 PV_0에, 10%를 i에, 그리고 $\dfrac{6}{12}(=0.5)$를 n에 대입하면,

이자(I) $= 100$만원 $\times 0.10 \times 0.5 = 5$만원

2) 복리이자 (compound interest)

복리란 한 기간에 발생한 이자가 그 다음 이어지는 기간동안 그 이자자체가 이자를 벌어들이는 경우. 이자가 복리로 계산될 때 이자율이 높을수록 기하급수적으로 높아진다.

① 미래가치 : $FV = PV_0\, (1 + i)^n$

② 현재가치 : $PV_0 = FV \times \dfrac{1}{(1+i)^n}$

(2) 미래가치

$$PV_0 = FV \times \frac{1}{(1+i)^n}$$

예 갑수는 저축예금에 100만원을 예금하였다. 이자율이 연10%, 그리고 이자는 1년에 한번씩 계산한다고 가정하면, 4년 후 그의 예금잔고는 얼마가 될 것인가?

(3) 현재가치

$$PV_0 = FV \times \frac{1}{(1+i)^n}$$

예 어느 은행에서는 현재 x원을 예금하면 연리 5%로 이자를 쳐서 5년 후 2,552,000원을 돌려준다고 한다. x는 얼마인가?

$$PV_0 = FV_5 \times \frac{1}{(1+0.05)^5} \quad \text{즉, } 2,552,000원 \times 0.7835 = 200만원$$

(4) 연금(Annuity)

① 매기간 발생하는 현금흐름이 고정되어있고, (fixed)

② 현금흐름의 발생횟수가 일정 (finate)한 것을 연금이라 한다.

- 연금의 미래가치

앞으로 n년 동안/매년 말/일정금액 A를/연리 i로 적립한다면 n년후 얼마 모을 수 있나?

$$FVAn = A \times \frac{(1+i)^n - 1}{i}$$

- 연금의 현재가치

연금의 미래가치공식(윗줄)을 현재 가치로 $\frac{1}{(1+i)^n}$할인 하시면 됩니다.

$$PVAn = A \times \frac{(1+i)^n - 1}{i} \times \frac{1}{(1+i)^n}$$

예 김부장은 명예퇴직 후 퇴직연금으로 20년 동안 매년 한 차례씩 1,000만원을 받을 수 있는데, 그가 원하면 이 돈을 당장 일시불로 받을 수 있다고 한다. 연간 할인율을 8%라고 가정할 때, 김부장이 일시불로 받을 수 있는 돈은 얼마인가?

$$1,000만원 \times \frac{(1+0.08)^{20} - 1}{0.08} \times \frac{1}{(1+0.08)^{20}} = 98,181,500원$$

(5) 연 2회 이상 이자를 계산할 때의 미래가치 및 현재가치

① 미래가치 : $FV = PV_0 \left(1 + \frac{i}{m}\right)^{mn}$

② 연속복리 : 이자지급횟수m이 무한대에 가까워지면,

$$FV = PV_0 \times e^{in}, \quad PV = FV_n \times e^{-in}$$

(6) 성장률 G의 산출(rate of growth) : 복리이자율과 유사

연평균성장률

① 현재가치와 미래가치가 주어진 경우.

2001년 말 현재 2,000원 (7년 후) 2008년 말 현재 3,898원일 때, 이 기업의 성장률은?

미래가치 = 현재가치$(1+g)^n$

$3,898 = 2,000(1+g)^7$ 따라서, 연평균성장률 g = 10%

② 매년 성장률이 주어진 경우.

지난 3년의 성장률이 각각 5%, 7%, 4%이다. 이 기업의 성장률은?

$(1+g)^3 = (1+0.05)(1+0.07)(1+0.04)$

그러므로 연평균성장률 g = 약 5.32%

4. 유가증권의 가치평가

1) 자산의 가치평가

① 소득 자본화 가치평가 모형

$$V_0 = \frac{CF_1}{(1+k)^1} + \frac{CF_2}{(1+k)^2} + \cdots + \frac{CF_n}{(1+k)^n} = \sum_{t=1}^{n} \frac{CF_t}{(1+k)^t}$$

· V_0 : 현재시점의 자산가치
· CF_t : 기간 t에서의 기대현금흐름
· k : 요구수익률 또는 할인율
· n : 보유기간의 길이

2) 채권의 가치평가

채권자들의 요구수익률은 회사의 지급불능위험의 크기에 따라 다르게 나타난다. 다른 모든 조건이 같다면 회사채의 지급불능위험이 높을수록 높은 요구수익률을 요구한다.

① 만기가 있는 채권

$$P_0 = \frac{I_1}{(1+k_d)^1} + \frac{I_2}{(1+k_d)^2} + \cdots + \frac{I_{n-1}}{(1+k_d)^{n-1}} + \frac{I_n + F}{(1+k_d)^n}$$

단, P_0 = 현시점(t=0)의 채권가치, k_d = 해당채권에 대한 투자자들의 요구수익률

- 일반적으로 채권의 이자지급액 I는 동일하다. 즉, $I_1 = I_2 = \cdots = I_{n-1} = I_n = I$

    따라서 모든 이자(I)의 현재가치의 합은 연금공식을 이용해서 쉽게 구할 수 도있다.

    $$P_0 = \sum_{t=1}^{n} \frac{I}{(1+k_d)^t} + \frac{F}{(1+k_d)^n} \text{이므로,}$$

    $$P_0 = I \times \frac{(1+i)^n - 1}{i} \times \frac{1}{(1+i)^n} + \frac{F}{(1+i)^n}$$

    $$P_0 = I(PVIFA_{kd,n}) + F(PVIF_{kd,n})$$

- 만기가 길수록 요구수익률(k)의 변화에 따른 채권가치변동이 크다.

- 이자율위험(interest rate risk) : 시장수익률(요구수익률)이 상승하여 채권가격 하락하고

이때 채권을 처분하면 요구수익률보다 낮은 수익을 벌어들이게 되고 손실도 볼 수 있다.

② 영구채권(만기가 없는 채권, perpetual bond＝consol)

만기지급 없고(F=0), 이자(I)만 영구히 지급하는 채권

$$P_0 = \sum_{t=1}^{\infty} \frac{I}{(1+k_d)^t} = \frac{I}{k_d}$$

3) 채권의 만기수익률 (Yield to maturity : YTM)

① 개념

- 채권을 주어진 가격에 사서 만기까지 그대로 보유할 때 얻어지는 수익률을 말한다.
- 계산문제에서는 "만기수익률≒요구수익률≒할인률" 모두 같은 개념으로 이해하시고 문제를 푸셔도 무관합니다.
- YTM이 클수록 채권의 위험은 크다.
- 기 발행 채권의 YTM은 장래 새로 발행할 채권에 대한 투자자들의 요구수익률을 측정하는데 사용 될 수도 있다.

② YTM 산출방법

- 채권의 현재가(P0), 이자지급액(I), 액면가(F)를 알면 YTM을 구할 수 있다.
  그러나, 계산이 복잡하여 값을 구하기 쉽지 않다

$$P_0 = \sum_{t=1}^{n} \frac{I}{(1+YTM)^t} + \frac{F}{(1+YTM)^n}$$

- 특별한 채권표를 이용 하는 법
- 시행착오법(trial-and-error approach)
- 채권장수공식(bond salesman's formula) : 만기수익률근사치 공식
- 단지근사치에 불과하나, 시행착오법의 중요한 출발점이 될 수있다.

$$YTM = \frac{\text{기간별이자} + \dfrac{\text{채권의 할인 또는 할증}}{\text{총 이자 지급회수}}}{\text{평균투자액}} = \frac{I + \left(\dfrac{F - P_0}{n} \right)}{\dfrac{F + P_0}{2}}$$

③ 영구채의 만기수익률공식

$$P_0 = \frac{I}{YTM} \text{이므로,} \quad YTM = \frac{I}{P_0}$$

4) 우선주의 가치평가

① 만기가 없으며, 확정배당금을 영구지급(신형우선주)

② 우선주의 가치평가 : 영구채와 패턴이 같다.

$$P_0 = \sum_{t=1}^{\infty} \frac{D_p}{(1+k_p)^t} = \frac{D_p}{k_p}$$

5) 보통주의 가치평가를 위한 일반모형
① 보통주의 가치평가가 더 복잡한 이유
- 보통주의 수익은 현금배당금과 자본손익으로 구성됨
- 보통주배당금은 일정하지 않고 꾸준히 성장하는 경향이 있음
- 보통주배당금은 기업이익과 관련이 있고, 기업이익과 배당을 정확히 예측하는 것은 불가능 함

② 단일기간 배당평가모형

$$P_0 = \frac{D_1}{1+k_e} + \frac{P_1}{1+k_e}$$

③ 2기간 배당평가모형

$$P_0 = \frac{D_1}{(1+k_e)^1} + \frac{D_2}{(1+k_e)^2} + \frac{P_2}{(1+k_e)^2}$$

④ n기간 배당평가모형

$$P_0 = \frac{D_1}{(1+k_e)^1} + \frac{D_2}{(1+k_e)^2} + \cdots + \frac{D_n}{(1+k_e)^n} + \frac{D_n}{(1+k_e)^n}$$

$$= \sum_{t=1}^{n} \frac{D_t}{(1+k_e)^t} + \frac{P_n}{(1+k_e)^n}$$

⑤ 배당평가 일반모형
- 주식의 가치는 예상되는 모든 미래배당흐름의 총현재가치다
- 배당평가모형은 미래 영원히 지속되는 현금흐름으로 취급한다.
- 배당평가모형에 의하면 어떤 형태로든 주주들에게 현금배당을 결코하지 않을 것으로 예상되는 기업의 주식가치는 0이다.

6) 보통주의 가치평가를 위한 성장모형
① 무성장모형 (no growth model)
- 가정 : 기업의 미래배당금이 매기간 일정하고 전혀 성장하지 않는다.(성장률 g=0)
- 공식 : 영구채, 우선주의 패턴과 같습니다.

$$= \frac{1,100}{(1+0.08)} + \frac{1,210}{(1+0.08)^2} + \frac{24,926}{(1+0.08)^2}$$

$$= 1,018 + 1,037 + 21,370$$

$$= 23,425원$$

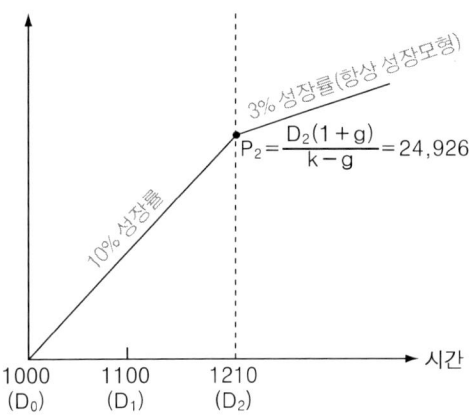

5. 기업분석(재무제표 분석)

(1) 기업분석의 개념

1) 기업분석(Company analysis)

① 기업의 재무능력을 분석하여 해당주식의 가치를 평가하는 방법을 말함

② 장부가치, 주당이익, 주가이익비율, 배당수익률 등 계량적인 요소를 사용

2) 기업분석의 방법

① 자산에 기초한 방법, 이익에 기초한 방법, 현금흐름에 기초한 방법이 있다.

② 기업분석의 일차적 원천은 기업의 재무제표(대차대조표, 손익계산서)이다.

③ 기업분석시 중요한 4가지 분야를 집중적으로 분석한다.

• 경영현황 : 기업경영진의 경영스타일, 프로정신, 경영실적

• 재무현황 : 사업유형, 속한산업, 기업이 직면한 경영환경, 경쟁기업의 재무상태와
　　　　　　비교할 때 현 재무상태 등.

• 이익현황 : 주주들의 몫이 될 이익의 규모

• 시장승수 : 투자자들이 기업이익을 얻는 대가로 기꺼이 지불하고자 하는 가격으로
　　　　　　나타내어지는 기업이익에 붙여진 가치

(2) 이익현황

1) 손익계산서 : 기업의 총 보상액을 산출할 수 있다.

2) 기업의 대차대조표와 손익계산서를 함께 이용하면 여러가지 추가적인 경영지표들을 산출할 수 있다.

① 활동성(activity) : 기업이 보유하고있는 자산과 연관해서 본 매출액의 크기

(ex. 평균회수기간, 고정자산회전율, 재고자산회전율, 매출채권회전율, 총자산회전율)

② 이익(earning) : 궁극적으로 주주들에게 분배되는 기업의 이익규모

(ex. 주당이익, 완전희석된 주당이익, 1차적주당이익)

③ 수익성(profitability) : 기업의 활동성이나 보유자산에 대비한 이익규모

(ex. 영업이익률, 순이익률, 총자산수익률, 자기자본이익률, 투자자본수익률)

(3) 활동성지표

① 고정자산회전율(Fixed Asset Turnover : FAT)

$$FAT = \frac{순매출}{고정자산}$$

② 재고자산회전율(Inventory Turnover : IVT)

$$IVT = \frac{순매출}{평균재고자산} \quad 또는 \quad IVT = \frac{매출원가}{평균재고자산}$$

③ 매출채권회전율(Accounts Receivable Turnover : ART)

$$ART = \frac{순매출}{순매출채권}$$

④ 평균회수기간(Average Collection Period : ACP)

$$ACP = \frac{순매출채권 \times 365일}{순매출액}$$

⑤ 총자산회전율(Total Asset Turnover : TAT)

$$TAT = \frac{순매출}{총자산}$$

(4) 담보능력지표

담보능력지표

"유가증권을 뒷받침해주고 있는 실물자산의 가치가 얼마인가?"

① 보통주 1주당 장부가치(Book Value per share of Common stock : BVC)

$$BVC = \frac{장부상 \ 자기자본총액 - 무형자산}{보통주의 \ 총 \ 발행 \ 주식주}$$

$$BVC = \frac{\text{장부상자기자본총액}}{\text{보통주의총발행주식주}}$$

② 채권1좌당 순자산(Net Assets per Bond : NAB)

$$NAB = \frac{\text{총 자산－무형자산－채권보다 선순위부채}}{\text{발행채권 총 좌수}}$$

③ 우선주 1주당 순자산(Net Assets per Preferred share : NAP)

$$NAP = \frac{\text{총 자산－무형자산－총 부채}}{\text{총 우선주발행주수}}$$

(5) 보상비율

보상비율 : "재무적 의무를 이행하는데 얼마만큼 여유가 있는가?"

① 배당성향(Dividend Payout Ratio : DPR)

$$DPR = \frac{\text{보통배당금총액}}{\text{보통주주들의 몫인 이익금총액}}$$

② 이자보상비율(Interest Coverage Ratio : ICR)

$$ICR = \frac{\text{이자 및 법인세전이익(또는 영업이익)}}{\text{이자비용}}$$

③ 고정비용보상비율(Fixed Charge Coverage ratio : FCC)

$$FCC = \frac{\text{고정비용 및 법인세전 이익}}{\text{고정비용}} = \frac{\text{영업이익＋리스료}}{\text{고정비용}}$$

④ 우선배당보상비율(Preferred Dividend Coverage ratio : PDC)

$$PDC = \frac{\text{순이익}}{\text{우선배당금}}$$

(6) 이익지표

이익지표 : "기업이 1주당 벌어들이는 이익의 크기"

① 주당이익(Earnings Per Share : EPS) ★

$$EPS = \frac{\text{순이익－우선배당금}}{\text{보통주 총 발행주수}}$$

② 완전 희석된 주당이익(Fully Diluted Earnings per share : FDE) ★★★

$$FDE = \frac{\text{순이익＋전환우선배당금＋전환사채이자－이자법인세조정액}}{\text{전환을 가정한 경우의 보통주 총발행주수}}$$

③ 원초적 주당이익(Primary Earning per Share : PES) ★

$$PES = \frac{\text{순이익}}{\text{보통주 총발행주수}}$$

(7) 안전성지표

"기업의 중장기적 채무이행능력, 기업이 자산과 자기자본에 비해 얼마나 부채를 쓰고있나?"

① 부채비율(Debt Rtio : DR)

$$DR = \frac{총부채}{총자산}$$

② 부채-자기자본비율(Debt Equity Ratio : DER)

(8) 유동성지표

"기업이 부담하고 있는 단기부채를 얼마나 쉽게 상환할 수 있는가?"

① 현금비율(CAsh Ratio : CAR)

$$CAR = \frac{현금 + 시장성유가증권}{유동부채}$$

② 유동비율(Current Ratio : CR)

$$CR = \frac{유동자산}{유동부채}$$

③ 당좌비율(Quick Ratio : QR)

$$QR = \frac{유동자산 - 재고자산 - 선급금}{유동부채}$$

(9) 수익성지표 :

① 매출액영업이익률(Operating Profit Margin : OPM)

$$OPM = \frac{영업이익}{순매출액}$$

② 총자산수익률(Return On Assets : ROA) ★

$$ROA = \frac{순이익}{총자산} \quad \text{또는} \quad ROA = \frac{순이익}{순매출액} \times \frac{순매출액}{총자산}$$

③ 자기자본이익률(Return On Equity : ROE) ★

$$ROE = \frac{순이익}{자기자본} = \frac{ROA}{자기자본비율} = \frac{ROA}{1 - \frac{총부채}{총자산}}$$

④ 투하자본수익률(Return On Invested Capital : ROIC) ★

$$ROIC = \frac{순이익 + 이자비용}{영업용투하자본}$$

⑽ 레버리지분석

① 주주들의 수익률을 제고 시키려는 목적으로 기업이 고정비용을 발생시키는 자산 및

부채를 활용하는 행위

② 기업은 고정비용을 초과하는 이익을 벌어들이려는 목적으로 레버리지를 활용하는데, 예상이 맞으면 결국 주주들의 수익률은 증가할 것임.

③ 레버리지 : Two-edged Sword(수익률크고, 위험도 크고)

- 영업레버리지(DOL) : 고정비용을 지불하는 자산의 사용(영업관련고정비)

$$DOL = \frac{영업이익변화율}{매출량의\ 변화율} = \frac{공헌이익(=매출액-변동비)}{영업이익(EBIT)}$$

- 재무레버리지(DFL) : 고정비용을 유발시키는 자금관련 (부채, 우선주)

$$DFL = \frac{주당이익변화율}{영업이익변화율} = \frac{영업이익(EBIT)}{영업이익(EBIT)-이자비용(I)}$$

- 결합레버리지도(DCL) : 매출액변화율에 대한 주당이익의 변화율

결합레버리지도(DCL) = 영업레버리지(DOL) × 재무레버리지(DFL)

⑾ 듀퐁분석 : 기업의 영업상태와 자본조달형태가 ROE에 미치는 영향

자기자본비율(Equity to Asset Ratio)

$$= \frac{자기자본}{총자산(총자본)}$$

자기자본비율이란 총자본(또는 총자산) 중에서 자기자본이 차지하고 있는 비율을 나타낸다. 따라서 자기자본비율이 높을수록 안전하다고 볼 수 있다.

구체비율과 함께 기업의 안전성을 파악하는데 자주 이용되는 지표이다.

- 금융기관의 건전성지표로 많이 이용되는 BIS비율은 국제결제은행이 제시한 일종의 자기자본비율인 것이다.

[심화학습] "자~ 이제 ROE 공식의 Never Ending Story를 해보겠습니다.

$$ROE = \frac{순이익}{자기자본}$$

$$= \frac{순이익}{매출액} \times \frac{매출액}{총자산} \times \frac{총자산}{자기자본}$$

$$= 매출액이익률 \times 총자산회전율 \times 자기자본비율의역수$$

$$= \frac{순이익}{매출액} \times \frac{매출액}{총자산} \times (1+\frac{부채}{자기자본})$$

$$= (수익성지표) \times (활동성지표) \times (레버리지도)$$

$$= ROA \times (1+\frac{부채}{자기자본})$$

$$= \frac{ROA}{1-\frac{총부채}{총자산}}$$

⑿ 현금흐름분석

① 현금흐름표를 이용하여 기업 현금흐름의 내용 및 변동원인을 중심으로 재무분석하는것

② 기업의 수익성은 나쁘지 않은데도, 현금흐름의 문제로 흑자도산.

③ 현금흐름표는 일정기간동안 현금조달 및 운용상황을 '영업활동''투자활동''재무활동'으로 나누어 보여줌

④ 분석대상기업의 미래 현금흐름 추정에 도움

⑤ 대차대조표나 손익계산서에서 구할 수 없는 유용한 정보(유용성)

- '당기순익'과 영업활동에서 발생한 '현금흐름'의 차이 및 원인
  파악 가능
- 현금흐름을 부문별로 구분, 파악함으로써 실상파악 및 중점관리 부문파악에 도움
- 기업의 부채상환능력 및 배당금지급능력 파악
- 기업의 투자활동과 재무활동을 따라 파악함으로써 자산, 부채의 증감 원인을 구체적으로 파악

6. 운용프로세스와 주식투자

(1) 상대가치평가모형(주가배수모형)

미래기업의 성장 및 이익예측에 대한 어려움을 기업들의 주가배수를 바탕으로 분석대상 기업의 주가를 측정하는 방법으로 해결하려는 방법을 상대가치분석(comparative analysis)모형이라 한다. 상대가치모형(주가배수모형)의 "삼총사와 달타냥"이라 할 수 있는 지표들로 PER (PEGR, PCR포함), PBR, PSR, EV/EBITDA가 있습니다.

1) 주가수익비율(Price Earning Ratio : PER)

의의

① 투자자들이 기업의 이익규모에 두고 있는 가치를 측정하는 지표

② 기업의 장래 전망에 대한 투자자들의 신뢰도를 나타냄

③ PER가 높을 수록 투자자산의 변동성이 커지고, 투자위험도 커짐

④ 기업이 이익을 내지 못하거나 손실이 발생할 경우 아무 의미가 없다.

2) PER(주가수익비율)

$$PER(주가수익율) = \frac{P_0}{EPS_1}(배)$$

단, EPS_1 = 추정 단기순이익 / 총발행주식

3) PER에 의한 이론적 주가의 평가절차

① 1년 후 혹은 그 이후에 기대되는 기업의 주당순이익(EPS1)을 추정한다,

② 기업의 정상적인 주가수익비율(Normal PER)을 추정한다.

③ 주식평가액=추정주당순이익(EPS1)×정상적인 주가수익비율(Normal PER)을 선출한다.

4) 정상적인 PER를 구하는 방법

① 동류위험을 지닌 주식군의 PER을 이용하는 방법

② 동종산업 평균 PER을 이용하는 방법

③ 과거 수년간의 평균 PER을 이용한 방법

④ 배당평가모형을 이용하는 방법

$$PER(주가수익비율) = \frac{P_0}{EPS_1} \ (배)$$

$$= \frac{(1-b)}{k-g} = \frac{(1-b)}{k-(b \times ROE)}$$

단, $g = b \times ROE$

공식산출과정 : $PER = \frac{d_1}{k} \div EPS_1 = \frac{(1-b)}{k-g}$

단, 1-b : 배당성향(=추정배당액/추정단기순이익)

　　　b : 사내유보율

그러므로, PER은

기본공식	예측된 EPS를 사용할 수 있을 때	편의상 최근 EPS를 사용할 때
PER=P/EPS	=(1-b)/($k-g$) =(1-b)/(k-b×ROE)	=(1-b)(1+g)/$k-g$ =(1-b)(1+g)/(k-b×ROE)

⊙ **Key Point**

▶ 성장률 g와 (+), 자본비용k(즉, 위험)과 (−) 상관관계

▶ 배당성향(1-b)과 PER 관계

· ROE<k 이면 : PER은 배당성향과 (+) 관계

· ROE>k 이면 : PER은 배당성향과 (−) 관계

★ **PER이용시 주의사항** ★

(1) PER계산식의 분자의 주가자료는 분석 **현재시점의 주가가** 적절함

(2) 분모의 EPS는 편의상 일정기간 평균 EPS를 쓰지만, 이론적으로는 **예측된 EPS가 적합**

(3) EPS계산시 특별이익을 제외한 **경상이익**이 이용될 수 있으며, 전환증권 등 포함가능

(4) EPS는 기업회계기준이므로, 기업마다 처리기준이 다른 경우에는 **직접 비교하면 곤란함**

(1-1) PEGR 비율 (PER의 보완지표)

① PER가 낮다고 해서 향후 주가전망이 좋아진다고 볼 수 없음.

② 따라서, PER이용시 그 기업의 성장성에 비해서 주가가 높은지 낮은지를 구별

③ 공식

$$PEGR = \frac{PER}{연평균 \ EPS성장률}$$

④ PEGR이 낮으면 → 성장성대비 PER저평가 → 주가상승가능성 높음

⑤ 성장률(G)는 편의상 과거 수년간 평균사용하나. 이론상 미래의 추정 성장률을 써야 함

(1-2) PCR 주가현금흐름비율(PER의 보완지표)

① 공식

$$PCR = \frac{P}{CF} = \frac{주가}{주당현금흐름} \quad (배)$$

② 주당현금흐름이란 현금흐름표상 영업활동으로 인한 현금흐름을 주식 수로 나눈 값

③ 현금흐름이 없는 수익/비용 제거, 영업활동과 무관한 수익/비용을 제거하여 주당 영업활동으로 인해 발생한 현금흐름에 비해 주가가 얼마인지 측정

④ PER의 보완지표

⑤ 저PER & 고PCR 기업 : 실제 현금흐름의 유입이 없는 외상매출이 과다하거나 자산 유가증권평가이익 등이 과다한 경우임. → 도산가능성높음

⑥ IMF위기 등 기업의 도산가능성이 주식의 가치평가에 큰 영향을 미칠 때 중요한 지표

(1-3) P/B비율(Price Book value Ratio : PBR) 주가순자산비율

① PBR의 의미

PBR은 자기자본의 총 시장가치를 총 장부가치로 나누어 준 비율로서 주식 1주를 기준으로 표시한 주가순자산비율(P/B)과 같은 개념이다. Gordon모형으로 평가 가능한 주식의 발행주식 총수가 N이라면,

$$MV = P_0 * N = \frac{E_0 * (1-b) * (1+g)}{k-g} * N$$

여기서 $ROE = \frac{N * E_0}{BV}$ 이므로

$$MV = \frac{BV * ROE * (1-b) * (1+g)}{k-g},$$

이를 BV로 나누어 주면

$$\frac{MV}{BV} = \frac{ROE * (1-b) * (1+g)}{k-g}$$

Q비율이 낮을수록 적대적 M&A대상이 되는 경향이 있음

(1-4) PSR (Price Selling Ratio) 주가매출액비율

1) 공식

$$PSR = \frac{P}{Sales} = \frac{주가}{주당매출액} \quad (배)$$

① 주가를 주당매출액으로 나눈 값

② 아직 이익을 많이 내지못해 수익성 평가가 어려운 신생기업, 인터넷정보통신기업의 평가에 많이 사용됨.

③ ⓐ 매출액이익률(M), 성장률(g)와 (+)관계

　　 ⓑ 자본비용(k)와 (−)관계

2) PSR의 장점

① PER, PBR은 때로는 음수가 되어 의미가 없어질 수 있으나, PSR은 곤경기업에도 적용가능

② 매출액은 임의로 조정하기가 어렵다

③ PSR은 PER만큼 변동성이 심하지 않아 신뢰성이 높다

④ PSR을 이용하면 가격정책의 변화와 기타 기업전략이 미치는 영향을 쉽게 분석가능

3) PSR을 이용한 투자전략

PSR과 ROS(매출액이익률)간의 관계이용 〈과대과소평가 메트릭스〉

구 분	낮은 ROS	높은 ROS
높은 PSR	주식 과대평가	적절히 평가
낮은 PSR	적절히 평가	주식 과소평가

(1-5) EV/EBITDA 비율

순수하게 영업으로 벌어들인 이익에 대한 기업가치의 비율을 기준으로 공모기업의 전체가치를 추정하는 방식

① EV : Enterprise value (기업전체자산가치)는 주주가치와 채권자가치를 합한값

＝[주주가치＋채권자가치]

＝[시가총액＋(이자지급성부채−현금 및 유가증권)]

② EBITDA : (Earnings before Interest and Tax Depreciation and Amorization) 이자 및 세금, 감가상각비 차감전 이익

＝영업이익EBIT＋(감가상각비, 기타 상각비)

③ 공모기업의 시장가치 추정

- 유사기업의 EV/EBITDA를 구한다.
- 공모기업의 EV를 추정
  →[유사기업의 EV/EBITDA]＝[공모기업의 EV/공모기업의EBITDA]
- 예상시가총액 추정
  → 예상시가총액＝공모기업의 EV － [부채가치(차입금－현금예금)]
- 주당가치추정＝예상시가총액 ÷ 공모 후 발행주식수

④ 장점 및 한계
- 장점 : ⓐ 기업자본구조를 감안한 평가방식
- 추정방법이 단순함
- 분석기준이 널리 알려져있고, 회사간 비교가능성이 높아 공시정보로 유용함
- 단점 : 추정시점과 실제 상장시점의 시가변동에 대한 차이를 고려해야 함

⑵ EVA(Economic Value Added)모형
1) EVA의 의의
① 기업의 성과를 단순히 회계이익으로 판단하지 않고, 자기자본비용을 감안한 경영지표

② 대리인문제 해결을 위한 지표로 80년 후반 Stern Stewart사가 개발한 지표임

$$EVA＝NOPLAT-WACC \times IC＝(NOPLAT/IC-WACC) \times IC$$
$$＝(ROIC-WACC) \times IC＝초과수익률 \times 투하자본$$

③ NOPLAT : 기업 본연의 영업활동에서 창출한 영업이익에서 실효법인세를 차감한 이익

$$NOPLAT(세후순영업이익)＝EBIT-실효법인세+감가상각비$$
$$＝EBIT(1-세율)$$
$$＝EBIT-법인세절감효과+이연법인세증가액$$
$$＝당기순익+지급이자-법인세절감효과+감가상각비$$

④ WACC(가중평균자본비용) : 타인자본비용과 자기자본비용까지 포함한 총자본비용 개념임

$$＝(타인자본비용비중 \times 타인자본비용)+(자기자본비용비중 \times 자기자본비용)$$

예 타인자본50억, 타인자본비용8%, 자기자본자기자본50억, 자기자본비용12%
$$WACC＝(0.5 \times 8\%)+(0.5 \times 12\%)＝10\%$$

⑤ IC : Invested Capital(영업용투하자본)

⑥ ROIC : 투하자본이익률

2) EVA를 이용해 기업의 가치 구하기

① 기업의 가치 = 영업용투하자본(IC) + 시장부가가치(MVA) + 비사업자산가치

② MVA = EVA/WACC

예 기본형

세후영업이익 = 15억원, 자본비용 = 12%,

자기자본 = 100억원인 무부채기업의 EVA와 기업가치는?

$$EVA = 15 - 100(0.12) = 3억원$$

$$기업가치 = 100 + 3/0.12 = 125억원$$

예 비사업자산의 존재

세후영업이익 = 15억원, 자본비용 = 12%,

자기자본 = 100억원(사업자산 80억원)인 무부채기업의 경우는?

$$X \quad EVA = 15 - 80(0.12) = 5.4억원$$

$$기업가치 = 80 + (5.4/0.12) + 20 = 145억원(20억원증가)$$

예 자산재평가의 경우

세후영업이익 = 15억원, 자본비용 = 12%, 자기자본 = 100억원(사업자산 80억원이 120억원으로 자산재평가 됨)인 무부채기업의 경우는?

$$X \quad EVA = 15 - 120(0.12) = 0.6억원$$

$$기업가치 = 120 + (0.6/0.12) + 20 = 145억원(20억원 증가)$$

예 부채의 영향

세후영업이익 = 15억원, 자본비용 = 12%, 자기자본 = 50억원

세후타인자본비용 = 8%, 타인자본 = 50억원일 경우는?

$$X \quad EVA = 15 - 100(0.1) = 5억원$$

$$기업가치 = 100 + (5/0.1) = 150억원$$

$$주주가치 = 150 - 50 = 100억원$$

③ EVA가 가지는 의미

- EVA는 세후순영업이익에서 투하자본에 대한 자본비용을 공제한 잔여이익
- EVA는 순가치의 증분만을 측정, 금액으로 표시, 가치창조경영의 기준
- EVA가 양(+)이면 경제적으로 새로운 가치 창조의미
- 대리문제의 해소가능성 : 경영자 자기자본비용 인식
- 투자판단기준으로의 적합성 : 회계적수익보다는 주주의 투자판단 기준으로 적합

④ EVA와 당기순익 비교

당 기 순 익	E V A
• 경영자 관심	• 주주의 기회비용 관심
• 타인자본비용만 고려	• 타인자본비용＋자기자본비용 고려
• 주주가치는 무시	• 주주 부의 극대화
• 발생주의 회계원칙	• 경제적이익도 반영한 대체적 회계처리

⑤ EVA와 MVA와의 관계

　• MVA는 모든 미래 EVA의 현재가치의 합계

　• MVA는 주식시장의 영향을 받는 반면, EVA는 매기 초과이익을 나타내므로 경영관리 분야에서 EVA가 더 유용함

⑥ 각종 경영성과지표의 비교

경영지표	정 의	장 점	단 점
시장부가가치 (MVA)	미래의 경제적 이익을 자본비용으로 할인한 가치의 합	· 회계지표의 한계극복 · 전략 및 투자결정에 유용 · 장기적 경영가능	측정이 복잡함
경제적 부가가치 (EVA)	세후영업이익 － 투하자본×자본비용	자본비용을 고려한 정기적 가치창출 계산	단기적 성과에 치중
투하자본이익률 (ROIC)	세후영업이익÷투하자본	· 투하자본의 수익성 측정 · I/S와 B/S 모두 고려	자본의 기회비용 무시
자기자본이익률	순이익÷자기자본	주주입장에서의 수익성 측정	영업외활동의 영향 포함
매출액영업이익률	영업이익÷매출액	이해하기 용이	보유자산 활용도 무시

(3) 잉여현금흐름(FCF)모형

1) 잉여현금흐름

① 미래 현금유입액 중 추가적인 부가가치 창출에 기여할 투하자본의 증가액을 차감

② 본업활동이 창출해 낸 현금유입액에서 당해년도 중 새로운 사업에 투자하고 남은 것

③ 투하자본에 기여한 자본조달자들이 당해년도 말에 분배 받을 수 있는 총자금

④ 기업가치 ＝ $\sum_{t=1}^{n} PV(FCFt)$ ＋잔여가치의 현가

2) 잔여가치(terminal value)

① 사업의 예측기간이 끝난 후 동 사업으로부터 지속해서 얻을 수 있는 경제적 부가가치액의 크기

② 예측가능하지 못한 현금흐름 부분

③ 사업종료 연도를 기준으로 최근 3년 또는 5년간의 잉여현금흐름액의 평균으로 추정

3) 현금흐름법과 잉여현금흐름법의 차이점

① 현금흐름법(DCF method) :

매년 유입되는 현금흐름액(CFt) 전액의 현재가치 합계

기업가치 = ΣPV(CFt)

② 잉여현금흐름법(FCF method) :

일정기간 유입되는 잉여현금흐름액의 현재가치 + 잔여가치

기업가치 = ΣPV(FCFt) + 잔여가치

여기서, 잔여가치(Terminal Value) = 최근 3~5년간 평균 FCFt/WACC

4) 잉여현금흐름법의 측정방법

1) 총현금흐름유입액 = NOPLAT + 감가상각비

2) 투자자본 순증가액 = 운전자본증가액 + 시설자금 증가액 + 감가상각비

3) 잉여현금흐름 = 총현금흐름유입액 ― 투자자산순증가액

(4) 옵션모형
1) 옵션의 기본개념

① 종류

콜옵션(call option), 풋옵션(put option)

유로피언옵션(European option), 아메리칸 옵션(American option)

② 발행조건

기초자산(underlying asset)

행사가격(exercise price)

만기일(expiration date)

■NPV와 옵션 가치의 관계

1) 투자결정을 더이상 미룰 수 없는 상황에서 NPV는 옵션가치와 같다.

　　투자안의 NPV(기업가치 증분) = Max[(투자안의 현가 − 투하자본), 0]

　　콜옵션의 만기가치 = Max[(기초자산의 가치 − 행사가격), 0]

2) 반면 미래 상황에 따라 의사결정 변경이 가능한 경우 NPV법은 투자안의 실제가치를 과소평가할 수 있다.

■옵션가격 결정 모형 : 블랙-숄즈(Black & Scholes)

1) 가정

① 옵션의 만기일까지 주식으로부터 배당지급은 없다.

② 무위험이자율과 주식수익률의 분산은 일정하고 안정적이다.

③ 주가변동은 연속적(continuous)이며 급격한 이탈은 없다.

④ 주식수익률은 로그정규분포(lognormal distribution)를 따른다.

$$C = S_0 N(d1) - Xe^{-rT} N(d2)$$

단, C : 콜옵션의 현재가치 S0 : 기초주식의 현재가격

　　 r : 연간 무위험이자율 T : 만기까지의 잔여기간(1년을 1로 표시)

　　 N(d) : 누적표준정규분포에서 d값보다 작을 확률

2) N(d) = 1이면 $C = S_0 - Xe^{-rT}$, N(d2) = 0이면 C = 0.

3) N(d)은 만기에 콜옵션이 내가격(in-the-money)일 가능성을 의미함. 따라서 콜옵션의 가치는 만기에 옵션행사로 얻게 될 이득의 현재가치를 옵션이 행사될 확률로 조정한 셈이 된다.

2) 실물옵션의 가치평가

①실물옵션의 유형

당장은 투자가치가 없지만 미래에는 NPV가 陽(+)이 될 가능성이 있어서 그때까지 투자를 연기할 수 있는 상황은 콜옵션을 보유하고 있는 경우에 해당한다고 간주할 수 있다.

예 수급조절 목적의 일시적으로 조업중단

　　 영화산업에서 속편 제작권리의 매매로 제작자금 조달

　　 자동차 조립라인의 축소나 변경

　　 신약개발을 위한 3단계(1차 물질개발, 2차 임상실험, 3차 상용화투자)

3) 금융옵션의 가치평가

① 신주인수권의 가치평가

기존의 발행주식을 m, 신주인수권을 한꺼번에 행사할 경우 새로 발행되는 주식수를 n이라고 하고 신주인수권의 행사가격을 X라고 하자.전체 신주인수권 소유주가 기업에 n, X만큼의 현금을 지불하고 신주인수권을 행사하면 그들은 기업에 해해 α만큼의 지분률($\alpha = \frac{n}{m+n}$)을 확보하게 된다. 부채가 없다고 가정하고 기업 가치를 V라고 하면 전체 신주인수권자는 $n \cdot X \cdot (1+\alpha)$만큼의 대가를 치르고 $\alpha \cdot V$를 얻는 셈이다. 따라서 블랙-숄즈의 OPM에서 기초자산의 현재가치가 $\alpha \cdot V$, 행사가격이 $n \cdot X \cdot (1+\alpha)$이며, T는 신주인수권의 만기일인 경우에 해당한다. σ2은 엄밀하게 주식과 신주인수권을 포함한 가치, 즉 자기자본가치의 분산이지만 개략적으로 주식 수익률의 분산을 사용한다.

예 비상장회사인 한국기업은 90만주의 보통주와 10만주의 신주인수권을 발행한 상태이다. 신주인수권의 만기일은 3년이고 각 신주인수권은 만기일에 행사가격 10,000원에 보통주 1주와 교환될 수 있다. 만기일까지 배당은 지급하지 않을 예정이며

FCF로 측정한 동사의 기업가치는 200억원으로 추정되고 부채총액은 40억원이다. 연간 무위험이자율은 10%이고 자산가치의 변동성(σ^2)은 15%이다. 블랙-숄즈 OPM을 이용한 신주인수권의 평가치는?

블랙-숄즈 OPM을 실증분석한 결과에 의하면 대체로 옵션만기가 길고 외가격(out of the money)일수록 실제가격보다 과대평가하는 경향이 있다. 신주인수권은 대개 일반옵션보다 만기가 길고 발행당시의 주가보다 행사가격이 높게 정해지기 때문에 OPM으로 평가한 가치가 과대평가될 가능성이 있다.

OPM에 의한 신주인수권의 가치계산

옵션변수	변수 값	계산내역
S	16억원	$\alpha \times$ 자기자본가치=0.1(200−40)
X	9억원	$(1-\alpha) \times$ 총 행사가격=0.9×10,000×10만
r	10%	연이율
T	3년	만기일
σ^2	15%	자산가치의 변동성
d1	1,640	{ln(16/9)+(0.1+0.5×0.15)×3}÷$\sqrt{0.15 \times 3}$
d2	0.970	d1−$\sigma \sqrt{T}$
N(d1)	0.950	
N(d2)	0.834	
총신주인수권가치	9.64억원	$16(0.950)-9e^{-0.1 \times 3}(0.834)$
총 주식가치	150.36억원	160−9.64
단위 신주인수권 가치	9,640	9.64억 / 10만
보통주 주당가치	16,700	150.36억원 / 90만

⇨ 주) 1. α는 신주인수권 행사가 취득 지분률로, 10만/(90만+10만) 임.
　　 2. σ 2는 자기자본가치의 변동성이 원칙이지만 자산가치의 변동성으로 대신함

② 스톡옵션의 가치평가

- 현행 기업회계기준 : 매기말 비용처리⇒회계상 수익악화

　스톡옵션 비용=(옵션행사가격−주가)×스톡옵션주식 수

※ 미국의 경우 스톡옵션 비용을 매기말 회계처리하지 않고 재무제표의 각주사항으로 표기하므로 숨겨진 비용이 크다.

- 스톡옵션 비용의 공정한 평가방법은?

스톡옵션제도의 도입이 오래된 기업일수록 평가시점에는 행사가격과 만기가 다른 여러 종류의 스톡옵션이 발행되어 있는 상태일 가능성이 많다. 또한 스톡옵션이 행사될 경우 주식 수 증가로 인한 희석효과가 발생한다. 따라서 평가대상 옵션을 일단 유로피언 콜옵션으로 간주하여 블랙숄즈모형으로 평가한 후 일반옵션과 차이를 조정한다.

7. 시장효율성과 주가

어느 기업에 대해 새로운 정보가 생성된 경우, 새로운 정보에 증권가격이 신속하게 반응하는 경우를 시장이 효율적이라고 한다.

(1) 효율적시장가설(Efficient Market Hypothesis:EMH)의 유형
◆측정방법 : 어떤 종류의 정보가 얼마나 빠르게 증권가격에 반영되는지 측정

종 류	의 의	투 자 전 략
약형EMH	**과거**정보가 주가에 완벽히 반영되는 시장	기술적분석은 무용지물
준강형EMH	**과거+현재공개**된 모든정보가 주가에 완벽히 반영되는 시장	기술적분석은 물론, 기업의 회계자료도 무용지물
강형 EMH	**과거+현재공개+비공개정보**가 주가에 완벽히 반영되는 시장	내부정보도 무용지물

(2) 효율적 시장가설의 중요성
1) 시장이 효율적이 되기 위한 조건
① 가격에 영향을 미치는 정보가 시장에 도착하면 가격은 즉각적으로 그리고 정확하게 반응하여야 한다.
② 주가변화는 무작위행보(Random walk)이어야 한다.
③ t시점에 확보한 정보를 t+1이 되는 시점에 가장 투자수익률이 큰 종목들을 예측하는 트레이딩룰(trading rule)을 구축하는 일이 불가능해야 한다.
④ 정보를 많이 가진 투자자든 그렇지 않은 투자자든 어떠한 투자성과의 차이도 우연에 의한 것이어야 한다.
2) 시장이 효율적이라면,
① 증권분석 필요없음
② 어떤 전문투자자들도 한계초과수익률이 0보다 클수없음
③ 시장에서 주식의 저평가 있을 수 없음
④ 자기자본비용은 시장의 활황이든 침체든 적절하게 결정됨
⑤ 수의상환과 같은 규정 필요없음
⑥ 기업광고 필요없음

(3) 효율적 시장의 특성 ★
1) 정보에 대한 신속.정확한 반응

효율적 시장 그리고 비효율적 시장에서 새로운 정보의 도착에 대한 주가의 반응

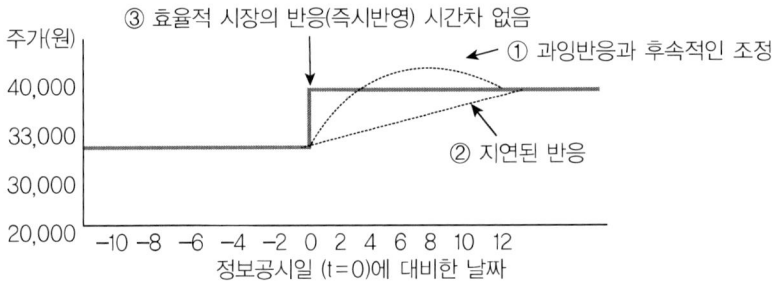

2) 시장이효율적이라면, Random Walk(무작위행보변화)를 따른다.

① 시계열상관

- '0' 이어야 한다.(수수료를 감안하면 0에 가깝다)
- 기술적분석은 무의미 하다

② 요일효과

- 주말효과 : 주초에는 낮은수익률, 주말에는 높은 수익률을 보인다. 그러나, 효율적 시장이라면 수수료를 빼고나면 수익이 없어야 한다.

③ 1월효과(January Effect) : 1월의 수익률이 높다(특히, 중소기업들)

- 1월효과를 설명하는 근거들 : Tax effect, 성과급제도, 포트폴리오 드레싱 등

3) 거래전략의 무의미

① PER효과(저PER주 매수하라)

↔ 준강형효율적시장에 상충된다.

↔ 규모효과(Size effect)의 발견에 불과하다

② 과잉반응가설(과거 낮은 수익률을 기록한 종목이 다음에 수익률이 높다)

↔ 해당종목의 상대적 위험 크기에서 나오는 당연한 결과일 뿐, 이 전략이 유효하다 볼 수 없다.

4) 전문가와 비전문가의 무차별

- 원숭이와 펀드매니저의 수익률에 차이가 없다.

(4) 시장의 효율성과 반대되는 현상(이례현상)

① 규모효과(Size effect), 소기업효과(Small firm effect) : 위험 감안후 소기업들은 장기간 비정상적인 높은 수익률을 기록한다.

② 1월효과(January Effect) : 주식가격은 매년 12월부터 다음 해 1월 사이에 비정상적인 상승을 한다.

③ 요일효과(Day of week effect) : 주초에는 낮은 수익률, 주말에는 높은 수익률을 보

이는 경향이 있다. 즉 월요일에는 주식을 사서 금요일 무렵에 팔면 큰 돈을 벌수있다.

④ PER효과 : PER가 낮은 기업의 주식이 비정상적인 초과수익을 보여준다.

⑤ 시장의 과민반응 : 주식가격은 뉴스에 과잉반응한다. 그러나 오차는 완만하게 교정, 악재 발표 후 매수한다면 비정상적인 수익이 가능하다.

⑥ 과도한 변동성 : 주식가격의 변동성이 주식의 내재가치에 의해 정당화되는 것보다 훨씬 클 수 있다.

1-2 기술적 분석

1. 기술적 분석

(1) 기술적 분석의 이해

1) 정의

−기술적 분석은 과거 시세 흐름과 패턴을 정형화하여 향후 주가를 예측하는 방법이다.

2) 종류

종 류	내 용	세 부 종 류
추세분석	① 상승,하락,수평의 추세선을 나타냄 ② 지지와 저항의 수준을 파악하며 방향성 예측 ③ 추세선 및 지지선과 저항선,이동평균선을 관찰하여 주식의 매매시점 포착	반전형 − (헤드앤숄더/이중천정형/선형/원형/확대형/V자형 등.) 지속형 − (삼각형/깃발형/쐐기형/직사각형/다이아몬드형 등.)
패턴분석	① 꺾이는 점 찾기(주가의 전환시점찾기) ② 주가변동모형을 미리 정형화 해 놓고 실제로 나타나는 주가 움직임을 주가 변동모형에 맞추어 앞으로의 주가를 미리 예측하는 기법	서양식＝ 패턴분석 일본식＝ 캔들차트분석
지표분석	① 숫자, % ② 현재의 시장 수급이 과열/침체 여부 파악	추세추종형지표(MACD) 추세반전형지표(Stocahastic, RSI) 거래량관련지표(OBV, VR) 변동성관련지표(볼린저밴드) 시간개념없는표(삼선전환도, P&F) 시장Breadth지표(ADL, ADR)
시장구조이론	① 오랜기간시장의움직임을분석, 연구 ② 시장의변동논리를해석하는방법	엘리어트파동이론, 일목균형포, 캔이론, 태양흑점이론, 엘리뇨현상, 주초효과, 주말효과, 휴일효과 , 연초효과, 연말효과 등

3) 기본가정

① 증권의 시장가치는 수요 공급에 의해서만 결정된다.

② 주가는 지속되는 추세에 따라 상당기간 동안 움직이는 경향이 있다.

③ 추세의 변화는 수요와 공급의 변동에 의해 일어난다.

④ 수요와 공급의 변동은 그 발생이유에 상관없이 시장의 움직임을 나타내는 도표에 의하여 추적될 수 있으며, 도표에 나타나는 주가모형은 스스로 반복하는 경향이 있다.

4) 장·단점

① 장점 : 심리적 요인까지도 영향을 미치므로, 계량화가 어려운 기본적분석의 한계점 보완가능 매매시점 포착가능, 변화의 방향 예측가능

② 단점 : 주가 추세나 패턴이 반복한다는 비현실적 가정, 같은 상황에서 해석이 각기 다를 수 있으며 투자가치를 무시하고 시장의 변동에만 집착하기 때문에 시장변화의 원인은 분석불가능

(2) 기술적 분석의 이론

다우 이론

기술적 분석의 창시자 찰스다우(Charles H Dow)는 주식시장은 장기추세선의 진행과정을 강·약세장의 각각 3국면을 아래와 같이 구분했다.

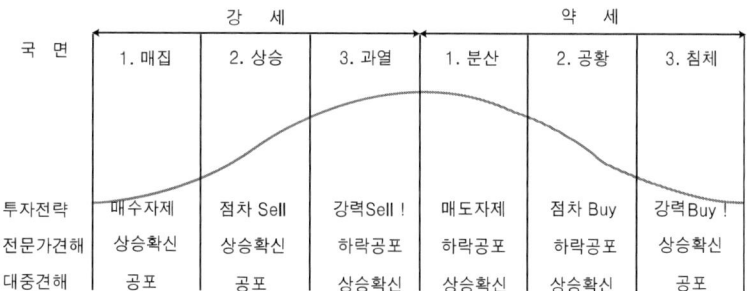

1) 매집국면(강세1국면)

① 경제, 산업, 기업환경, 주식시장 모든 여건이 회복되지 못하고 장래에 대한 어두운 전망

② 불안감을 느낀 대다수 일반투자자들은 장기간 지속된 약세시장에 지쳐서 매도

③ 경기호전을 예측한 전문가들은 매수세가 쌓이기 시작하여 축적단계 또는 매집국면이라 함

2) 상승국면(강세2국면, 마크업국면)

① 전반적 경제 여건이 호전되어 일반투자자의 관심이 고조됨. → 주가상승/거래량증가

② 신고가를 갱신하는 날이 많음

③ 기술적 분석을 이용하는 투자자가 많은 수익올릴 수 있는 국면임

3) 과열국면(강세3국면)

① 각종 통계자료가 호조, 신문이나 매스컴에서 주식시장에 관한 내용이 Top News로 부상

② 주식투자에 경험없는 사람이 뒤늦게 확신을 가지고 적극 매입에 나섬

③ 이 국면에서 매수자는 흔히 손해를 보기 때문에 조심해야 함

4) 분산국면(약세1국면)

① 전문투자자들이 투자 수익을 취한 후 빠져나감(분배단계라고도 함)

② 주가가 조금만 하락해도 그동안 매수하지 못한 대기매수세에 의해 거래량 증가하지만 새로운 상승추세로 진행되지 못함

5) 공황국면(약세2국면)

① 각종 통계자료 악화, 일반투자자는 매도하려 마음이 조급해짐

② 상대적 매수세력은 크게 위축

③ 주가는 거의 수직하락, 거래량 급감

6) 침체국면(약세3국면)

① 미처 처분하지 못한 일반 투자자들의 실망매물이 출회됨

② 투매양상이 나타남에 따라 주가는 계속 하락하지만 시간이 지날수록 낙폭은 줄어든다.

③ 모든 악재가 전부 주가에 반영될 때 끝이 난다고 보는데, 보통 이런 악재가 전부 소멸되기 전에 주식시장은 반전된다.

다우이론의 한계

① 주추세와 중기추세의 명확한 구분 곤란

② 추세전환이 너무 늦게 확인되어 실제투자에 도움을 못줌

③ 분산투자 여부와 방법을 알려주지 못하며, 위험에 대한 정보를 제공해 주지 못함

투자결정과 투자행위

시장국면	강 세			약 세		
투자자	제1국면	제2국면	제3국면	제1국면	제2국면	제3국면
대 중	공포심	공포심	확 신	확 신	확 신	공포심
전문가	확 신	확 신	공포심	공포심	공포심	확 신
투자전략	－	점차매도	매 도	－	점차매수	매 수

(1) 추세분석

1)지지와 저항선
① 의의
- 저항선 : 고점 연결선이고, 매도가 매수를 압도하는 선
- 지지선 : 저점 연결선이고, 매수가 매도를 압도하는 선

② 저항선 지지선이 가지는 의미
- 현재 주가의 최소·최대 목표치를 설정하는데 유용함
- 저항선이나 지지선의 돌파 시도가 여러번 실패할 경우 추세전환의 신호로 인식가능
- 장기에 걸쳐 형성된 것 일수록 신뢰도가 높다
- 최근에 형성된 것 일수록 신뢰도가 높다
- 매매 전략에 이용할 수 있다.
- 1만원, 2만원, 10만원 등의 정액 가격대는 심리적인 지지선이나 저항선으로 작용할 수 있다.

2) 추세선, 추세대
① 추세선
의미 있는 두 고점 또는 저점을 연결한 직선
- 상승추세선 : 저점선이 상승
- 하락추세선 : 고점선이 하락
- 평행추세선 : 저점이 수평(추세가 뚜렷하지 않은 경우)
- 추세대

지지선과 저항선이 서로 평행한 상태를 유지하며 그 안에서 주가 등락이 반복
- 상승추세대 : 지지선을 중심으로 추세대 형성/지지선,저항선 모두 상승
- 하락추세대 : 저항선을 중심으로 추세대형성/지지선,저항선 모두 하락
- 평행추세대 : 지지선을 중심으로 추세대 형성/지지선,저항선 모두 수평

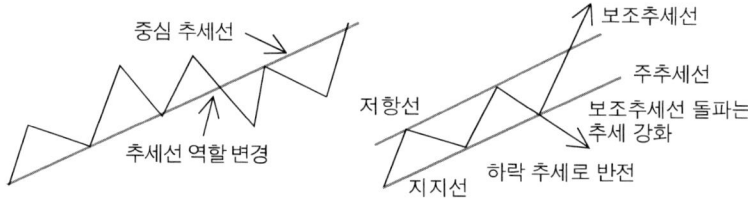

3) 이동평균선의 개념

– 이동평균선은 추세 분석의 성격을 가지며, 추세 분석보다는 저점 매수, 고점 매도 신호가 확실하게 나타난다.

4) 이동평균선을 이용한 분석방법

① 방향성분석
  • 상승추세로 전환 : 주가 → 단기이동평균선 → 중기이동평균선 → 장기이동평균선 순으로 상승
  • 하락추세로 전환 : 주가 → 단기이동평균선 → 중기이동평균선 → 장기이동평균선 순으로 하락

② 배열도 분석
  • 정배열 : 주가 > 중기이동평균선 > 장기이동평균선(상승추세)
  • 역배열 : 주가 < 중기이동평균선 < 장기이동평균선 (하락추세)

③ 지지와 저항
이동평균선의 특성을 잘 파악하여 비정상 거래로 인한 일시적 속임수를 예방하고 수익률을 극대화 하여야 한다.

④ 골든, 데드 크로스
  • 골든크로스 : 단기 이동평균선이 장기를 상향 돌파 (매수신호)
  • 데드크로스 : 단기 이동평균선이 장기를 하향 돌파 (매도신호)

⑤ 밀집도분석
이동평균선이 밀집되면 작은 모멘텀에도 주가가 크게 변하는 경향이 있다.

5) 이동평균선을 이용한 매매전략

① 한 가지 이동평균선을 이용
  • 주가가 이동평균선을 상향돌파 하면 매입신호
  • 주가가 이동평균선을 하향돌파 하면 매도신호

② 두 가지 이동평균선을 이용
  • 단기이동평균선과 장기이동평균선을 이용
  • 단기이동평균선은 매매시점포착, 중·장기 이동평균선은 추세파악 용이
  • 골든크로스(매수) / 데드크로스(매도)

③ 세 가지 이동평균선을 이용
  • 하락추세에서의 투자전략
  가. 단기이동평균선이 중·장기이동평균선을 하향돌파시 [매도신호]

나.역배열되어 나란히 하락중 [약세시장 가능성 높음]

다. 역배열이 상당기간 지속된 후 단기 이동평균선이 더 이상 하락 못하고 상승 시작 [바닥권예상]

- 상승추세에서의 투자전략

가. 단기이동평균선이 중·장기이동평균선을 급격히 상승돌파시 [매수신호]

나. 정배열되어 나란히 상승 중 [강세국면 가능성 높음]

다. 정배열이 상당기간 지속된 후 단기이동평균선이 더 이상 오르지 못하고 약해짐 [천정권예상]

6) 거래량 이동평균선

① 거래량은 주가를 선행한다.

② 주가 상승추세인 경우 거래량은 증가, 하락추세인 경우 거래량은 감소

③ 거래량 감소추세에서 상승추세로 전환되면 주가는 상승

④ 거래량 증가추세에서 감소추세로 전환되면 주가는 하락

⑤ 천정권에서 주가는 상승함에도 거래량은 감소

⑥ 바닥권에서 주가는 하락함에도 거래량은 증가

7) 그린빌의주가, 이동평균선

① 매입신호

- 이동평균선이 하락 후 보합이나 상승국면으로 진입한 상황에서 주가가 이동평균을 상향돌파

- 이동평균선이 상승 중 주가가 일시적으로 이동평균선 아래로 하락(일시적인 하락일 가능성큼)

- 주가가 이동평균선 위에서 빠르게 하락하다가 이동평균선 부근에서 지지를 받고 재차 상승

- 주가가 하락중인 이동평균선을 하향돌파 후 급락시 이동평균선까지 반등 가능성이 크므로 단기매입신호

② 매도신호

- 이동평균선이 상승 후 보합이나 하락국면에서 주가가 이동평균을 하향돌파

- 이동평균선이 하락 중 주가가 일시적으로 이동평균선 위로 상승 (일시적인 상승일 가능성 큼)

- 주가가 이동평균선아래에서 상승세를 보이다가 이동평균선을 상향돌파 못하고 하락

- 주가가 상승중인 이동평균선을 상향돌파후 다시 급등시, 이동평균선쪽으로 자율반

락 가능성있으므로 매도신호

8)갭, 반전일, 되돌림

① 갭의 개념 및 종류

갭은 매수 매도 균형의 파괴로 주가가 급변하여 주가 사이에 빈 공간이 나타난 것이다. 그 종류로는 보통, 돌파, 급진, 소멸, 섬꼴 반전이 있다.

- 보통갭 : 횡보장에서 나타남, 곧 채워지고, 별 의미는 없다.
- 돌파갭 : 횡보, 조정장을 마감하면서 주요 저항·지지선을 돌파하여 새 추세를 알림. 대량 거래량을 수반하며 보통 갭과 달리 갭이 채워지는 경우는 거의 없다.
- 급진갭 : 추세의 가속화에 의한 것이며 주가의 예상 목표값의 중간에서 나타나므로 계속갭, 중간갭, 측정갭이라고도 한다. 엘리어트파동이론의 3번파동에서 주로 발생한다.
- 소멸갭 : 잠재 매수 세력이 상승 막바지에 참가하여 나타나며, 곧 추세가 반전된다.
- 섬꼴 반전 : 추세 반전시 좌우에 갭(소멸갭과 하락돌파갭)이 나타나 섬 모양이 되는 것

(그림)

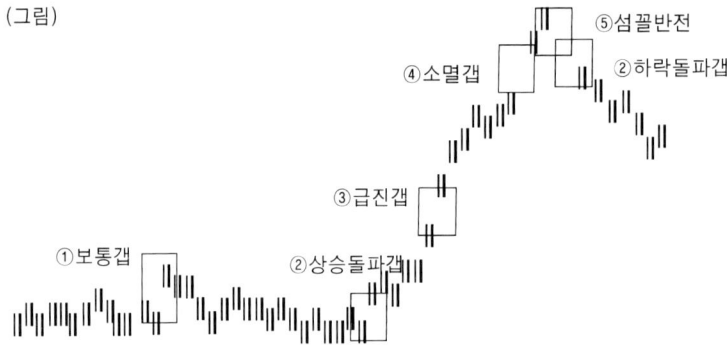

② 반전일

- 주가가 최고, 최저치를 기록하고 주가흐름이 갑자기 반전하게 되는데, 이 날을 반전일이라함
- 반전일은 거래량이 많을수록 가격 진폭이 클수록 확실하다.

③ 되돌림

- 주가는 상승이나 하락만을 할 수는 없고 자율 반락을 하는데 이를 되돌림이라 한다.
- 되돌림이 확인되면 특정 비율 부근에 지지 저항선이 있을 것을 알 수 있다. 보통 1/4, 1/3계열 (1/4, 2/4, 3/4, 1/3, 2/3)를 중요하게 본다.

④ 트리덴트 시스템

- 트리덴트 시스템은 되돌림이 반드시 있을 것을 이용하는 거래기법이다.
- 추세의 움직임과 같은 방향의 포지션을 만든다.
- 천정과 바닥을 치려고 노력하기 보다는 전체 추세움직임의 1/2만 취한다.
- 시장가격의 움직임이 예상과 다르면 적절한 수준에서(25%) 반대거래를 수행한다.

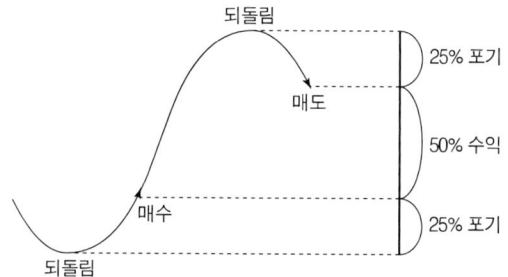

(3) 패턴분석

반전형

1) 헤드 앤 쇼울더

- 헤드앤 쇼울더 : 하락반전형
- 왼쪽어깨 : 주가는 강력하고 가파른 상승추세를 형성하며 대량 거래를 수반
- 머리 : 거래량은 왼쪽어깨를 형성하는 때보다 적고 주가는 왼쪽어깨보다 높게 나타난다.
- 오른쪽어깨 : 거래량은 고점인 머리를 형성할 때보다 결정적으로 적게 나타난다.
- 되돌림 : 주가가 고점 C에서부터 하락하여 기준선을 하향돌파한 후 다시 기준선수준 가지 상승하는 현상
- 역 헤드앤 쇼울더 : 상승반전형 거래량 : 왼쪽어깨 < 머리 < 오른쪽 어깨의 순

2) 이중천정형과 이중바닥형

① 이중천정형 : 목선부터 상단점까지 거리와 최소 가격 하락폭이 같다.
② 이중 바닥형 :
- 적극 매수점은 오른쪽 골 이후의 상승에서의 목선과의 교점이다.
- 두 번째 저점이 첫 번째 저점보다 높다.
- 첫 번째 저점은 가파르게 형성되는데 반해, 두 번째 저점은 완만하게 형성된다.
④ 때로는 상승시에 플랫폼옴(platform)이 형성되기도 한다.

• 첫 번째 저점에서 반등할 때보다, 두 번째 저점에서 반등할 때의 거래량이 월등히 많다.

3) 선형 · 원형천정형 · 원형바닥형

① 선형 : 적은 등락폭으로 장기간에 걸쳐 보합권을 유지하며 횡보한 후 거래량이 증가하면서 상당히 큰폭으로 저항선을 상향 돌파하면서 주가가 상승하는 패턴

② 원형바닥형 : 상승반전형

주가가 장기간 대폭적으로 하락한 후 이 모형이 나타나면 대세의 상승반전을 나타내는 것으로 상당폭 주가상승 기대

③ 원형천정형 : 하락추세로 반전

• 주가가 상향추세를 따라 상당기간 상승하고 나서 추세선의 기울기가 완만해진 후 하락추세로 반전하는 형태(장기간동안 형성)

• 거래량은 주가와 반대방향으로 움직인다.

④ 확대형

• 발산하는 추세선이 두 개인 모형으로 고점이 계속 상승하고 저점은 계속 하락하는 형태

• 바닥권에서는 나타나지 않으며 천정권에서 형성되는 경향

• 세 개의 고점과 두 개의 저점으로 형성되고 세 번째 고점이 아래 추세선 돌파 시 완성되며 거래량이 증가하는 경향

• 시황이 매우 혼란하고 미래에 대한 예측이 불가능한 상태이거나 투자자의 심리가 극히 민감하고 극도로 불안정한 상태에 있음을 의미

⑤ V자 모형

• 주가 전환모형 가운데 매수세에서 매도세로, 매도세에서 매수세로 갑자기 돌변하는 패턴

• 비교적 단기간에 형성되며 상승추세선과 하락추세선의 기울기가 동일

• 우리나라와 같이 외부 환경에 의존하는 경우 자주 발생하는 패턴

※ 천장 V자모형 : 주가하락이 매우 급격한 것이 일반적인 현상 정점을 중심으로 평균 거래량은 감소

2) 지속형

삼각형

① 대칭삼각형모형 : 삼각형 모형의 가장 일반적인 형태로 가격변동 폭이 감소하면서 우측 꼭짓점을 향해 수렴하는 형태의 모형

② 직각삼각형모형

가.상향직각삼각형 모형의 고점 경계선은 수평을 이루고 저점경계선이 상향 기울기 형태의 모형(상승반전)

- 특징 : 매도물량이 점점 증가하는 매수세력에 흡수되어 가는 과정

나.하향직각삼각형 : 하락반전

- 특징 : 매수물량이 점점 증가하는 매도세력에 흡수되어 가는 과정

다. 깃발모형(상승깃발형, 하락깃발형)

직사각형으로 형성되는 과정에서 밀집된 영역으로 나타나 모형의 폭이나 크기가 훨씬 작고 좁다.

- 주가가 거의 수직에 가까울 정도의 기울기 추세를 따라 매우 빠르고 급격한 상승을 보인 후에 형성된다.
- 45도 각도의 방향으로 경사진 평행사변형이 보편적이다.
- 모형의 형성기간 중에 거래량이 점차 감소한다.
- 형성기간이 단기간인 것이 특징이다.

라.쐐기모형 : 추세의 천정권에서 형성

- 하락쐐기형 : 상승반전

저점경계선의 기울기가 고점경계선의 기울기보다 완만한 형태

- 상승쐐기형 : 하락반전

고점경계선의 기울기가 저점경계선의 기울기보다 완만한 형태

마. 직사각형 모형

- 두 개의 평행한 추세선 사이에서 가격이 움직이는 모습을 나타내는 모형이다.
- 1개월에서 3개월 정도의 형성기간을 가진다.
- 매도세력과 매수세력이 균형을 이루고 있으며 거래가 활발하지 못한 경우에 발생한다.

→ 상승직사각형 모형 : 상승추세에서 일정기간 보합권을 유지할 때 나타나며 저항선을 돌파하면 기존 상승추세가 계속되는 상승국면 모형

→ 하락직사각형 모형 : 하락추세에서 일정기간 보합권을 유지할 때 나타나며 지지선을 돌파하면 기존 하락추세가 계속되는 하락국면 모형

바. 다이아몬드형

- 역삼각형과 대칭삼각형이 합쳐진 모양으로 주가의 큰 변동이 있은 후 많이 나타나는 패턴이다.
- 일반적으로 주가상승 시 거래량 증가, 주가하락 시 거래량이 감소한다.
- 상승추세가 가속화되는 막바지에 나타나는 반전패턴으로서의 역할을 수행하는 경우도 있다. 계속적인 상승국면을 보이는 모형

⑷ 캔들 챠트 분석

1) 캔들 신호의 종류

① 한 개 봉의 해석 : 망치, 교수, 유성, 샅바, 십자형 (꼬리는 중요하지 않다.)

② 두 개 봉의 해석 : 장악, 잉태, 관통, 먹구름, 반격

③ 세 개 봉의 해석 : 샛별, 석별, 까마귀형

2) 봉 개수별 캔들 신호

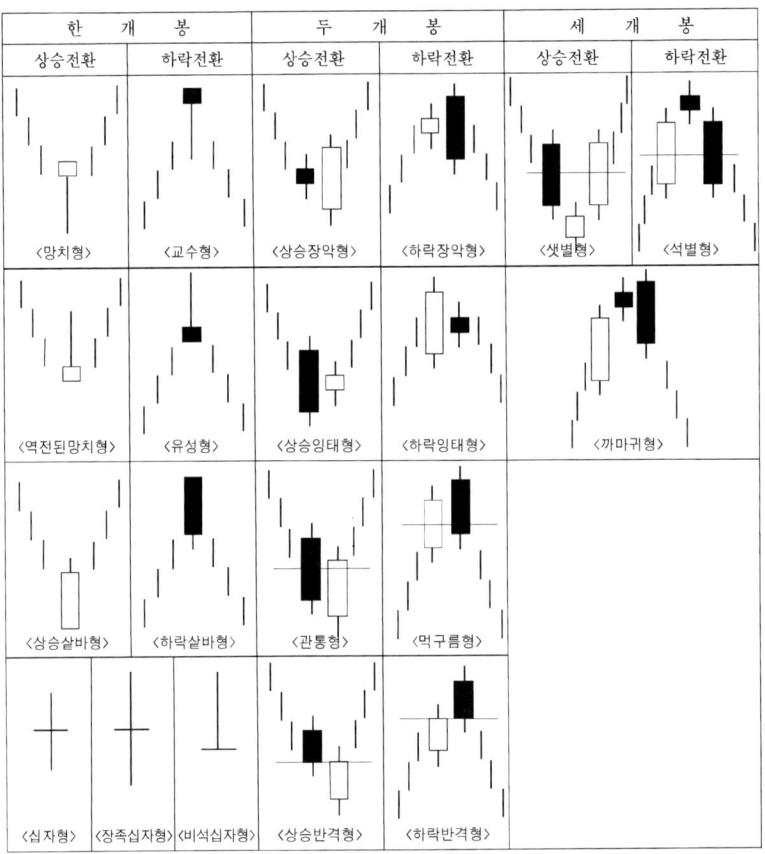

3) 사께다 전법

① 삼공

Gap을 3회 연속으로 만드는 경우로 주로 천정 예고형이다.

② 삼병

단기간에 양선 또는 음선의 몸체 3개가 연이어 형성. 적삼병은 상승, 흑삼병은 하락의 시작을 알린다.

③ 삼산

미국식 패턴의 삼중천장형과 같은 형태로 주가가 크게 상승 후 하락 예고

④ 삼천

미국식 패턴의 삼중바닥형과 같은 형태로 대세 바닥형이다.

⑤ 삼법

매도 매수 중의 휴식을 강조하고 있다. 즉, 투자행위를 매매하는데만 치중하지 말고 휴식을 하며 매도·매수 시점을 포착하는 관망자세를 가지라는 의미이다.

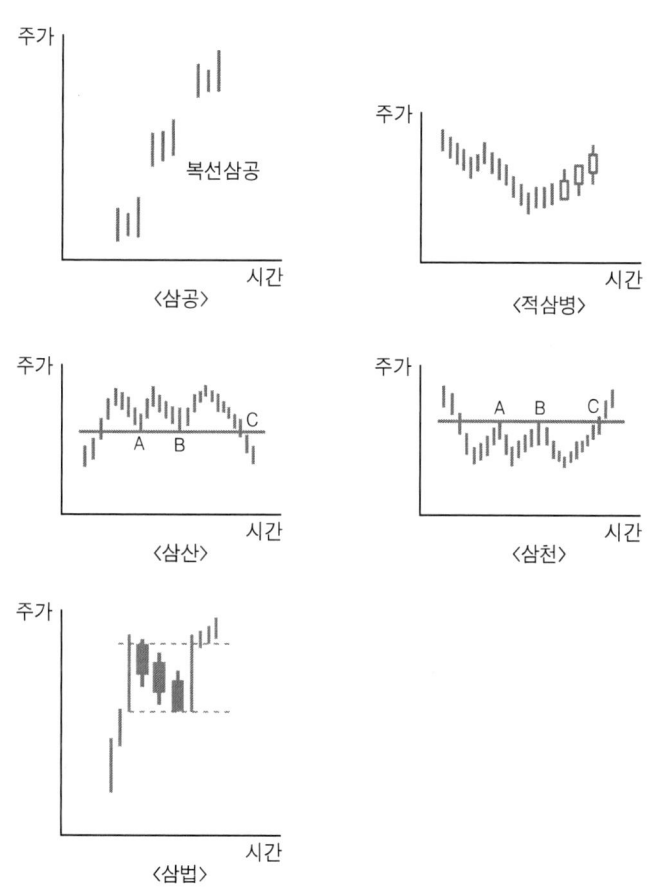

(5) 지표분석

1) 추세추종형 지표
① MACD (Moving Average Convergence & Divergence)

      MACD = 단기 이동평균선 − 장기 이동평균선

② 시그널(signal) = MACD의 n일 이동평균선

③ 장단기 이동평균선이 서로 멀어지면(divergence) 언젠간 다시 가까워(convergence) 진다는 성질을 이용하여 이동평균선이 가장 멀어지는 시점을 찾는 것이 전략임

④ 매수시점 : MACD가 시그널을 아래에서 위로 상향돌파시

           (골든크로스 시)

    매도시점 : MACD가 시그널을 위에서 아래로 하향이탈시

           (데드크로스 시)

2) MAO (Moving Average Oscilator)
① MA-OSC=단기 이동평균값 − 장기 이동평균값

② 매수시점 : 오실레이터 값이 (−)에서 0선을 돌파하여 (+)로 바뀌는 시점

매도시점 : 오실레이터 값이 (+)에서 0선을 돌파하여 (−)로 바뀌는 시점

③ 시장가격과 오실레이터의 Divergence(멀어지면) : 추세전환신호

④ 0선돌파 실패 : 추세전환이 안 일어나고 기존 움직임 그대로 유지

3) 소나(Sonar) 차트
Sonar=당일의 지수이동평균−n일전의 이동평균

당일의 지수이동평균=전일의 지수이동평균+a×(당일주가−전일 지수이동평균)

(단, 0<a<1)

① 일본 노무라증권분석가 오카모도가 개발한 지표

② 주가의 기울기(한계변화율)로 현재의 주가수준 및 향후의 주가전망을 알아내는 지표이다.

③ 소나모멘텀은 한계변화율이다 한계변화율(소나모멘텀)이 0선 상향돌파시 상승추세, 0선 하향돌파시 하락추세로 전환되는 시점이다.

4) 추세 반전형 지표
① 스토캐스틱 %K, %D

$$\%K = \frac{\text{금일종가} - \text{최근n일 중 최저가}}{\text{최근n일중최고가} - \text{최근n일중 최저가}} \times 100$$

(%D = %K의 n일(주로 3일) 이동평균)

- %K는 25%이하를 과매도, 75%이상을 과매수로 상태로 본다.
- 매수신호 : %K가 %D선을 상향돌파매도신호 : %K가 %D선을 하향돌파
- 디버전스(divergence)는 K, D의 추세선과 주가 추세선의 방향이 다른 경우를 말하며, 이는 주가 추세 전환의 신호이다.
- 페일려(failure) 는 K, D의 교차 후 다시 재교차하는 것으로 이는 추세 전환의 실패이며, 기존 추세의 강화를 의미한다.(주의-페일려스윙과 구분)

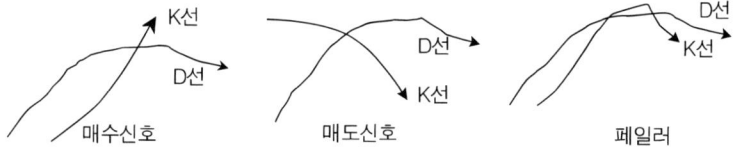

② RSI (Relative Strength Index)

$$RSI = \frac{\text{14일간 상승폭의 계}}{\text{14일간 상승폭의 계} + \text{14일간 하락폭의 계}}$$

- RSI가 100에 접근하면 할수록 더 이상 올라갈 수 없는 수준에 가깝다는 신호
- RSI가 0에 접근하면 할수록 더 이상 하락할 수 없는 수준에 가깝다는 신호
- 25%이하를 침체(과매도), 75%이상이 과열을 의미한다.
- 디버전스 (divergence)

시장가격과 RSI가 방향이 서로 상반되게 나타나는 것으로 보통 30,70값에서 나타나며, 추세 반전의 강한 신호이다.

- 페일려 스윙(failure swing)

RSI가 전저점(Bottom Failure Swing), 전고점(Top Failure Swing) 기록을 뚫지 못하고 진행방향을 바꾸어버리는 것. 추세반전의 신호

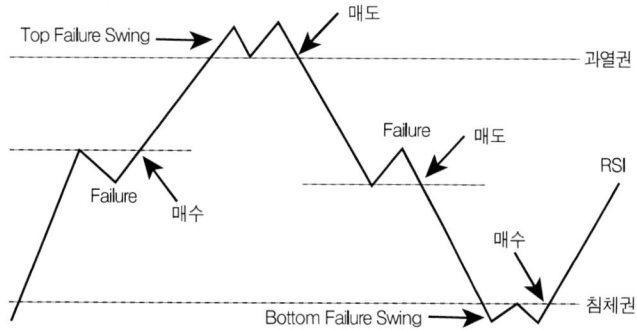

③ ROC (Rate of Change)

$$ROC = \frac{금일종가 - n일전\ 종가}{n일전\ 종가} \times 100\%$$

- 금일주가와 n일전 주가의 차이를 나타내는 지표
- ROC가 (+)이면 상승장, (−)이면 하락장을 의미하며 0선 돌파시 반전을 의미한다.
- 단기의 반전 예측에 좋다.

④ CCI(Commodity Channel Index)

$$CCI = \frac{M - m}{d \times 0.015}$$

단, M : (고가 + 저가 + 종가)/3
    m : M의 일정기간(n) 이동평균한 값
    d : M과 m의 편차의 절대값을 일정기간 이동평균한 값

- CCI(상품가격변동지표)는 시세흐름의 균형과 중용을 찾는 지표이다.
- 가격이 평균적인 가격흐름(이동평균)과 얼마나 떨어져 있는지를 파악하여 가격흐름의 방향성과 강도를 나타내는 지표
- (+) 현재의 주가흐름이 평균적인 주가 흐름보다 높음을 의미(상승추세)
- (−) 현재의 주가흐름이 평균적인 주가 흐름보다 낮음을 의미(하락추세)

3)거래량 지표

■ OBV (On Balance Volume)

① 거래량은 주가에 선행한다는 전제하에 그랜빌이 만든 거래량지표
② 상승한 날의 거래량은 (+), 하락한날의 거래량은 (−), 변동없는 날은 0으로 무시함
③ OBV상승은 매집, OBV하락은 분산을 나타낸다.
④ 선행지표므로 상승장에서 OBV하락은 주가 하락, 하락장에서 OBV상승은 상승을 예상
⑤ OBV선이 전고점 돌파(현 고점이 이전 고점보다 높아지는 경우)를 U마크, 전저점 돌파(현저점이 이전 저점보다 낮은 경우)를 D마크라 한다.

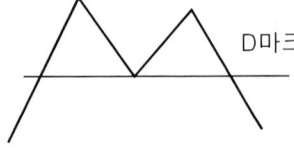

⑥ OBV는 주가 급등락기에는 쓸모없고 주가횡보시 향후 방향 예측에 좋다.
⑦ OBV상승, 주가하락 → 조만간 주가상승
OBV하락, 주가상승 → 조만간 주가하락

⑧ 한계점
- 하락시 매도시기 놓칠 수 있다.(하락초기 거래량이 적기 때문에 반영이 늦음)
- 오히려 매매신호가 늦게 나타남
- 기산일이 누적치이기 때문에 기산일에 따라 달라진다.

■ VR (Volume Ratio)

$$VR = \frac{\text{상승일거래량계} + \frac{1}{2} \text{변동이 없는날 거래량계}}{\text{하락일거래량계} + \frac{1}{2} \text{변동이 없는날 거래량계}} \times 100$$

- OBV의 결점을 보완하기 위하여 거래량의 누적차가 아닌 비율로 분석한 것
- 일정기간(대개 20일) 주가상승일의 거래량과 하락일의 거래량의 비이다.
- 70% 이하를 바닥, 150%를 보통, 450% 이상을 과열로 본다.
- 바닥권 판단에 좋다.

■ 역시계곡선
- X축에 거래량, Y축에 주가를 나타내 거래하는 기법이다.
- 주가와 거래량의 n일 이동평균값을 산출한다.
- 상승시 거래량과 주가가 늘고, 하락시 거래량과 주가가 줄어들며, 거래량이 가격에 선행한다고 보아 그래프에 그려보면 역시계방향으로 회전하는 곡선이 그려진다.

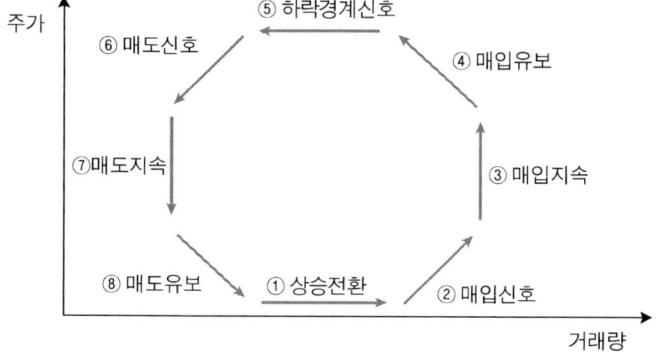

■ Equivolume Chart
① 2차원 상자에 주가와 거래량이 결합된 지표
② 특정일의 고가, 저가(높이), 거래량(넓이)을 하나의 상자(직사각형)에 모두 나타난다.
③ 모양
- 키다리형(narrow day)
  매수나 매도 어느 한쪽 세력이 강함
- 정사각형(square day)

57

주가의 움직임이 어렵고 매수세 매도세가 팽팽한 힘겨루기 양상임.

- 뚱보형(oversquare day)
  a) 과다물량 공급으로 인한 과잉공급상태
  b) 매도가 강해 조만간 하락예고
  c) 바닥권에서 나타나면 강한 매집세력 등장으로 향후 주가 상승 예상

④ 한계점
- 상승일 하락일 표시가 없고 시장의 크기만 나타냄
- 주가하락에 대한 설명이 미흡
- 상관성 분석이 모호하다.
- 정형화된 추세선 도출이 어렵다.

4) 범위성 지표

① P&F챠트 (Point & Figure 차트)
- 사소한 주가변화와 시간개념을 무시한 가격지표. 상승시 (X), 하락시 (O)로 나타냄
- 3칸의 가격변화가 발생하는 경우에만 바꾸어 표시 → 장기추세파악에 용이함
- 목표치계산 가능
- 매수신호 : 강세신호형, 삼중천장형, 상승삼각형, 상승반전형
- 매도신호 : 약세신호형, 삼중바닥형, 하락바닥형, 하락반전형

② 삼선전환도
- 시간흐름을 무시하고 반전시점의 포착을 하기 위한 것이다.
- 상승(하락) 반전이 되면 이전 3개의 하락(상승)선에 해당되는 하락이 나타날 때 비로소 상승선(하락선)을 그린다.
- 상승신호가 계속되다가 하락음선이 발생 → 매도신호
- 하락신호가 계속되다가 상승양선이 발생 → 매수신호
- 10%플랜병용법을 사용하여 좀더 정확성을 기할 수 있다.
  - 주가가 최고가에서 10%이상 변동하면 삼선전환이 나타나지 않아도 매매

5) 기타 지표

① 볼린저 밴드 (Bollinger Bands)
- 엔빌로프와 비슷한 개념인데, 밴드폭을 주가와 이동평균에 대한 표준편차로 결정한다.
- 상위선은 이동평균선에 대해, 하위선은 그만큼 떨어뜨려 그린다.
- 주가가 수평으로 움직이면 밴드폭은 좁아지고 이 좁은 폭이 장시간 지속되면, 주가

의 급변이 임박했다는 신호이다.

- 주가가 급변하여 밴드폭을 돌파하면 그 방향으로 추세의 지속을 의미한다.

② 엔빌로프 (Envelope)

- 이동평균선이 지지 저항선의 역할을 한다는 가정
- 이동평균선에서 +n% 상위선을 저항선, −n% 하위선을 지지선으로 본다.
- 상·하위 지지선에 의한 범위를 엔빌로프라 한다.
- 상위선 근접시 매도, 하위선 근접시 매수한다.

③ 이격도 (Disparity)

$$이격도 = \frac{당일종가}{당일의\ n일\ 이동평균주가} \times 100$$

- 당일 주가가 당일 이동평균으로부터 떨어져 있는 정도
- 이격도가 커지면(주가가 이동평균에서 멀어지면), 주가는 이동평균선으로 되돌아 오려는 특성
- 하락시 100−10=90%이하를 매수신호, 상승시 100+10=110%이상에서 매도신호로 봄.

④ 등락주선 ADL : Advance-Decline Line)

- ADL = 상승종목수 − 하락종목수
- ADL상승, 종합지수 하락 → 장세상승
- ADL하락, 종합지수 상승 → 장세하락
- 독자적이지 못하고, 항상 종합지수와 비교분석 해야 함.

⑤ 코포크지표

$$코포크\ 값 = \frac{1}{10}\ (10 \cdot R_t + 9 \cdot R_{t-1} + 8 \cdot R_{t-2} + \cdots + 1 \cdot R_{t-9})$$

- 대세파악을 통한 장기투자의 매매시점 포착에 이용
- 후행성 지표이므로 단기매매시점 포착에는 한계
- 매수신호 : 지표가 상향으로 전환시
- 매도신호 : 지표가 하향으로 전환시

⑥ TI지수(Timing Indicator)

$$T지수 = \frac{당월평균지수}{전년동월평균지수}$$

$$I지수 = \frac{당월포함12개월T지수누계}{12}$$

- 코포크 지표의 문제점을 보완하기 위해 고안, 장기추세파악 용이.
- T지수는 월평균주가의 전년 동월 대비 비율이고 I는 이의 12개월 이동평균이다

기술적지표 요약표

지 표	유 형		특 징
볼린져밴드	이동평균선	밴드형	박스권매매, 이동평균의 표준편차 이용
Envelope	이동평균선	밴드형	박스권매매, 이동평균의 상하 일정%값 이용
MACD	이동평균선	–	단기 이동평균 선 – 장기 이동평균 선
MACD–OSC	이동평균선	–	단기 이동평균 값 – 장기 이동평균 값
OBV	거래량지표	–	상승거래량(+), 하락거래량(–),보합(0), 주가횡보시 유용 U마크 : 매집, D마크 : 분산
VR	거래량지표	백분율	OBV단점보완, 70%(바닥권) 450%(과열권)
P&F차트	가격지표	XO	사소한 주가변화와 시간개념을 무시. 상승시 (X),하락시 (O)
ROC	가격지표	+ –	금일주가와 n일전 주가의 차이 (+)이면 상승장, (–)이면 하락장
스토케스틱	가격지표	백분율	%K, %D값 이용, 고점/저점부근 파악
이격도	이동평균선	백분율	당일 주가가 이동평균으로부터 떨어진 정도
역시계곡선	주가+거래량	–	X축에 거래량, Y축에 주가
등락주선ADL	질적지표	–	종목수와 관련있는 지표, 종합지수와 비교분석해야 함
삼선전환도	가격지표	–	시간무시, 10%플랜 병용
코포크지표	기타	–	장기지표
TI지표	기타	–	장기지표, 코포크지표 보완, 0선 이용
일목균형표	가격, 시간	–	시간이 주가를 지배한다.

2. 시장구조이론

(1) 엘리엇파동이론 ★
주가는 상승5파와 하락3파에 의해 끝없이 순환한다는 가격순환법칙

1) 파의 구성
① 엘리엇 파동은 상승 5파와 하락3파(a,b,c)로 구성된다.
② 추세 방향 파동을 충격파라 하고 1,3,5,a,c파가 있다
③ 추세 반대 방향 파동을 조정파라 하고 2,4,b파가 있다.

2) 절대 불가침 법칙

① 2번파 저점은 1번파 저점보다 높다

② 4번파 저점이 1번파 고점보다 높다.

③ 3번파가 가장 짧을 수 없다.

3) 파동 변화 법칙

① 2,4번 파는 서로 다른 모양을 형성하며 하나가 단순파이면, 하나는 복잡파이다.

② 1,3번 파와 5번 파 중 한 쪽이 연장파이면 나머지 쪽은 연장 되지 않는다.

4) 파동의 연장

① 연장은 충격파만 가능하고 3,5번 파에서 가능하고, 연장의 연장은 3번파에서만 가능하다.

5) 파동의 크기와 모양

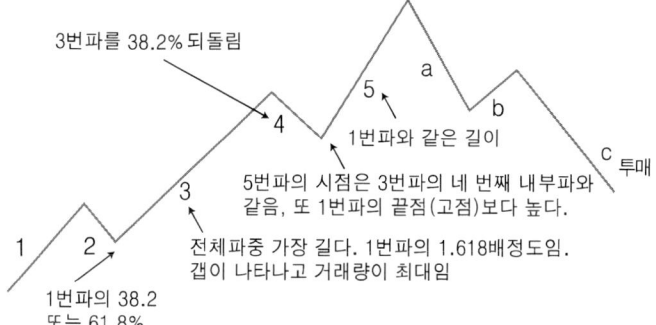

2) 일목균형표

9일, 26일 동안의 최저, 최고가를 이용해 선후행으로 위치 이전을 시킨 주가선을 기준으로 매매하는 방법이다.

① 기준선, 전환선, 선행스팬, 후행스팬, 구름대

- 당일을 포함한 과거 26일간의 최고가와 최저가의 중간값의 선을 '기준선', 9일간에 대한 것은 '전환선' 이라 한다.

- '선행스팬 1' 은 당일의 기준선과 전환선의 26일간의 중간값을 말하며, '선행스팬 2' 는 당일을 포함해 과거 52일간의 최고가와 최저가의 중간값을 이은 선이다. 이들을 26일 앞으로(미래로) 이동시켜 그린다. 이 두선의 사이를 '구름대' 라 부른다.

- '후행스팬' 은 당일의 종가를 의미하며 26일 뒤로(과거로) 이동시켜 그린다.

② 구름대의 특징
- 주가가 구름대에 있으면 횡보하게 된다.
- 주가가 구름대 아래에 있으면 저항선, 구름대 위에 있으면 구름대가 지지선 역할을 한다.
- 구름대가 얇은 쪽으로 돌파하는 경향이 있다.
- 선행스팬 1과 2의 위치가 바뀔 때 추세의 변화를 의미한다.

③ 변화일
- 변화일 : 주가추세가 바뀌는 날
- 구름대의 색깔이 바뀌는 날, 과거 중요한 고·저점에서부터 기본수치일(9, 17, 26일)에 해당되는 날에 나타날 가능성이 높다.

④ 기준선과 전환선에 의한 매매
- 매수신호 : 전환선(9일선)이 기준선(26일선)을 상향 돌파
- 매도신호 : 전환선(9일선)이 기준선(26일선)을 하향 돌파
- 기준선이 상승·하락장을 구별한다. 기준선이 상향이면 상승장이다.
- 기준선과 전환선은 지지선·저항선의 역할을 한다.

⑤ 5양련
- 5일 연속해 주가가 양봉을 나타내는 것으로 강한 상승세를 의미한다.
- 일목균형표에서는 3양련 (3일 연속 양봉)은 속임수가 많다고 보아 무시한다.

3. 옵션가격 결정

(1) 이항모형 가격결정

■ CRR모형

① 무위험 헤지포트폴리오 : 보유 포트폴리오의 가격변동에 상관없이 만기시 확실한 보장가치치를 얻는다는 가정 → 옵션의 가격은 상승 / 하락할 확률 및 투자자의 위험선호도와 무관함

가격 결정의 예

현재 주식의 가격(S)이 40이고 3개월 후 주가는 45 또는 35가 된다고 하자. 이 때 주식의 만기가치와 콜옵션의 만기가치는 다음과 같다.

즉, 주식의 만기가치　　　　　콜옵션의 만기가치

　　　　　45　　　　　　　　　　5

　　40　　　　　　　　　C

　　　　　35　　　　　　　　　　0

이제 주식 1주를 매입하고 콜옵션 n개를 매도(행사가격 = 40)한다고 가정하면 보유 포트폴리이오의 만기시 가치는 다음과 같다.

　　　　　　　　45-5n

　40-n×C

　　　　　　　35-0n

한편, 만기가치의 불확실성을 완전히 제거하려면 45-5n=35이고 n=2 즉, 2개의 콜옵션을 매도하면 주가의 변동에 상관없이 만기시 확실한 35의 가치를 얻을수 있다. 이것이 무위험 헤지포트폴리오의 개념이다.

현시점의 포트폴리오 보유비용은 40-2C이고 기말에 35의 가치가 되므로 만약 3개월 동안의 이자율이 2%라 가정하면 유럽형 콜옵션의 가격으로 다음과 같다.

(4C-2C)(1C+0.02)=35　C=2.84

---

② 위험 중립적 가치평가 : 옵션 가격은 투자자의 위험 선호도와 무관하므로 투자자 들이 위험 중립적이라고 가정

가격결정 예

현재 주식의 가격(S)이 40이고 45로 상승할 확률을 p, 35로 하락할 확률을 (1−p), 그리고 3개월간 무위험이자율은 2%라 하면 위험 중립적 가정하에

주식의 만기기대가치 = 현재가치(1+무위험이자율)

즉, 45p+35(1−p) =40(1+0.02) 따라서 p=0.58(58%)이다.

한편, 콜옵션의 만기가치

E(C)=5p+0(1−p)=5×0.058+0×0.42=2.90

이제 콜옵션의 만기가치를 이자율로 할인하여 현재가치를 구하면

C =   =   =2.84   그러므로 C=2.84

※ 결론 : 위의 2가지 가정 모두 옵션의 현재가치는 동일하다. 즉,
− 옵션의 가치는 주가가 상승 또는 하락할 확률과는 무관하게 결정된다.
− 옵션의 가치는 투자자들의 위험선호도에 관계없이 결정된다.
− 옵션의 가치를 설명하는 확률변수는 기초주식의 가격뿐이다.

(2) 블랙─숄즈의 주식옵션의 가격결정

■ 기본가정

① 기준물의 거래가 불연속이 아니라 지속적(Continuous)으로 이루어지므로 항상 가격의 변동이 일어나고 있다.

② 기준물의 1일 가격변동치가 로그정규분포를 따른다.

③ 옵션 잔존기간 동안 무위험 이자율이 변하지 않는다.

④ 가격의 변동성은 옵션의 잔존기간 동안 고정되어 있다.

⑤ 옵션 잔존기간 동안 주식 배당금이나 쿠폰같은 배당금의 지불이 없다.

⑥ 유럽식 옵션의 가격을 산정한다.

■ 유럽형 콜옵션과 풋옵션의 가격(배당이 없는 경우)

$C=S \cdot N(d_1)-X \cdot e^{-rt} \cdot N(d_2)$

$P=-S \cdot N(-d_1)+X \cdot e^{-rt} \cdot N(-d_2)$

■ 유럽형 콜옵션과 풋옵션의 가격(배당이 있는 경우)

$C=S(d) \cdot N(d_1)-X \cdot e^{-rt} \cdot N(d_2)$

$P=S(d) \cdot N(-d_1)+X \cdot e^{-r}t \cdot N(-d_2)$

(3) 변동성과 옵션가격

■ 개요

① 옵션가격 결정 요인 중 변동성은 미래치를 추정하는 것이므로 모든 사람이 동일한

값을 찾는 것은 쉽지 않다.

② 변동성이 과대평가된 옵션은 시장가격이 이론가격에 비해 과대평가 되고, 변동성이 과소평가된 옵션은 시장가격이 이론가격에 비해 과소평가되는 경향이 있다.

③ 잔존기간이 긴 옵션의 시장가격에 내재된 변동성은 잔존기간이 짧은 것에 비해 크다.

■ **추정방법**

① 역사적 변동성(Historical Volatility Estimates) : 기초자산가격의 변화로부터 변동성을 추정⇨과거의 가격자료를 이용, 표준편차를 구함

② 내재 변동성(Implied Volatility) : 옵션가격을 이용하여 그 옵션가격이 대표하는 가격변동성을 추정

　㉠ $C = f(S, X, r, t, \sigma)$에서 미지수 σ를 찾는다.

　㉡ 옵션기준물의 위험 정도에 대한 여러 시장 참가자들의 평가를 대변함

　㉢ 계산이 복잡(컴퓨터가 처리)

　㉣ 옵션 종류마다 내재변동성은 다 다르다.

　㉤ 추정시 ATM 옵션의 가중치를 가장 크게 한다.

③ 변동성 스마일(smile) : 등가격콜옵션의 내재변동성이 가장 낮고 내가격과 외가격콜옵션의 내재변동성이 상대적으로 높은 현상

④ 변동성 스머크(smirk) : 내가격콜옵션의 내재변동성이 가장 낮고 외가격콜옵션의 내재변동성이 상대적으로 높은 현상

4. 옵션 및 옵션합성 포지션의 분석

(1) 옵션의 민감도지표 : 델타(Δ), 감마(Γ), 쎄타(Θ), 베가(ν), 로(ρ)

■델타(Delta, Δ) $= \dfrac{\text{옵션가격의 변화분}}{\text{기초자산가격의 변화분}}$

① 정의 : 기초자산의 가격변화에 대한 옵션프리미엄의 변화의 민감도

② 범위 : $0 \leq \triangle C \leq 1$, $-1 \leq \triangle P \leq 0$

③ ITM델타는 ±1, ATM 델타는 ±0.5, OTM 델타는 0에 가깝다.

④ 기초자산가격이 상승할수록 콜, 풋옵션의 델타는 모두 상승한다.
　(콜은 0⇨1, 풋은 -1⇨0)

⑤ 델타는 헤지비율을 결정하는데 사용한다. 즉, h＝1/델타

예 델타 −0.5인 풋옵션을 이용하여 기초자산 10단위를 헤지하려면?

 X h=1/0.5=2이므로 20계약의 풋을 매입

⑥ 델타중립포지션 : 기초자산가격의 움직임에 무관한 상태, 헤지표지션을 의미

예 델타 0.6인 콜옵션 1개와 델타 − 0.3인 풋옵션 2개 보유시

 X 포지션 총 델타 =0.6×1+− 0.3×2=0⇨델타중립포지션

⑦ │△C│+│△P│=1

예 동일한 행사가격 콜의 델타 0.7이면 풋의 델타는?

 X │0.7│+│△P│=1에서 △P=−0.3

■ 감마(Gamma, Γ)= $\dfrac{\text{델타의 변화분}}{\text{기초자산가격의 변화분}}$

① 정의 : 기초자산의 변화에 따른 델타값의 변화비율

② 감마≥0, ATM 최대

③ 델타는 프리미엄 변화의 속도, 감마는 변화의 가속도를 의미

④ 감마가 클수록 델타중립포지션을 유지하기 어렵다.

⑤ 감마와 잔존기간

• ATM옵션은 잔존기간이 짧을수록 감마증가

• ITM, OTM옵션은 잔존기간이 짧을수록 감마 감소

예 콜옵션의 감마가 0.003이고 델타가 0.50일때 기초자산가격이 30포인트 상승하였다면 새로운 델타는?

 X 델타의 변화분=감마×기초자산가격의 변화분=0.003×30=0.09

  주가 상승시 델타는 증가하므로 새로운 델타 =0.50+0.09=0.59

(3) 쎄타(Theta, Θ)= $\dfrac{\text{옵션가격의 변화분}}{\text{시간의 변화분}}$

① 정의 : 시간의 경과에 따른 옵션가치의 변화분을 난타낸 값

② 쎄타≤0, ATM 최대

③ 만기가 다가올수록 시간가치는 급속히 감소하므로 쎄타는 커진다(절대값).

■ 베가(Vega, Kappa, ν)= $\dfrac{\text{옵션가격의 변화분}}{\text{변동성의 변화분}}$

① 정의 : 변동성계수의 증가에 따른 옵션프리미엄의 증가분

② 베가≥0, ATM 최대

③ 잔존기간이 길수록 베가는 증가한다(비례관계).

■ 로(Rho, ρ) = $\dfrac{\text{옵션가격의 변화분}}{\text{금리의 변화분}}$

① 정의 : 금리의 변화에 따른 옵션프리미엄의 민감도

② 콜은(+), 풋은(—)값⇨옵션가격에 비탄력적

⑵ 민감도 분석

■ 옵션포지션과 시장상황

민감도지표	포지션	시장상황
델타	+	기초자산가격이 상승하면 유리
	—	기초자산가격이 하락하면 유리
감마	+	기초자산가격이 크게 변할 때 유리
	—	기초자산가격이 천천히 변할 때 유리
쎄타	+	잔존기간이 짧을수록 유리
	—	잔존기간이 길수록 유리
베가	+	기초자산가격의 변동성이 클수록 유리
	—	기초자산가격의 변동성이 작을수록 유리
로	+	이자율이 상승시 유리
	—	이자율이 하락시 유리

■ 옵션포지션과 민감도지표와의 관계

구축포지션	델타포지션	감마포지션	쎄타포지션	베가포지션
옵션기준물 매입	+	0	0	0
옵션기준물 매도	—	0	0	0
콜옵션 매입	+	+	—	+
콜옵션 매도	—	—	+	—
풋옵션 매입	—	+	—	+
풋옵션 매도	+	—	+	—
스트래들 매수	0	+	—	+
스트래들 매도	0	—	+	—

■ 동일한 행사가격에서

① | △C | + | △P | =1

② 콜의 감마＝풋의감마

③ 콜의 베가＝풋의 베가

1-3 선물옵션의 이해

1. 옵션(options)의 이해

- 미래의
- 특정 날짜에 – 만기일
- 특정 자산을 – 기초자산
- 일정한 가격으로 – 행사가격
- 일정한 수량만큼 – 거래단위
- 매입하거나 – 콜옵션(call options)
- 매도할 수 있는 – 풋옵션(put options)
- 권리를 말한다.

2. 옵션시장의 발전역사

17세기 초 네덜란드의 튜울립을 기초자산으로 하는 튜울립뿌리옵션(tulip bulb options)이 거래되었으며, 17세기 말에는 영국에서 주식에 대한 옵션이 거래되었다. 18세기 말에는 미국에서 뉴욕을 중심으로 증권중개업자들이 풋콜옵션중개인협회(The Put and Call Brokers and Dealers Association)를 조직하여 주식옵션의 장외거래를 시작하였다. 이들 주식옵션거래는 주로 1일, 1주일, 1개월 만기의 단기거래로서 투기적인 거래가 성행하게 됨에 따라, 1921년에 선물거래법(Futures Trading Act)에서 옵션거래를 불법으로 규정하였으며, 1936년에는 상품거래소법(Commodity Exchange Act)에서 옵션거래를 전면 중단시켰다.

그 후 1973년 4월 6일에 시카고옵션거래소(Chicago BoardO ptionsExchange : CBOE)가 설립되어 16개 주식에 대한 콜옵션이 거래되기 시작하였으며, 1977년 6월 3일부터 주식에 대한 풋옵션 거래가 허용되었다. 1982년에 필라델피아증권거래소(Philadelphia Stock Exchange : PHLX)는 외환 옵션을 거래하기 시작하였으며, 1936년에 중단된 상품 선물옵션거래는 1982년 10월부터 다시 거래가 허용되었다.

3. 옵션의 종류

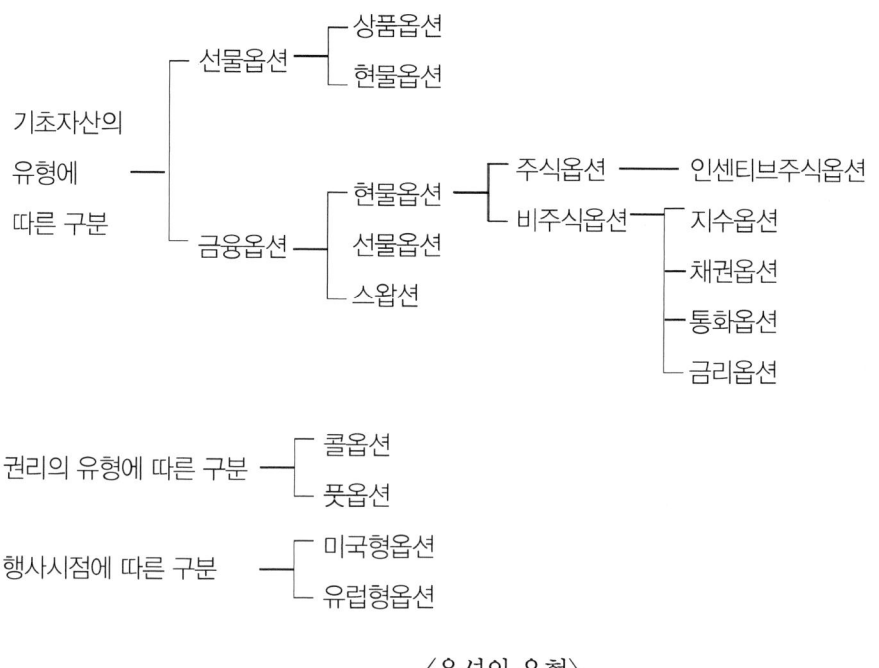

〈옵션의 유형〉

4. 콜옵션(call options)

미래의 특정날짜에 특정자산을 미리 정한 가격으로 일정한 수량만큼 살 수 있는 권리를 콜옵션(call options)이라고 한다.

예 : 보통주, 신주인수권, 전환사채의 전

5. 풋옵션(put options)

미래의 특정날짜에 특정자산을 미리 정한 가격으로 일정한 수량만큼 팔 수 있 는 권리를 풋옵션(put options)이라고 한다.

예 : 은행의 보증, 보험회사의 보험 등

6. 미국형옵션(American options)

- 미국형 옵션(American options)이란 만기일 이전에는 어느 때에나 권리를 행사할 수 있는 옵션을 말한다.
- 미국형 콜옵션은 만기일 이전에 원하는 때에 특정의 자산을 특정한 가격으로 일정한 수량만큼 매입 할 수 있는 권리가 부여된 옵션을 말한다.
- 미국형 풋옵션은 만기일 이전에 원하는 때에 특정의 자산을 특정한 가격으로 일정한 수량만큼 매도 할 수 있는 권리가 부여된 옵션을 말한다.

7. 유럽형 옵션(European options)

- 유럽형 옵션(European options)이란 만기일에만 권리를 행사할 수 있는 옵션을 말한다.
- 유럽형 콜옵션은 만기에만 특정의 자산을 특정한 가격으로 일정한 수량만큼 매입할 수 있는 권리가 부여된 옵션을 말한다.
- 유럽형 풋옵션은 만기에만 특정의 자산을 특정한 가격으로 일정한 수량만큼 매도할 수 있는 권리가 부여된 옵션을 말한다.

8. 주식옵션(stock options : SO)

개별주식옵션(stock options : SO)이란 개별주식을 기초자산으로 하는 옵션으로서, 미국의 경우 주식체가 통상적으로 100단위로 거래되기 때문에 보통 1계약(one contract)은 특정의 행사가격에 100주를 사거나 팔 수 있는 권리를 부여한다.

예 : IBM, Kodak, General Motors 등

9. 인센티브주식옵션

인센티브주식옵션(incentive stock options : ISO)제도는 미국에서 1981년 Economic Recovery Tax Act에 의해 채택된 제도로서, 주식지분을 갖지 않은 경영자 또는 종업원에게 주인의식을 가지고 경영활동 및 조직활동에 종사할 수 있도록 하기 위하여 사원들에게 일정기간이 지난 후에 자기회사의 주식을 약정당시의 가격으로 살 수 있는 권리를 부여하는 제도이다. 즉, 주

식가격이 오르더라도 사원들이 자기회사의 주식을 싼 값으로 살 수 있도록 보장해 줌으로써 사원들에게 근로의욕을 고취시키는 일종의 보상제도이다. 인센티브 주식옵션제도는 단기적인 보상제도인 봉급, 보너스, 그리고 이익참여제도(profit-shring plan)와는 달리 장기적인 보상제도라는 점에 그 특징이 있다. 이 제도에서 종업원에게 주식을 특별가격(일반적으로 낮은 가격)으로 살 수 있도록 한 옵션을 제공하게 되며, 이 경우의 옵션은 증여세가 면세된다. 옵션행사 후 일년 동안 보유한 후에 매도한 주식에서 발행한 이익은 과거 자본이득세가 과세되었으나 현재는 보통 소득과 같이 과세된다.

10. 주가지수옵션

- 주가지수옵션(stock index options : SIO)은 각국 주식시장의 지수를 지초 자산으로 하여 거래가 성립되는 옵션을 말한다.
- 미국의 경우 지수옵션으로 S&P 100, S&P 500, Major Market, NYSE Composite 등이 있다.
- 한국의 경우 KOSPI 200을 기초자산으로 하는 주가지수옵션이 1997년 7월 7일부터 거래되고 있다.

11. 한국의 주가지수(KOSPI 200)옵션

- 우리나라의 경우 KOSPI 200 현물지수를 기준으로 연속 3개월 및 3월, 6월, 9월 12월 중 최근월물 1개를 결제월로 하여, 4개의 결제월을 두고 있다.
- 우리나라의 주가지수옵션거래는 주가지수선물거래와 마찬가지로 최종거래일은 각 결제월의 두 번째 목요일(공휴일인 경우 순차적으로 앞당김)이며, 거래개시일은 최종거래일의 익일(공휴일인 경우 순차적으로 연기시킴)이다.
- 주가지수 옵션계약의 거래단위는 KOSPI 200 옵션가격(premium)에 10만원을 곱한 값을 1계약으로 정하여 거래를 한다. 따라서 주가지수 옵션계약의 금액을 다음과 같이 구할 수 있다.

12. 주가지표의 산정방법

1) 주가지수(stock price index)

어떤 기준시점에 있어서의 주식시장 전체의 가격수준을 100으로 하여 비교시점의 가격수준을 표시하는 방법이다.

① 단순주가지수(equally weighted stock price index) : 채용하는 주식들의가격합계를 기준시점과 비교시점별로 각각 계산하고 비교시점의 주기합계를 기분시점의 주가 합계로 나누어서 그 상대치를 구하는 방법이다.

$$단순주가지수 = \frac{\sum_{i=1}^{n} P_{ti}}{\sum_{i=1}^{n} P_{0i}} \times 100$$

단, n = 채용하는 주식 수

P_{0i} = 기준시점(0)의 각 주식의 가격(i = 1, 2, ..., n)

P_{ti} = 비교시점(t)에서의 각 주식의 가격(i = 1, 2, ..., n)

$\sum_{i=1}^{n} P_{0i}$ = 기준시점의 주가합계

$\sum_{i=1}^{n} P_{ti}$ = 비교시점의 주가합계

② 가중주가지수(seighted price index) : 각 증권의 상대적 중요도를 가중치로한 주가지수이다. 특히 각 주식의 총시장가치(= 주가 x 주식수)를 가중치로 하여 계산된 주가지수를 가치가중주가 지수(value-weighted price index)라고 한다. 미국의 스탠다드 & 푸어 주가지수(Standard & Poor Index)와 1983년 이후 우리나라에서 사용하는 주가지수가 이 방 법을 택하고 있다.

$$가중주가지수 = \frac{\sum_{i=1}^{n} W_{ti} P_{ti}}{\sum_{i=1}^{n} W_{0i} P_{0i}} \times 100$$

단, W_{0i} = 기준시점(0)에서의 증권i의 가중치

W_{ti} = 비교시점(t)에서의 증권i의 가중치

③ 개별지수평균 : 각 증권별로 기준시점에 대한 비교시점의 주가지수를 구하고, 이 개별주식의 주가지수에 대한 단순평균을 구하는 방법이다.

$$개별지수평균 \ = \ \frac{1}{n} \sum_{i=1}^{n} \frac{P_{ti}}{P_{0i}} \times 100$$

2) 주가평균(price average)

어떤 특정시점에 있어서 각 주식의 가격에 대한 평균치로서 기준시점과 비교시점의 비교를 행하는 것이 아니라는 점에서 주가지수와 차이가 있다.

① 단순주가평균 : 채용하고 있는 주식의 주가합계를 채용종목수로 나눈 것으로서, 이는 주식시장 전체의 가격수준을 표시함에 있어 중요도가 상대적으로 크거나 작은 주식의 영향을 적절하게 반영하지 못한다는 단점이 있다.

$$단순주가평균 \ = \ \frac{\sum_{i=1}^{n} P_{ti}}{n}$$

$$단, \quad P_{ti} = 특정시점 \ t에서의 \ 주식 \ i의 \ 가격$$

$$n = 채용종목수$$

② 가중주가평균 : 채용하고 있는 주식들의 가격을 각 주식의 상대적 중요도를 반영하는 가중치로써 가중평균한 것이다. 이 때 가중치로는 시장가치, 거래금액, 상장주식수 등이 사용된다.

$$가중주가평균 \ = \ \sum_{i=1}^{n} \frac{W_{ti}}{\sum_{i=1}^{n} W_{ti}} \ P_{ti}$$

$$단, \quad W_{ti} = 특정시점 \ t에서의 \ 주식 \ i의 \ 가중치$$

$$P_{ti} = 특정시점 \ t에서의 \ 주식 \ i의 \ 가중치$$

③ 수정주가평균 : 유상증자나 무상증자 등이 이루어진 경우에 주가의 연속성을 유지하기 위하여 일정한 수정을 가한 주가를 수정주가라 하는데, 수정주가평균은 채용하고 있는 주식의 수정주가의 단순평균 또는 가중평균을 의미한다.

수정주가평균은 서로 다른 여러 시점에 대하여 투자자 전체의 부의 변 동을 표현하는데 적절한 시장지표로서 미국의 다우-존스주가평균(Dow Jones Average)이 이에 속한다. 다우-존스주가 평균은 채용종목의 주가합계를 수정제수(adjusted divisor)로 나누어 구하는 대표적인 방법이다. 예를 들면, 어떤 지표가 A, B, C 세 가지 주식의 주가평균으로 구해진다고 할 때, 특정 날짜의 주가가 모두 100,000원에 거래되고 있었다면 그 날의 주가평균은 다음과 같이 100,000원이 될 것이다.

$$주가평균 = \frac{100,000 + 100,000 + 100,000}{3} = 100,000(원)$$

그 후 며칠이 지나서 주식 A에 대하여 1주당 0.5주의 무상주가 배정되 었다고 하자. 다른 모든 조건이 일정하다고 하면, 기존에 주식 A를 1주 가지고 있던 투자자는 무상주 배당을 받은 후 주식수는 1.5주로 증가하였으나 기업의 가치에는 아무런 변화가 없었으므로 주가는 66,667원(=100,000원÷1.5주)으로 하락하게 된다.

이 때 무상주의 배정의 결과 주주부에는 아무런 변화가 없고 단지 주식 수만 증가하였으므로 무상주배정 전과 후의 시장지표는 동일한 값을 가 져야 하므로 수정제수는 다음과 같이 구할 수 있다.

무상주배정 전 주가평균 = 무상주배정 후 수정주가평균

$$= \frac{무상주배정후수정주가합계}{수정제수}$$

$$\therefore 수정제수 = \frac{무상주배정후수정주가합계}{무상주배정전주가평균}$$

$$\therefore 수정제수 = \frac{66,667 + 100,000 + 100,000}{100,000} = 2.667$$

이와 같이 무상주배정 후의 수정주가합계를 기존의 제수인 3대신 수정 제수 2.667로 나누어 줌으로써 주가평균의 연속성을 확보할 수 있다. 그러므로 수정제수는 무상증자나 유상증자의 영향을 수정주가로 반영하면서 다음과 같이 나누어 주는 숫자를 조정할 때 사용된다.

$$\therefore 무상주배정\ 후\ 수정주가평균$$

$$= \frac{66,667 + 100,000 + 100,000}{2.667} \cong 100,000(원)$$

3) 우리나라의 주가지표

한국증권거래소는 매일의 종합주가지수(Korea Composite Stock Price Index : KOSPI)를 발표하고 있는데, 과거에는 다우-존슨주가평균과 같은 방법으로 매일의 수정주가평균을 구하고, 1975년 1월 4일의 수정주가평균을 100으로 하여 매일의 종합주가지수를 구하였다. 그러나 1983년 1월 4일부터는 스탠다드 & 푸어주가지수에서처럼 매일의 시가총액을 기준시점인 1980년 1우러 4일의 시가총액과 대비하여 종합주가지수를 구하고 있다.

$$종합주가지수 = \frac{비교시점의시가총액}{기준시점의시가총액} \times 100$$

$$= \frac{비교시점의시가총액}{1980년1월4일의시가총액}$$

채용종목은 상장된 보통주식 모두를 포함하고 있으며, 신규상장, 유상증자, 상장폐지 등이 발생할 경우에는 기준 시점의 시가총액을 수정하여 주고 있다.

$$신기준시가총액 = 구기준시가총액 \times \frac{수정전일의시가총액 \pm 변동액}{수정전일의시가총액}$$

4) 외국의 중요주가지표

① 다우-존스산업평균지수(DJIA) :

1884년 월 스트리트 저널(Wall Street Journal)의 창시자인 찰스 다우 (Charles Dow)가 처음 창안한 것이다. 이 지수의 계산방법은 뉴욕증권시장에 상장되어 있는 30개의 가장 안정된 주식을 표본으로하여 시장가격을 평균으로 하는 방법을 쓰고 있으며, 주식분할, 주식배당 등의 변화에 대하여 제수를 조정하여 사용하고 있다. 제수를 수정하는 방법을 앞에서 살펴본 것과 같은 방법이다.

한편, 다우-존스산업평균지수에 대한 비판은 다음과 같다.
- 표본의 수가 적어서 이를 기초로 한 주가지수는 시장 전반적인 동향을 대변할 수 없으며, 또한 표본에 선택된 주식의 성격이 상장되어 있는 모든 주식의 성격을 대표할 수 없다는 것이다.
- 주식가격에 가중하여 지수가격을 계산하는데 대한 비판이다.
- 지금은 안정되고 그 기업이 속하여 있는 기업의 주식을 택하였다고 하나, 그 주식이 산업을 대표할 수 없을 때는 표본을 새로 구성하여야 한다. 표본을 새로 구성하면 전과는 다른 성격의 지수가 되며, 전의 지수와 연속성을 유지시키기 어렵다.

② Standard and Poor's 500

미국의 스탠다드 & 푸어 회사에서 발표하는 것으로서 500개의 표본으로부터 지수가 계산되는데, 종목은 400개의 산업주(industrial stock), 40개의 전기·전화·가스 등 공공사업(utilities), 20개의 운송과 관련된 회사(transportations), ₩20개의 금융회사(financial)의 주식 뿐 만이 아니라 장외(over-the-counter)에서 거래되고 있는 주식도 포함하였다. 이 지수는 발행주식의 시가총액에 기준을 두어서 계산하고 있으며, 1941~1943년의 평균 주식가격을 10이라고 기준하 여 사용하고 있다.

5) 뉴욕증권시장지수

스탠다드푸어의 지수방법에 따라 기업의 총발행주식 가치로 가중하여 계산한다. 뉴욕증권 시장지수는 뉴욕증권시장에서 거래되는 주식을 모두 포함하여 계산하는데 1965년 12월 31일을 기준시점으로 하여 50의 기본지수로 시작하였다.

6) 동증지수와 日經다우평균

일본 동경 증권거래소에서 발표하는 것이 동증지수이다. 1950년부터 다우존스방법에 의한 동증지수를 발표해 오다가 1969년 이를 폐지하고 시가총액법으로 바꾸고, 채용종목도 전종목으로 바꾸어 1968년 1월 4일을 기준전으로 계산하고 있다. 종전에 사용하던 다우존스 방법은 일본경제신문에서 이어받아, 日經다우평균이라하여 발표되고 있으며, 이 일경다우평균의 기준시점은 1949년 5월 16일로 하고 있고, 지수계산을 위한 채용종목수는 225이다.

7) 주가지표 산정의 주의점

① 채용종목 : 시장지표를 작성하는데 포함되어야 할 채용종목은 주식시장에서 거래되는 모든 주식들이어야 하나 편의를 위하여 몇 개의 주식만을 택하여 채용종목을 삼는 것이 일반적이다. 따라서 시장지표가 진정한 의미의 시장의 가격지표로서의 역할을 하지 못하는 부분이 존재하게 된다.

② 가중방법 : 가중평균의 목적은 각 주식의 상대적 중요도를 반영하는 것이므로 시장지표는 주식 시장 전체의 가격수준 뿐 아니라 주식투자가 전체의 부의 변동을 나타내 줄 수 있는 지표로도 이용될 수 있어야 한다. 이를 위해서 가치가중평균이 사용되는데, 이는 채용종목 전체의 시장가치총계에 대한 각 주식별 시장가치합계의 비율을 가중치로 한 가중평균이다.

③ 평균의 선택 : 산술평균은 어떤 특정 시점에 있어서의 평균치를 나타내는 데 적합하고, 기하평균은 변화의 패턴 또는 상태를 나타내는 데 적합하므로 사용목적에 따라 어떤 평균의 방법을 택할 것인가를 결정하여야 한다.

13. 채권옵션(bond options : BO)

● 채권옵션(bond options : BO)은 채권을 기초자산으로 하는 옵션이다.

- 미국의 경우 채권옵션으로 중기재정증권(T-Note), 장기재정증권(T-Bond) 등에 대한 현물옵션과 CBOT Bond 선물에 관한 옵션거래가 이루어지고 있다.

14. 통화옵션(currency options : CO)

- 통화옵션(currency options : CO)은 각국의 통화를 기초자산으로 하는 옵션이다.
- Australian dollar, British pound, Canadian dollar, French Franc, German mark, Japanese Yen, Swiss franc 등을 기초자산으로 거래되고 있다.

15. 선물옵션(options on futures : OF)

- 선물옵션(options on futures : OF)은 선물계약을 기초자산으로 하는 옵션으로서, 일반적으로 선물 계약의 만기일은 옵션의 만기일에 가깝다.
- 미국의 경우 옥수수, 대두, 원유, 생우유, 유로달러, 통화선물, T-Bond 등에 대한 선물계약을 기초자산으로 하는 선물옵션이 활발히 거래되고 있다.

16. 스왑션(swaptions : options on swaps)

- 스왑션(swaptions : options on swaps)이란 스왑과 옵션의 결합된 형태로서 변동금리의 지급의무가 있는 거래당사자가 변동금리가 특정 이자율을 상회하거나 하락하는 경우에 변동금리를 고정금리로 전환할 수 있는 권리가 부여된 스왑거래를 말한다.
- 스왑션의 매입자는 특정금리보다 시장금리가 상회하는 경우에는 고정금리로 변환하는 옵션을 행사하게 되면 특정 금리보다 상회하는 부분만큼 스왑션의 매도자로부터 환급받고, 특정 금리보다 시장금리가 하락하는 경우에는 특정 금리보다 하락하는 부분만큼 스왑션의 매도자에게 지급함으로써 결과적으로 특정 금리에 지급의무를 고정시키는 효과를 가져온다.

17. 스왑(swaps)

● 스왑(swaps)이란 두 거래 당사자간에 각자의 지급의무를 일정기간 동안 서로 교환하여 부담하는 거래를 말한다. 스왑거래는 두 거래 당사자들이 자신의 지급의무로 인하여 발생하는 위험을 회피할 목적으로 사용하는 거래기법으로서, 주로 채권과 관련된 지급의무를 그 교환의 대상으로 한다.

18. 옵션관련용어

● 롱(long : buy)과 숏(short : sell, write)
● 포지션(position)
● 등가격(at-the money)
● 내가격(in-the money)
● 외가격(out-of-the money)

19. 등가격(at-the money)

● 기초자산의 가격과 행사가격이 동일한 상태에 있는 콜옵션 또는 풋옵션을 등가격(at-the money) 상태라고 한다.
● 기초자산의 시장가격 = 행사가격
● 등가격 상태에서 옵션을 행사하게 되면 이익도 손실도 발생하지 않게 된다.

20. 내가격(in-the money)

● 기초자산의 가격보다 행사가격이 낮은(높은)상태에 있는 콜옵션(풋옵션)을 내가격(in-the money)상태라고 한다.
   콜옵션의 경우 : 기초자산의 시장가격 〉 행사가격
   풋옵션의 경우 : 기초자산의 기장가격 〈 행사가격
● 특히 기초자산의 가격보다 행사가격이 매우 낮은(높은)상태에 있는 콜옵션(풋옵션)을 큰 내

가격 (deep-in-themoney)상태라고 하며, 큰 내가격(deep-in-the money)상태의 콜옵션 또는 풋옵션은 만기 또는 만기이전에 행사될 가능성이 매우 높다. 따라서 이러한 상태의 옵션은 상대적으로 높은 가격에 판매된다. 즉, 내가격에서는 이익의 실현이 가능한 상태라는 것을 의미한다.

21. 외가격(out-of-the money)

- 기초자산의 가격보다 행사가격이 높은(낮은)상태에 있는 콜옵션(풋옵션)을 외가격(out-of-the money)상태라고 한다.

  콜옵션의 경우 : 기초자산의 시장가격 〈 행사가격

  풋옵션의 경우 : 기초자산의 시장가격 〉행사가격
- 특히 기초자산의 가격보다 행사가격이 매우 높은(낮은)상태에 있는 콜옵션(풋옵션)을 큰 외가격(deep-out-of-the money)상태라고 하며, 큰 외가격(deep-out-of-the money)상태의 콜옵션 또는 풋옵션은 만기 또는 만기이전에 행사될 가능성이 매우 낮다. 따라서 이러한 옵션은 상대적으로 낮은 가격에 판매가 된다. 즉, 외가격에서는 손실을 부담하게 되는 상태라는 것을 의미한다.

22. 옵션의 기능

- 위험 헷징(hedging)기능
- 주식투자의 레버리지효과 : 콜옵션의 경우
- 새로운 투자수단의 제공
- 공매에 대한 제약회피가능 : 풋옵션의 경우

23. 주식투자의 레버리지효과 : 콜옵션의 경우

- 옵션을 이용하는 경우에는 상대적으로 저렴한 옵션가격을 지불하고 주식투자의 효과를 달성할 수 있다. 즉, 콜옵션에 대한 투자의 경우 기초자산의 가격이 상승하면 일정한 투자자금으로 기초자산의 가격이 상승하면 일정한 투자자금으로 기초자산인 주식에 투자할 때 보다

많은 기초자산에 대한 콜옵션을 구입함으로써 훨씬 높은 투자수익을 실현할 수 있고, 기초자산의 가격이 하락하면 기초자산인 주식에 투자하는 경우보다 상대적으로 적은 콜옵션 매입가격만큼의 손실만 부담하면 된다. 따라서 옵션은 주식투자에 대한 레버리지(수익확대)효과를 가져다 주는 기능을 수행하고 있는 것이다.

● 예 : 현재주식의 가격이 40,000원이고, 1기간 후에 주가가 50,000원이 되었다고 할 때, 투자자가 현재 주식시장에서 직접 주식을 매입하는 경우의 수익률은 다음과 같이 25%이다.(단, 수수료와 화폐의 시간가치는 무시한다.)

$$R_s = \frac{P_{t+1} + P_t}{P_t} = \frac{50,000 - 40,000}{40,000} = 0.25(25\%)$$

● 그러나 투자자가 미래 1기간 후에 주식을 40,000원에 매입할 수 있는 권리(콜옵션)를 현재 2,000원에 매입하는 경우의 수익률은 다음과 같이 400%이다.

$$R_c = \frac{P_{t+1} - E - C}{C} = \frac{50,000 - 40,000 - 2,000}{2,000} = 4(400\%)$$

24. 공매에 대한 제약회피가능 : 풋옵션의 경우

● 기초자산에 대한 공매(short selling)가 불가능한 경우 또는 제약이 있는 경우에 풋옵션을 이용함으로써 이러한 제약을 극복할 수 있다. 만약 미래에 기초자산의 가격이 하락할 것으로 예상이 된다면 기초자산을 대주 (貸株)하여 현재 매도하고 미래에 실제로 기초자산의 가격이 하락하였을 때 낮은 가격으로 해당 기초자산인 주식을 매입하여 되돌려 줌으로써 차익을 실현하는 공매가 불가능할 때 풋옵션을 이용할 수 있다. 즉, 미래에 주가가 하락할 것으로 예상되는 경우 당해 주식에 대한 풋옵션을 매입하고 미래에 실제로 기초자산의 가격이 하락하게 되면 시장에서 동일한 주식을 낮은 가격으로 구입하여 풋옵션을 행사하면 차익의 실현이 가능하다.

25. 콜옵션의 이익의 행태(profits profile

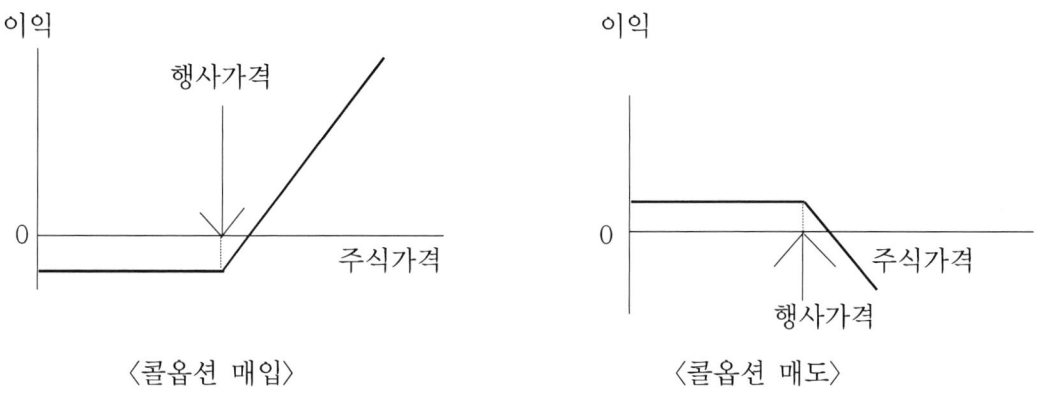

〈콜옵션 매입〉　　　　〈콜옵션 매도〉

26. 콜옵션 가치의 행태(value profile)

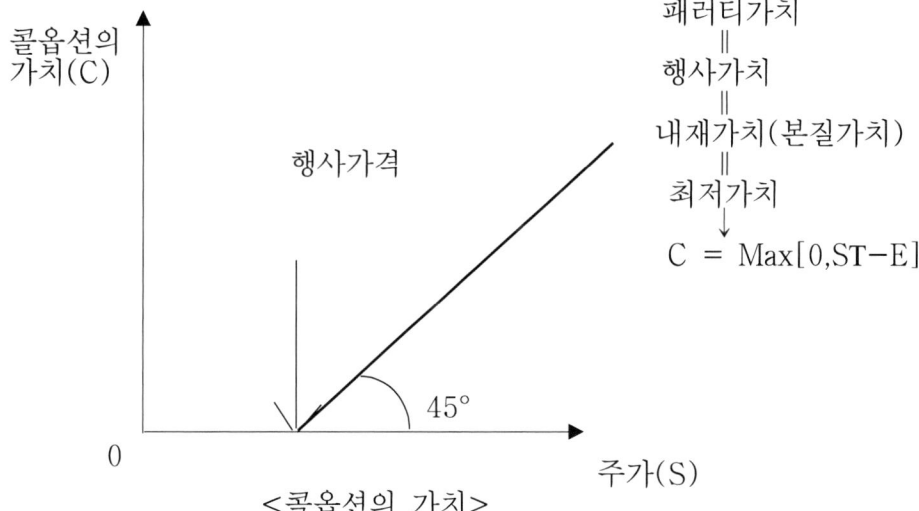

패러티가치
‖
행사가격
‖
내재가치(본질가치)
‖
최저가치

$C = Max[0, ST-E]$

<콜옵션의 가치>

27. 미국형 콜옵션 가치의 행태

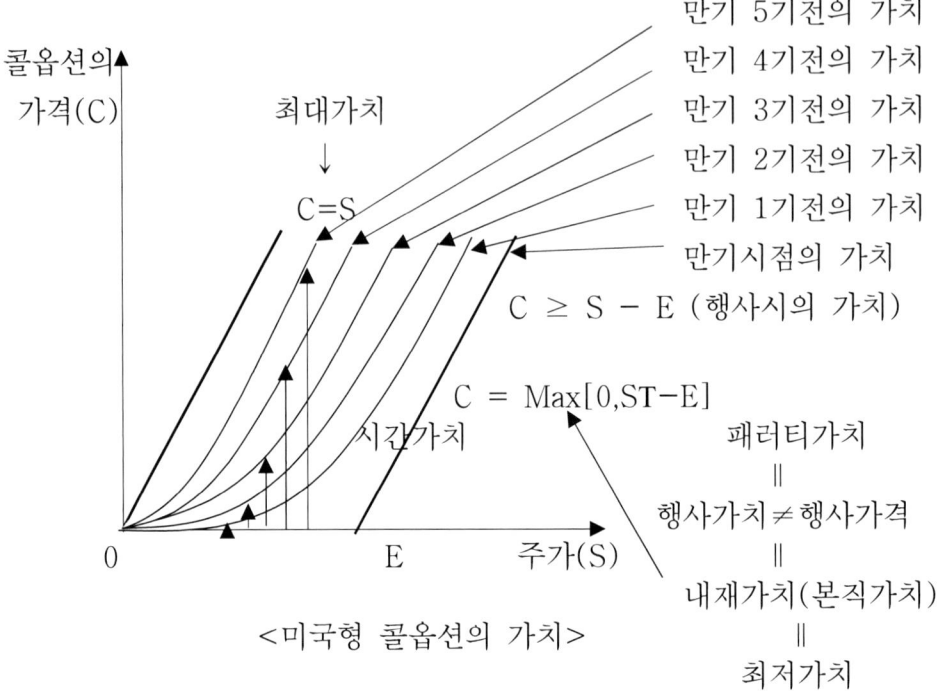

콜옵션의 가격(C)

만기 5기전의 가치
만기 4기전의 가치
만기 3기전의 가치
만기 2기전의 가치
만기 1기전의 가치
만기시점의 가치

최대가치
C=S

$C \geq S - E$ (행사시의 가치)

$C = Max[0, ST-E]$

시간가치

패러티가치
‖
행사가치 ≠ 행사가격
‖
내재가치(본질가치)
‖
최저가치

0   E   주가(S)

<미국형 콜옵션의 가치>

28. 유럽형 콜옵션의 가치의 행태

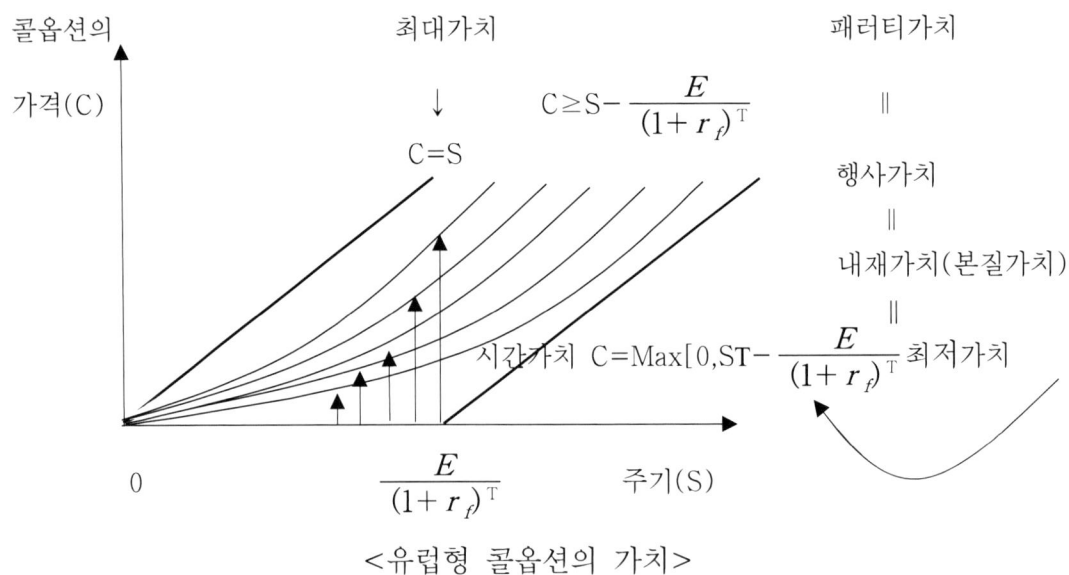

콜옵션의 가격(C)

최대가치

패러티가치
‖
행사가치
‖
내재가치(본질가치)
‖
최저가치

$C \geq S - \dfrac{E}{(1+r_f)^T}$

C=S

시간가치 $C = Max[0, ST - \dfrac{E}{(1+r_f)^T}$

0    $\dfrac{E}{(1+r_f)^T}$ 주기(S)

<유럽형 콜옵션의 가치>

29. 콜옵션의 시간가치의 행태

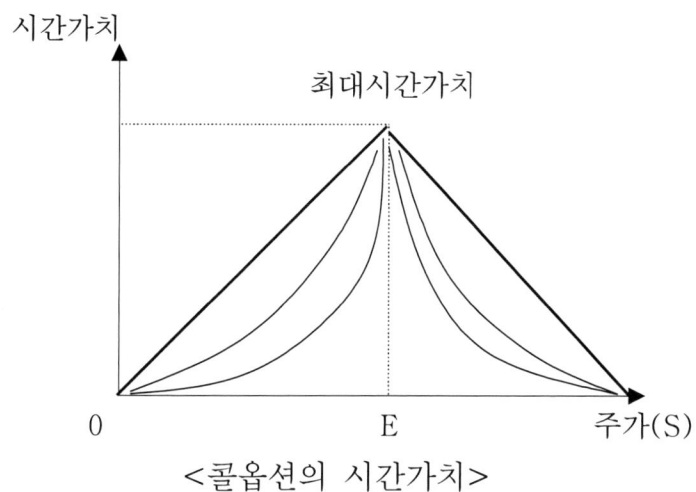

<콜옵션의 시간가치>

30. 풋옵션 이익의 행태(profits profile)

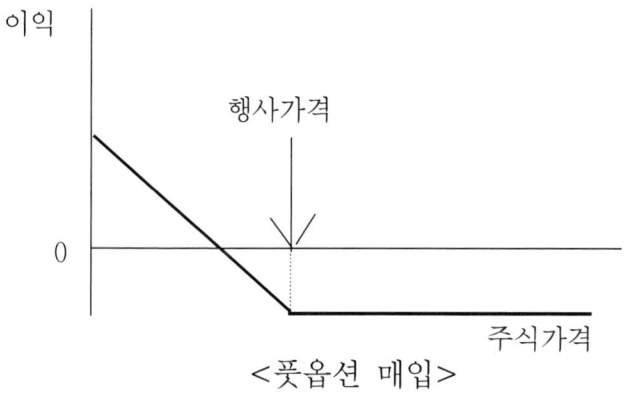

<풋옵션 매입>

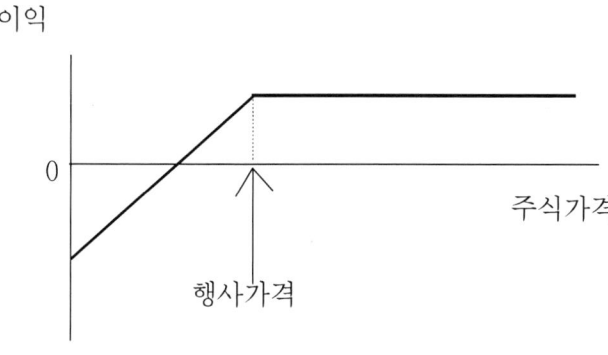

<풋옵션 매도>

31. 풋옵션 가치의 행태(value profile)

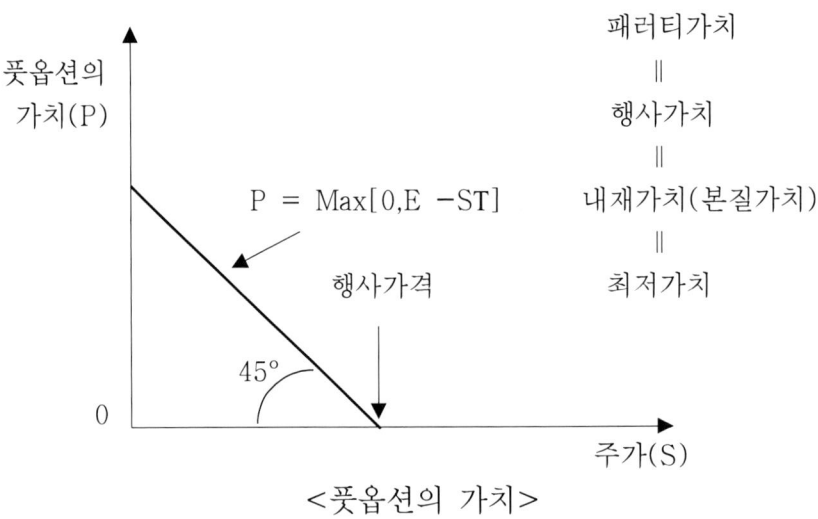

패러티가치
‖
행사가치
‖
내재가치(본질가치)
‖
최저가치

$P = Max[0, E - ST]$

행사가격

풋옵션의
가치(P)

45°

0

주가(S)

<풋옵션의 가치>

32. 미국형 풋옵션 가치의 행태

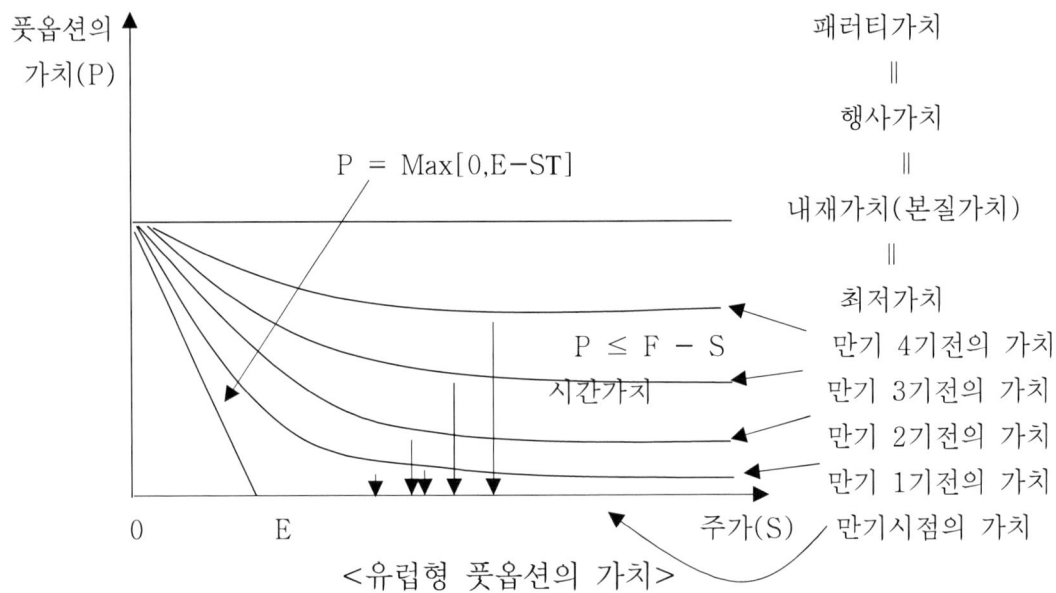

패러티가치
‖
행사가치
‖
내재가치(본질가치)
‖
최저가치

풋옵션의
가치(P)

$P = Max[0, E - ST]$

$P \leq F - S$

시간가치

만기 4기전의 가치
만기 3기전의 가치
만기 2기전의 가치
만기 1기전의 가치
만기시점의 가치

0   E   주가(S)

<유럽형 풋옵션의 가치>

33. 유럽형 풋옵션 가치의 행태

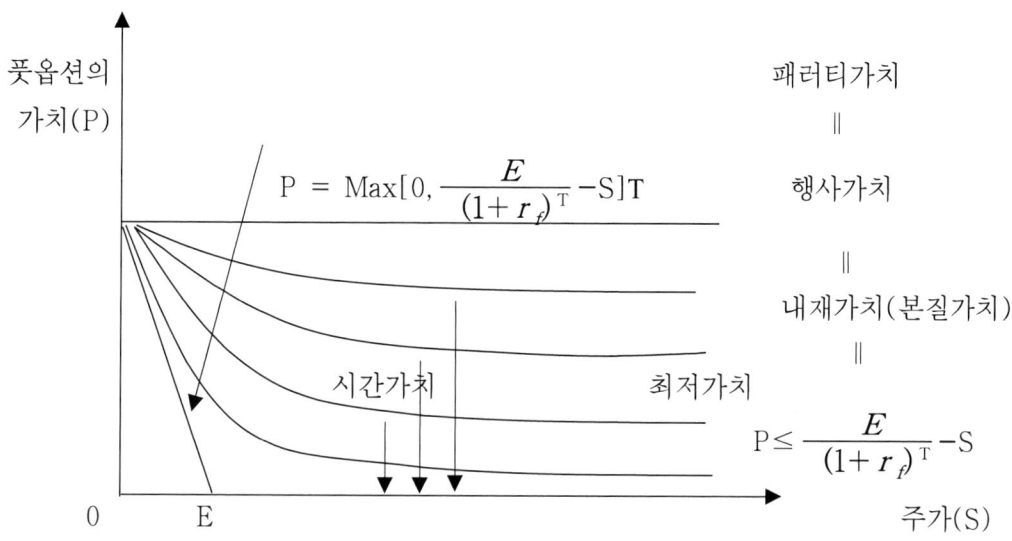

34. 콜옵션(call options)의 가격결정요인

C = f(S,E,T, σ2 , R,d)

단, C = 콜옵션의 가격(call price or premium)

S = 기초자산(underlying asset)의 가격

E = 행사가격(striking or exercise price)

T = 만기(expiration)까지의 기간

σ2 = 기초자산가격의 일일 분산(variance)

R = 시장이자율(market interest rate)

d = 기초자산의 주당 현금배당률 (cash dividend ratio)

35. 기초자산가격과의 관계

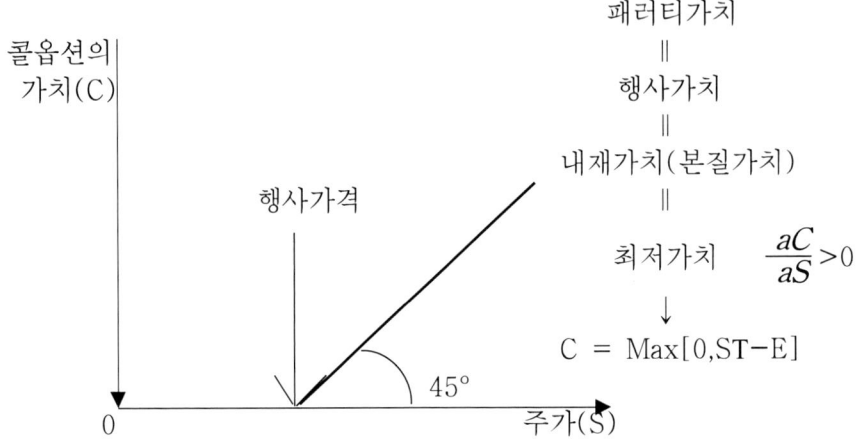

기초자산의 가격 ↑ ⇒ 콜옵션의 이익(또는 이익 실현 가능성)↑
⇒ 콜옵션의 가치 ↑

36. 행사가격과의 관

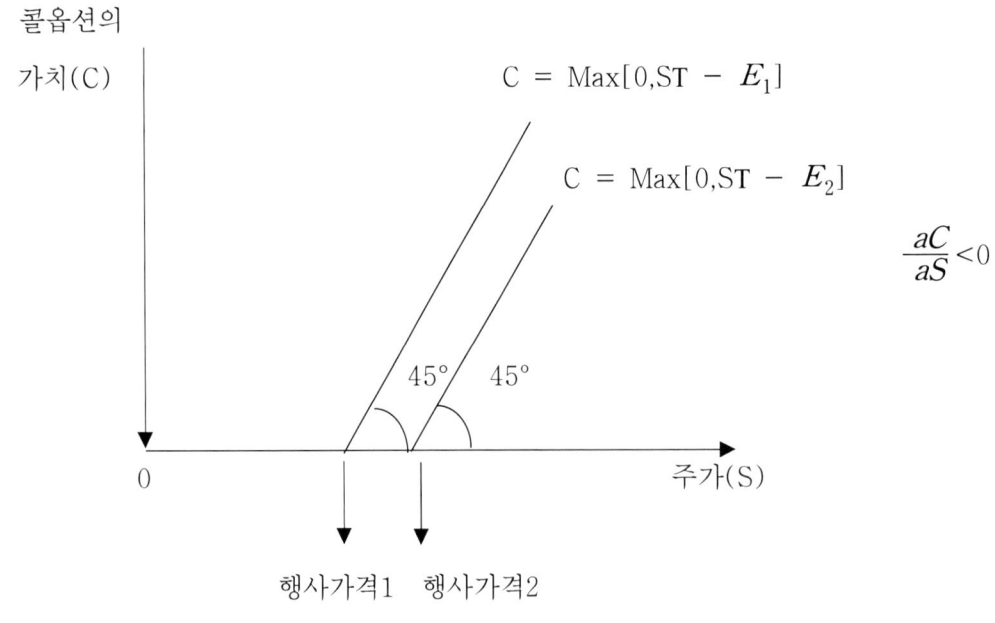

<콜옵션의 행사가격과 콜옵션의 가치>

37. 유럽형 풋옵션 가치의 행태

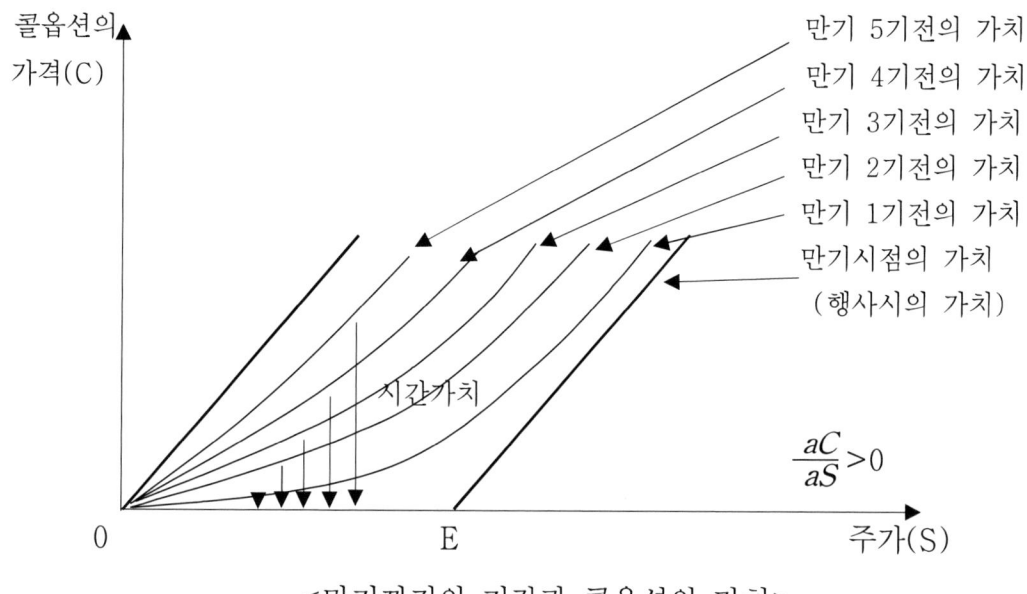

<만기까지의 기간과 콜옵션의 가치>

만기까지의 기간 ↑ ⇒ 콜옵션의 시간가치 ↑ ⇒ 풋옵션의 가치 ↑

38. 기초자산가격의 일별 분산

● 기초자산가격의 일별분산 ↑ ⇒ 콜옵션의 시간가치 ↑

⇒ 콜옵션의 가치 ↑

$$\frac{aC}{a\,\sigma^2_{Asset}} > 0$$

39. 시장이자율

● 시장이자율의 증가 ⇒ 행사가격의 현재가치 감소

⇒ 콜옵션의 가치 증가(∵행사가격과 콜옵션의 가치가 역의 관계를 가지므로)

$$\frac{aC}{aR} > 0$$

40. 기초자산의 현금배당률

● 현금배당이 클수록 기초자산의 가격이 많이 하락하게 되므로 콜옵션의 가치는 하락하게 된다. 즉, 행사가격이 주어져 있을 때, 다음의 콜옵션 등가식(parity)식에서 현금배당에 의해 기초자산의 가격이 하락하면 콜옵션의 가치도 하락한다.

● 현금배당 ↑ ⇒ 기초자산가격 ↓ ⇒ 콜옵션가치 ↓

41. 콜옵션(call options)의 가격결정요인

$$C = f(S, E, T, \sigma^2, R, d)$$
$$+ \quad - \quad + \quad + \quad + \quad -$$

단, C = 콜옵션의 가격(call price or premium)

　　S = 기초자산(under lying asset)의 가격

　　E = 행사가격(striking or exercise price)

　　T = 만기(expiration)까지의 기간

　　σ^2 = 기초자산가격의 일일 분산(variance)

　　R = 시장이자율(market interest rate)

　　d = 기초자산의 주당 현금배당율(cash dividend ratio)

42. 기초자산가격과의 관계

$$P = f(S, E, T, \sigma^2, R\ d)$$

단, P = 풋옵션의 가격(put price or premium)

　　S = 기초자산(underlying asset)의 가격

　　E = 행사가격(striking or exercise price)

　　T = 만기(expiration)까지의 기간

　　σ^2 = 기초자산가격의 일일 분산(variance)

　　R = 시장이자율(market interest rate)

　　d = 기초자산의 주당 현금배당률(cash dividend ratio)

43. 기초자산가격과의 관계

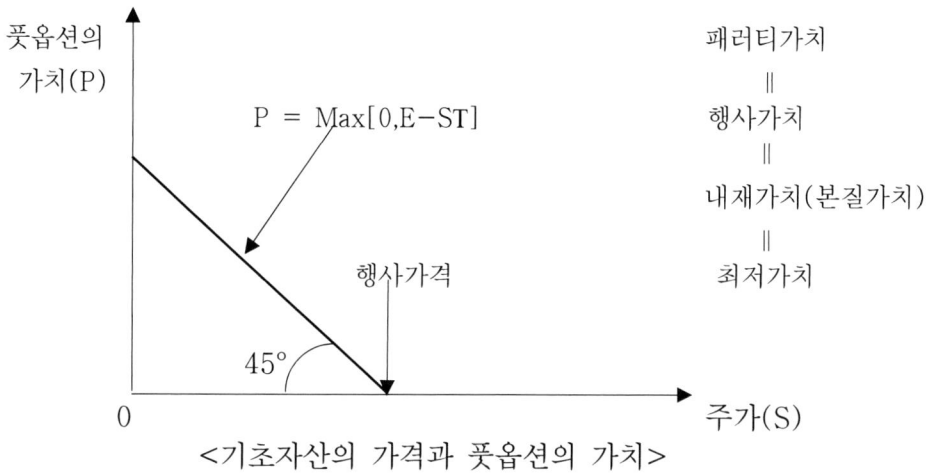

$P = Max[0, E-ST]$

행사가격

45°

풋옵션의
가치(P)

0

주가(S)

패러티가치
‖
행사가치
‖
내재가치(본질가치)
‖
최저가치

<기초자산의 가격과 풋옵션의 가치>

기초자산의 가격 ↑ ⇒ 풋옵션의 이익(또는 이익 실현 가능성) ↓
⇒ 풋옵션의 가치 ↓

44. 행사가격과의 관계

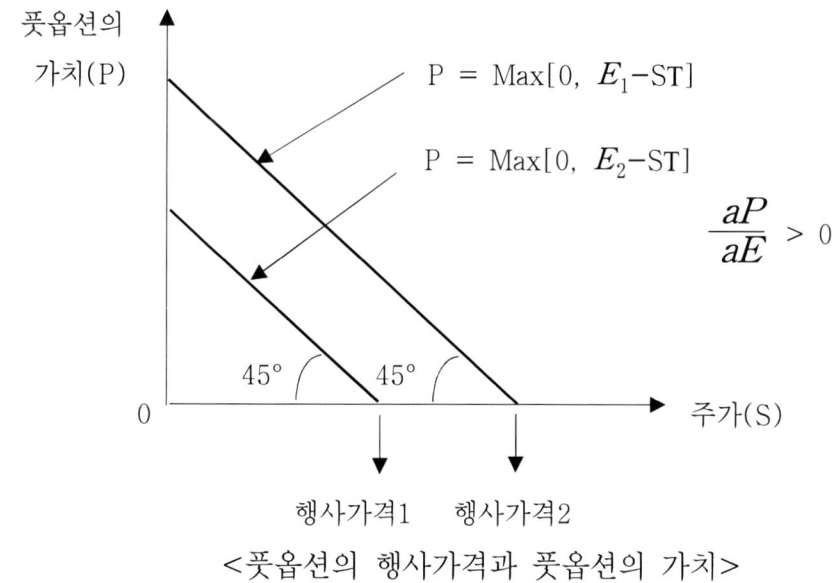

풋옵션의
가치(P)

$P = Max[0, E_1 - ST]$

$P = Max[0, E_2 - ST]$

$\dfrac{aP}{aE} > 0$

45°　45°

0

주가(S)

행사가격1　행사가격2

<풋옵션의 행사가격과 풋옵션의 가치>

45. 만기까지의 기간과의 관계

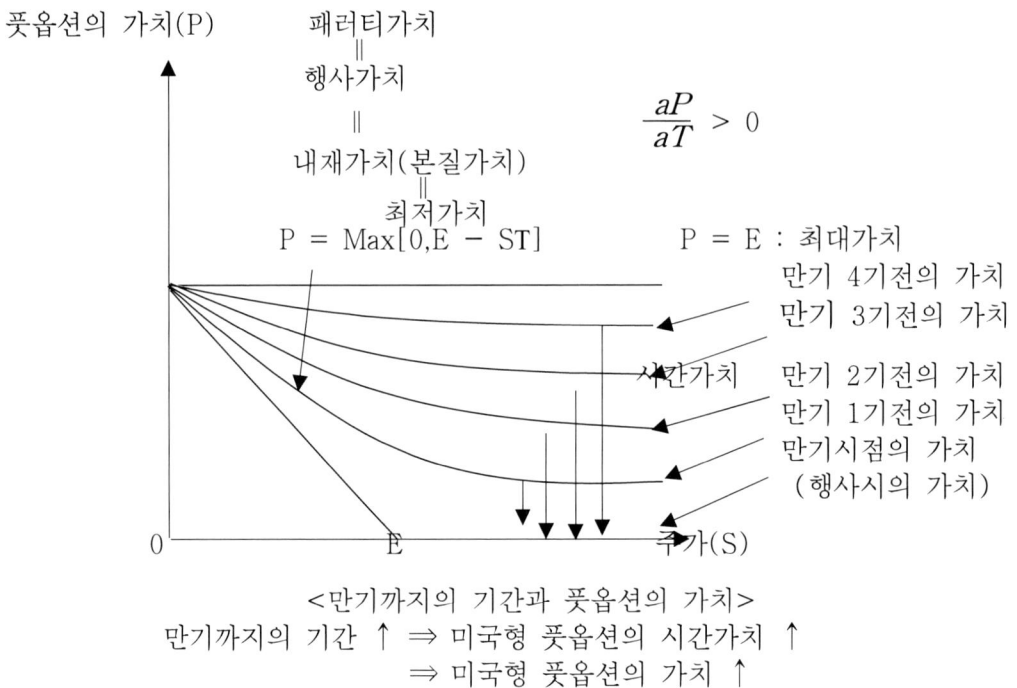

풋옵션의 가치(P)

패러티가치
‖
행사가치
‖
내재가치(본질가치)
‖
최저가치
P = Max[0,E − ST]

$$\frac{aP}{aT} > 0$$

P = E : 최대가치
만기 4기전의 가치
만기 3기전의 가치
시간가치   만기 2기전의 가치
만기 1기전의 가치
만기시점의 가치
(행사시의 가치)

0   E   주가(S)

<만기까지의 기간과 풋옵션의 가치>
만기까지의 기간 ↑ ⇒ 미국형 풋옵션의 시간가치 ↑
⇒ 미국형 풋옵션의 가치 ↑

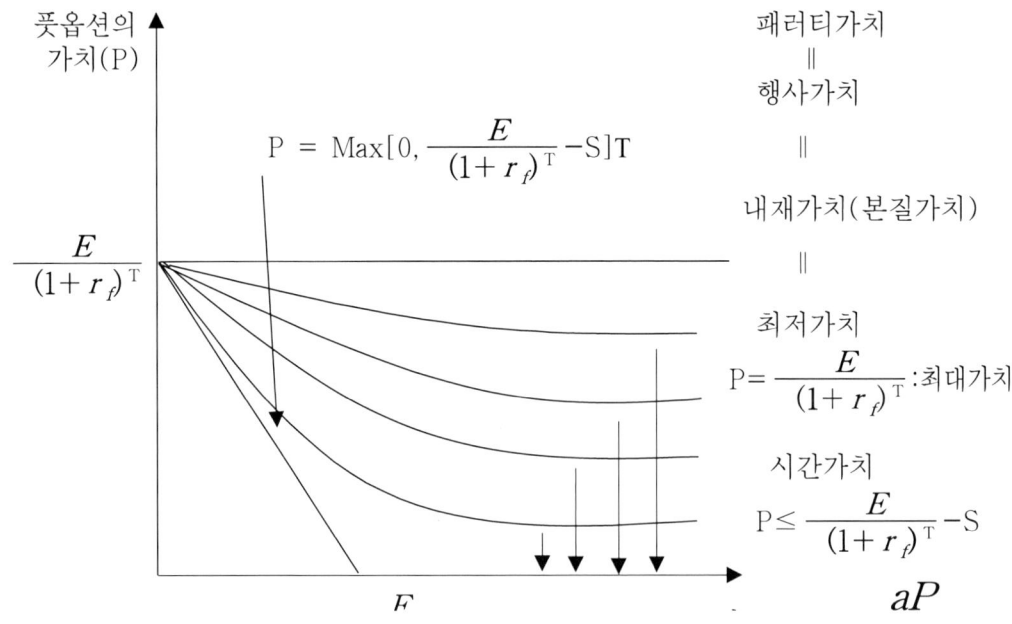

풋옵션의
가치(P)

$$P = Max[0, \frac{E}{(1+r_f)^T} -S]T$$

$\frac{E}{(1+r_f)^T}$

패러티가치
‖
행사가치

‖

내재가치(본질가치)

‖

최저가치

$P= \frac{E}{(1+r_f)^T}$:최대가치

시간가치

$P \le \frac{E}{(1+r_f)^T} -S$

E aP

유럽형 풋옵션 : 만기의 증가에 따른 이익실현가능성의 증가(+)
만기의 증가에 따른 이자소득기회상실의 기회손실증가(−)

46. 기초자산가격의 일별 분산

● 기초자산가격의 일별 분산 ↑ ⇒ 풋옵션의 시간가치 ↑
⇒ 풋옵션의 가치 ↑

$$\frac{a\,P}{a\,\sigma^2{}_{Asset}} > 0$$

47. 풋옵션(put options)의 가격결정요인

$$P = f(S, E, T, \sigma^2, R, d)$$
$$\quad\;\; - \quad + \quad + \quad + \quad - \quad +$$

단, P = 풋옵션의 가격(put price or premium)

S = 기초자산(underlying asset)의 가격

E = 행사가격(striking or exercise price)

T = 만기(expiration)까지의 기간

σ^2 = 기초자산가격의 일일 분산(variance)

R = 시간이자율(market interest rate)

d = 기초자산의 주당 현금배당율(cash dividend ratio)

48. 옵션가격결정요인과 옵션가격과의 관계

● 가격결정 요인

가격결정 요인	콜옵션	풋옵션
1. 기초자산의 가격	+	−
2. 행사가격	−	+
3. 만기까지의 기간	+	+
4. 기초자산가격의 일일 분석	+	+
5. 시장이자율	+	−
6. 기초자산의 형금배당률	−	+

49. 증권거래의 유형

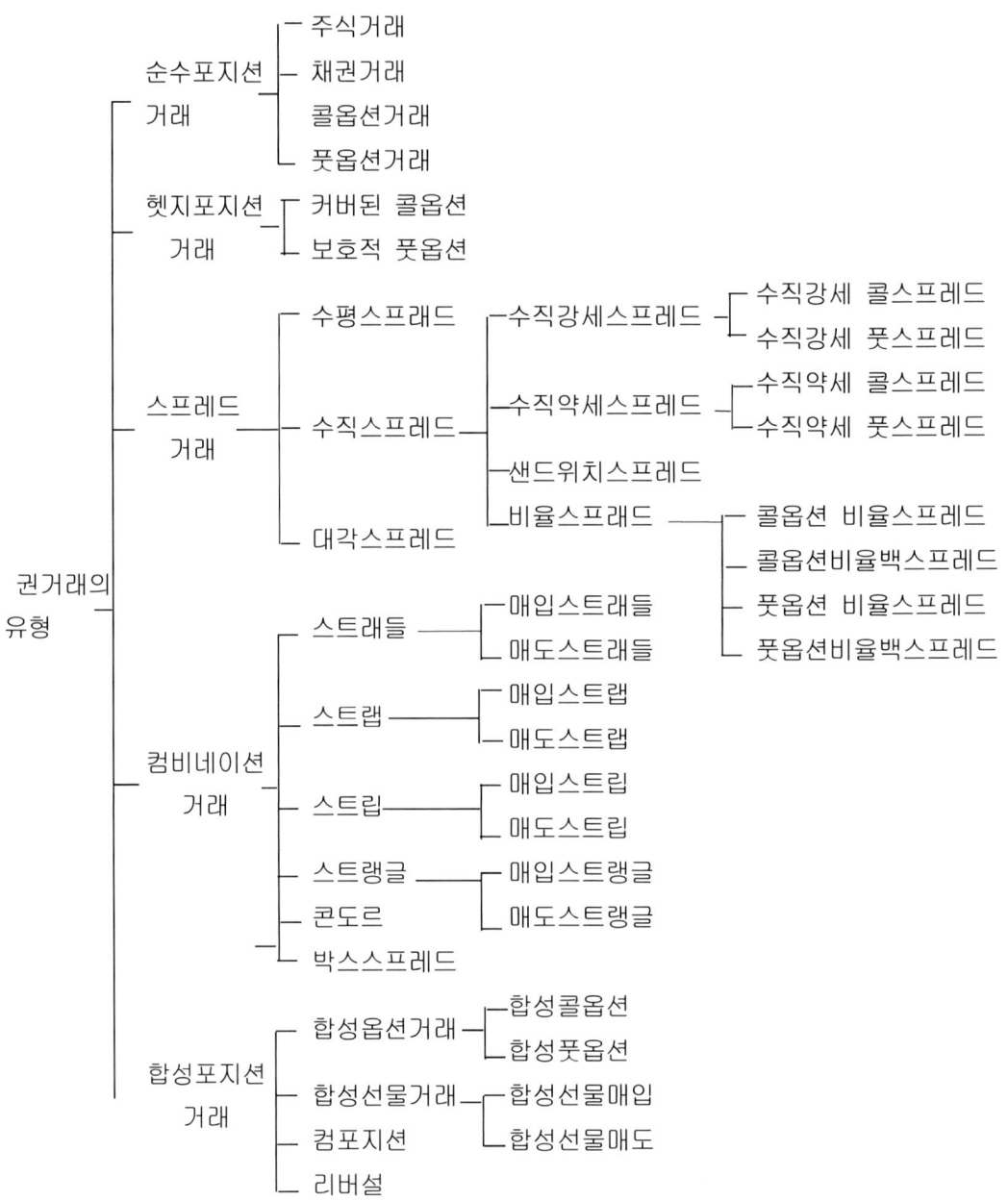

50. 주식거래의 손익

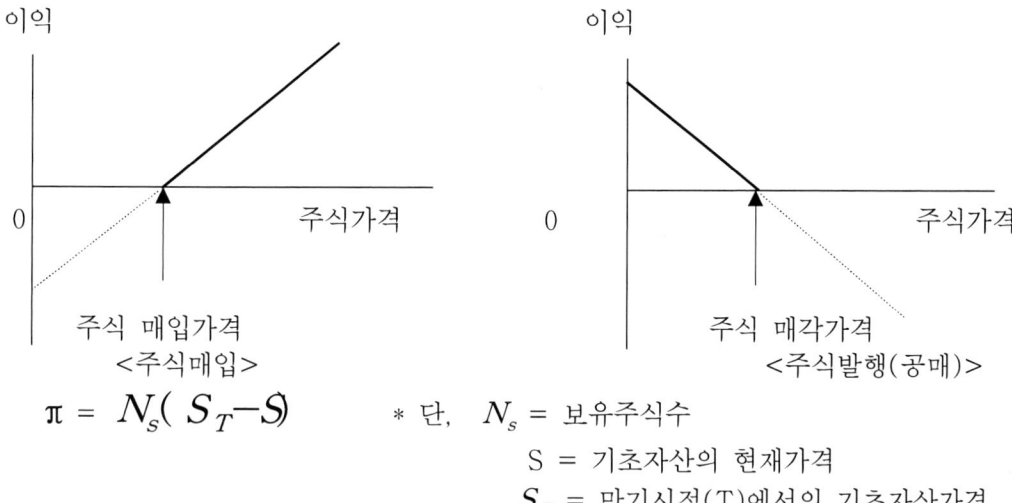

<주식매입>

$$\pi = N_s(S_T - S)$$

* 단, N_s = 보유주식수

　　S = 기초자산의 현재가격

　　S_T = 만기시점(T)에서의 기초자산가격

51. 채권거래의 손익

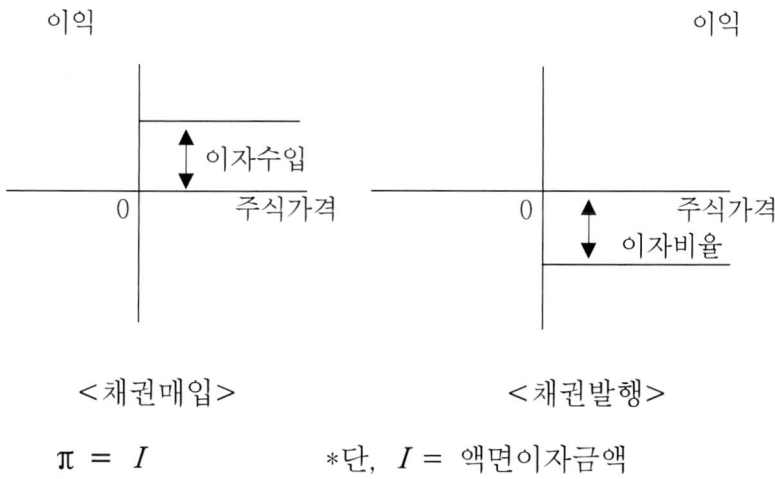

$$\pi = I$$ 　　*단, I = 액면이자금액

52. 콜옵션거래의 손익손익

$$\pi = N_c[Max(0,\ S_T - E) - C]$$

● 단, N_C = 콜옵션 단위수(매입 : $N_C > 0$, 매도 : $N_C < 0$)

C = 콜옵션의 가치(가격)

E = 콜옵션의 행사가격

S = 기초자산의 현재가격

S_T = 만기시점(T)에서의 기초자산가격

53. 풋옵션거래의 손익

$$\pi = N_P[Max(0, E - S_T) - P]$$

단, N_P = 풋옵션 단위수(매입 : $N_P > 0$, 매도 : $N_P < 0$)

P = 풋옵션의 가치(가격)

E = 풋옵션의 행사가격

S = 기초자산의 현재가격

S_T = 만기시점(T)에서의 기초자산가격

54. 해지포지션(hedge options) 거래

● 헤지포지션거래란 기초자산인 주식과 옵션의 결합에 의하여 위험을 헤지하기 위한 거래로서, 커버된 콜옵션 (covered call options), 보호적 풋옵션 (protective put options) 등의 헤지포지션거래가 있다.

● (주식+콜옵션) 또는 (주식+풋옵션)

55. 커버된 콜옵션(covoered call options)

● 주식매입+콜옵션매도

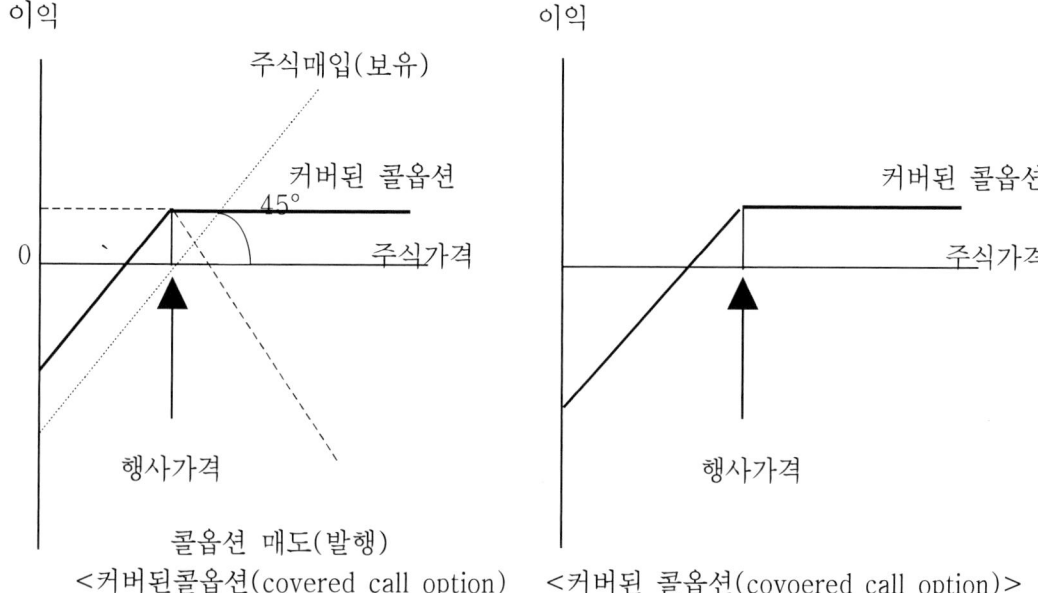

<커버된콜옵션(covered call option)   <커버된 콜옵션(covoered call option)>

56. 커버된 콜옵션거래의 손익

● 주식매입+콜옵션매도

$$\pi = N_S(\ S_T - S) + N_C[\text{Max}(0,\ S_T - E) - C]$$

● 단, $N_S > 0$, $N_C < 0$, & $N_S = -N_C$

　　N_S = 기초자산(주식)수 (매입, 보유, 공매 : $N_S > 0$, 매도 : $N_S < 0$)

　　N_C = 콜옵션 단위수 (매입 : $N_C > 0$, 매도 : $N_C < 0$)

　　　C = 콜옵션의 가치(가격)

　　N_P = 풋옵션 단위수 (매입 : $N_P > 0$, $N_P < 0$)

　　　P = 풋옵션의 가치(가격)

　　　E = 콜옵션의 행사가격

　　　S = 기초자산의 현재가격

　　S_T = 만기시점(T)에서의 기초자산가격

57. 보호적 풋옵션(protective put options)

● 주식매입 + 풋옵션매입

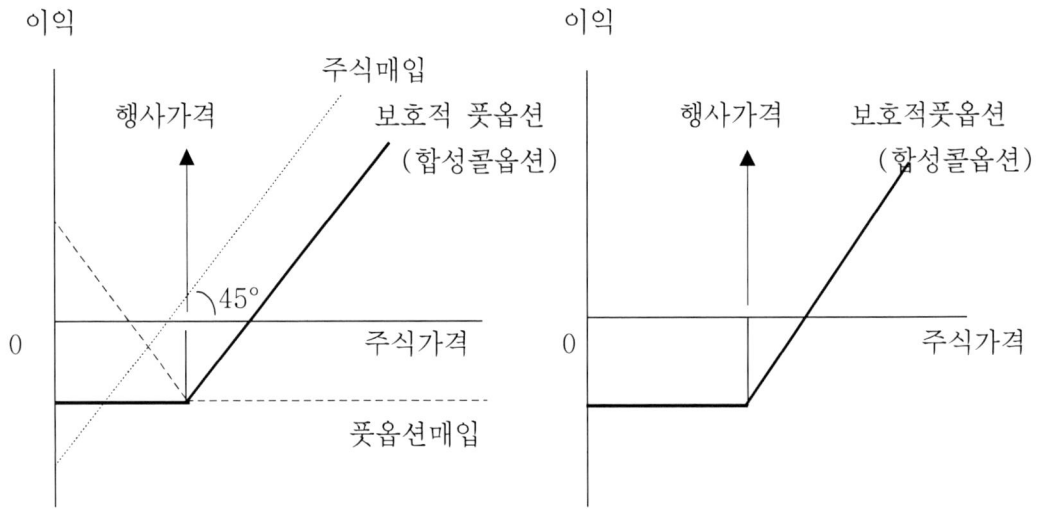

보호적 풋옵션(protective put options) 보호적 풋옵션(protective put options)

58. 보호적 풋옵셔거래의 손익

● 주식매입 + 풋옵션매입

$$\pi = N_S(\,S_T - S) + N_P[\,Max(0, E - S_T) - P]$$

단, $N_S > 0$, $N_P > 0$, & $N_S = N_P$

N_S =기초자산(주식)수 (매입, 보유, 공매 : $N_S > 0$, 매도 : $N_S < 0$)

N_C = 콜옵션 단위수(매입 : $N_C > 0$, 매도 : $N_C < 0$)

C = 콜옵션의 가치(가격)

N_P = 풋옵션 단위수(매입 : $N_P > 0$, 매도 : $N_P < 0$)

P = 풋옵션의 가치(가격)

E = 콜옵션의 행사가격

S = 기초자산의 현재가격

S_T = 만기시점(T)에서의 기초자산가격

59. 스프레드(spreads)거래

● (콜옵션 매입 + 콜옵션 매도) 또는 (풋옵션 매입 + 풋옵션 매도)

● 특정 기초자산에 대한 동일한 종류의 옵션, 즉 콜옵션이나 풋옵션 중의 한 종류의 옵션으로서 만기가 다르거나 행사가격이 서로 다른 두 개의 옵션을 하나는 매입하고, 다른하나는 매도하는 거래를 스프레드(spreads)거래라고 한다. 스프레드거래는 수평스프래드(horizontal·time·calendar spreads)거래, 수직스프레드(vertical·strike·money spreads)거래, 대각스프레드(Diagonal spreads)로 구분된다.

● 수평스프레드는 동일한 종류의 옵션으로서 만기가 서로 다른 옵션의 결합으로 구성된 거래이다.

● 수직스프레드는 동일한 종류의 옵션으로서 행사가격이 서로 다른 옵션의 결합으로 구성된 거래이다.

만기\행사가격	T_1	T_2	T_3	T_4	T_5
E_1		수	평스프	레드	
E_2	수				
E_3	직스프레드		대 각스프 레드		
E_4					
E_5					

* 대각스프레드는 동일한 종류의 옵션으로서 만기와 행사가격이 모두 다른 옵션 결합으로 구성된 거래이다.

60. 콜옵션을 이용한 수평스프레드

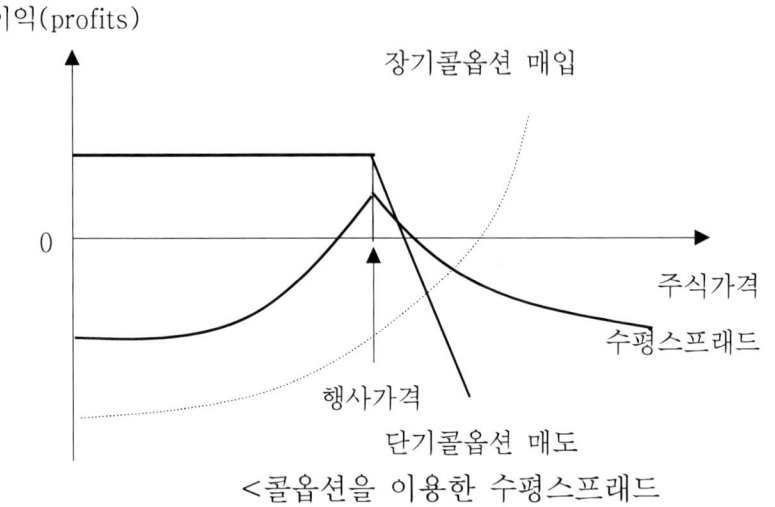

<콜옵션을 이용한 수평스프래드

61. 풋옵션을 이용한 수평스프레드

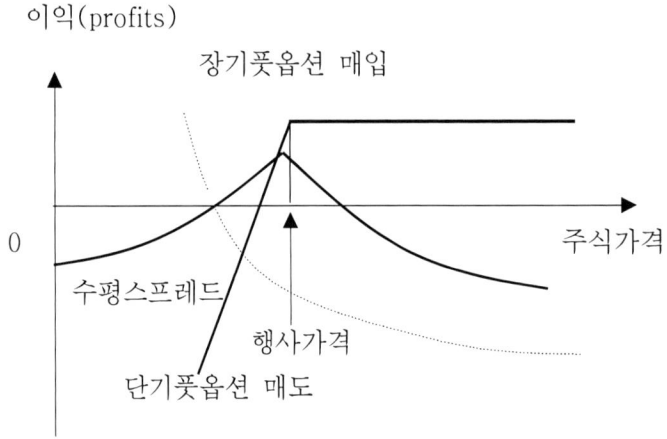

<풋옵션을 이영한 수평스프레드>

62. 수직스프레드와 그 유형

● 동일한 종류의 옵션, 즉 콜옵션이나 풋옵션 중의 한 종류의 옵션으로서 행

사가격이 서로 다른 옵션을 하나는 매입하고 다른 하나는 매도하는 거래를 수직스프레드 또는 행사스프레드(vertical·strike· money spreads)라고 한다.

1. 수직강세 콜스프레드(Bull call money spreads)
2. 수직강세 풋스프레드(Bull put money spreads)
3. 수직약세 콜스프레드(Bear call money spreads)
4. 수직약세 풋스프레드(Bear put money spreads)
5. 나비스프레드(Butterfly spreads)
6. 샌드위치스프레드(Sandwith spreads, 역나비스프레드)
7. 콜옵션 비율스프레드(call ratio spreads)
8. 콜옵션 비율백스프레드(call ratio back spreads)
9. 풋옵션 비율스프레드(put ratio spreads)
10. 풋옵션 비율백스프레드(put ratio back spreads)

63. 수직강세 콜스프레드 (Bull call money spreads)

1) 매입(long) : 두 종류의 행사가격을 갖는 콜옵션 중에서, 보다 낮은 행사가격의 콜옵션 한 단위를 매입한다.

2) 매도(short) : 두 종류의 행사가격을 갖는 콜옵션 중에서, 보다 높은 행사가격의 콜옵션 한 단위를 매도한다.

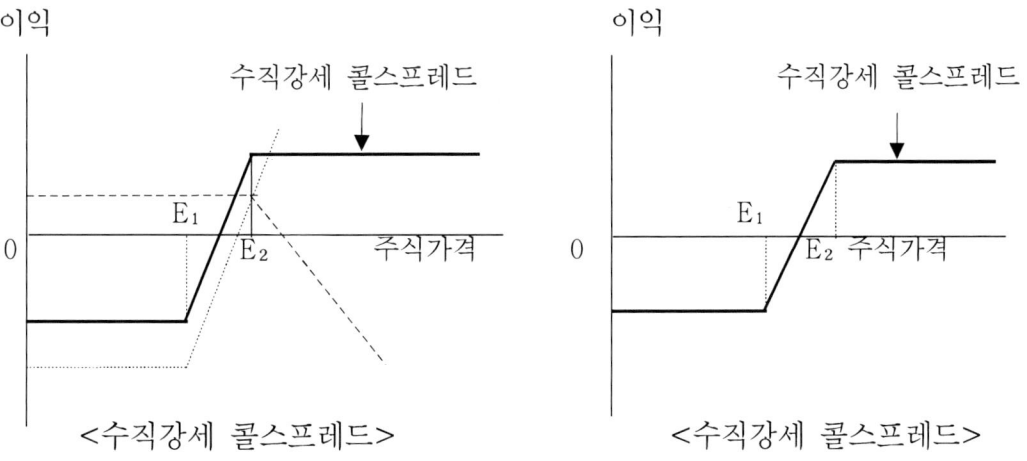

<수직강세 콜스프레드>　　　　　<수직강세 콜스프레드>

1-4 합성전략

1. 주식 + 주식선물 매도

기관은 주식+주식선물매도 주식을 보유함으로 배당 과 주주의결권을 갖는다.
136개 주식선물

1) 상승형

하락시 매도값과 매수값의 차이 수익, 상승시 수익 무한

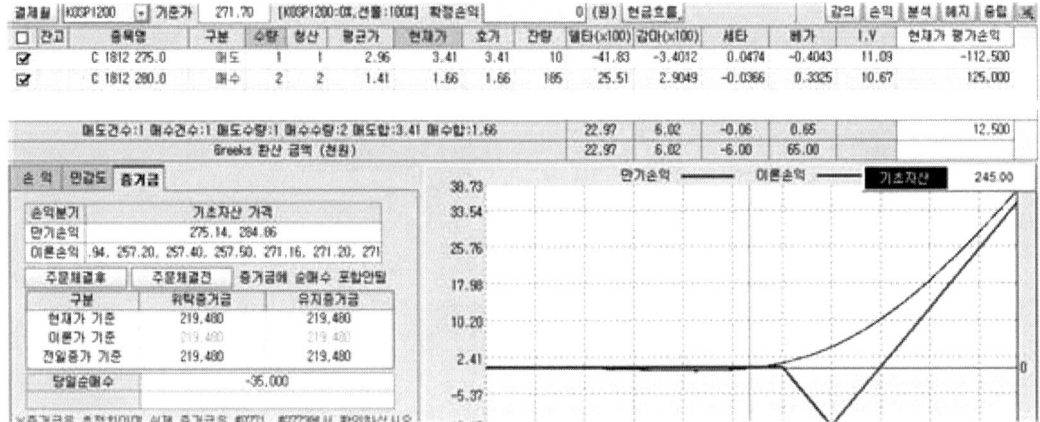

2) 하락형

상승시 매도값과 매수값의 차이 수익, 하락시 수익무한대

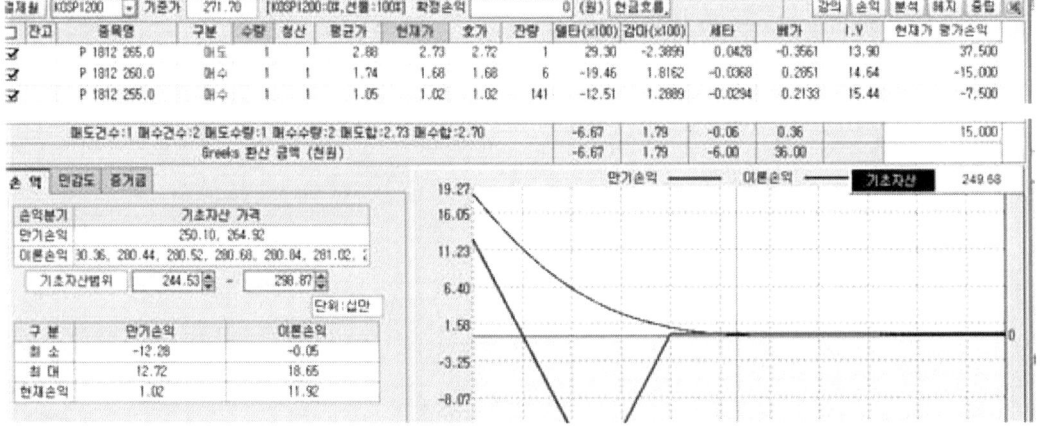

4. 비트코인

비트코인(BTC)

가상자산 설명서
Token Specification

2025년 9월 6일

가상자산 소개

비트코인(Bitcoin)은 블록체인이라는 공공 거래 장부를 이용한 최초의 가상자산입니다. 블록체인 기술은 거래에 참여하는 모든 사용자에게 거래내역을 공개하며 거래를 의미한 트랜잭션이 발생 때마다 공공 거래 장부와 대조해 데이터 위조를 막을 수 있습니다. 비트코인은 "나카모토 사토시(가명)"가 개발한 최초의 가상자산으로 알려지며 최대 발행 수량은 2,100만개입니다. 비트코인은 기존 화폐와 달리 정부나 중앙은행, 금융기관의 개입없이 개인 간(P2P) 빠르고 안전한 거래가 가능하며, 금처럼 유통량이 한정되어 있다는 특징을 가지고 있습니다. 비트코인 거래는 암호화에 의해 보호되어 비트코인은 사용자가 소유한 가상자산에 대해 높은 수준의 통제권과 보안을 보장할 수 있습니다.

BTC는 가치 저장수단, P2P 결제 등으로 사용됩니다.

가상자산 기본 정보

가상자산 명칭	비트코인(Bitcoin)
종목코드	BTC
최초 발행일자	2009.1.4
시가총액	2,209조원 (CoinMarketCap)
가상자산 종류	결제형
가상자산의 이용목적	송금/결제, 트랜잭션 수수료
가상자산 백서	https://bitcoin.org/bitcoin.pdf
가상자산 홈페이지	https://bitcoin.org/
국내 유통 현황	빗썸, 업비트, 코인원, 코빗, 고팍스 등
해외 유통 현황	Binance, Coinbase Exchange, OKX, Bybit, Kraken 등

자체 메인넷 여부	있음
메인넷 명칭	Bitcoin Network
메인넷 특징	PoW(Proof-of-Work) 합의 알고리즘으로 매 블록마다 해시를 찾는 작업(Work)을 수행한 채굴자가 블록을 생성, 다른 채굴자들은 블록 생성이 유효한지 검증 합의

발행 및 공시

발행주체 및 주요 운영주체	확인 불가
발행주체 및 주요 운영주체의 설립지·소재지	확인 불가
발행주체의 법적성격	확인 불가
발행주체 주요 인력 및 인적사항	Satoshi Nakamoto (가명)
과거 타 가상자산 발행 내역	없음
발행방법	채굴
총 발행한도(기준일)	CoinMarketCap: 21,000,000 BTC CoinGecko: 21,000,000 BTC
기발행수량(기준일)	CoinMarketCap: 19,916,853 BTC CoinGecko: 19,916,853 BTC
유통량(기준일)	CoinMarketCap: 19,916,868 BTC CoinGecko: 19,916,843 BTC
향후 유통스케줄	BTC는 채굴 즉시 전량 유통되어 유통계획이 없으며, 현재 블록당 3.125BTC가 채굴되어 유통되고 있음
과거 1년간 발행 현황	비트코인 네트워크의 채굴 규칙에 따라 2024년 4월 20일 이전까지 매 블록 당 6.25BTC가 발행되었고, 반감기 이후 매 블록 당 3.125BTC가 발행되고 있음
과거 1년간 소각 현황	없음
스테이블코인의 회계감사 유무 및 내역	해당 없음
최근 1년 주요공시 현황	Bitcoin Core 28.2 released (2025.06.26) Bitcoin Core development and transaction relay policy (2025.06.06) CVE-2024-52919 - Remote crash due to addr message spam (part 2) (2025.04.28) Bitcoin Core 29.0 released (2025.04.14) Bitcoin Core 28.1 released (2025.01.09)
주요 공시매체	X(구 트위터) 블로그 레딧

거래내역 모니터링 도구	Blockchain.com
노드 현황	https://bitnodes.io/
노드 자격	https://bitcoin.org/en/full-node

보안

최근 3년 가상자산 보안사고 이력	없음
가상자산 보안감사 보고서	없음

이해상충

거래소와 가상자산 또는 발행주체 / 운영주체 관련 이해상충 가능성	없음
이해상충 해소방안	없음

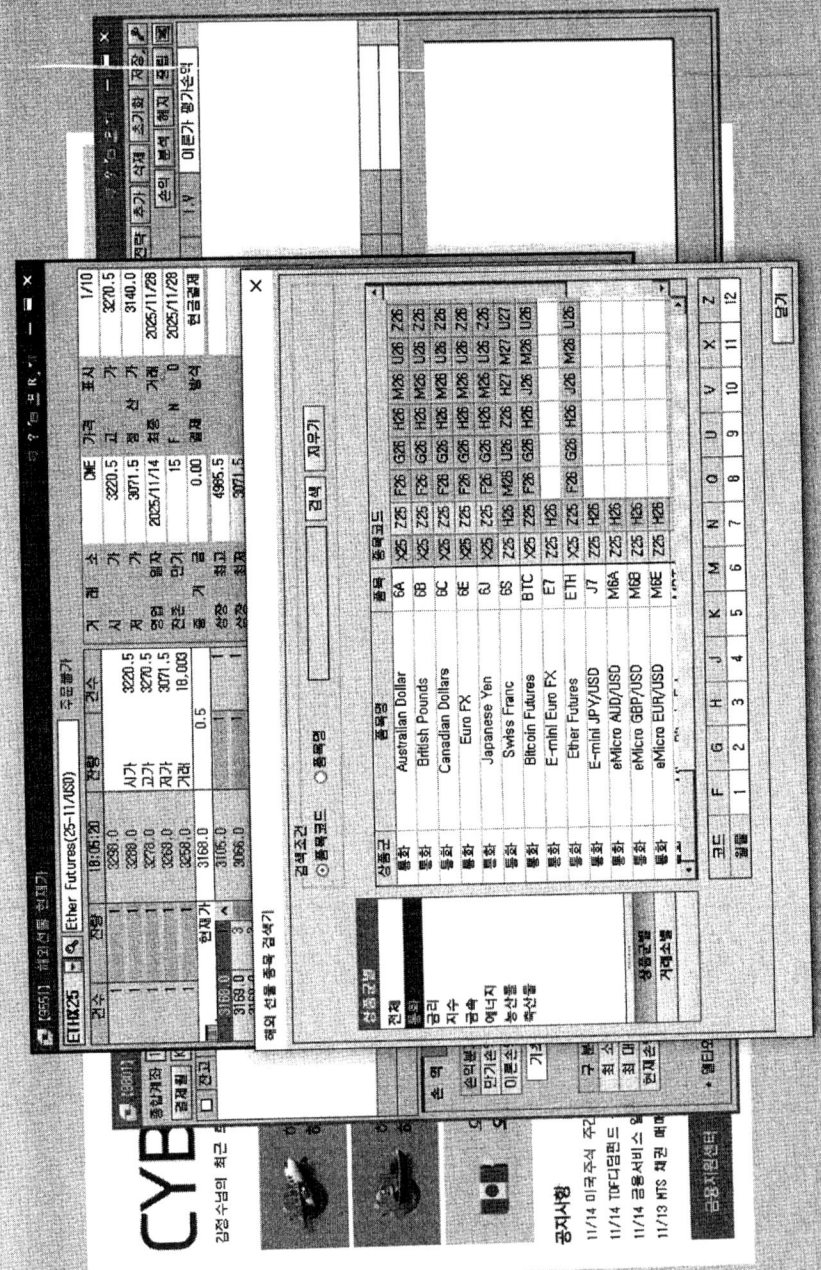

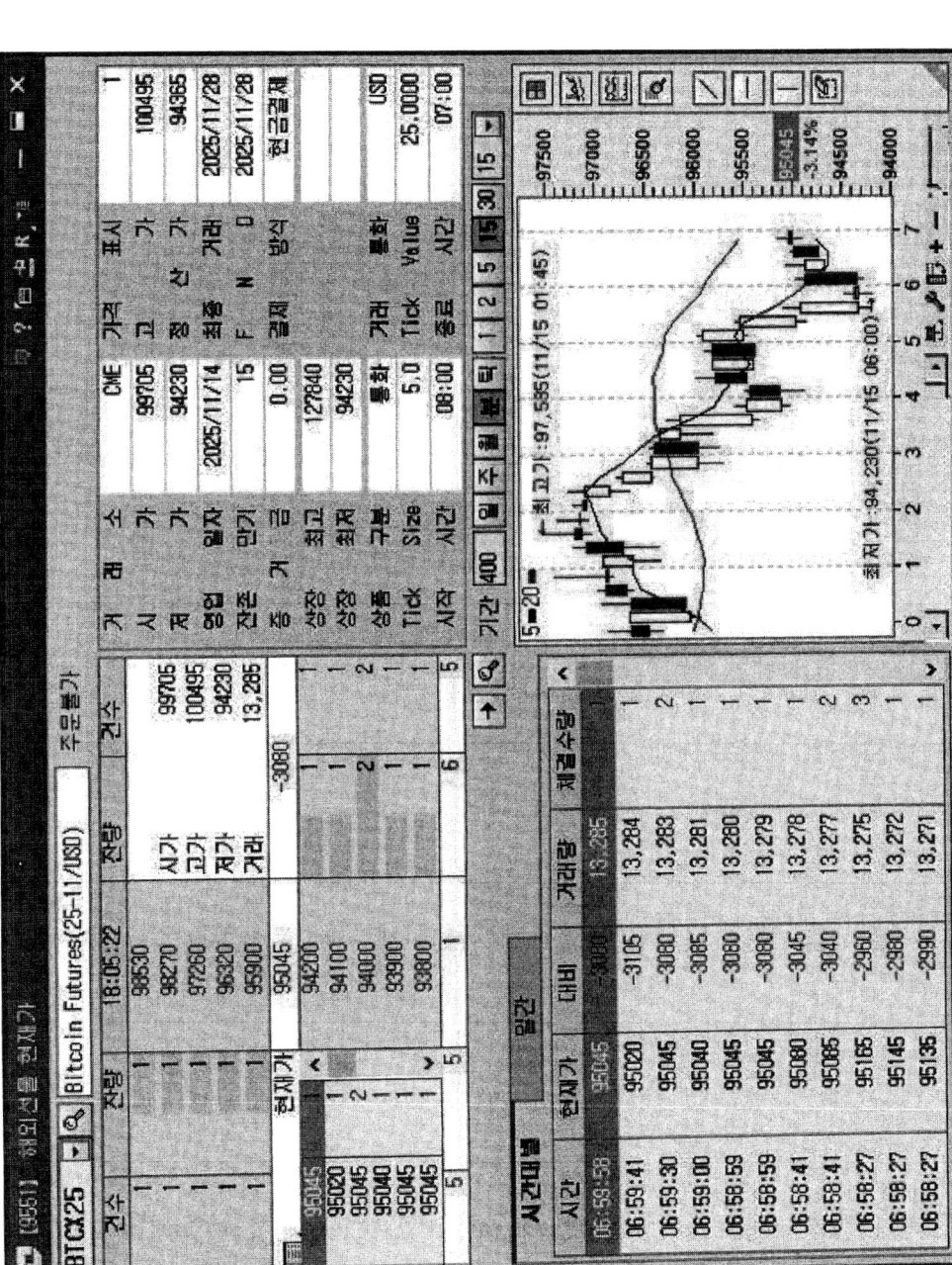

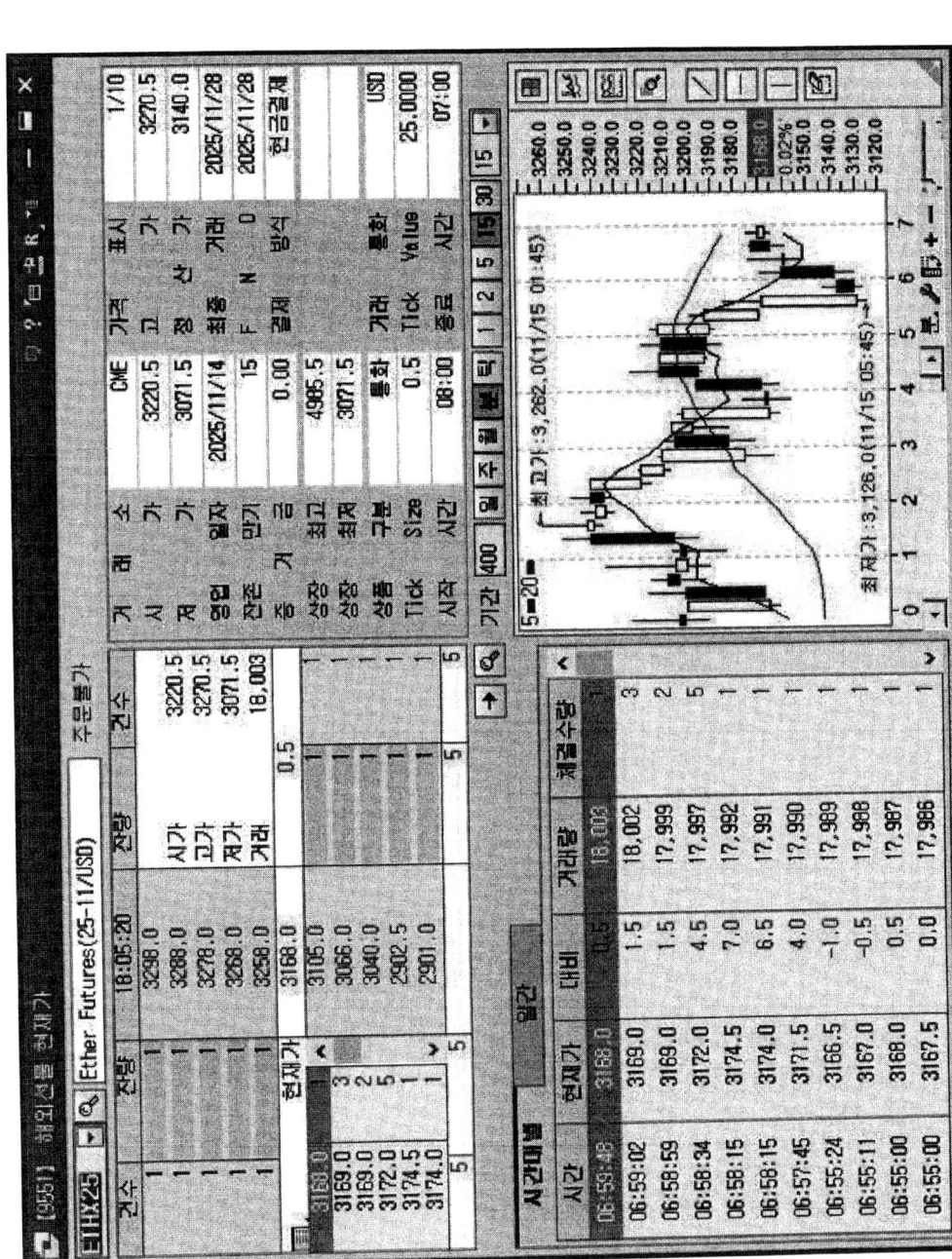

5. 자본시장법

1. 자본시장과 금융투자업에 관한 법률 시행령(약칭: 자본시장법 시행령) 부록

| 판 | 판례 | 연 | 연혁 | 행 | 위임행정규칙 | 규 | 규제 | 생 | 생활법령 | 한 | 한눈보기 |

약칭: 자본시장법 시행령)[시행 2025. 6. 2.]
대통령령 제35587호, 2025. 6. 2., 일부개정

금융위원회(자본시장과-투자매매중개업, 증권발행), 02-2100-2652
금융위원회(공정시장과-사업보고서, 상장회사특례, 불공정거래, 02-2100-2688
금융위원회(자산운용과-집합투자, 신탁, 투자일임, 투자자문), 02-2100-2661
금융위원회(자본시장과-파생상품), 02-2100-2654

1. 자본시장과 금융투자업에 관한 법률 시행령 (약칭: 자본시장법 시행령)

1-1 제1편 총칙

판 제1조 (목적)

이 영은 「자본시장과 금융투자업에 관한 법률」에서 위임된 사항과 그 시행에 관하여 필요한 사항을 규정함을 목적으로 한다.

판 연 행 제2조 (용어의 정의)

이 영에서 사용하는 용어의 뜻은 다음과 같다. 〈개정 2015. 10. 23., 2016. 7. 28., 2019. 4. 23., 2021. 2. 9., 2025. 6. 2.〉

1. "해외 증권시장"이란 증권시장과 유사한 시장으로서 해외에 있는 시장을 말한다.

2. "청약의 권유"란 권유받는 자에게 증권을 취득하도록 하기 위하여 신문·방송·잡지 등을 통한 광고, 안내문·홍보전단 등 인쇄물의 배포, 투자설명회의 개최, 전자통신 등의 방법(법 제249조의5에 따른 투자광고의 방법을 포함한다)으로 증권 취득청약의 권유 또는 증권 매도청약이나 매수청약의 권유 등 증권을 발행 또는 매도한다는 사실을 알리거나 취득의 절차를 안내하는 활동을 말한다. 다만, 인수인의 명칭과 증권의 발행금액을 포함하지 아니하는 등 금융위원회가 정하여 고시하는 기준에 따라 다음 각 목의 사항 중 전부나 일부에 대하여 광고 등의 방법으로 단순히 그 사실을 알리거나 안내하는 경우는 제외한다.

   가. 발행인의 명칭

   나. 발행 또는 매도하려는 증권의 종류와 발행 또는 매도 예정금액

   다. 증권의 발행이나 매도의 일반적인 조건

   라. 증권의 발행이나 매출의 예상 일정

   마. 그 밖에 투자자 보호를 해칠 염려가 없는 사항으로서 금융위원회가 정하여 고시하는 사항

3. "외화자산"이란 외국에서 발행 또는 창설되거나 유통되는 자산 및 이와 비슷한 자산을 말한다.

4. "특수관계인"이란 「금융회사의 지배구조에 관한 법률 시행령」 제3조제1항 각 호의 어느 하나에 해당하는 자를 말한다.

5. "주요주주"란 「금융회사의 지배구조에 관한 법률」 제2조제6호나목에 해당하는 자를 말한다.

6. "전자적 투자조언장치"란 다음 각 목의 요건을 모두 갖춘 자동화된 전산정보처리장치를 말한다.

　　가. 활용하는 업무의 종류에 따라 다음의 요건을 갖출 것

　　　　1) 집합투자재산을 운용하는 경우: 집합투자기구의 투자목적·투자방침과 투자전략에 맞게 운용할 것

　　　　2) 투자자문업 또는 투자일임업을 수행하는 경우: 투자자의 투자목적·재산상황·투자경험 등을 고려하여 투자자의 투자성향을 분석할 것

　　나. 「정보통신망 이용촉진 및 정보보호 등에 관한 법률」 제2조제1항제7호에 따른 침해사고(이하 "침해사고"라 한다) 및 재해 등을 예방하기 위한 체계 및 침해사고 또는 재해가 발생했을 때 피해 확산·재발 방지와 신속한 복구를 위한 체계를 갖출 것

　　다. 그 밖에 투자자 보호와 건전한 거래질서 유지를 위해 금융위원회가 정하여 고시하는 요건을 갖출 것

7. "고난도금융투자상품"이란 다음 각 목의 어느 하나에 해당하는 금융투자상품 중 금융위원회가 정하여 고시하는 방법으로 산정한 최대 원금손실 가능금액이 원금의 100분의 20을 초과하는 것을 말한다. 다만, 거래소시장, 해외 증권시장, 해외 파생상품시장(법 제5조제2항제2호에 따른 해외 파생상품시장을 말한다. 이하 같다)에 상장되어 거래(투자자가 해당 시장 또는 다자간매매체결회사에서 직접 매매하는 경우로 한정한다)되는 상품 또는 전문투자자[법 제9조제5항제1호부터 제3호까지의 어느 하나에 해당하는 자, 이 영 제10조제3항제1호부터 제6호까지, 제6호의2, 제7호부터 제14호까지의 어느 하나에 해당하는 자(이에 준하는 외국인을 포함한다) 또는 같은 항 제18호가목부터 다목까지의 어느 하나에 해당하는 자로 한정한다]만을 대상으로 하는 상품은 제외한다.

　　가. 파생결합증권(제7조제2항제1호에 따른 파생결합증권은 제외한다)

　　나. 파생상품

　　다. 집합투자증권 중에서 운용자산의 가격결정의 방식, 손익의 구조 및 그에 따른 위험을 투자자가 이해하기 어렵다고 인정되는 것으로서 금융위원회가 정하여 고시

하는 집합투자증권

라. 그 밖에 기초자산의 특성, 가격결정의 방식, 손익의 구조 및 그에 따른 위험을 투자자가 이해하기 어렵다고 인정되는 것으로서 금융위원회가 정하여 고시하는 금융투자상품

8. "고난도투자일임계약"이란 금융위원회가 정하여 고시하는 방법으로 산정한 최대 원금손실 가능금액이 원금의 100분의 20을 초과하는 투자일임계약 중 그 운용방법 및 그에 따른 위험을 투자자가 이해하기 어렵다고 인정되는 것으로서 금융위원회가 정하여 고시하는 기준에 해당하는 투자일임계약을 말한다.

9. "고난도금전신탁계약"이란 금융위원회가 정하여 고시하는 방법으로 산정한 최대 원금손실 가능금액이 원금의 100분의 20을 초과하는 금전신탁계약 중 그 운용방법 및 그에 따른 위험을 투자자가 이해하기 어렵다고 인정되는 것으로서 금융위원회가 정하여 고시하는 기준에 해당하는 금전신탁계약을 말한다.

판 연 행 규 제3조(금융투자상품의 범위)

① 「자본시장과 금융투자업에 관한 법률」(이하 "법"이라 한다) 제3조제1항 각 호 외의 부분 본문에서 "판매수수료 등 대통령령으로 정하는 금액"이란 다음 각 호의 금액을 말한다.

1. 법 제58조제1항에 따른 수수료, 법 제76조제4항에 따른 판매수수료(이하 "판매수수료"라 한다), 그 밖에 용역의 대가로서 투자자, 그 밖의 고객이 지급하는 수수료

2. 보험계약에 따른 사업비와 위험보험료

3. 그 밖에 금융위원회가 정하여 고시하는 금액

② 법 제3조제1항 각 호 외의 부분 본문에서 "해지수수료 등 대통령령으로 정하는 금액"이란 다음 각 호의 금액을 말한다.

1. 법 제236조제2항에 따른 환매수수료(이하 "환매수수료"라 한다), 그 밖에 중도해지로 인하여 투자자, 그 밖의 고객이 지급하는 해지수수료(이에 준하는 것을 포함한다)

2. 각종 세금

3. 발행인 또는 거래상대방이 파산 또는 채무조정, 그 밖에 이에 준하는 사유로 인하여 당초 지급하기로 약정한 금전등을 지급할 수 없게 됨에 따라 투자자, 그 밖의 고객이 되돌려 받을 수 없는 금액

4. 그 밖에 금융위원회가 정하여 고시하는 금액

③ 법 제3조제1항제3호에서 "대통령령으로 정하는 금융투자상품"이란 「상법」 제340조의2 또는 제542조의3에 따른 주식매수선택권을 말한다. 〈신설 2013. 8. 27.〉

제3조의2 (증권신고서 제출 등의 규제만 적용되는 증권)

제3조의2(증권신고서 제출 등의 규제만 적용되는 증권) 법 제4조제1항제2호에서 "대통령령으로 정하는 증권"이란 「상법」에 따른 합자회사·유한책임회사·합자조합·익명조합의 출자지분이 표시된 것을 말한다. 다만, 집합투자증권은 제외한다.

[본조신설 2013. 8. 27.]

제4조 (기업어음증권의 요건)

법 제4조제3항에서 "대통령령으로 정하는 요건"이란 기업의 위탁에 따라 그 지급대행을 하는 다음 각 호의 어느 하나에 해당하는 자가 내어준 것으로서 "기업어음증권"이라는 문자가 인쇄된 어음용지를 사용하는 것을 말한다. 〈개정 2015. 3. 3., 2019. 8. 20.〉

1. 다음 각 목의 어느 하나에 해당하는 자(이하 "은행"이라 한다)

가. 「은행법」에 따라 인가를 받아 설립된 은행(같은 법 제59조에 따라 은행으로 보는 자를 포함한다)

나. 「수산업협동조합법」에 따른 수협은행

다. 「농업협동조합법」에 따른 농협은행

2. 「한국산업은행법」에 따른 한국산업은행

3. 「중소기업은행법」에 따른 중소기업은행

제4조의2 (파생결합증권에서 제외되는 금융투자상품)

법 제4조제7항제5호에서 "대통령령으로 정하는 금융투자상품"이란 「상법」 제420조의2에 따른 신주인수권증서 및 같은 법 제516조의5에 따른 신주인수권증권을 말한다.

[본조신설 2013. 8. 27.]

제4조의3 (파생상품에서 제외되는 금융투자상품)

법 제5조제1항 각 호 외의 부분 단서에서 "대통령령으로 정하는 금융투자상품"이란 다음 각 호의 어느 하나에 해당하는 금융투자상품을 말한다.

1. 증권 및 장외파생상품에 대한 투자매매업의 인가를 받은 금융투자업자가 발행하는 증권 또는 증서로서 기초자산(증권시장이나 해외 증권시장에서 매매거래되는 주권 등 금융위원회가 정하여 고시하는 기초자산을 말한다. 이하 이 호에서 같다)의 가격·이자율·지표·단위 또는 이를 기초로 하는 지수 등의 변동과 연계하여 미리 정하여진 방법에 따라 그 기초자산의 매매나 금전을 수수하는 거래를 성립시킬 수 있는 권리가 표시된 증권 또는 증서

2.「상법」제420조의2에 따른 신주인수권증서 및 같은 법 제516조의5에 따른 신주인수권증권

[본조신설 2013. 8. 27.]

판 연 행 생 **제5조 (해외 파생상품거래)**

법 제5조제2항제2호에서 "대통령령으로 정하는 해외 파생상품거래"란 다음 각 호의 어느 하나에 해당하는 거래를 말한다. 〈개정 2013. 8. 27.〉

1. 런던금속거래소의 규정에 따라 장외(파생상품시장과 비슷한 시장으로서 해외에 있는 시장 밖을 말한다. 이하 이 조에서 같다)에서 이루어지는 금속거래

2. 런던귀금속시장협회의 규정에 따라 이루어지는 귀금속거래

3. 미국선물협회의 규정에 따라 장외에서 이루어지는 외국환거래

4. 삭제 〈2017. 5. 8.〉

5. 선박운임선도거래업자협회의 규정에 따라 이루어지는 선박운임거래

6. 그 밖에 국제적으로 표준화된 조건이나 절차에 따라 이루어지는 거래로서 금융위원회가 정하여 고시하는 거래

판 연 행 생 **제6조 (집합투자의 적용배제)**

제6조(집합투자의 적용배제) ① 법 제6조제5항제1호에서 "대통령령으로 정하는 법률"이란 다음 각 호의 법률을 말한다. 〈개정 2010. 6. 11., 2015. 4. 20., 2020. 3. 31., 2020. 8. 11., 2023. 12. 5.〉

1.「부동산투자회사법」

2.「선박투자회사법」

3.「문화산업진흥 기본법」

4.「산업발전법」

5.「벤처투자 촉진에 관한 법률」

6.「여신전문금융업법」

7. 삭제 〈2020. 8. 11.〉

8.「소재·부품·장비산업 경쟁력 강화 및 공급망 안정화를 위한 특별조치법」

9.「농림수산식품투자조합 결성 및 운용에 관한 법률」

② 법 제6조제5항제1호에서 "대통령령으로 정하는 투자자"란 다음 각 호에 해당하지 아니하는 투자자를 말한다.

1. 제10조제1항 각 호의 어느 하나에 해당하는 자

2. 제10조제3항제12호ㆍ제13호에 해당하는 자 중 금융위원회가 정하여 고시하는 자

③ 법 제6조제5항제1호에서 "대통령령으로 정하는 수"란 49인을 말한다. 이 경우 49인을 계산할 때 다른 집합투자기구(제80조제1항제5호의2에 따른 사모투자재간접집합투자기구, 같은 항 제5호의3에 따른 부동산ㆍ특별자산투자재간접집합투자기구 또는 같은 호 각 목의 어느 하나에 해당하는 집합투자기구 등에 대한 투자금액을 합산한 금액이 자산총액의 100분의 80을 초과하는 「부동산투자회사법」 제49조의3제1항에 따른 공모부동산투자회사는 제외한다)가 해당 집합투자기구의 집합투자증권 발행총수의 100분의 10 이상을 취득하는 경우에는 그 다른 집합투자기구의 투자자(제2항에 따른 투자자를 말한다)의 수를 더해야 한다. 〈개정 2017. 5. 8., 2020. 3. 10., 2021. 3. 16.〉

④ 법 제6조제5항제3호에서 "대통령령으로 정하는 경우"란 다음 각 호의 어느 하나에 해당하는 경우를 말한다. 〈개정 2009. 12. 21., 2010. 12. 7., 2013. 8. 27., 2015. 10. 23., 2016. 7. 28., 2017. 5. 8., 2021. 2. 17., 2024. 11. 12.〉

1. 법 제74조제3항에 따른 예치기관(이하 "예치기관"이라 한다)이 같은 항에 따라 같은 조 제1항에 따른 투자자예탁금(이하 "투자자예탁금"이라 한다)을 예치 또는 신탁받아 운용ㆍ배분하는 경우

1의2. 법 제77조의2에 따라 지정받은 종합금융투자사업자(이하 "종합금융투자사업자"라 한다)가 제77조의6제1항제3호에 따른 종합투자계좌업무를 하는 경우

2. 다음 각 목의 어느 하나에 해당하는 경우로서 신탁업자가 신탁재산을 효율적으로 운용하기 위하여 수탁한 금전을 공동으로 운용하는 경우

가. 법 제103조제2항에 따른 종합재산신탁(이하 "종합재산신탁"이라 한다)으로서 금전의 수탁비율이 100분의 40 이하인 경우

나. 신탁재산의 운용에 의하여 발생한 수익금의 운용 또는 신탁의 해지나 환매에 따라 나머지 신탁재산을 운용하기 위하여 불가피한 경우

3. 법 제249조의13에 따른 투자목적회사(이하 "투자목적회사"라 한다)가 그 업무를 하는 경우

4. 법 제336조에 따른 종합금융회사(이하 "종합금융회사"라 한다)가 제329조에 따른 어음관리계좌 업무를 하는 경우

5. 「조세특례제한법」 제104조의31제1항에 따른 요건을 갖춘 법인이 법 제3조제1항 각 호 외의 부분 본문에 따른 금전등(이하 "금전등"이라 한다)을 모아 운용ㆍ배분하는 경우

6. 지분증권의 소유를 통하여 다른 회사의 사업내용을 지배하는 것을 주된 사업으로 하는 국내회사가 그 사업을 하는 경우

7. 「가맹사업거래의 공정화에 관한 법률」 제2조제1호에 따른 가맹사업을 하는 경우

8. 「방문판매 등에 관한 법률」 제2조제5호에 따른 다단계판매 사업을 하는 경우

9. 「통계법」에 따라 통계청장이 고시하는 한국표준산업분류에 따른 제조업 등의 사업을 하는 자가 직접 임직원, 영업소, 그 밖에 그 사업을 하기 위하여 통상적으로 필요한 인적·물적 설비를 갖추고 투자자로부터 모은 금전등으로 해당 사업을 하여 그 결과를 투자자에게 배분하는 경우. 다만, 사업자가 해당 사업을 특정하고 그 특정된 사업의 결과를 배분하는 경우는 제외한다.

10. 학술·종교·자선·기예·사교, 그 밖의 영리 아닌 사업을 목적으로 하는 계(契)인 경우

11. 종중, 그 밖의 혈연관계로 맺어진 집단과 그 구성원을 위하여 하는 영리 아닌 사업인 경우

12. 「민법」에 따른 비영리법인, 「공익법인의 설립·운영에 관한 법률」에 따른 공익법인, 「사회복지사업법」에 따른 사회복지법인, 「근로복지기본법」에 따른 우리사주조합, 그 밖에 관련 법령에 따라 허가·인가·등록 등을 받아 설립된 비영리법인 등이 해당 정관 등에서 정한 사업목적에 속하는 행위를 하는 경우

13. 투자자로부터 모은 금전등을 투자자 전원의 합의에 따라 운용·배분하는 경우

14. 다른 법인과 합병하는 것을 유일한 사업목적으로 하고 모집을 통하여 주권을 발행하는 법인(이하 "기업인수목적회사"라 한다)이 다음 각 목의 요건을 모두 갖추어 그 사업목적에 속하는 행위를 하는 경우

　　가. 주권(최초 모집 이전에 발행된 주권은 제외한다)의 발행을 통하여 모은 금전의 100분의 90 이상으로서 금융위원회가 정하여 고시하는 금액 이상을 주금납입일의 다음 영업일까지 법 제324조제1항에 따라 인가를 받은 자(이하 "증권금융회사"라 한다) 등 금융위원회가 정하여 고시하는 기관에 예치 또는 신탁할 것

　　나. 가목에 따라 예치 또는 신탁한 금전을 다른 법인과의 합병등기가 완료되기 전에 인출하거나 담보로 제공하지 않을 것. 다만, 기업인수목적회사의 운영을 위하여 불가피한 경우로서 법 제165조의5에 따른 주식매수청구권의 행사로 주식을 매수하기 위한 경우 등 금융위원회가 정하여 고시하는 경우에는 인출할 수 있다.

　　다. 발기인 중 1인 이상은 금융위원회가 정하여 고시하는 규모 이상의 지분증권(집합투자증권은 제외한다) 투자매매업자일 것

　　라. 임원이 「금융회사의 지배구조에 관한 법률」 제5조제1항 각 호의 어느 하나에 해당하지 아니할 것

마. 최초로 모집한 주권의 주금납입일부터 90일 이내에 그 주권을 증권시장에 상장할 것

바. 최초로 모집한 주권의 주금납입일부터 36개월 이내에 다른 법인과의 합병등기를 완료할 것

사. 그 밖에 투자자 보호를 위한 것으로서 금융위원회가 정하여 고시하는 기준을 갖출 것

15. 그 밖에 다음 각 목의 사항을 종합적으로 고려하여 금융위원회가 집합투자에 해당하지 아니한다고 인정하는 경우

가. 운용에 따른 보수를 받는 전문적 운용자의 존재 여부

나. 투자자의 투자동기가 전문적 운용자의 지식·경험·능력에 있는지, 투자자와 전문적 운용자 간의 인적 관계에 있는지 여부

다. 운용 결과가 합리적 기간 이내에 투자금액에 따라 비례적으로 배분되도록 예정되어 있는지 여부

라. 투자자로부터 모은 재산을 전문적 운용자의 고유재산과 분리할 필요성이 있는지 여부

마. 집합투자로 보지 아니할 경우에는 투자자 보호가 뚜렷하게 곤란하게 될 가능성이 있는지 여부

⑤ 법 제6조제6항제1호에서 "대통령령으로 정하는 자"란 제13조제2항 각 호의 어느 하나에 해당하는 자를 말한다. 〈신설 2018. 9. 28.〉

⑥ 법 제6조제6항제10호에서 "대통령령으로 정하는 자"란 다음 각 호의 어느 하나에 해당하는 자를 말한다. 〈신설 2018. 9. 28., 2024. 11. 12.〉

1. 다음 각 목의 어느 하나에 해당하는 공제회 또는 공제조합

가. 「경찰공제회법」에 따른 경찰공제회

나. 「과학기술인공제회법」에 따른 과학기술인공제회

다. 「교정공제회법」에 따른 교정공제회

라. 「군인공제회법」에 따른 군인공제회

마. 「대한소방공제회법」에 따른 대한소방공제회

바. 「대한지방행정공제회법」에 따른 대한지방행정공제회

사. 「한국교직원공제회법」에 따른 한국교직원공제회

아. 「한국지방재정공제회법」에 따른 한국지방재정공제회

자. 「전기공사공제조합법」에 따른 전기공사공제조합

2. 최근 사업연도말 현재 운용자산이 2조원 이상이거나 가입자가 10만명 이상인 공제회

또는 공제조합

3. 「산림조합법」에 따른 산림조합중앙회

4. 「중소기업 인력지원 특별법」제35조의2에 따른 성과보상기금을 같은 법 제35조의4에 따라 관리·운용하는 자

⑦ 법 제6조제6항제11호에서 "효율적이고 투명한 투자구조, 관리주체 등 대통령령으로 정하는 요건을 갖춘 자"란 다음 각 호의 요건을 모두 충족하는 자로서 금융위원회가 정하여 고시하는 자를 말한다. 〈신설 2024. 11. 12.〉

1. 법령에 따라 설립되거나 설치되는 자일 것

2. 법령에 따라 운용자산을 전문적이고 독립적으로 운용하는 관리주체가 있을 것

3. 고유재산과 운용자산을 명확하게 구분하여 회계처리할 것

4. 투자결과를 투자자 또는 수익자에게 실질적으로 귀속시킬 것

판 연 생 제6조의2 (투자자문업의 투자대상자산)

법 제6조제7항에서 "대통령령으로 정하는 투자대상자산"이란 다음 각 호의 자산을 말한다. 〈개정 2015. 10. 23., 2018. 9. 28., 2020. 3. 10.〉

1. 부동산

2. 지상권·지역권·전세권·임차권·분양권 등 부동산 관련 권리

3. 제106조제2항 각 호의 금융기관에의 예치금

4. 다음 각 목의 어느 하나에 해당하는 출자지분 또는 권리(이하 "사업수익권"이라 한다)

　가. 「상법」에 따른 합자회사·유한책임회사·합자조합·익명조합의 출자지분

　나. 「민법」에 따른 조합의 출자지분

　다. 그 밖에 특정사업으로부터 발생하는 수익을 분배받을 수 있는 계약상의 출자지분 또는 권리

5. 다음 각 목의 어느 하나에 해당하는 금지금[「조세특례제한법」제106조의3제1항 각 호 외의 부분에 따른 금지금(金地金)을 말한다. 이하 이 호에서 같다]

　가. 거래소(법 제8조의2제2항에 따른 거래소를 말한다. 이하 같다)가 법 제377조제1항제12호에 따른 승인을 받아 그 매매를 위하여 개설한 시장에서 거래되는 금지금

　나. 은행이 「은행법 시행령」제18조제1항제4호에 따라 그 판매를 대행하거나 매매·대여하는 금지금

6. 법 제336조제1항제1호 또는 법 제360조제1항에 따라 발행된 어음

[본조신설 2013. 8. 27.]

① 법 제6조제10항 각 호 외의 부분에서 "대통령령으로 정하는 투자자"란 다음 각 호의 투자자를 말한다. 〈개정 2015. 10. 23., 2018. 9. 28., 2021. 10. 21.〉

1. 제10조제2항 각 호의 자

2. 제10조제3항제12호·제13호의 자(이에 준하는 외국인을 포함한다)

3. 법 제9조제19항제1호에 따른 기관전용 사모집합투자기구

4. 법 제279조제1항에 따른 외국 집합투자기구(법 제9조제19항에 따른 사모집합투자기구에 상당하는 집합투자기구로 한정한다)

② 법 제6조제10항 각 호 외의 부분에서 "대통령령으로 정하는 방법"이란 법 제6조제10항제1호부터 제3호까지의 업무 및 이 조 제3항 각 호의 업무를 서로 연계하여 제공하는 것을 말한다. 이 경우 법 제6조제10항제2호 및 제3호의 업무가 포함되어야 한다. 〈개정 2018. 9. 28.〉

③ 법 제6조제10항제4호에서 "대통령령으로 정하는 업무"란 다음 각 호의 업무를 말한다. 〈개정 2015. 10. 23., 2018. 9. 28., 2021. 10. 21.〉

1. 법 제6조제10항에 따른 일반 사모집합투자기구등(이하 "일반사모집합투자기구등"이라 한다)의 투자자재산(일반사모집합투자기구등의 재산으로서 전담중개업무의 대상이 되는 투자자재산을 말한다. 이하 같다)의 매매에 관한 청약 또는 주문의 집행업무

2. 일반사모집합투자기구등의 투자자재산의 매매 등의 거래에 따른 취득·처분 등의 업무

3. 파생상품의 매매 또는 그 중개·주선·대리업무

4. 환매조건부매매 또는 그 중개·주선·대리업무

5. 집합투자증권의 판매업무

6. 일반사모집합투자기구등의 투자자재산의 운용과 관련한 금융 및 재무 등에 대한 자문업무

7. 다른 투자자의 투자를 유치하거나 촉진하기 위하여 법 제9조제19항제2호에 따른 일반 사모집합투자기구에 출자(투자신탁의 경우에는 그 수익증권의 매수를 포함한다. 이하 제271조의11제3항제2호 단서에서 같다)를 하는 업무

[본조신설 2013. 8. 27.]

판 연 행 규 생 **제7조(금융투자업의 적용배제)**

① 법 제7조제1항제2호에서 "대통령령으로 정하는 파생결합증권"이란 다음 각 호의 요건을 모두 충족하는 파생결합증권을 제외한 파생결합증권을 말한다. 〈개정 2013. 8. 27.〉

1. 기초자산이 통화 또는 외국통화로서 지급하거나 회수하는 금전등이 그 기초자산과 다른 통화 또는 외국통화로 표시될 것

2. 증권의 발행과 동시에 금융위원회가 정하여 고시하는 위험회피 목적의 거래가 이루어질 것

3. 사업에 필요한 자금을 조달하기 위하여 발행될 것

4. 그 밖에 총리령으로 정하는 발행요건 등을 충족할 것

② 법 제7조제1항제3호에서 "대통령령으로 정하는 계약에 따른 증권"이란 다음 각 호의 어느 하나에 해당하는 것(이하 "금적립계좌등"이라 한다)을 말한다. 〈신설 2013. 8. 27., 2015. 3. 3.〉

1. 제4조 각 호의 어느 하나에 해당하는 자(이하 이 호에서 "은행등"이라 한다)가 투자자와 체결하는 계약에 따라 발행하는 금적립계좌 또는 은적립계좌[투자자가 은행등에 금전을 지급하면 기초자산인 금(金) 또는 은(銀)의 가격 등에 따라 현재 또는 장래에 회수하는 금전등이 결정되는 권리가 표시된 것으로서 금융위원회가 정하여 고시하는 기준에 따른 파생결합증권을 말한다]

2. 그 밖에 증권 및 장외파생상품에 대한 투자매매업의 인가를 받은 자가 투자자와 체결하는 계약에 따라 발행하는 파생결합증권으로서 금융위원회가 투자에 따른 위험과 손익의 구조 등을 고려하여 고시하는 파생결합증권

③ 법 제7조제4항에서 "대통령령으로 정하는 경우"란 투자중개업자가 따로 대가 없이 금융투자상품에 대한 투자판단(법 제6조제7항에 따른 투자판단을 말한다. 이하 같다)의 전부나 일부를 일임받은 경우로서 다음 각 호의 어느 하나에 해당하는 경우를 말한다. 〈개정 2013. 8. 27., 2018. 9. 28.〉

1. 투자자가 금융투자상품의 매매거래일(하루에 한정한다)과 그 매매거래일의 총매수량이나 총매매금액을 지정한 경우로서 투자자로부터 그 지정 범위에서 금융투자상품의 수량·가격 및 시기에 대한 투자판단을 일임받은 경우

2. 투자자가 여행·질병 등으로 일시적으로 부재하는 중에 금융투자상품의 가격 폭락 등 불가피한 사유가 있는 경우로서 투자자로부터 약관 등에 따라 미리 금융투자상품의 매도 권한을 일임받은 경우

3. 투자자가 금융투자상품의 매매, 그 밖의 거래에 따른 결제나 증거금의 추가 예탁 또는 법 제72조에 따른 신용공여와 관련한 담보비율 유지의무나 상환의무를 이행하지 아니한 경우로서 투자자로부터 약관 등에 따라 금융투자상품의 매도권한(파생상품인 경우에는 이미 매도한 파생상품의 매수권한을 포함한다)을 일임받은 경우

4. 투자자가 투자중개업자가 개설한 계좌에 금전을 입금하거나 해당 계좌에서 금전을 출금하는 경우에는 따로 의사표시가 없어도 자동으로 법 제229조제5호에 따른 단기금융집합투자기구(이하 "단기금융집합투자기구"라 한다)의 집합투자증권 등을 매수 또는 매도하거나 증권을 환매를 조건으로 매수 또는 매도하기로 하는 약정을 미리 해당 투자중개업자와 체결한 경우로서 투자자로부터 그 약정에 따라 해당 집합투자증권 등을 매수 또는 매도하는 권한을 일임받거나 증권을 환매를 조건으로 매수 또는 매도하는 권한을 일임받은 경우

5. 그 밖에 투자자 보호 및 건전한 금융거래질서를 해칠 염려가 없는 경우로서 금융위원회가 정하여 고시하는 경우

④ 법 제7조제6항제4호에서 "대통령령으로 정하는 경우"란 다음 각 호인 경우를 말한다. 〈개정 2009. 5. 29., 2010. 6. 11., 2012. 6. 29., 2013. 8. 27., 2015. 3. 3., 2015. 10. 23., 2018. 9. 28., 2019. 8. 20., 2021. 3. 23., 2024. 3. 5.〉

1. 국가 또는 지방자치단체가 공익을 위하여 관련 법령에 따라 금융투자상품을 매매하는 경우

2. 한국은행이 「한국은행법」 제68조에 따라 공개시장 조작을 하는 경우

3. 다음 각 목의 어느 하나에 해당하는 자 간 제81조제1항제1호에 따른 환매조건부매도 또는 제85조제3호나목에 따른 환매조건부매수(이하 "환매조건부매매"라 한다)를 하는 경우

　　가. 제10조제2항 각 호의 자

　　나. 제10조제3항제1호부터 제4호까지, 제4호의2 및 제9호부터 제13호까지의 자(이에 준하는 외국인을 포함한다)

　　다. 그 밖에 금융위원회가 정하여 고시하는 자

4. 법 제283조에 따라 설립된 한국금융투자협회(이하 "협회"라 한다)가 법 제286조제1항제5호 및 이 영 제307조제2항제5호의2에 따른 업무를 하는 경우

5. 내국인이 국외에서 증권을 모집·사모·매출하는 경우로서 외국 투자매매업자(외국 법령에 따라 외국에서 투자매매업에 상당하는 영업을 하는 자를 말한다. 이하 같다)나 외국 투자중개업자(외국 법령에 따라 외국에서 투자중개업에 상당하는 영업을 하는 자를 말한다. 이하 같다)가 다음 각 목의 어느 하나에 해당하는 행위를 하는 경우

　　가. 금융위원회가 정하여 고시하는 기준에 따라 그 내국인과 국내에서 인수계약(그 내국인을 위하여 해당 증권의 모집·사모·매출을 하거나 그 밖에 직접 또는 간접으로 증

권의 모집·사모·매출을 분담하기로 하는 내용의 계약을 포함한다. 이하 이 호에서 같다)을 체결하는 행위로서 금융위원회의 인정을 받은 경우

나. 금융위원회가 정하여 고시하는 기준에 따라 그 내국인과 인수계약의 내용을 확정하기 위한 협의만을 국내에서 하는 행위로서 금융위원회에 관련 자료를 미리 제출한 경우

　5의2. 외국 투자매매업자가 국외에서 제1항에 따른 파생결합증권을 다음 각 목의 기준을 모두 갖추어 발행하는 경우

가. 외국 투자매매업자가 법 제437조제1항에 따른 외국금융투자감독기관(이하 "외국금융투자감독기관"이라 한다)으로부터 해당 파생결합증권의 발행과 관련하여 경영건전성, 불공정거래 방지, 그 밖에 투자자 보호 등에 관한 감독을 받을 것

나. 경영능력, 재무상태 및 사회적 신용에 관하여 금융위원회가 정하여 고시하는 기준에 적합할 것

다. 금융위원회가 법 또는 법에 상응하는 외국의 법령을 위반한 외국 투자매매업자의 행위에 대하여 법 또는 법에 상응하는 외국의 법령에서 정하는 방법에 따라 행하여진 조사 또는 검사자료를 상호주의의 원칙에 따라 가목의 외국금융투자감독기관으로부터 제공받을 수 있는 국가의 외국 투자매매업자일 것

라. 해당 파생결합증권을 국내에서 매매하는 경우 투자매매업자가 그 파생결합증권을 인수하여 전문투자자(제103조제1호에 따른 특정금전신탁을 운용하는 신탁업자는 제외한다. 이하 이 목에서 같다)에게 이를 취득하도록 하거나 투자중개업자를 통하여 전문투자자에게 그 파생결합증권을 매도할 것. 이 경우 투자매매업자나 투자중개업자는 증권에 관한 투자매매업이나 투자중개업 인가를 받은 자로서 장외파생상품(해당 파생결합증권의 기초자산이나 그 가격·이자율·지표 등과 동일한 것을 기초자산이나 그 가격·이자율·지표 등으로 하는 장외파생상품을 말한다)에 관한 금융투자업 인가를 받은 자로 한정한다.

　5의3. 「외국환거래법」 제8조제5항에 따른 외국환업무취급기관인 외국 금융기관 간에 같은 법 제9조제2항에 따른 외국환중개회사를 통하여 외국통화를 기초자산으로 하는 장외파생상품을 매매하는 경우

6. 외국 투자매매업자나 외국 투자중개업자가 국외에서 다음 각 목의 어느 하나에 해당하는 행위를 하는 경우

가. 투자매매업자를 상대방으로 하여 금융투자상품을 매매하거나 투자중개업자를 통하여 금융투자상품의 매매를 중개·주선 또는 대리하는 행위

나. 국내 거주자(투자매매업자 및 투자중개업자는 제외한다. 이하 이 목에서 같다)를 상대로 투자권유 또는 「금융소비자 보호에 관한 법률」 제22조에 따른 광고(투자성 상품

을 취급하는 금융상품판매업자나 금융상품자문업자의 업무에 관한 광고 또는 투자성 상품에 관한 광고로 한정한다. 이하 "투자광고"라 한다)(이하 "투자광고"라 한다)를 하지 아니하고 국내 거주자의 매매에 관한 청약을 받아 그 자를 상대방으로 하여 금융투자상품을 매매하거나 그 자의 매매주문을 받아 금융투자상품의 매매를 중개·주선 또는 대리하는 행위

6의2. 외국 투자신탁(법 제279조제1항에 따른 외국 투자신탁을 말한다. 이하 같다)이나 외국 투자익명조합(법 제279조제1항에 따른 외국 투자익명조합을 말한다. 이하 같다)의 외국 집합투자업자(법 제279조제1항에 따른 외국 집합투자업자를 말한다. 이하 같다) 또는 외국 투자회사등(법 제279조제1항에 따른 외국 투자회사등을 말한다. 이하 같다)이 다음 각 목의 기준을 모두 갖추어 외국 집합투자증권(법 제279조제1항에 따른 외국 집합투자증권을 말한다. 이하 같다)을 국내에서 판매하는 경우

　가. 해당 외국 집합투자증권에 그 집합투자기구 자산총액의 100분의 100까지 투자하는 집합투자기구(투자신탁 또는 투자익명조합의 경우 그 집합투자재산을 보관·관리하는 신탁업자를 포함한다)에 대하여 판매할 것

　나. 해당 외국 집합투자증권을 발행한 외국 집합투자기구(법 제279조제1항에 따른 외국 집합투자기구를 말한다. 이하 같다)는 제80조제1항제6호가목에 따라 그 집합투자재산을 외화자산에 100분의 70 이상 운용하는 것으로서 법 제279조제1항에 따라 등록한 외국 집합투자기구일 것

7. 법 제18조제2항제1호 각 목 외의 부분 단서에 따른 외국 투자자문업자(이하 "외국 투자자문업자"라 한다) 또는 같은 호 각 목 외의 부분 단서에 따른 외국 투자일임업자(이하 "외국 투자일임업자"라 한다)가 국외에서 다음 각 목의 어느 하나에 해당하는 자를 상대로 투자권유 또는 투자광고를 하지 아니하고 그 자를 상대방으로 투자자문업이나 투자일임업을 하는 경우

　가. 국가

　나. 한국은행

　다. 제10조제3항제4호·제12호의 자

　라. 그 밖에 금융위원회가 정하여 고시하는 자

8. 따로 대가 없이 다른 영업에 부수하여 법 제6조제7항에 따른 금융투자상품등의 가치나 그 금융투자상품등에 대한 투자판단에 관한 자문에 응하는 경우

9. 법 제258조에 따른 집합투자기구평가회사(이하 "집합투자기구평가회사"라 한다), 법 제263조에 따른 채권평가회사(이하 "채권평가회사"라 한다), 공인회계사, 감정인, 신용평가를 전문으로 하는 자, 변호사, 변리사 또는 세무사, 그 밖에 이에 준하

는 자로서 해당 법령에 따라 자문용역을 제공하고 있는 자(그 소속단체를 포함한다)가 해당 업무와 관련된 분석정보 등을 제공하는 경우

10. 다른 법령에 따라 건축물 및 주택의 임대관리 등 부동산의 관리대행, 부동산의 이용·개발 및 거래에 대한 상담, 그 밖에 부동산의 투자·운용에 관한 자문 등의 업무를 영위하는 경우

⑤ 법 제7조제6항에 따라 다음 각 호의 어느 하나에 해당하는 경우에는 해당 호의 금융투자업으로 보지 아니한다. 〈개정 2012. 6. 29., 2013. 8. 27., 2015. 10. 23., 2024. 3. 5.〉

1. 법 제7조제6항제1호의 경우: 투자중개업

2. 법 제7조제6항제2호의 경우: 투자매매업

3. 법 제7조제6항제3호의 경우: 투자매매업 또는 투자중개업

4. 법 제7조제6항제4호의 경우: 다음 각 목의 금융투자업

　가. 제4항제1호부터 제3호까지, 제5호의2 및 제5호의3: 투자매매업

　나. 제4항제4호: 투자중개업

　다. 제4항제5호, 제6호 및 제6호의2: 투자매매업 또는 투자중개업

　라. 제4항제7호: 투자자문업 또는 투자일임업

　마. 제4항제8호 및 제9호: 투자자문업

　바. 제4항제10호: 투자자문업 또는 투자일임업

판 연 행 규 생 **제7조의2 (적용범위)**

법 제8조제9항제3호에서 "대통령령으로 정하는 금융기관 등"이란 다음 각 호의 어느 하나에 해당하는 금융기관 등을 말한다. 〈개정 2016. 7. 28.〉

1. 「한국산업은행법」에 따른 한국산업은행

2. 「중소기업은행법」에 따른 중소기업은행

3. 「한국수출입은행법」에 따른 한국수출입은행

4. 증권금융회사

5. 종합금융회사

6. 자금중개회사

7. 「외국환거래법」에 따른 외국환중개회사

8. 「한국주택금융공사법」에 따른 한국주택금융공사

9. 그 밖에 금융위원회가 정하여 고시하는 금융기관 등

[제24조에서 이동, 종전 제7조의2는 제7조의3으로 이동 〈2016. 7. 28.〉]

제7조의3 (금융투자상품시장 등)

① 법 제8조의2제5항 각 호 외의 부분에서 "대통령령으로 정하는 증권"이란 다음 각 호의 어느 하나에 해당하는 것을 말한다. 〈개정 2025. 6. 2.〉

1. 주권과 관련된 증권예탁증권으로서 증권시장에 상장된 것

2. 법 제234조에 따른 상장지수집합투자기구(이하 "상장지수집합투자기구"라 한다)의 집합투자증권

3. 증권시장에 상장된 파생결합증권(금융위원회가 정하여 고시하는 파생결합증권은 제외한다)

4. 그 밖에 공정한 가격 형성 및 거래의 효율성 등을 고려하여 총리령으로 정하는 증권

② 법 제8조의2제5항제1호에서 "대통령령으로 정하는 기준을 넘지 아니하는 경우"란 다음 각 호의 요건을 모두 충족하는 경우를 말한다. 〈개정 2016. 6. 28., 2016. 7. 28.〉

1. 매월의 말일을 기준으로 법 제4조제2항에 따른 증권의 구분별로 과거 6개월간 해당 다자간매매체결회사의 경쟁매매의 방법을 통한 매매체결대상상품(법 제8조의2제5항 각 호 외의 부분에 따른 매매체결대상상품을 말한다. 이하 같다)의 평균거래량(매매가 체결된 매매체결대상상품의 총수량을 매매가 이루어진 일수로 나눈 것을 말한다. 이하 이 항 및 제78조에서 같다)이 같은 기간 중 증권시장에서의 매매체결대상상품의 평균거래량의 100분의 15 이하일 것

2. 매월의 말일을 기준으로 과거 6개월간 해당 다자간매매체결회사의 경쟁매매의 방법을 통한 종목별 매매체결대상상품의 평균거래량이 같은 기간 중 증권시장에서의 그 종목별 매매체결대상상품의 평균거래량의 100분의 30 이하일 것

③ 법 제8조의2제5항제3호에서 "대통령령으로 정하는 방법"이란 매매체결대상상품의 종목별로 매도자와 매수자 간의 호가가 일치하는 경우 그 가격으로 매매거래를 체결하는 방법을 말한다.

[본조신설 2013. 8. 27.]

[제7조의2에서 이동 〈2016. 7. 28.〉]

제8조

제8조 삭제 〈2016. 7. 28.〉

제9조 삭제 〈2016. 7. 28.〉

제10조(전문투자자의 범위 등)

제10조(전문투자자의 범위 등) ① 법 제9조제5항 각 호 외의 부분 단서에서 "대통령령으로 정하는 자"란 다음 각 호의 어느 하나에 해당하지 아니하는 전문투자자를 말한다.

1. 국가

2. 한국은행

3. 제2항제1호부터 제17호까지의 어느 하나에 해당하는 자

4. 제3항제1호부터 제11호까지의 어느 하나에 해당하는 자

5. 제3항제18호가목부터 다목까지의 어느 하나에 해당하는 자

6. 제3호 및 제4호에 준하는 외국인

② 법 제9조제5항제3호에서 "대통령령으로 정하는 금융기관"이란 다음 각 호의 금융기관을 말한다. 〈개정 2009. 12. 21., 2010. 11. 15., 2012. 1. 6., 2015. 3. 3., 2016. 7. 28., 2016. 10. 25.〉

1. 은행

2. 「한국산업은행법」에 따른 한국산업은행

3. 「중소기업은행법」에 따른 중소기업은행

4. 「한국수출입은행법」에 따른 한국수출입은행

5. 「농업협동조합법」에 따른 농업협동조합중앙회

6. 「수산업협동조합법」에 따른 수산업협동조합중앙회

7. 「보험업법」에 따른 보험회사(이하 "보험회사"라 한다)

8. 금융투자업자[법 제8조제9항에 따른 겸영금융투자업자(이하 "겸영금융투자업자"라 한다)는 제외한다]

9. 증권금융회사

10. 종합금융회사

11. 법 제355조제1항에 따라 인가를 받은 자금중개회사(이하 "자금중개회사"라 한다)

12. 「금융지주회사법」에 따른 금융지주회사

13. 「여신전문금융업법」에 따른 여신전문금융회사

14. 「상호저축은행법」에 따른 상호저축은행 및 그 중앙회

15. 「산림조합법」에 따른 산림조합중앙회

16. 「새마을금고법」에 따른 새마을금고연합회

17. 「신용협동조합법」에 따른 신용협동조합중앙회

18. 제1호부터 제17호까지의 기관에 준하는 외국 금융기관

③ 법 제9조제5항제5호에서 "대통령령으로 정하는 자"란 다음 각 호의 자를 말한다. 다만, 제12호부터 제17호까지의 어느 하나에 해당하는 자가 금융투자업자와 장외파생상품 거래를 하는 경우에는 전문투자자와 같은 대우를 받겠다는 의사를 금융투자업자에게 서면으로 통지하는 경우만 해당한다. 〈개정 2009. 5. 29., 2009. 7. 1., 2013. 8. 27., 2014. 3. 24., 2016. 2. 5., 2016. 3. 11., 2016. 5. 31., 2016. 6. 28., 2018. 10. 30., 2019. 6. 25., 2019. 8. 20., 2021. 2. 9., 2022. 2. 17.〉

1. 「예금자보호법」에 따른 예금보험공사 및 정리금융회사

2. 「한국자산관리공사 설립 등에 관한 법률」에 따른 한국자산관리공사

3. 「한국주택금융공사법」에 따른 한국주택금융공사

4. 「한국투자공사법」에 따른 한국투자공사

4의2. 삭제 〈2014. 12. 30.〉

5. 협회

6. 법 제294조에 따라 설립된 한국예탁결제원(이하 "예탁결제원"이라 한다)

6의2.「주식ㆍ사채 등의 전자등록에 관한 법률」 제2조제6호에 따른 전자등록기관(이하 "전자등록기관"이라 한다)

7. 거래소

8. 「금융위원회의 설치 등에 관한 법률」에 따른 금융감독원(이하 "금융감독원"이라 한다)

9. 집합투자기구

10. 「신용보증기금법」에 따른 신용보증기금

11. 「기술보증기금법」에 따른 기술보증기금

12. 법률에 따라 설립된 기금(제10호 및 제11호는 제외한다) 및 그 기금을 관리ㆍ운용하는 법인

13. 법률에 따라 공제사업을 경영하는 법인

14. 지방자치단체

15. 해외 증권시장에 상장된 주권을 발행한 국내법인

16. 다음 각 목의 요건을 모두 충족하는 법인 또는 단체(외국 법인 또는 외국 단체

는 제외한다)

　가. 금융위원회에 나목의 요건을 충족하고 있음을 증명할 수 있는 관련 자료를 제출
　　　할 것

　나. 관련 자료를 제출한 날 전날의 금융투자상품 잔고가 100억원(「주식회사 등의 외부
　　　감사에 관한 법률」에 따라 외부감사를 받는 주식회사는 50억원) 이상일 것

　다. 관련 자료를 제출한 날부터 2년이 지나지 아니할 것

17. 다음 각 목의 요건을 모두 충족하는 개인. 다만, 외국인인 개인, 「조세특례
제한법」 제91조의18제1항에 따른 개인종합자산관리계좌에 가입한 거주자인 개인(같은
조 제3항제2호에 따라 신탁업자와 특정금전신탁계약을 체결하는 경우 및 이 영 제98
조제1항제4호의2 및 같은 조 제2항에 따라 투자일임업자와 투자일임계약을 체결하는
경우로 한정한다) 및 전문투자자와 같은 대우를 받지 않겠다는 의사를 금융투자업자
에게 표시한 개인은 제외한다.

　가. 금융위원회가 정하여 고시하는 금융투자업자에게 나목 및 다목의 요건을 모두 충
　　　족하고 있음을 증명할 수 있는 관련 자료를 제출할 것

　나. 관련 자료를 제출한 날의 전날을 기준으로 최근 5년 중 1년 이상의 기간 동안 금융
　　　위원회가 정하여 고시하는 금융투자상품을 월말 평균잔고 기준으로 5천만원 이상
　　　보유한 경험이 있을 것

　다. 금융위원회가 정하여 고시하는 소득액·자산 기준이나 금융 관련 전문성 요건을
　　　충족할 것

　라. 삭제〈2019. 8. 20.〉

　마. 삭제〈2019. 8. 20.〉

18. 다음 각 목의 어느 하나에 해당하는 외국인

　가. 외국 정부

　나. 조약에 따라 설립된 국제기구

　다. 외국 중앙은행

　라. 제1호부터 제17호까지의 자에 준하는 외국인. 다만, 「조세특례제한법」 제91조의18
　　　제1항에 따른 개인종합자산관리계좌에 가입한 거주자인 외국인(같은 조 제3항제2
　　　호에 따라 신탁업자와 특정금전신탁계약을 체결하는 경우 및 이 영 제98조제1항제
　　　4호의2 및 같은 조 제2항에 따라 투자일임업자와 투자일임계약을 체결하는 경우
　　　로 한정한다)은 제외한다.

제11조(증권의 모집·매출) ① 법 제9조제7항 및 제9항에 따라 50인을 산출하는 경우에는 청약의 권유를 하는 날 이전 6개월 이내에 해당 증권과 같은 종류의 증권에 대하여 모집이나 매출에 의하지 아니하고 청약의 권유를 받은 자를 합산한다. 다만, 다음 각 호의 어느 하나에 해당하는 자는 합산 대상자에서 제외한다. 〈개정 2009. 10. 1., 2010. 12. 7., 2013. 6. 21., 2013. 8. 27., 2016. 6. 28., 2016. 7. 28.〉

1. 다음 각 목의 어느 하나에 해당하는 전문가
   가. 전문투자자
   나. 삭제 〈2016. 6. 28.〉
   다. 「공인회계사법」에 따른 회계법인
   라. 신용평가회사(법 제335조의3에 따라 신용평가업인가를 받은 자를 말한다. 이하 같다)
   마. 발행인에게 회계, 자문 등의 용역을 제공하고 있는 공인회계사·감정인·변호사·변리사·세무사 등 공인된 자격증을 가지고 있는 자
   바. 그 밖에 발행인의 재무상황이나 사업내용 등을 잘 알 수 있는 전문가로서 금융위원회가 정하여 고시하는 자

2. 다음 각 목의 어느 하나에 해당하는 연고자
   가. 발행인의 최대주주[「금융회사의 지배구조에 관한 법률」 제2조제6호가목에 따른 최대주주를 말한다. 이 경우 "금융회사"는 "법인"으로 보고, "발행주식(출자지분을 포함한다. 이하 같다)"은 "발행주식"으로 본다. 이하 같다]와 발행주식 총수의 100분의 5 이상을 소유한 주주
   나. 발행인의 임원(「상법」 제401조의2제1항 각 호의 자를 포함한다. 이하 이 호에서 같다) 및 「근로복지기본법」에 따른 우리사주조합원
   다. 발행인의 계열회사와 그 임원
   라. 발행인이 주권비상장법인(주권을 모집하거나 매출한 실적이 있는 법인은 제외한다)인 경우에는 그 주주
   마. 외국 법령에 따라 설립된 외국 기업인 발행인이 종업원의 복지증진을 위한 주식매수제도 등에 따라 국내 계열회사의 임직원에게 해당 외국 기업의 주식을 매각하는 경우에는 그 국내 계열회사의 임직원
   바. 발행인이 설립 중인 회사인 경우에는 그 발기인
   사. 그 밖에 발행인의 재무상황이나 사업내용 등을 잘 알 수 있는 연고자로서 금융위

원회가 정하여 고시하는 자

② 제1항 각 호 외의 부분 단서에도 불구하고 법률 제11845호 자본시장과 금융투자업에 관한 법률 일부개정법률 부칙 제15조제1항에 따라 거래소허가를 받은 것으로 보는 한국거래소(이하 "한국거래소"라 한다)가 「중소기업기본법」 제2조에 따른 중소기업이 발행한 주권 등을 매매하기 위하여 개설한 증권시장으로서 금융위원회가 정하여 고시하는 증권시장(이하 "코넥스시장"이라 한다)에 주권을 상장한 법인(해당 시장에 주권을 상장하려는 법인을 포함한다)이 발행한 주권 등 또는 제178조제1항제2호에 따른 장외매매거래가 이루어지는 지분증권의 경우에는 다음 각 호의 어느 하나에 해당하는 자를 합산 대상자에서 제외한다. 〈신설 2013. 6. 21., 2013. 8. 27., 2019. 8. 20.〉

1. 전문투자자
2. 제1항제1호다목부터 바목까지의 어느 하나에 해당하는 자
3. 제1항제2호 각 목의 어느 하나에 해당하는 자
4. 제6조제1항 각 호의 어느 하나에 해당하는 법률에 따라 설립되거나 설정된 집합투자기구
5. 그 밖에 중소기업 또는 벤처기업 등에 대한 투자의 전문성 등을 고려하여 금융위원회가 정하여 고시하는 자

③ 제1항 및 제2항에 따라 산출한 결과 청약의 권유를 받는 자의 수가 50인 미만으로서 증권의 모집에 해당되지 아니할 경우에도 해당 증권이 발행일부터 1년 이내에 50인 이상의 자에게 양도될 수 있는 경우로서 증권의 종류 및 취득자의 성격 등을 고려하여 금융위원회가 정하여 고시하는 전매기준에 해당하는 경우에는 모집으로 본다. 다만, 해당 증권이 법 제165조의10제2항에 따라 사모의 방법으로 발행할 수 없는 사채인 경우에는 그러하지 아니하다. 〈개정 2013. 6. 21., 2016. 6. 28.〉

④ 제1항 및 제2항을 적용할 때 매출에 대하여는 증권시장 및 다자간매매체결회사 밖에서 청약의 권유를 받는 자를 기준으로 그 수를 산출한다. 〈개정 2009. 2. 3., 2013. 6. 21., 2013. 8. 27.〉

판 제12조

제12조 삭제 〈2013. 8. 27.〉

판 제13조 (외국법인등의 범위)

① 법 제9조제16항제5호에서 "대통령령으로 정하는 국제기구"란 조약에 따라 설립

된 국제기구를 말한다.

② 법 제9조제16항제6호에서 "대통령령으로 정하는 자"란 다음 각 호의 어느 하나에 해당하는 자를 말한다.

1. 외국 법령에 따라 설정·감독하거나 관리되고 있는 기금이나 조합

2. 외국 정부, 외국 지방자치단체 또는 외국 공공단체에 의하여 설정·감독하거나 관리되고 있는 기금이나 조합

3. 조약에 따라 설립된 국제기구에 의하여 설정·감독하거나 관리되고 있는 기금이나 조합

판 연 행 규 **제14조(사모집합투자기구의 기준)**

① 법 제9조제19항에서 "대통령령으로 정하는 투자자"란 다음 각 호에 해당하지 아니하는 투자자를 말한다.

1. 제10조제1항 각 호의 어느 하나에 해당하는 자

2. 제10조제3항제12호·제13호에 해당하는 자 중 금융위원회가 정하여 고시하는 자

② 법 제9조제19항 각 호 외의 부분에 따른 사모집합투자기구의 투자자 총수는 다음 각 호의 구분에 따른 투자자의 수를 합산한 수로 한다. 이 경우 투자자의 총수를 계산할 때 다른 집합투자기구(제80조제1항제5호의2에 따른 사모투자재간접집합투자기구, 같은 항 제5호의3에 따른 부동산·특별자산투자재간접집합투자기구 또는 같은 호 각 목의 어느 하나에 해당하는 집합투자기구 등에 대한 투자금액을 합산한 금액이 자산총액의 100분의 80을 초과하는 「부동산투자회사법」 제49조의3제1항에 따른 공모부동산투자회사는 제외한다)가 그 집합투자기구의 집합투자증권 발행총수의 100분의 10 이상을 취득하는 경우에는 그 다른 집합투자기구의 투자자(제1항에 따른 투자자를 말한다. 이하 제3항에서 같다)의 수를 더해야 한다. 〈개정 2017. 5. 8., 2020. 3. 10., 2021. 3. 16., 2021. 10. 21.〉

1. 법 제9조제19항제1호에 따른 기관전용 사모집합투자기구(이하 "기관전용사모집합투자기구"라 한다): 법 제249조의11제1항에 따른 무한책임사원 및 같은 조 제6항 각 호에 따른 유한책임사원

2. 법 제9조제19항제2호에 따른 일반 사모집합투자기구(이하 "일반사모집합투자기구"라 한다): 법 제249조의2 각 호에 따른 투자자

③ 제2항 각 호 외의 부분 후단에도 불구하고 그 집합투자기구를 운용하는 집합투자업자가 둘 이상의 다른 집합투자기구를 함께 운용하는 경우로서 해당 둘 이상의 다른 집합투자기구가 그 집합투자기구의 집합투자증권 발행총수의 100분의

30 이상을 취득(여유자금의 효율적 운용을 위한 취득으로서 금융위원회가 정하여 고시하는 경우의 취득은 제외한다)하는 경우에는 그 증권 발행총수의 100분의 10 미만을 취득한 다른 집합투자기구의 투자자의 수도 더해야 한다. 〈신설 2021. 3. 16., 2021. 10. 21.〉

판 연 제14조의2 (청산대상업자 및 청산대상거래)

① 법 제9조제25항에서 "대통령령으로 정하는 자"란 다음 각 호의 자를 말한다. 〈개정 2021. 12. 9.〉

1. 국가

2. 한국은행

3. 제10조제2항제1호부터 제7호까지 및 제9호의 어느 하나에 해당하는 자

4. 제10조제3항제1호·제2호, 제10호부터 제12호까지 및 제18호가목부터 다목까지의 어느 하나에 해당하는 자

5. 법 제12조제2항제1호나목에 따른 외국 금융투자업자

6. 그 밖에 금융투자상품 거래에 따른 결제위험 및 시장상황 등을 고려하여 총리령으로 정하는 자

② 법 제9조제25항에서 "대통령령으로 정하는 금융투자상품의 거래"란 다음 각 호의 어느 하나에 해당하는 거래를 말한다. 〈개정 2023. 6. 13.〉

1. 장외파생상품의 거래

2. 법 제166조에 따른 증권의 장외거래로서 다음 각 목의 어느 하나에 해당하는 거래

   가. 환매조건부매매

   나. 증권의 대차거래

   다. 채무증권의 거래(가목 및 나목에 따른 거래는 제외한다)

3. 수탁자인 투자중개업자와 위탁자인 금융투자업자 또는 제1항 각 호의 어느 하나에 해당하는 자(이하 "청산대상업자"라 한다) 간의 증권시장에 상장된 증권(이하 "상장증권"이라 한다) 중 채무증권을 제외한 증권의 위탁매매거래

[본조신설 2013. 7. 5.]

판 제14조의3 (신용평가의 대상)

법 제9조제26항제2호에서 "대통령령으로 정하는 자"란 다음 각 호의 어느 하나에 해당하는 자를 말한다.

1. 국가

2. 지방자치단체

3. 법률에 따라 직접 설립된 법인

4. 「민법」, 그 밖의 관련 법령에 따라 허가·인가·등록 등을 받아 설립된 비영리
법인

[본조신설 2013. 8. 27.]

판 규 제14조의4 (온라인소액투자중개를 통한 증권 발행의 방법 등)

① 법 제9조제27항 각 호 외의 부분에서 "대통령령으로 정하는 방법"이란 온라인소
액투자중개업자의 인터넷 홈페이지[이동통신단말장치에서 사용되는 애플리케이
션(Application), 그 밖에 이와 비슷한 응용프로그램을 통하여 온라인소액투자
중개업자가 가상의 공간에 개설하는 장소를 포함한다. 이하 제2편제5장(제118조
의13제2항은 제외한다)에서 같다]에 법 제117조의10제2항에 따라 게재한 사항
에 관하여 법 제117조의7제3항에 따른 온라인소액증권발행인(이하 "온라인소액
증권발행인"이라 한다)과 투자자 간, 투자자 상호 간에 해당 인터넷 홈페이지에
서 의견의 교환이 이루어질 수 있도록 한 후에 채무증권, 지분증권 또는 투자계
약증권을 발행하는 방법을 말한다.

② 법 제9조제27항 각 호 외의 부분에 따른 모집 또는 사모에 관한 중개는 새로 발
행되는 증권에 대하여 온라인소액증권발행인을 위하여 다음 각 호의 어느 하나에 해당
하는 행위를 하는 것으로 한다.

1. 투자자에게 그 증권의 취득에 관한 청약을 권유하는 행위

2. 제1호의 행위 외에 직접 또는 간접으로 온라인소액증권발행인과 그 증권의 모집
또는 사모를 분담하는 행위

3. 투자자로부터 그 증권의 취득에 관한 청약을 받아 온라인소액증권발행인에게 전
달하는 행위

[본조신설 2016. 1. 12.]

판 규 행 제14조의5 (온라인소액증권발행인의 범위)

① 법 제9조제27항제1호에서 "대통령령으로 정하는 자"란 다음 각 호의 어느 하나
에 해당하지 아니하는 자를 말한다. 〈개정 2019. 1. 15., 2020. 3. 10., 2022.
6. 28.〉

1. 주권상장법인(법 제9조제15항제3호에 따른 주권상장법인을 말한다. 이하 이 호
에서 같다). 다만, 다음 각 목에 모두 해당하는 주권상장법인은 제외한다.

가. 코넥스시장에 주권을 신규로 상장한 법인으로서 그 상장일부터 3년이 경과하지 않은 법인

나. 법 제119조 또는 법 제130조에 따른 방식으로 증권의 모집 또는 매출을 한 실적이 없는 법인

2. 다음 각 목의 어느 하나에 해당하는 업종(업종의 분류는 「통계법」에 따라 통계청장이 고시하는 한국표준산업분류를 기준으로 한다. 이하 이 조에서 같다)을 하는 자. 다만, 창업기업(「중소기업창업 지원법」에 따른 창업기업을 말한다. 이하 같다)의 원활한 자금조달의 필요성이 인정되는 업종으로서 금융위원회가 정하여 고시하는 업종을 하는 자는 제외한다.

가. 금융 및 보험업

나. 부동산업

다. 일반 유흥주점업, 무도 유흥주점업 및 기타 주점업

라. 무도장 운영업

마. 그 밖에 다수의 일반투자자로부터 자금을 조달하는 것이 바람직하지 않은 업종으로서 금융위원회가 정하여 고시하는 업종

② 법 제9조제27항제2호에서 "그 밖에 대통령령으로 정하는 요건에 부합하는 자"란 다음 각 호의 어느 하나에 해당하는 자를 말한다. 다만, 제1항제1호에 해당하는 주권상장법인은 제외한다. 〈개정 2016. 6. 28., 2018. 4. 10., 2020. 3. 10., 2020. 8. 11., 2024. 7. 2.〉

1. 「벤처기업육성에 관한 특별법」에 따른 벤처기업(이하 "벤처기업"이라 한다) 또는 「중소기업 기술혁신 촉진법」에 따른 기술혁신형 중소기업이나 경영혁신형 중소기업으로서 제1항제2호에 해당하지 아니하는 자

2. 「중소기업기본법」 제2조에 따른 중소기업으로서 다음 각 목의 요건을 모두 충족하는 자

가. 「벤처투자 촉진에 관한 법률」 제37조제1항제6호에 따른 투자의 대상이 되는 사업으로서 금융위원회가 정하여 고시하는 분야와 관련된 사업을 할 것

나. 중소기업이 1개 이상의 다른 기업(중소기업이 아닌 기업을 포함한다)과 공동으로 가목에 따른 사업을 하는 경우에는 금융위원회가 정하여 고시하는 기준을 갖출 것

3. 「중소기업기본법」 제2조에 따른 중소기업으로서 「사회적기업 육성법」 제2조제1호에 따른 사회적기업에 해당하는 자

[본조신설 2016. 1. 12.]

1-2 금융투자업

1. 금융투자업의 인가 및 등록

제1절 인가요건 및 절차

판 규 생 **제15조(인가업무 단위 등)**

① 법 제12조제1항 각 호 외의 부분에서 "대통령령으로 정하는 업무 단위"란 별표 1과 같다.

② 법 제12조제1항제2호에서 금융투자상품의 범위에 포함되는 증권 중 "대통령령으로 정하는 것"이란 다음 각 호의 것을 말한다.

1. 채무증권

2. 지방채증권

3. 법 제4조제3항에 따른 특수채증권(이하 "특수채증권"이라 한다)

4. 지분증권(집합투자증권은 제외한다)

5. 상장주권

6. 집합투자증권

7. 제181조제1항제1호에 따른 증권

③ 법 제12조제1항제2호에서 금융투자상품의 범위에 포함되는 파생상품 중 "대통령령으로 정하는 것"이란 다음 각 호의 것을 말한다.

1. 주권 외의 것을 기초자산으로 하는 파생상품

2. 통화·이자율을 기초자산으로 하는 파생상품

판 연 행 규 생 **제16조(인가요건 등)**

① 법 제12조제2항제1호가목에서 "대통령령으로 정하는 금융기관"이란 다음 각 호의 어느 하나에 해당하는 금융기관을 말한다. 〈개정 2010. 11. 15., 2012. 1. 6., 2016. 10. 25.〉

1. 「한국산업은행법」에 따른 한국산업은행

2. 「중소기업은행법」에 따른 중소기업은행

3. 「한국수출입은행법」에 따른 한국수출입은행

4. 「농업협동조합법」에 따른 농업협동조합중앙회 및 농협은행

5. 「수산업협동조합법」에 따른 수산업협동조합중앙회 및 수협은행

6. 「은행법」에 따른 외국은행의 국내지점

7. 「보험업법」에 따른 외국보험회사의 국내지점

8. 그 밖에 금융위원회가 정하여 고시하는 금융기관

② 법 제12조제2항제1호나목에 따른 외국 금융투자업자(이하 "외국 금융투자업자"
라 한다)는 다음 각 호의 요건에 적합하여야 한다.

1. 별표 2 제4호나목부터 마목까지의 요건을 갖출 것

2. 외국 금융투자업자에 대한 본국의 감독기관의 감독내용이 국제적으로 인정되는
감독기준에 맞을 것

③ 법 제12조제2항제2호에서 "대통령령으로 정하는 금액"이란 별표 1과 같다.

④ 법 제12조제2항제3호에 따른 사업계획은 다음 각 호의 요건에 적합하여야 한다.
〈개정 2013. 8. 27.〉

1. 수지전망이 타당하고 실현가능성이 있을 것

2. 삭제 〈2010. 6. 11.〉

3. 위험관리와 금융사고 예방 등을 위한 적절한 내부통제장치가 마련되어 있을 것

4. 투자자 보호에 적절한 업무방법을 갖출 것(집합투자증권에 대한 투자매매업・투
자중개업 인가의 경우에는 해당 신청인의 자기자본 적정성 등을 고려하여 집합투자증
권의 매매・중개와 관련된 손해의 배상을 보장하기 위한 보험에의 가입을 포함한다)

5. 법령을 위반하지 아니하고 건전한 금융거래질서를 해칠 염려가 없을 것

⑤ 법 제12조제2항제4호에 따른 인력과 전산설비, 그 밖의 물적 설비는 다음 각 호
의 요건에 적합하여야 한다.

1. 경영하려는 금융투자업에 관한 전문성과 건전성을 갖춘 주요직무 종사자(법 제
286조제1항제3호에 따른 주요직무 종사자를 말한다. 이하 같다)와 업무를 수행하기
위한 전산요원 등 필요한 인력을 적절하게 갖출 것

2. 다음 각 목의 전산설비 등의 물적 설비를 갖출 것

　　가. 경영하려는 금융투자업을 수행하기에 필요한 전산설비와 통신수단

　　나. 사무실 등 충분한 업무공간과 사무장비

　　다. 전산설비 등의 물적 설비를 안전하게 보호할 수 있는 보안설비

　　라. 정전・화재 등의 사고가 발생할 경우에 업무의 연속성을 유지하기 위하여 필요한
　　　　보완설비

⑥ 대주주(법 제12조제2항제6호가목에 따른 대주주를 말한다. 이하 이 장에서 같다)는 별표 2의 요건에 적합하여야 한다. 다만, 다음 각 호의 어느 하나에 해당하는 경우에는 금융위원회가 그 요건을 완화하여 고시할 수 있다. 〈개정 2016. 7. 28.〉

1. 법 제8조제9항 각 호의 어느 하나에 해당하는 자가 금융투자업인가를 받으려는 경우

2. 금융투자업자가 다른 회사와 합병·분할하거나 분할합병을 하는 경우

⑦ 법 제12조제2항제6호가목에서 "대통령령으로 정하는 자"란 다음 각 호의 어느 하나에 해당하는 자를 말한다. 다만, 법인의 성격 등을 고려하여 금융위원회가 정하여 고시하는 경우에는 제1호에 해당하는 자는 제외한다.

1. 최대주주인 법인의 최대주주(최대주주인 법인을 사실상 지배하는 자가 그 법인의 최대주주와 명백히 다른 경우에는 그 사실상 지배하는 자를 포함한다)

2. 최대주주인 법인의 대표자

⑧ 법 제12조제2항제6호의2에서 "대통령령으로 정하는 건전한 재무상태와 사회적 신용"이란 다음 각 호의 구분에 따른 사항을 말한다. 〈신설 2010. 6. 11., 2013. 7. 5., 2013. 8. 27., 2016. 7. 28.〉

1. 건전한 재무상태: 법 제31조에 따른 경영건전성기준(겸영금융투자업자인 경우에는 해당 법령에서 정하는 경영건전성기준을 말한다)을 충족할 수 있는 상태

2. 사회적 신용: 다음 각 목의 모든 요건에 적합한 것. 다만, 그 위반 등의 정도가 경미하다고 인정되는 경우는 제외한다.

　가. 최근 3년간 「금융회사의 지배구조에 관한 법률 시행령」 제5조에 따른 법령(이하 "금융관련법령"이라 한다), 「독점규제 및 공정거래에 관한 법률」 및 「조세범 처벌법」을 위반하여 벌금형 이상에 상당하는 형사처벌을 받은 사실이 없을 것. 다만, 법 제448조, 그 밖에 해당 법률의 양벌 규정에 따라 처벌을 받은 경우는 제외한다.

　나. 최근 3년간 채무불이행 등으로 건전한 신용질서를 해친 사실이 없을 것

　다. 최근 5년간 「금융산업의 구조개선에 관한 법률」에 따라 부실금융기관으로 지정되었거나 금융관련법령에 따라 영업의 허가·인가·등록 등이 취소된 자가 아닐 것

　라. 금융관련법령이나 외국 금융관련법령(금융관련법령에 상당하는 외국 금융관련 법령을 말한다)에 따라 금융위원회, 외국 금융감독기관 등으로부터 지점, 그 밖의 영업소의 폐쇄 또는 그 업무의 전부나 일부의 정지 이상의 조치(이에 상당하는 행정처분을 포함한다. 이하 이 목에서 같다)를 받은 후 다음 구분에 따른 기간이 지났을 것

1) 업무의 전부정지: 업무정지가 끝난 날부터 3년

2) 업무의 일부정지: 업무정지가 끝난 날부터 2년

3) 지점, 그 밖의 영업소의 폐쇄 또는 그 업무의 전부나 일부의 정지: 해당 조치를 받은 날부터 1년

⑨ 법 제12조제2항제7호에 따른 이해상충을 방지하기 위한 체계(이하 이 절에서 "이해상충방지체계"라 한다)는 다음 각 호의 기준에 적합해야 한다. 〈개정 2010. 6. 11., 2016. 7. 28., 2021. 5. 18.〉

1. 법 제44조에 따라 이해상충이 발생할 가능성을 파악·평가·관리할 수 있는 적절한 내부통제기준(「금융회사의 지배구조에 관한 법률」 제24조제1항에 따른 내부통제기준을 말한다. 이하 같다)을 갖출 것

2. 법 제45조제1항 및 제2항에 따라 정보의 교류를 차단할 수 있는 적절한 체계를 갖출 것

⑩ 법 제12조제3항에 따라 외국 금융투자업자, 「은행법」에 따른 외국은행 또는 「보험업법」에 따른 외국보험회사(이하 이 항에서 "외국 금융투자업자등"이라 한다)가 금융투자업을 경영하기 위하여 국내에 지점, 그 밖의 영업소(이하 이 항에서 "지점등"이라 한다)를 두는 경우에는 해당 지점등 전부를 하나의 금융투자업자로 본다. 이 경우 외국 금융투자업자등은 금융투자업을 경영하기 위하여 국내에 지점등을 추가로 두려는 때에는 금융위원회가 정하여 고시하는 방법에 따라 금융위원회에 관련 자료를 제출하여야 한다. 〈개정 2010. 6. 11., 2010. 11. 15.〉

⑪ 제2항, 제4항부터 제6항까지, 제8항부터 제10항까지의 규정에 따른 인가요건에 관하여 필요한 구체적인 기준은 금융위원회가 정하여 고시한다. 〈개정 2010. 6. 11.〉

판 행 규 제17조(인가의 방법 및 절차 등)

① 법 제13조제1항에 따라 금융위원회에 제출하는 인가신청서에는 다음 각 호의 사항을 기재하여야 한다.

1. 상호

2. 본점과 지점, 그 밖의 영업소의 소재지

3. 임원에 관한 사항

4. 경영하려는 인가업무 단위(법 제12조제1항에 따른 인가업무 단위를 말한다. 이하 같다)에 관한 사항

5. 자기자본 등 재무에 관한 사항

6. 사업계획에 관한 사항

7. 인력과 전산설비 등의 물적 설비에 관한 사항

8. 대주주나 외국 금융투자업자에 관한 사항

9. 이해상충방지체계에 관한 사항

10. 그 밖에 인가요건의 심사에 필요한 사항으로서 금융위원회가 정하여 고시하는 사항

② 제1항에 따른 인가신청서에는 다음 각 호의 서류를 첨부하여야 한다.

1. 정관(이에 준하는 것을 포함한다)

2. 발기인총회, 창립주주총회 또는 이사회의 의사록 등 설립이나 인가신청의 의사결정을 증명하는 서류

3. 본점과 지점, 그 밖의 영업소의 위치와 명칭을 기재한 서류

4. 임원의 이력서와 경력증명서

5. 인가업무 단위의 종류와 업무방법을 기재한 서류

6. 최근 3개 사업연도의 재무제표와 그 부속명세서(설립 중인 법인은 제외하며, 설립일부터 3개 사업연도가 지나지 아니한 법인의 경우에는 설립일부터 최근 사업연도까지의 재무제표와 그 부속명세서를 말한다)

7. 업무개시 후 3개 사업연도의 사업계획서(추정재무제표를 포함한다) 및 예상수지계산서

8. 인력, 물적 설비 등의 현황을 확인할 수 있는 서류

9. 인가신청일(인가업무 단위를 추가하기 위한 인가신청 또는 겸영금융투자업자의 인가신청인 경우에는 최근 사업연도말) 현재 발행주식총수의 100분의 1 이상을 소유한 주주의 성명 또는 명칭과 그 소유주식수를 기재한 서류

10. 대주주나 외국 금융투자업자가 법 제12조제2항제6호 각 목의 요건을 갖추었음을 확인할 수 있는 서류

11. 이해상충방지체계를 갖추었는지를 확인할 수 있는 서류

12. 그 밖에 인가요건의 심사에 필요한 서류로서 금융위원회가 정하여 고시하는 서류

③ 금융투자업인가를 받으려는 자는 법 제14조에 따른 예비인가를 신청한 경우로서 예비인가 신청 시에 제출한 예비인가신청서 및 첨부서류의 내용이 변경되지 아니한 경우에는 그 부분을 적시하여 이를 참조하라는 뜻을 기재하는 방법으로 제1항의 인가신청서의 기재사항 중 일부를 기재하지 아니하거나 제2항의 첨부서류 중 그 첨부서류의 제출을 생략할 수 있다.

④ 제1항에 따른 인가신청서를 제출받은 금융위원회는「전자정부법」제36조제1항에 따른 행정정보의 공동이용을 통하여 법인 등기사항증명서를 확인하여야 한다.〈개정 2010. 5. 4., 2010. 11. 2.〉

⑤ 제1항에 따른 인가신청서를 제출받은 금융위원회는 금융투자업인가의 신청내용에 관한 사실 여부를 확인하고, 이해관계자 등으로부터 수렴된 의견을 고려하여 신청내용이 법 제12조제2항에 따른 인가요건을 충족하는지를 심사하여야 한다.

⑥ 금융위원회는 제5항에 따라 금융투자업인가의 신청내용을 확인하기 위하여 필요한 경우에는 이해관계자, 발기인 또는 임원과의 면담 등의 방법으로 실지조사를 할 수 있다.

⑦ 금융위원회는 제5항에 따라 금융투자업인가의 신청내용에 관한 이해관계자 등의 의견을 수렴하기 위하여 신청인, 신청일자, 신청내용, 의견제시의 방법 및 기간 등을 인터넷 홈페이지 등에 공고하여야 한다.

⑧ 금융위원회는 제7항에 따라 접수된 의견 중 금융투자업인가의 신청인에게 불리하다고 인정되는 의견을 금융투자업인가의 신청인에게 통보하고, 기한을 정하여 소명하도록 할 수 있다.

⑨ 금융위원회는 금융투자업인가가 금융시장에 중대한 영향을 미칠 염려가 있는 경우 등 필요하다고 인정되는 경우에는 공청회를 개최할 수 있다.

⑩ 법 제13조제2항에 따라 금융투자업인가를 받은 자는 그 인가를 받은 날부터 6개월 이내에 영업을 시작하여야 한다. 다만, 금융위원회가 그 기한을 따로 정하거나 금융투자업인가를 받은 자의 신청을 받아 그 기간을 연장한 경우에는 그 기한 이내에 그 인가받은 영업을 시작할 수 있다.

⑪ 금융위원회는 금융투자업인가에 조건을 붙인 경우에는 그 이행 여부를 확인하여야 한다.

⑫ 제1항부터 제11항까지에서 규정한 사항 외에 금융투자업인가의 신청과 심사, 인가신청서의 서식과 작성방법 등에 관하여 필요한 사항은 금융위원회가 정하여 고시한다.

판 연 제18조 (예비인가

① 법 제14조제1항에 따라 예비인가를 신청하려는 자는 제17조제1항 각 호의 사항을 기재한 예비인가신청서를 금융위원회에 제출하여야 한다.

② 제1항에 따른 예비인가신청서에는 다음 각 호의 서류를 첨부하여야 한다.〈개정 2009. 2. 3.〉

1. 정관이나 정관안(이에 준하는 것을 포함한다)

2. 발기인총회, 창립주주총회 또는 이사회의 의사록 등 설립이나 인가신청의 의사결정을 증명하는 서류

3. 임원(임원으로 선임이 예정된 자를 포함한다)의 이력서와 경력증명서

4. 인가업무 단위의 종류와 업무방법을 기재한 서류

5. 최근 3개 사업연도의 재무제표와 그 부속명세서(설립 중인 법인은 제외하며, 설립일부터 3개 사업연도가 지나지 아니한 법인의 경우에는 설립일부터 최근 사업연도까지의 재무제표와 그 부속명세서를 말한다)

6. 업무개시 후 3개 사업연도의 사업계획서(추정재무제표를 포함한다) 및 예상수지계산서

7. 인력, 물적 설비 등(채용, 구매 등이 예정된 인력, 물적 설비 등을 포함한다)의 현황을 확인할 수 있는 서류

8. 예비인가신청일(인가업무 단위를 추가하기 위한 예비인가신청 또는 겸영금융투자업자의 예비인가신청인 경우에는 최근 사업연도말) 현재 발행주식총수의 100분의 1 이상을 소유한 주주의 성명이나 명칭과 그 소유주식수를 기재한 서류

9. 대주주나 외국 금융투자업자가 법 제12조제2항제6호 각 목의 요건을 갖추었음을 확인할 수 있는 서류

10. 이해상충방지체계를 갖추었거나 갖출 수 있는지를 확인할 수 있는 서류

11. 그 밖에 예비인가요건의 심사에 필요한 서류로서 금융위원회가 정하여 고시하는 서류

③ 법 제14조제1항에 따라 신청된 예비인가의 심사 방법 및 절차에 관하여서는 제17조제4항부터 제9항까지의 규정을 준용한다. 이 경우 "금융투자업인가"는 "예비인가"로 본다.

④ 법 제14조제2항에 따라 예비인가를 받은 자는 예비인가를 받은 날부터 6개월 이내에 예비인가의 내용 및 조건을 이행한 후 법 제12조에 따른 금융투자업인가(이하 이 항에서 "본인가"라 한다)를 신청하여야 한다. 다만, 금융위원회가 예비인가 당시 본인가 신청기한을 따로 정하였거나, 예비인가 후 예비인가를 받은 자의 신청을 받아 본인가 신청기한을 연장한 경우에는 그 기한 이내에 본인가를 신청할 수 있다.

⑤ 제1항부터 제4항까지에서 규정한 사항 외에 예비인가의 신청과 심사, 예비인가 신청서의 서식과 작성방법 등에 관하여 필요한 사항은 금융위원회가 정하여 고시한다.

제19조(인가유지요건의 완화)

① 법 제15조제1항에서 "대통령령으로 정하는 완화된 요건"이란 다음 각 호의 요건을 말한다. 〈개정 2009. 7. 1., 2010. 6. 11., 2017. 5. 8., 2021. 12. 9.〉

  1. 법 제12조제2항제2호의 경우: 별표 1에 따른 해당 인가업무 단위별 최저자기자본의 100분의 70 이상을 유지할 것. 이 경우 유지요건은 매 회계연도말을 기준으로 적용하며, 특정 회계연도말을 기준으로 유지요건에 미달한 금융투자업자는 다음 회계연도말까지는 그 유지요건에 적합한 것으로 본다.

  2. 법 제12조제2항제6호의 경우: 다음 각 목의 구분에 따른 요건을 유지할 것

    가. 대주주가 별표 2 제1호부터 제3호까지의 어느 하나에 해당하는 자인 경우 같은 표 제1호마목1)·3)에 한하여 그 요건을 유지할 것. 이 경우 같은 표 제1호마목1) 중 "최근 5년간"은 "최대주주가 최근 5년간"으로, "벌금형"은 "5억원의 벌금형"으로 본다.

    나. 대주주가 별표 2 제4호 또는 제5호라목에 해당하는 자인 경우에는 같은 표 제1호마목1)·3) 및 제4호라목에 한하여 그 요건을 유지할 것. 이 경우 같은 표 제1호마목1) 중 "최근 5년간"은 "최대주주가 최근 5년간"으로, "벌금형"은 "5억원의 벌금형"으로 하고, 같은 표 제4호라목 중 "최근 3년간"은 "최대주주가 최근 3년간"으로, "벌금형 이상에 상당하는 형사처벌을 받은 사실"은 "5억원의 벌금형에 상당하는 형사처벌을 받은 사실"로 본다.

    다. 대주주가 별표 2 제5호(라목은 제외한다)에 해당하는 자인 경우에는 같은 표 제1호마목1)·3)에 한하여 그 요건을 유지할 것. 이 경우 같은 표 제1호마목1) 중 "최근 5년간"은 "최대주주가 최근 5년간"으로, "벌금형"은 "5억원의 벌금형"으로 본다.

    라. 법 제12조제2항제6호나목에 따른 외국 금융투자업자인 경우에는 이 호 나목의 요건에 한하여 그 요건을 유지할 것. 이 경우 "최대주주"는 각각 "외국 금융투자업자"로 본다.

② 금융위원회는 제16조제6항 각 호의 어느 하나에 해당하는 경우에는 제1항제2호 각 목의 요건을 완화하여 고시할 수 있다.

③ 법 제15조제2항에서 "대통령령으로 정하는 완화된 요건"이란 제1항제1호의 요건을 말한다. 〈신설 2021. 12. 9.〉

제19조의2(변경인가요건의 완화)

제16조제2항에서 "대통령령으로 정하는 완화된 요건"이란 다음 각 호의 구분에 따른 요건을 말한다. 〈개정 2017. 5. 8.〉

1. 대주주가 별표 2 제1호부터 제3호까지의 어느 하나에 해당하는 자인 경우: 같은 표 제1호라목 및 마목1)·3)에 한정하여 그 요건을 충족할 것. 이 경우 같은 표 제1호마목1) 중 "최근 5년간"은 "최대주주가 최근 5년간"으로, "벌금형"은 "5억원의 벌금형"으로 본다.

2. 대주주가 별표 2 제4호 또는 제5호라목에 해당하는 자인 경우: 같은 표 제1호마목1)·3) 및 제4호라목에 한정하여 그 요건을 충족할 것. 이 경우 같은 표 제1호마목1) 중 "최근 5년간"은 "최대주주가 최근 5년간"으로, "벌금형"은 "5억원의 벌금형"으로 하고, 같은 표 제4호라목 중 "최근 3년간"은 "최대주주가 최근 3년간"으로, "벌금형 이상에 상당하는 형사처벌을 받은 사실"은 "5억원의 벌금형 이상에 상당하는 형사처벌을 받은 사실"로 본다.

3. 대주주가 별표 2 제5호(라목은 제외한다)에 해당하는 자인 경우: 같은 표 제1호마목1)·3)에 한정하여 그 요건을 충족할 것. 이 경우 같은 표 제1호마목1) 중 "최근 5년간"은 "최대주주가 최근 5년간"으로, "벌금형"은 "5억원의 벌금형"으로 본다.

4. 법 제12조제2항제6호나목에 따른 외국 금융투자업자인 경우: 제2호의 요건에 한정하여 그 요건을 충족할 것. 이 경우 "최대주주"는 각각 "외국 금융투자업자"로 본다.
[본조신설 2010. 6. 11.]

판 연 제19조의3(투자매매업 등의 업무 단위 추가등록)

① 법 제16조의2제1항에서 "대통령령으로 정하는 업무 단위"란 별표 1에 따른 인가업무 단위로서 다음 각 호의 구분에 따른 업무 단위(같은 표에 따른 인가업무 단위 중 1a-1-2, 1a-4-2, 2a-1-2 및 2a-4-2는 제외한다)를 말한다. 〈개정 2025. 6. 2.〉

1. 별표 1에 따른 금융투자업의 종류 중 다음 각 목의 금융투자업의 경우: 해당 금융투자업에 속하는 금융투자상품 중 증권, 장내파생상품, 장외파생상품 각각을 기준으로 하여 인가받지 않은 다른 업무 단위

　가. 투자매매업

　나. 투자매매업(인수업은 제외한다)

　다. 투자매매업(인수업만 해당한다)

2. 별표 1에 따른 금융투자업의 종류 중 투자중개업(같은 표에 따라 인가업무 단위가 2ℓ-1-1, 2ℓ-1-2, 2-14-1 및 2-14-2인 투자중개업은 제외한다)의 경우: 투자중개업에 속하는 인가업무 단위 중 인가받지 않은 다른 업무 단위

② 법 제16조의2제1항에 따른 업무 단위 추가등록의 방법 및 절차에 관하여는 제17

조제1항(제6호 및 제8호는 제외한다), 제2항(제7호, 제9호 및 제10호는 제외한다), 제4항부터 제6항까지 및 제10항부터 제12항까지를 준용한다.

[본조신설 2021. 12. 9.]

판 제19조의4(외국 금융투자업자의 조직형태 변경에 따른 인가에 관한 특례)

① 법 제16조의3에서 "대통령령으로 정하는 외국 금융투자업자의 국내법인"이란 외국 금융투자업자가 그 발행주식 총수의 전부를 소유하고 있는 국내법인으로서 법 제12조제2항제1호가목에 따른 법인을 말한다.

② 법 제16조의3에서 "대통령령으로 정하는 조직형태 변경"이란 다음 각 호의 구분에 따른 변경을 말한다.

1. 법 제12조제2항제1호 각 목에 따라 금융투자업인가를 받은 외국 금융투자업자: 다음 각 목의 경우에 해당하는 변경

　가. 외국 금융투자업자의 지점, 그 밖의 영업소가 제1항에 따른 같은 외국 금융투자업자의 국내법인으로 변경되는 경우

　나. 외국 금융투자업자의 지점, 그 밖의 영업소가 「국제조세조정에 관한 법률 시행령」 제35조제1항제1호에 따른 최종모회사가 같은 외국 금융투자업자의 지점, 그 밖의 영업소로 변경되는 경우

2. 제1항에 따른 외국 금융투자업자의 국내법인: 외국 금융투자업자의 국내법인이 같은 외국 금융투자업자의 지점, 그 밖의 영업소로 변경되는 경우

③ 법 제16조의3에 따라 금융투자업 전부를 양수한 자가 법 제12조에 따른 금융투자업인가를 받으려는 경우에는 다음 각 호의 인가요건을 갖춘 것으로 본다.

1. 법 제12조제2항제3호

2. 법 제12조제2항제4호

3. 법 제12조제2항제6호. 다만, 제2항제1호나목에 해당하는 경우에는 별표 2 제4호나목 및 다목의 요건은 제외한다.

[본조신설 2021. 12. 9.]

제2절 등록요건 및 절차

판 연 규 제20조(등록업무 단위)

①법 제18조제1항 각 호 외의 부분에서 "대통령령으로 정하는 업무 단위"란 별표 3

과 같다. 〈개정 2013. 8. 27.〉

② 법 제18조제1항제2호에서 "대통령령으로 정하는 투자대상자산"이란 제6조의2 각 호의 자산을 말한다. 〈신설 2013. 8. 27.〉

판 연 행 규 생 **제21조(등록의 요건 등)**

① 법 제18조제2항제1호가목에서 "대통령령으로 정하는 금융기관"이란 다음 각 호의 금융기관을 말한다. 〈신설 2011. 11. 4., 2015. 10. 23., 2021. 10. 21.〉

1. 「한국산업은행법」에 따른 한국산업은행

2. 「중소기업은행법」에 따른 중소기업은행

3. 「한국수출입은행법」에 따른 한국수출입은행

4. 「농업협동조합법」에 따른 농협은행

5. 「수산업협동조합법」에 따른 수협은행

6. 그 밖에 투자자 보호 및 건전한 금융거래질서를 해칠 염려가 없는 경우로서 금융위원회가 정하여 고시하는 금융기관

② 법 제18조제2항제2호에서 "대통령령으로 정하는 금액"이란 별표 3과 같다. 〈개정 2011. 11. 4.〉

③ 법 제18조제2항제3호가목에서 "대통령령으로 정하는 수"란 상근 임직원 1인을 말한다. 다만, 종합금융회사(「금융산업의 구조개선에 관한 법률」 제4조에 따른 인가를 받아 합병으로 신설되거나 존속하는 종합금융회사만 해당한다)인 경우에는 상근 임직원 4인을 말한다. 〈개정 2011. 11. 4.〉

④ 법 제18조제2항제3호나목에서 "대통령령으로 정하는 수"란 상근 임직원 2인을 말한다. 〈개정 2011. 11. 4.〉

⑤ 법 제18조제2항제5호가목에서 "대통령령으로 정하는 사회적 신용"이란 다음 각 호의 요건을 말한다. 〈개정 2011. 11. 4., 2021. 10. 21.〉

1. 대주주가 별표 2 제1호부터 제3호까지 또는 제5호(라목은 제외한다)에 해당하는 자인 경우에는 같은 표 제1호마목의 요건을 갖출 것. 다만, 법 제12조에 따른 금융투자업인가를 받은 자가 금융투자업등록을 하려는 경우에 관하여는 금융위원회가 그 요건을 달리 정하여 고시할 수 있다.

2. 대주주가 별표 2 제4호 또는 제5호라목에 해당하는 자인 경우에는 같은 표 제4호가목·라목 및 마목의 요건을 갖출 것. 이 경우에 같은 표 같은 호 가목 중 "인가"는 "등록"으로, "인가 받으려는"은 "등록하려는"으로 본다.

3. 대주주가 다음 각 목의 어느 하나에 해당하는 자가 아닐 것

가. 최근 5년간 법 제20조의2에 따른 투자자문업(투자자문업의 등록을 신청한 경우로 한정한다) 또는 투자일임업(투자일임업의 등록을 신청한 경우로 한정한다) 등록이 직권말소된 자

나. 가목에 해당하는 자의 임원 또는 대주주

⑥ 법 제18조제2항제5호나목에서 "대통령령으로 정하는 사회적 신용"이란 다음 각 호의 요건을 말한다. 〈개정 2011. 11. 4., 2021. 10. 21.〉

1. 별표 2 제4호가목·라목 및 마목에 따른 요건. 이 경우 같은 호 가목 중 "인가"는 "등록"으로, "인가 받으려는"은 "등록하려는"으로 보며, 같은 호 라목 중 "3년"은 "2년"으로 본다.

2. 최근 5년간 법 제20조의2에 따른 투자자문업(투자자문업의 등록을 신청한 경우로 한정한다) 또는 투자일임업(투자일임업의 등록을 신청한 경우로 한정한다) 등록이 직권말소된 사실이 없을 것

3. 제2호에 해당하는 자의 임원 또는 대주주가 아닐 것

⑦ 법 제18조제2항제5호의2에서 "대통령령으로 정하는 건전한 재무상태와 사회적 신용"이란 다음 각 호의 구분에 따른 요건을 말한다. 〈신설 2010. 6. 11., 2011. 11. 4., 2021. 10. 21.〉

1. 건전한 재무상태: 제16조제8항제1호에 따른 요건

2. 사회적 신용: 제6항제2호·제3호 및 제16조제8항제2호에 따른 요건

⑧ 법 제18조제2항제6호에 따른 이해상충을 방지하기 위한 체계(이하 이 절에서 "이해상충방지체계"라 한다)는 다음 각 호의 기준에 적합해야 한다. 〈개정 2010. 6. 11., 2011. 11. 4., 2021. 5. 18.〉

1. 법 제44조에 따라 이해상충이 발생할 가능성을 파악·평가·관리할 수 있는 적절한 내부통제기준을 갖출 것

2. 법 제45조제1항 및 제2항에 따라 정보의 교류를 차단할 수 있는 적절한 체계를 갖출 것

⑨ 제5항부터 제8항까지의 규정에 따른 등록요건에 관하여 필요한 구체적인 기준은 금융위원회가 정하여 고시한다. 〈개정 2010. 6. 11., 2011. 11. 4.〉

판 규 제22조(등록의 방법 및 절차 등)

① 법 제19조제1항에 따라 금융위원회에 제출하는 등록신청서에는 다음 각 호의 사항을 기재하여야 한다.

1. 상호

2. 본점의 소재지

3. 임원에 관한 사항

4. 경영하려는 등록업무 단위(법 제18조제1항에 따른 등록업무 단위를 말한다. 이하 같다)에 관한 사항

5. 자기자본 등 재무에 관한 사항

6. 법 제286조제1항제3호가목에 따른 투자권유자문인력(이하 "투자권유자문인력"이라 한다) 또는 법 제286조제1항제3호다목에 따른 투자운용인력(이하 "투자운용인력"이라 한다)에 관한 사항

7. 대주주나 외국 투자자문업자 또는 외국 투자일임업자에 관한 사항

8. 이해상충방지체계에 관한 사항

9. 그 밖에 등록의 검토에 필요한 사항으로서 금융위원회가 정하여 고시하는 사항

② 제1항에 따른 등록신청서에는 다음 각 호의 서류를 첨부하여야 한다.

1. 정관(이에 준하는 것을 포함한다)

2. 본점의 위치와 명칭을 기재한 서류

3. 임원의 이력서와 경력증명서

4. 등록업무 단위의 종류와 업무방법을 기재한 서류

5. 최근 3개 사업연도의 재무제표와 그 부속명세서(설립 중인 법인은 제외하며, 설립일부터 3개 사업연도가 지나지 아니한 법인의 경우에는 설립일부터 최근 사업연도까지의 재무제표와 그 부속명세서를 말한다)

6. 투자권유자문인력 또는 투자운용인력의 현황을 확인할 수 있는 서류

7. 등록신청일(등록업무 단위를 추가하기 위한 등록신청이나 겸영금융투자업자의 등록신청인 경우에는 최근 사업연도말) 현재 대주주의 성명이나 명칭과 그 소유주식 수를 기재한 서류

8. 대주주나 외국 투자자문업자 또는 외국 투자일임업자가 법 제18조제2항제5호 각 목의 요건을 갖추었음을 확인할 수 있는 서류

9. 이해상충방지체계를 갖추었는지를 확인할 수 있는 서류

10. 그 밖에 등록의 검토에 필요한 서류로서 금융위원회가 정하여 고시하는 서류

③ 제1항에 따른 등록신청서를 제출받은 금융위원회는 「전자정부법」 제36조제1항에 따른 행정정보의 공동이용을 통하여 법인 등기사항증명서를 확인하여야 한다. 〈개정 2010. 5. 4., 2010. 11. 2.〉

④ 제1항에 따른 등록신청서를 제출받은 금융위원회는 금융투자업등록의 신청내용에 관한 사실 여부를 확인하고, 그 신청내용이 법 제18조제2항에 따른 등록요건

을 충족하는지를 검토하여야 한다.

⑤ 제1항부터 제4항까지에서 규정한 사항 외에 금융투자업등록의 신청과 검토, 등록신청서의 서식과 작성방법 등에 관하여 필요한 사항은 금융위원회가 정하여 고시한다.

판 연 규 **제23조 (등록유지요건의 완화)**

법 제20조에서 "대통령령으로 정하는 완화된 요건"이란 다음 각 호와 같다. 〈개정 2017. 5. 8., 2019. 1. 15.〉

1. 법 제18조제2항제2호의 경우: 별표 3의 해당 등록업무 단위별 최저자기자본의 100분의 70 이상을 유지할 것. 이 경우 유지요건은 매 월말을 기준으로 적용하며, 특정 월말을 기준으로 유지요건에 미달한 금융투자업자는 해당 월말부터 6개월이 경과한 날까지는 그 유지요건에 적합한 것으로 본다.

2. 법 제18조제2항제5호의 경우: 다음 각 목의 구분에 따른 요건을 유지할 것

가. 대주주가 별표 2 제1호부터 제3호까지 또는 제5호(라목은 제외한다)에 해당하는 자인 경우에는 같은 표 제1호마목1) 및 3)에 한하여 그 요건을 유지할 것. 이 경우 같은 표 제1호마목1) 중 "최근 5년간"은 "최대주주가 최근 5년간"으로, "벌금형"은 "5억원의 벌금형"으로 본다.

나. 대주주가 별표 2 제4호 또는 제5호라목에 해당하는 자인 경우에는 같은 표 제1호마목1)·3) 및 제4호라목에 한하여 그 요건을 유지할 것. 이 경우 같은 표 제1호마목1) 중 "최근 5년간"은 "최대주주가 최근 5년간"으로, "벌금형"은 "5억원의 벌금형"으로 하고, 제4호라목 중 "최근 3년간"은 "최대주주가 최근 3년간"으로, "벌금형 이상에 상당하는 형사처벌을 받은 사실"은 "5억원의 벌금형을 받은 사실"로 본다.

다. 법 제18조제2항제5호나목에 따른 외국 투자자문업자 또는 외국 투자일임업자인 경우에는 이 호 나목의 요건에 한하여 그 요건을 유지할 것. 이 경우 별표 2 제4호라목 중 "3년"은 "2년"으로 한다. 이 경우에 "최대주주"는 각각 "외국 투자자문업자 또는 외국 투자일임업자"로, 별표 2 제4호라목 중 "3년"은 "2년"으로 본다.

판 **제23조의2 (변경등록요건의 완화)**

법 제21조제2항에서 "대통령령으로 정하는 완화된 요건"이란 제23조제2호 각 목의 구분에 따른 요건을 말한다.

[본조신설 2010. 6. 11.]

1-3 금융투자업자의 지배구조

판 **연** **제24조**

[종전 제24조는 제7조의2로 이동 〈2016. 7. 28.〉]

판 **연** **제25조**

제25조 삭제 〈2016. 7. 28.〉

판 **연** **제26조**

제26조 삭제 〈2016. 7. 28.〉

판 **연** **제27조**

제27조 삭제 〈2016. 7. 28.〉

판 **연** **제28조**

제28조 삭제 〈2016. 7. 28.〉

판 **연** **제29조**

제29조 삭제 〈2016. 7. 28.〉

판 **연** **제30조**

제30조 삭제 〈2016. 7. 28.〉

판 **연** **제31조**

제31조 삭제 〈2016. 7. 28.〉

판 **연** **제32조**

제32조 삭제 〈2016. 7. 28.〉

판 규 제32조의2(파생상품업무책임자)

제32조의2(파생상품업무책임자) ① 법 제28조의2제1항에서 "대통령령으로 정하는 금융투자업자"란 다음 각 호의 어느 하나에 해당하는 자를 말한다.

1. 장내파생상품에 대한 투자매매업 또는 투자중개업을 경영하는 자로서 최근 사업연도말일을 기준으로 자산총액이 1천억원 이상인 자

2. 장외파생상품에 대한 투자매매업 또는 투자중개업을 경영하는 자

② 법 제28조의2제1항에서 "대통령령으로 정하는 파생상품업무책임자"란 금융투자업자의 파생상품업무를 총괄하는 자로서 「금융회사의 지배구조에 관한 법률」 제5조제1항 각 호에 해당하지 않는 자를 말한다. 〈개정 2013. 8. 27., 2016. 7. 28.〉

[본조신설 2009. 7. 1.]

판 연 제33조

제33조 삭제 〈2016. 7. 28.〉

1-4 건전경영 유지

제1절 경영건전성 감독

판 연 규 생 **제34조(재무건전성 유지 등)**

① 법 제30조제1항 각 호 외의 부분에서 "대통령령으로 정하는 금융투자업자"란 다음 각 호의 어느 하나에 해당하는 금융투자업자를 말한다. 〈개정 2014. 12. 9., 2025. 6. 2.〉

1. 투자자문업자 또는 투자일임업자(다른 금융투자업을 경영하지 아니하는 경우만 해당한다)

2. 집합투자업자(집합투자증권 외의 금융투자상품에 대한 투자매매업 또는 투자중개업을 경영하는 자는 제외한다)

3. 투자중개업자인 다자간매매체결회사

② 법 제30조제3항에서 "대통령령으로 정하는 기간"이란 45일을 말한다. 〈개정 2013. 8. 27.〉

판 연 행 규 생 **제35조(경영건전성기준)**

① 법 제31조제1항제4호에서 "대통령령으로 정하는 사항"이란 다음 각 호의 사항을 말한다. 〈개정 2009. 7. 1.〉

1. 위험관리에 관한 사항

2. 외환건전성에 관한 사항

3. 그 밖에 경영의 건전성 확보를 위하여 필요한 사항으로서 금융위원회가 정하여 고시하는 사항

② 법 제31조제3항 단서에서 "대통령령으로 정하는 금융투자업자"란 다음 각 호에 해당하는 자를 말한다. 〈신설 2009. 7. 1., 2013. 8. 27., 2014. 12. 9., 2021. 10. 21.〉

1. 경영실태에 대한 평가의 경우에는 다음 각 목의 어느 하나에 해당하지 아니하는 금융투자업자

가. 다자간매매체결회사

나. 제179조에 따른 채권중개전문회사(다른 금융투자업을 경영하지 아니하는 경우만 해당한다)

다. 투자자문업자 또는 투자일임업자(다른 금융투자업을 경영하지 아니하는 경우만 해당한다)

라. 외국 금융투자업자의 지점, 그 밖의 영업소

마. 집합투자업자(집합투자증권 외의 금융투자상품에 대한 투자매매업 또는 투자중개업을 경영하는 자는 제외한다)

2. 위험에 대한 평가의 경우에는 다음 각 목의 기준을 모두 충족하는 금융투자업자

가. 최근 사업연도말일을 기준으로 자산총액(재무상태표상의 자산총액에서 투자자예탁금을 뺀 금액을 말한다)이 1천억원 이상일 것

나. 장외파생상품에 대한 투자매매업 또는 증권에 대한 투자매매업(인수업을 경영하는 자만 해당한다)을 경영할 것

판 연 행 규 생 **제36조(업무보고서 제출 기한 등)**

① 법 제33조제1항에서 "대통령령으로 정하는 기간"이란 45일을 말한다. 〈개정 2009. 2. 3.〉

② 법 제33조제3항에서 "대통령령으로 정하는 사항이 발생한 경우"란 다음 각 호와 같다. 〈개정 2009. 2. 3., 2013. 8. 27., 2015. 10. 23.〉

1. 투자매매업이나 투자중개업인 경우

가. 거액의 금융사고 또는 부실채권 등이 발생한 경우

나. 「금융산업의 구조개선에 관한 법률」 제10조에 따른 적기시정조치를 받은 경우

다. 법 제161조제1항 각 호의 어느 하나에 해당하는 경우(법 제159조제1항에 따른 사업보고서 제출대상법인이 아닌 금융투자업자만 해당한다)

라. 투자매매업이나 투자중개업의 경영과 관련하여 해당 법인이나 그 임직원이 형사처벌을 받은 경우

마. 증권시장(다자간매매체결회사에서의 거래를 포함한다), 파생상품시장 등의 결제를 하지 아니한 경우

바. 그 밖에 금융위원회가 정하여 고시하는 경우

2. 집합투자업인 경우

가. 제1호가목부터 다목까지의 어느 하나에 해당하는 경우. 다만, 투자자 보호와 건전한 거래질서를 해할 우려가 크지 아니한 사항으로서 금융위원회가 정하

여 고시하는 사항은 제외한다.

　　나. 집합투자업의 경영과 관련하여 해당 법인이나 그 임직원이 형사처벌을 받은 경우

　　다. 그 밖에 금융위원회가 정하여 고시하는 경우

　3. 투자자문업이나 투자일임업인 경우

　　가. 제1호가목부터 다목까지의 어느 하나에 해당하는 경우

　　나. 투자자문업이나 투자일임업의 경영과 관련하여 해당 법인 또는 그 임직원이 형사처벌을 받은 경우

　　다. 그 밖에 금융위원회가 정하여 고시하는 경우

　4. 신탁업인 경우

　　가. 제1호가목부터 다목까지의 어느 하나에 해당하는 경우

　　나. 신탁업의 경영과 관련하여 해당 법인이나 그 임직원이 형사처벌을 받은 경우

　　다. 시공사 또는 위탁자가 발행하는 어음이나 수표가 부도로 되거나 은행과의 거래가 정지되거나 금지된 경우

　　라. 그 밖에 금융위원회가 정하여 고시하는 경우

③ 법 제33조제1항에 따른 업무보고서(이하 "분기별 업무보고서"라 한다) 및 같은 조 제4항에 따른 매월의 업무 내용을 적은 보고서(이하 "월별 업무보고서"라 한다)의 기재사항은 다음 각 호와 같다. 〈개정 2009. 2. 3.〉

1. 금융투자업자의 개요

2. 금융투자업자가 경영하고 있는 업무의 내용에 관한 사항

3. 재무에 관한 현황

4. 영업에 관한 사항

5. 최대주주(그의 특수관계인을 포함한다)와 주요주주에 관한 사항

6. 특수관계인과의 거래에 관한 사항

7. 지점, 그 밖의 영업소와 인력의 관리에 관한 사항

8. 투자자재산의 현황과 그 보호에 관한 사항

9. 장외파생상품 매매, 그 밖의 거래의 업무내용, 거래현황과 평가손익현황(장외파생상품의 위험을 회피하기 위한 관련 거래의 평가손익을 포함한다) 등에 관한 사항

10. 금융투자업자나 그 임직원이 최근 5년간 금융위원회, 금융감독원장 등으로부터 조치를 받은 경우 그 내용

11. 그 밖에 금융투자업자의 영업이나 경영에 관련된 사항으로서 금융위원회가 정

하여 고시하는 사항

④ 법 제33조제2항에 따른 공시서류의 기재사항은 다음 각 호와 같다.

1. 제3항제1호부터 제7호까지의 사항

2. 그 밖에 투자자에게 알릴 필요가 있다고 금융위원회가 정하여 고시하는 사항

⑤ 금융투자업자는 제2항 각 호의 어느 하나에 해당하는 사항이 발생한 경우에는 그 사실이 발생한 날의 다음 날까지 그 내용을 금융위원회에 보고하고, 인터넷 홈페이지 등을 이용하여 공시하여야 한다.

⑥ 금융위원회는 금융투자업자가 법 제33조제2항 또는 제3항에 따라 공시하는 사항 중 법 제47조제3항에 따른 중요사항(이하 "중요사항"이라 한다)에 관하여 거짓의 사실을 공시하거나 중요사항을 빠뜨리는 등 불성실하게 공시하는 경우에는 금융투자업자에 대하여 정정공시나 재공시 등을 요구할 수 있다.

⑦ 제1항부터 제6항까지에서 규정한 사항 외에 분기별 업무보고서, 월별 업무보고서, 공시서류 및 경영상황 공시와 관련하여 그 서식과 작성방법, 기재사항 등에 관한 구체적인 기준은 금융위원회가 정하여 고시한다. 〈개정 2009. 2. 3.〉

제2절 대주주와의 거래제한 등

판 연 행 규 **제37조(대주주와의 거래 등의 제한 등)**

① 법 제34조제1항 각 호 외의 부분 단서에서 "대통령령으로 정하는 경우"란 다음 각 호의 어느 하나에 해당하는 경우를 말한다. 〈개정 2009. 2. 3., 2009. 7. 1., 2015. 10. 23.〉

1. 법 제34조제1항제1호를 적용할 때 다음 각 목의 어느 하나에 해당하는 경우
   가. 대주주가 변경됨에 따라 이미 소유하고 있는 증권이 대주주가 발행한 증권으로 되는 경우
   나. 인수와 관련하여 해당 증권을 취득하는 경우
   다. 관련 법령에 따라 사채보증 업무를 할 수 있는 금융기관 등이 원리금의 지급을 보증하는 사채권을 취득하는 경우
   라. 특수채증권을 취득하는 경우
   마. 그 밖에 금융투자업자의 경영건전성을 해치지 아니하는 경우로서 금융위원회가 정하여 고시하는 경우

2. 법 제34조제1항제2호를 적용할 때 다음 각 목의 어느 하나에 해당하는 경우
   가. 특수관계인이 변경됨에 따라 이미 소유하고 있는 주식, 채권 및 법 제34조제

1항제2호에 따른 약속어음(이하 이 호에서 "약속어음"이라 한다)이 특수관계인이 발행한 주식, 채권 및 약속어음으로 되는 경우

나. 제1호나목부터 마목까지의 어느 하나에 해당하는 경우

다. 경영권 참여를 목적으로 지분을 취득하는 경우 등 금융위원회가 정하여 고시하는 출자로 주식을 취득하는 경우

라. 차익거래나 투자위험을 회피하기 위한 거래로서 금융위원회가 정하여 고시하는 거래를 목적으로 주식, 채권 및 약속어음을 소유하는 경우

마. 제3항에 따른 자기자본의 변동이나 특수관계인이 발행한 주식, 채권 및 약속어음의 가격변동으로 인하여 제3항에서 정하는 비율을 초과하는 경우

바. 해외 집합투자기구를 설립하기 위하여 자기자본의 100분의 100의 범위에서 금융위원회의 확인을 받아 주식을 취득하는 경우

사. 그 밖에 금융투자업자의 경영건전성을 해치지 아니하는 경우로서 금융위원회가 정하여 고시하는 경우

② 법 제34조제1항제2호 본문에서 "대통령령으로 정하는 자"란 계열회사를 말한다.

③ 법 제34조제1항제2호 단서에서 "대통령령으로 정하는 비율"이란 금융위원회가 정하여 고시하는 자기자본의 100분의 8을 말한다.

④ 법 제34조제1항제3호에서 "대통령령으로 정하는 행위"란 다음 각 호의 어느 하나에 해당하는 행위를 말한다.

1. 대주주나 특수관계인과 거래를 할 때 그 외의 자를 상대방으로 하여 거래하는 경우와 비교하여 해당 금융투자업자에게 불리한 조건으로 거래를 하는 행위

2. 법 제34조제1항제1호ㆍ제2호 또는 이 항 제1호에 따른 제한을 회피할 목적으로 하는 행위로서 다음 각 목의 어느 하나에 해당하는 행위

가. 제3자와의 계약이나 담합 등에 의하여 서로 교차하는 방법으로 하는 거래행위

나. 장외파생상품거래, 신탁계약, 연계거래 등을 이용하는 행위

판 연 행 규 **제38조 (신용공여의 범위 등)**

① 법 제34조제2항 각 호 외의 부분 본문에서 "대통령령으로 정하는 거래"란 다음 각 호의 어느 하나에 해당하는 거래를 말한다. 〈개정 2017. 10. 17., 2021. 6. 18.〉

1. 대주주(그의 특수관계인을 포함한다. 이하 이 항에서 같다)를 위하여 담보를 제공하는 거래

2. 대주주를 위하여 어음을 배서(「어음법」 제15조제1항에 따른 담보적 효력이 없는

배서는 제외한다)하는 거래

3. 대주주를 위하여 출자의 이행을 약정하는 거래

4. 대주주에 대한 금전·증권 등 경제적 가치가 있는 재산의 대여, 채무이행의 보증, 자금 지원적 성격의 증권의 매입, 제1호부터 제3호까지의 어느 하나에 해당하는 거래의 제한을 회피할 목적으로 하는 거래로서 다음 각 목의 어느 하나에 해당하는 거래

　　가. 제3자와의 계약 또는 담합 등에 의하여 서로 교차하는 방법으로 하는 거래

　　나. 장외파생상품거래, 신탁계약, 연계거래 등을 이용하는 거래

5. 그 밖에 채무인수 등 신용위험을 수반하는 거래로서 금융위원회가 정하여 고시하는 거래

② 법 제34조제2항제1호에서 "대통령령으로 정하는 금액"이란 1억원을 말한다. 〈개정 2021. 6. 18.〉

③ 법 제34조제2항제2호에서 "대통령령으로 정하는 기준에 의하여 사실상 경영을 지배하는 해외현지법인"이란 금융투자업자가 발행주식총수 또는 출자총액의 100분의 50 이상을 소유 또는 출자한 해외현지법인이 그 발행주식총수 또는 출자총액의 100분의 50 이상을 소유 또는 출자한 다른 해외현지법인(금융투자업을 영위하고 있는 법인으로 한정한다)을 말한다. 〈신설 2021. 6. 18.〉

④ 법 제34조제2항제3호에서 "대통령령으로 정하는 신용공여"란 다음 각 호의 행위가 법 제34조제2항 각 호 외의 부분 본문에 따른 신용공여에 해당하는 경우 그 신용공여를 말한다. 〈신설 2021. 6. 18.〉

1. 담보권의 실행 등 권리행사를 위한 법 제34조제1항 각 호의 행위

2. 법 제176조제3항제1호에 따른 안정조작이나 같은 항 제2호에 따른 시장조성을 하기 위한 법 제34조제1항 각 호의 행위

3. 제37조제1항 각 호에 해당하는 사유로 인한 신용공여

4. 제37조제3항에 따른 비율의 범위에서 주식, 채권 및 약속어음(법 제34조제1항제2호 본문에 따른 약속어음을 말한다. 이하 제39조에서 같다)을 소유하는 행위. 다만, 금융투자업자의 대주주가 발행한 증권을 소유하는 행위는 제외한다.

판 연 행 제39조(이사회의 결의 등을 요하지 아니하는 거래 등)

① 법 제34조제3항 전단 및 제4항에서 "대통령령으로 정하는 행위"란 각각 금융위원회가 정하여 고시하는 단일거래 금액이 자기자본(제37조제3항에 따른 자기자본을 말한다)의 1만분의 10에 해당하는 금액과 10억원 중 적은 금액의 범위에서 소유하거나 신용공여하려는 행위를 말한다. 다만, 해당 금융투자업자의 일상적

인 거래분야의 거래로서 「약관의 규제에 관한 법률」 제2조제1항에 따른 약관에 따른 거래 금액은 단일거래 금액에서 제외한다.

② 법 제34조제5항에서 "대통령령으로 정하는 사항"이란 다음 각 호와 같다. 〈개정 2021. 6. 18.〉

1. 법 제34조제1항제2호 단서에 따라 주식, 채권 및 약속어음을 소유하는 경우

   가. 분기 말 현재 주식, 채권 및 약속어음의 소유 규모

   나. 분기 중 주식, 채권 및 약속어음의 증감 내역

   다. 취득가격이나 처분가격

   라. 그 밖에 금융위원회가 정하여 고시하는 사항

2. 법 제34조제2항 각 호 외의 부분 단서에 따라 신용공여를 하는 경우

   가. 분기 말 현재 신용공여의 규모

   나. 분기 중 신용공여의 증감 금액

   다. 신용공여의 거래조건

   라. 그 밖에 금융위원회가 정하여 고시하는 사항

판 연 제40조 (대주주와의 거래 등의 제한 사유)

법 제34조제7항에서 "대통령령으로 정하는 경우"란 다음 각 호의 어느 하나에 해당하는 경우를 말한다. 〈개정 2009. 10. 1.〉

1. 대주주(회사만 해당하며, 회사인 특수관계인을 포함한다. 이하 이 조에서 같다)의 부채가 자산을 초과하는 경우

2. 대주주가 둘 이상의 신용평가회사에 의하여 투자부적격 등급으로 평가받은 경우

판 규 제41조 (부당한 영향력 행사의 범위)

법 제35조제3호에서 "대통령령으로 정하는 행위"란 다음 각 호의 어느 하나에 해당하는 행위를 말한다.

1. 금융투자업자로 하여금 위법행위를 하도록 요구하는 행위

2. 금리, 수수료, 담보 등에 있어서 통상적인 거래조건과 다른 조건으로 대주주 자신이나 제3자와의 거래를 요구하는 행위

3. 법 제71조제2호에 따른 조사분석자료(이하 "조사분석자료"라 한다)의 작성과정에서 영향력을 행사하는 행위

1-5 영업행위 규칙

제1절 공통 영업행위 규칙

제1관 신의성실의무 등

판 연 규 생 **제42조 (상호의 제한)**

제41조제42조(상호의 제한) ① 법 제38조제1항에서 "대통령령으로 정하는 문자"란 financial investment(그 한글표기문자를 포함한다)나 그와 비슷한 의미를 가지는 다른 외국어문자(그 한글표기문자를 포함한다)를 말한다. 〈신설 2009. 2. 3.〉

② 법 제38조제2항 본문 및 단서에서 "대통령령으로 정하는 문자"란 각각 securities(그 한글표기문자를 포함한다)나 그와 비슷한 의미를 가지는 다른 외국어문자(그 한글표기문자를 포함한다)를 말한다. 〈개정 2009. 2. 3.〉

③ 법 제38조제3항에서 "대통령령으로 정하는 문자"란 derivatives 또는 futures(그 한글표기문자를 포함한다)나 그와 비슷한 의미를 가지는 다른 외국어문자(그 한글표기문자를 포함한다)를 말한다. 〈개정 2009. 2. 3.〉

④ 법 제38조제4항 본문에서 "대통령령으로 정하는 문자"란 collective investment, pooled investment, investment trust, unit trust 또는 asset management(그 한글표기문자를 포함한다)나 그와 비슷한 의미를 가지는 다른 외국어문자(그 한글표기문자를 포함한다)를 말하며, 같은 항 단서에서 "대통령령으로 정하는 문자"란 investment trust(그 한글표기문자를 포함한다)나 그와 비슷한 의미를 가지는 다른 외국어문자(그 한글표기문자를 포함한다)를 말한다. 〈개정 2009. 2. 3.〉

⑤ 법 제38조제5항 본문 및 단서에서 "대통령령으로 정하는 문자"란 각각 investment advisory(그 한글표기문자를 포함한다)나 그와 비슷한 의미를 가지는 다른 외국어문자(그 한글표기문자를 포함한다)를 말한다. 〈개정 2009. 2. 3.〉

⑥ 법 제38조제6항에서 "대통령령으로 정하는 문자"란 discretionary investment(

그 한글표기문자를 포함한다)나 그와 비슷한 의미를 가지는 다른 외국어문자(그 한글표기문자를 포함한다)를 말한다. 〈개정 2009. 2. 3.〉

⑦ 법 제38조제7항 본문 및 단서에서 "대통령령으로 정하는 문자"란 각각 trust(그 한글표기문자를 포함한다)나 그와 비슷한 의미를 가지는 다른 외국어문자(그 한글표기문자를 포함한다)를 말한다. 〈개정 2009. 2. 3.〉

판 연 행 규 생 제43조(금융투자업자의 업무범위)

제43조(금융투자업자의 업무범위) ① 법 제40조제1항 각 호 외의 부분 전단에서 "대통령령으로 정하는 금융투자업자"란 다음 각 호의 어느 하나에 해당하는 금융투자업자를 말한다. 〈개정 2021. 5. 18.〉

1. 법 제40조제1항제3호 및 제4호를 적용할 때 투자매매업 또는 투자중개업을 경영하지 아니하는 금융투자업자

2. 법 제40조제1항제5호를 적용할 때 다음 각 목의 어느 하나에 해당하는 금융투자업만을 경영하는 금융투자업자

　　가. 투자자문업

　　나. 투자일임업

　　다. 투자자문업 및 투자일임업

3. 그 밖에 금융위원회가 정하여 고시하는 금융투자업자

② 법 제40조제1항제1호에서 "대통령령으로 정하는 금융관련 법령"이란 금융관련법령을 말한다. 〈개정 2016. 7. 28., 2021. 5. 18.〉

③ 법 제40조제1항제1호에서 "대통령령으로 정하는 금융업무"란 다음 각 호의 어느 하나에 해당하는 금융업무를 말한다. 〈개정 2009. 5. 6., 2009. 7. 1., 2020. 8. 4., 2020. 8. 11., 2021. 5. 18., 2023. 12. 19.〉

1. 법 제254조제8항에 따른 일반사무관리회사(이하 "일반사무관리회사"라 한다)의 업무

2. 「외국환거래법」에 따른 외국환업무 및 외국환중개업무

3. 「신용정보의 이용 및 보호에 관한 법률」에 따른 본인신용정보관리업

4. 「근로자퇴직급여 보장법」에 따른 퇴직연금사업자의 업무

5. 「담보부사채신탁법」에 따른 담보부사채에 관한 신탁업무

6. 「부동산투자회사법」에 따른 자산관리회사의 업무

7. 「산업발전법」(법률 제9584호 산업발전법 전부개정법률로 개정되기 전의 것을 말한다) 제14조에 따라 등록된 기업구조조정전문회사의 업무

8. 「벤처투자 촉진에 관한 법률」 제2조제10호에 따른 벤처투자회사의 업무

9. 「여신전문금융업법」에 따른 신기술사업금융업

10. 그 밖에 투자자 보호 및 건전한 거래질서를 해칠 염려가 없는 금융업무로서 금융위원회가 정하여 고시하는 금융업무

④ 법 제40조제1항제2호에서 "대통령령으로 정하는 금융관련 법령"이란 금융관련 법령을 말한다. 〈개정 2016. 7. 28., 2021. 5. 18.〉

⑤ 법 제40조제1항제5호에서 "대통령령으로 정하는 금융업무"란 다음 각 호의 업무를 말한다. 다만, 제4호의 업무는 증권에 대한 투자매매업을 경영하는 경우만 해당하고, 제5호의 업무는 해당 증권에 대한 투자매매업 또는 투자중개업을 경영하는 경우만 해당하며, 제6호의 업무는 증권 및 장외파생상품에 대한 투자매매업을 경영하는 경우만 해당하고, 제7호 및 제8호의 업무는 채무증권에 대한 투자매매업 또는 투자중개업을 경영하는 경우만 해당한다. 〈개정 2021. 5. 18.〉

1. 「자산유동화에 관한 법률」에 따른 자산관리자의 업무와 유동화전문회사업무의 수탁업무

2. 투자자계좌에 속한 증권ㆍ금전 등에 대한 제3자 담보권의 관리업무

3. 「상법」 제484조제1항에 따른 사채모집의 수탁업무

4. 법 제71조제3호에 따른 기업금융업무(이하 "기업금융업무"라 한다), 그 밖에 금융위원회가 정하여 고시하는 업무와 관련한 대출업무

5. 증권의 대차거래와 그 중개ㆍ주선 또는 대리업무

6. 지급보증업무

7. 원화로 표시된 양도성 예금증서의 매매와 그 중개ㆍ주선 또는 대리업무

8. 대출채권, 그 밖의 채권의 매매와 그 중개ㆍ주선 또는 대리업무

9. 대출의 중개ㆍ주선 또는 대리업무

10. 그 밖에 투자자 보호 및 건전한 거래질서를 해칠 염려가 없는 금융업무로서 금융위원회가 정하여 고시하는 금융업무

⑥ 제5항제4호 및 제6호에 따른 업무의 구체적인 범위에 관하여 필요한 사항은 금융위원회가 정하여 고시한다. 〈신설 2015. 3. 3.〉

⑦ 법 제40조제4항에 따른 겸영업무 등의 공고 방법 및 절차에 관하여는 제44조를 준용한다. 〈신설 2021. 5. 18.〉

판 연 행 규 **제44조(부수업무 등의 공고)**

① 금융위원회는 금융투자업자가 법 제41조제1항에 따라 부수업무를 보고한 경우

같은 조 제4항에 따라 그 보고일부터 7일 이내에 다음 각 호의 사항을 금융위원회의 인터넷 홈페이지 등에 공고해야 한다. 〈개정 2021. 5. 18.〉

1. 금융투자업자의 명칭
2. 부수업무의 보고일자
3. 부수업무의 개시일자
4. 부수업무의 내용
5. 그 밖에 금융위원회가 정하여 고시하는 사항

② 금융위원회는 법 제41조제2항에 따른 제한명령이나 시정명령을 한 경우에는 같은 조 제4항에 따라 지체 없이 다음 각 호의 사항을 금융위원회의 인터넷 홈페이지 등에 공고해야 한다. 〈개정 2021. 5. 18.〉

1. 금융투자업자의 명칭
2. 제한명령이나 시정명령을 한 부수업무의 내용
3. 제한명령이나 시정명령의 내용 및 사유

판 연 행 생 제45조(위탁이 금지되는 업무범위)

법 제42조제1항 단서에서 "대통령령으로 정하는 내부통제업무"란 다음 각 호의 업무를 말한다. 다만, 투자자 보호 및 건전한 거래질서를 해칠 우려가 없는 경우로서 금융위원회가 정하여 고시하는 업무는 제외한다. 〈개정 2009. 7. 1., 2011. 9. 30., 2013. 8. 27., 2015. 10. 23., 2016. 1. 12., 2016. 7. 28., 2017. 5. 8., 2019. 6. 25., 2021. 5. 18.〉

1. 「금융회사의 지배구조에 관한 법률」제25조제1항에 따른 준법감시인(이하 "준법감시인"이라 한다)의 업무
2. 「금융회사의 지배구조에 관한 법률」제28조제1항에 따른 위험관리책임자의 업무
3. 내부감사업무

판 연 행 생 제46조(업무위탁의 보고 등)

① 금융투자업자는 법 제42조제1항에 따라 본질적 업무(법 제42조제4항 전단에 따른 본질적 업무를 말한다. 이하 같다)를 위탁한 경우 업무를 위탁받은 자가 해당 업무를 실제로 수행하려는 날의 7일 전까지, 그 밖의 업무를 위탁한 경우에는 업무를 위탁받은 자가 해당 업무를 실제로 수행한 날부터 14일 이내에 각각 다음 각 호의 서류를 첨부하여 금융위원회에 보고해야 한다. 다만, 이미 보고한 내용을 일부 변경하는 경우로서 변경되는 내용이 경미한 경우 등 금융위원회가 정하여 고시하는 경우에는 금융위

원회가 보고시기 및 첨부서류 등을 다르게 정하여 고시한 바에 따라 보고할 수 있다. 〈개정 2009. 7. 1., 2021. 5. 18.〉

1. 업무위탁계약서 사본

2. 법 제42조제7항에 따른 업무위탁 운영기준(이하 이 항에서 "업무위탁 운영기준"이라 한다)

3. 업무위탁계약이 법 제42조제3항 각 호의 어느 하나에 해당하지 아니하고 업무위탁 운영기준에 위배되지 아니한다는 준법감시인(준법감시인이 없는 경우에는 감사 등이에 준하는 자를 말한다)의 검토의견 및 관련 자료

3. 법 제42조제4항 후단에 따라 외국 금융투자업자에게 본질적 업무를 위탁하는 경우에는 그 외국 금융투자업자가 제47조제2항에 따른 요건을 갖춘 자임을 증명하는 서류

5. 그 밖에 투자자 보호나 건전한 거래질서를 위하여 필요한 서류로서 금융위원회가 정하여 고시하는 서류

② 법 제42조제2항제4호에서 "대통령령으로 정하는 사항"이란 다음 각 호의 어느 하나에 해당하는 사항을 말한다.

1. 업무위탁계약의 해지에 관한 사항

2. 위탁보수 등에 관한 사항

3. 그 밖에 업무위탁에 따른 이해상충방지체계 등 금융위원회가 정하여 고시하는 사항

③ 금융위원회는 법 제42조제3항에 따라 제한명령 또는 시정명령을 하는 경우에는 그 내용과 사유가 구체적으로 기재된 문서로 하여야 한다.

판 연 행 규 생 **제47조(본질적 업무의 범위 등)**

① 법 제42조제4항 전단에서 "대통령령으로 정하는 업무"란 금융투자업의 종류별로 다음 각 호에서 정한 업무를 말한다. 다만, 제3호나목 및 제5호나목의 업무 중 부동산의 개발, 임대, 관리 및 개량 업무와 그에 부수하는 업무, 제6호나목 및 다목의 업무 중 채권추심업무 및 그 밖에 투자자 보호 및 건전한 거래질서를 해칠 우려가 없는 경우로서 금융위원회가 정하여 고시하는 업무는 제외한다. 〈개정 2009. 7. 1., 2012. 6. 29., 2013. 8. 27., 2015. 10. 23., 2016. 1. 12.〉

1. 투자매매업인 경우에는 다음 각 목의 업무

가. 투자매매업 관련 계약의 체결과 해지업무

나. 금융투자상품의 매매를 위한 호가 제시업무

다. 매매에 관한 청약의 접수, 전달, 집행 및 확인업무

라. 증권의 인수업무

마. 인수대상 증권의 가치분석업무

바. 인수증권의 가격결정, 청약사무수행 및 배정업무

2. 투자중개업인 경우에는 다음 각 목의 업무. 다만, 온라인소액투자중개업인 경우에는 온라인소액투자중개업 관련 계약의 체결·해지 업무, 법 제117조의11에 따른 게재 내용의 사실확인 업무 및 청약의 접수·전달·집행·확인 업무에 한정한다.

가. 투자중개업 관련 계약의 체결 및 해지업무

나. 일일정산업무

다. 증거금 관리와 거래종결업무

라. 매매주문의 접수, 전달, 집행 및 확인업무

3. 집합투자업인 경우에는 다음 각 목의 업무

가. 법 제9조제18항제1호에 따른 투자신탁(이하 "투자신탁"이라 한다)의 설정을 위한 신탁계약의 체결·해지업무와 같은 항 제3호에 따른 투자유한회사(이하 "투자유한회사"라 한다), 같은 항 제4호에 따른 투자합자회사(이하 "투자합자회사"라 한다), 같은 항 제4호의2에 따른 투자유한책임회사(이하 "투자유한책임회사"라 한다), 같은 항 제5호에 따른 투자합자조합(이하 "투자합자조합"이라 한다) 또는 같은 항 제6호에 따른 투자익명조합(이하 "투자익명조합"이라 한다)의 설립업무

나. 집합투자재산의 운용·운용지시업무[집합투자재산에 속하는 지분증권(지분증권과 관련된 증권예탁증권을 포함한다)의 의결권행사를 포함한다]

다. 집합투자재산의 평가업무

4. 투자자문업인 경우에는 다음 각 목의 업무

가. 투자자문계약의 체결과 해지업무

나. 투자자문의 요청에 응하여 투자판단을 제공하는 업무

5. 투자일임업인 경우에는 다음 각 목의 업무

가. 투자일임계약의 체결과 해지업무

나. 투자일임재산의 운용업무

6. 신탁업인 경우에는 다음 각 목의 업무

가. 신탁계약(투자신탁의 설정을 위한 신탁계약을 포함한다)과 집합투자재산(투자신탁재산은 제외한다)의 보관·관리계약의 체결과 해지업무

나. 신탁재산(투자신탁재산은 제외한다. 이하 이 호에서 같다)의 보관·관리업무

다. 집합투자재산의 보관·관리업무(운용과 운용지시의 이행 업무를 포함한다)

라. 신탁재산의 운용업무[신탁재산에 속하는 지분증권(지분증권과 관련된 증권예탁증권을 포함한다)의 의결권행사를 포함한다]

② 법 제42조제4항 후단에서 "대통령령으로 정하는 요건"이란 외국 금융투자업자가 소재한 국가에서 외국 금융감독기관의 허가·인가·등록 등을 받아 위탁받으려는 금융투자업 또는 법 제40조제1항제1호에 따른 금융업무에 상당하는 영업을 하는 것을 말한다. 〈개정 2021. 5. 18.〉

판 연 생 제48조

제48조 삭제 〈2021. 5. 18.〉

판 연 행 생 제49조 (업무위탁 관련 정보제공기준 등)

제49조(업무위탁 관련 정보제공기준 등) ① 법 제42조제6항에서 "대통령령으로 정하는 기준"이란 다음 각 호의 것을 말한다.

1. 제공하는 정보는 위탁한 업무와 관련한 정보일 것

2. 정보제공과 관련된 기록을 유지할 것

3. 제공하는 정보에 대한 수탁자의 정보이용에 관하여 관리·감독이 가능할 것

② 금융투자업자는 법 제42조제7항에 따른 업무위탁 운영기준에 다음 각 호의 사항을 포함하여야 한다.

1. 업무위탁에 따른 위험관리·평가에 관한 사항

2. 업무위탁의 결정·해지절차에 관한 사항

3. 수탁자에 대한 관리·감독에 관한 사항

4. 투자자정보 보호에 관한 사항

5. 수탁자의 부도 등 우발상황에 대한 대책에 관한 사항

6. 위탁업무와 관련하여 자료를 요구할 수 있는 수단 확보에 관한 사항

7. 그 밖에 금융위원회가 정하여 고시하는 사항

③ 위탁계약의 내용을 변경하는 경우에는 법 제42조제2항 및 제3항을 준용한다.

④ 재위탁의 경우에는 법 제42조(제1항·제5항 및 제9항은 제외한다), 법 제43조 및 이 조 제2항·제3항·제6항을 각각 준용한다. 이 경우 법 제42조제2항·제7항 및 제8항을 준용할 때에는 재위탁 계약의 내용을 금융위원회에 보고해야 하는 자, 업무재위탁 운영기준을 정해야 하는 자와 업무위탁 내용을 계약서류 등에 기재하고 투자자에게 통보해야 하는 자는 최초로 업무를 위탁한 금융투자업자로

한다. 〈개정 2020. 3. 10., 2021. 5. 18.〉

⑤ 투자자 보호 및 건전한 거래질서를 해할 우려가 없는 재위탁으로서 금융위원회가 정하여 고시하는 요건을 충족하는 경우에는 제4항을 적용하지 않는다. 〈신설 2020. 3. 10.〉

⑥ 제1항부터 제5항까지에서 규정한 사항 외에 업무위탁의 보고 등의 서식과 작성방법, 첨부서류 등에 관하여 필요한 사항은 금융위원회가 정하여 고시한다. 〈개정 2020. 3. 10.〉

⑦ 법 제43조제2항제4호에 따른 법 별표 1 제312호에서 "대통령령으로 정하는 경우"란 이 영 별표 5 각 호의 어느 하나에 해당하는 경우를 말한다. 〈개정 2020. 3. 10.〉

판 연 행 규 생 제50조(금융투자업자의 정보교류의 차단)

제50조(금융투자업자의 정보교류의 차단) ① 법 제45조제1항 및 제2항에서 "제174조제1항 각 호 외의 부분에 따른 미공개중요정보 등 대통령령으로 정하는 정보"란 각각 다음 각 호의 정보(이하 "교류차단대상정보"라 한다)를 말한다. 다만, 투자자 보호 및 건전한 거래질서를 해칠 우려가 없고 이해상충이 발생할 가능성이 크지 않은 정보로서 금융위원회가 정하여 고시하는 정보는 제외한다. 〈개정 2024. 1. 9.〉

1. 법 제174조제1항 각 호 외의 부분에 따른 미공개중요정보(이하 "미공개중요정보"라 한다)

2. 투자자의 금융투자상품 매매 또는 소유 현황에 관한 정보로서 불특정 다수인이 알 수 있도록 공개되기 전의 정보

3. 집합투자재산, 투자일임재산 및 신탁재산의 구성내역과 운용에 관한 정보로서 불특정 다수인이 알 수 있도록 공개되기 전의 정보

4. 그 밖에 제1호부터 제3호까지의 정보에 준하는 것으로서 금융위원회가 정하여 고시하는 정보

② 법 제45조제3항제3호에서 "대통령령으로 정하는 사항"이란 다음 각 호의 사항을 말한다.

1. 이해상충 발생을 방지하기 위한 조직 및 인력의 운영

2. 이해상충 발생 우려가 있는 거래의 유형화

3. 교류차단대상정보의 활용에 관련된 책임소재

4. 그 밖에 제1호부터 제3호까지의 사항에 준하는 것으로서 금융위원회가 정하여 고시하는 사항

③ 법 제45조제4항제3호에서 "대통령령으로 정하는 사항"이란 다음 각 호의 사항을 말한다.

1. 정보교류 차단 업무를 독립적으로 총괄하는 임원(「상법」 제401조의2제1항 각 호의 자를 포함한다) 또는 금융위원회가 정하여 고시하는 총괄·집행책임자의 지정·운영

2. 정보교류 차단을 위한 상시적 감시체계의 운영

3. 내부통제기준 중 정보교류 차단과 관련된 주요 내용의 공개

4. 그 밖에 제1호부터 제3호까지의 사항에 준하는 것으로서 금융위원회가 정하여 고시하는 사항

④ 협회는 법 제45조에 따른 정보교류의 효율적 차단을 위해 필요한 경우 내부통제기준에 대한 표준안을 제정하여 금융투자업자로 하여금 이용하도록 권장할 수 있다.
[전문개정 2021. 5. 18.]

판 연 생 **제51조**
〈2021. 5. 18.〉

제2관 투자권유 등 〈개정 2009. 2. 3.〉

판 연 생 **제52조**
〈2021. 3. 23.〉

판 연 생 **제52조의2**
삭제 〈2021. 3. 23.〉

판 연 생 **제53조**
삭제 〈2021. 3. 23.〉

판 연 생 **제54조**
삭제 〈2021. 3. 23.〉

판 연 생 **제55조**
삭제 〈2021. 3. 23.〉

제56조(투자권유대행인의 자격)

법 제51조제1항제2호에서 "대통령령으로 정하는 자격"이란 다음 각 호의 요건을 모두 충족하는 것을 말한다.

1. 다음 각 목의 어느 하나에 해당하는 자일 것

　가. 법 제286조제1항제3호가목에 따라 협회에서 시행하는 투자권유자문인력의 능력을 검증할 수 있는 시험에 합격한 자

　나. 법 제286조제1항제3호다목에 따라 협회에서 시행하는 투자운용인력의 능력을 검증할 수 있는 시험에 합격한 자

　다. 「보험업법 시행령」 별표 3에 따른 보험설계사·보험대리점 또는 보험중개사의 등록요건을 갖춘 개인으로서 보험모집에 종사하고 있는 자(집합투자증권의 투자권유를 대행하는 경우만 해당한다)

2. 협회가 정하여 금융위원회의 인정을 받은 교육을 마칠 것

제57조(등록업무의 위탁)

금융위원회는 법 제51조제3항 후단에 따라 등록업무를 협회에 위탁하는 경우에는 협회와 미리 다음 각 호의 내용이 포함된 위탁계약을 체결하여야 한다.

1. 협회는 위탁받은 등록업무를 수행하는 경우에 법 제51조제5항부터 제8항까지 및 이 영 제58조제3항 및 제4항을 준수하여야 한다는 내용. 이 경우 "금융위원회"는 "협회"로 본다.

2. 협회는 매 분기별로 금융위원회에 등록현황을 보고하여야 한다는 내용

제58조(등록의 방법 및 절차 등)

① 법 제51조제4항에 따른 등록신청서에는 다음 각 호의 사항을 기재하여야 한다.

1. 금융투자업자의 상호

2. 법 제51조제9항에 따른 투자권유대행인(이하 "투자권유대행인"이라 한다)으로 등록하려는 자의 인적 사항

3. 투자권유를 위탁할 금융투자상품과 계약의 범위

4. 그 밖에 등록의 검토에 필요한 사항으로서 금융위원회가 정하여 고시하는 사항

② 제1항에 따른 등록신청서에는 다음 각 호의 서류를 첨부하여야 한다.

1. 투자권유대행인으로 등록하려는 자의 주민등록증 사본(이에 준하는 것을 포함한다)

2. 계약서 사본

3. 법 제51조제1항제2호에 따른 자격을 확인할 수 있는 서류

4. 그 밖에 등록의 검토에 필요한 서류로서 금융위원회가 정하여 고시하는 서류

③ 금융위원회는 법 제51조에 따른 등록의 신청내용이 사실인지를 확인하고, 그 신청내용이 법 제51조제1항에 따른 등록요건을 충족하는지를 검토하여야 한다.

④ 금융위원회는 등록신청서를 접수한 후 등록요건에 적합하다고 확인할 경우에는 금융위원회가 정하여 고시하는 사항을 기재한 투자권유대행인 등록증을 신청인에게 내주어야 한다.

⑤ 제1항부터 제4항까지에서 규정한 사항 외에 등록의 신청과 검토, 등록신청서의 서식과 작성방법 등에 관하여 필요한 사항은 금융위원회가 정하여 고시한다.

판 연 규 생 **제59조 삭제 〈2021. 3. 23.**

제59조 삭제 〈2021. 3. 23.〉

제3관 직무관련 정보의 이용 금지 등

판 연 생 **제59조의2 (약관**

제59조의2(약관) ① 법 제56조제1항 단서에서 "대통령령으로 정하는 경우"란 다음 각 호의 어느 하나에 해당하는 경우를 말한다.

1. 약관의 제정으로서 기존 금융서비스의 제공 내용·방식·형태 등과 차별성이 있는 내용을 포함하는 경우

2. 투자자의 권리를 축소하거나 의무를 확대하기 위한 약관의 변경으로서 다음 각 목의 어느 하나에 해당하는 경우

가. 변경 전 약관을 적용받는 기존 투자자에게 변경된 약관을 적용하는 경우

나. 기존 금융서비스의 제공 내용·방식·형태 등과 차별성이 있는 내용을 포함하는 경우

3. 그 밖에 투자자 보호 등을 위하여 금융위원회가 정하여 고시하는 경우

② 제1항에도 불구하고 다음 각 호의 어느 하나에 해당하는 경우는 법 제56조제1항 단서에 따라 사전신고하는 경우에 해당하지 않는다.

1. 법 제56조제1항에 따라 보고 또는 신고된 약관과 동일하거나 유사한 내용으로 약관을 제정하거나 변경하는 경우

2. 법 제56조제3항에 따른 표준약관의 제정 또는 변경에 따라 약관을 제정하거나

변경하는 경우

3. 법 제56조제7항에 따른 변경명령에 따라 약관을 제정하거나 변경하는 경우

4. 법령의 제정 또는 개정에 따라 약관을 제정하거나 변경하는 경우

5. 그 밖에 투자자의 권리나 의무에 중대한 영향을 미칠 우려가 없다고 인정하는 경우로서 금융위원회가 정하여 고시하는 경우

[본조신설 2019. 12. 31.]

판 연 생 제60조 삭제 〈2021. 3. 23.〉

제60조 삭제 〈2021. 3. 23.〉

판 연 생 제61조 삭제 〈2021. 3. 23.〉

제61조 삭제 〈2021. 3. 23.〉

판 연 행 규 생 제62조 (자료의 기록ㆍ유지)

① 금융투자업자는 법 제60조제1항에 따라 다음 각 호의 자료를 다음 각 호의 기간 동안 기록ㆍ유지하여야 한다. 다만, 금융위원회는 투자자 보호를 해칠 염려가 없는 경우에는 그 기간을 단축하여 고시할 수 있다. 〈개정 2013. 8. 27.〉

1. 영업에 관한 자료

　가. 투자권유 관련 자료: 10년

　나. 주문기록, 매매명세 등 투자자의 금융투자상품의 매매, 그 밖의 거래 관련 자료 및 다자간매매체결회사의 다자간매매체결업무(법 제8조의2제5항 각 호 외의 부분에 따른 다자간매매체결업무를 말한다. 이하 같다) 관련 자료: 10년

　다. 집합투자재산, 투자일임재산, 신탁재산 등 투자자재산의 운용 관련 자료: 10년

　라. 매매계좌 설정ㆍ약정 등 투자자와 체결한 계약 관련 자료: 10년

　마. 업무위탁 관련 자료: 5년

　바. 부수업무 관련 자료: 5년

　사. 그 밖의 영업 관련 자료: 5년

2. 재무에 관한 자료: 10년

3. 업무에 관한 자료

　가. 주주총회 또는 이사회 결의 관련 자료: 10년

　나. 법 제161조에 따른 주요사항보고서(이하 "주요사항보고서"라 한다)에 기재하여야 하는 사항에 관한 자료: 5년

다. 고유재산 운용 관련 자료: 3년

라. 자산구입·처분 등, 그 밖의 업무에 관한 자료: 3년

4. 내부통제에 관한 자료

가. 내부통제기준, 위험관리 등 준법감시 관련 자료: 5년

나. 임원·대주주·전문인력의 자격, 이해관계자 등과의 거래내역 관련 자료: 5년

다. 그 밖의 내부통제 관련 자료: 3년

5. 그 밖에 법령에서 작성·비치하도록 되어 있는 장부·서류: 해당 법령에서 정하는 기간(해당 법령에서 정한 기간이 없는 경우에는 제1호부터 제4호까지의 보존기간을 고려하여 금융위원회가 정하여 고시하는 기간을 말한다)

② 제1항에 따른 자료의 종류·구분 등에 관한 구체적인 기준은 금융위원회가 정하여 고시한다.

판 연 행 규 생 제63조 (소유증권의 예탁)

① 법 제61조제1항 본문에서 "대통령령으로 정하는 것"이란 다음 각 호의 것을 말한다. 〈개정 2013. 8. 27.〉

1. 삭제 〈2019. 6. 25.〉

2. 그 밖에 금융위원회가 정하여 고시하는 것

② 법 제61조제1항 단서에서 "대통령령으로 정하는 경우"란 다음 각 호의 어느 하나에 해당하는 경우를 말한다. 〈개정 2013. 8. 27.〉

1. 법 및 이 영, 그 밖에 다른 법령에 따라 해당 증권을 예탁결제원에 예탁할 수 있는 증권 또는 증서로 발행할 수 없는 경우

2. 발행인이 투자자와 해당 증권을 예탁결제원에 예탁할 수 있는 증권 또는 증서로 발행하지 아니할 것을 발행조건 등에 따라 약정하는 경우

3. 「외국환거래법」 제3조제1항제8호에 따른 외화증권(이하 "외화증권"이라 한다)을 제3항에 따른 방법으로 예탁결제원에 예탁할 수 없는 경우로서 금융위원회가 정하여 고시하는 외국 보관기관에 예탁하는 경우

4. 그 밖에 해당 증권의 성격이나 권리의 내용 등을 고려할 때 예탁이 부적합한 경우로서 총리령으로 정하는 경우

③ 법 제61조제2항에서 "대통령령으로 정하는 방법"이란 금융위원회가 정하여 고시하는 외국 보관기관에 개설된 예탁결제원 계좌로 계좌대체 등을 통하여 예탁하는 방법을 말한다. 〈개정 2013. 8. 27.〉

제64조 (임직원의 금융투자상품 매매)

① 법 제63조제1항 각 호 외의 부분에서 "대통령령으로 정하는 금융투자업자"란 다음 각 호의 어느 하나에 해당하는 금융투자업자를 말한다. 〈개정 2016. 7. 28.〉

1. 법 제8조제9항제1호 및 제2호의 자

2. 제7조의2제1호부터 제3호까지 및 제5호부터 제9호까지의 자

② 법 제63조제1항에 따라 다음 각 호의 어느 하나에 해당하는 금융투자상품을 매매하는 경우에는 법 제63조제1항 각 호의 방법에 따라야 한다. 다만, 다음 각 호의 금융투자상품이 법 제9조제4항에 따른 투자일임계약에 따라 매매되는 경우에는 법 제63조제1항제3호를 적용하지 아니한다. 〈개정 2009. 2. 3., 2012. 6. 29., 2013. 8. 27., 2015. 10. 23., 2016. 6. 28., 2019. 8. 20.〉

1. 증권시장에 상장된 지분증권(제178조제1항제1호에 따른 장외거래 방법에 의하여 매매가 이루어지는 주권을 포함한다). 다만, 다음 각 목의 어느 하나에 해당하는 것은 제외한다.

　　가. 법 제9조제18항제2호에 따른 투자회사(이하 "투자회사"라 한다)의 주권과 투자유한회사·투자합자회사·투자유한책임회사·투자합자조합·투자익명조합의 지분증권

　　나. 「근로복지기본법」 제33조에 따라 설립된 우리사주조합 명의로 취득하는 우리사주조합이 설립된 회사의 주식

2. 증권시장에 상장된 증권예탁증권(제1호에 따른 지분증권과 관련된 증권예탁증권만 해당한다. 이하 이 항에서 같다)

3. 주권 관련 사채권(제68조제4항에 따른 주권 관련 사채권을 말한다. 이하 같다)으로서 제1호에 따른 지분증권이나 제2호에 따른 증권예탁증권과 관련된 것

4. 제1호에 따른 지분증권, 제2호에 따른 증권예탁증권이나 이들을 기초로 하는 지수의 변동과 연계된 파생결합증권. 다만, 불공정행위 또는 투자자와의 이해상충 가능성이 크지 아니한 경우로서 금융위원회가 정하여 고시하는 파생결합증권은 제외한다.

5. 장내파생상품

6. 제1호에 따른 지분증권, 제2호에 따른 증권예탁증권이나 이들을 기초로 하는 지수의 변동과 연계된 장외파생상품

③ 법 제63조제1항제2호 단서에서 "대통령령으로 정하는 경우"란 다음 각 호의 어느 하나에 해당하는 경우를 말한다.

1. 둘 이상의 회사를 통하여 매매할 수 있는 경우: 다음 각 목의 어느 하나에 해당하는 경우

가. 금융투자업자의 임직원이 거래하고 있는 투자중개업자가 그 금융투자업자의 임직원이 매매하려는 금융투자상품을 취급하지 아니하는 경우

나. 모집ㆍ매출의 방법으로 발행되거나 매매되는 증권을 청약하는 경우

다. 그 밖에 금융위원회가 정하여 고시하는 경우

2. 둘 이상의 계좌를 통하여 매매할 수 있는 경우: 다음 각 목의 어느 하나에 해당하는 경우

가. 투자중개업자가 금융투자상품별로 계좌를 구분ㆍ설정하도록 함에 따라 둘 이상의 계좌를 개설하는 경우

나. 「조세특례제한법」에 따라 조세특례를 받기 위하여 따로 계좌를 개설하는 경우

다. 그 밖에 금융위원회가 정하여 고시하는 경우

④ 금융투자업자의 임직원은 자기의 계산으로 제2항 각 호의 어느 하나에 해당하는 금융투자상품을 매매하는 경우에는 법 제63조제1항제4호에 따라 다음 각 호의 방법과 절차를 준수하여야 한다.

1. 금융투자상품을 매매하기 위한 계좌를 개설하는 경우에는 소속 금융투자업자의 준법감시인(준법감시인이 없는 경우에는 감사 등 이에 준하는 자를 말한다. 이하 이 항에서 같다)에게 신고할 것

2. 소속 금융투자업자의 준법감시인이 매매, 그 밖의 거래에 관한 소명을 요구하는 경우에는 이에 따를 것

3. 소속 금융투자업자의 내부통제기준으로 정하는 사항을 준수할 것

4. 그 밖에 금융위원회가 정하여 고시하는 방법과 절차를 준수할 것

판 규 제64조의2 (고객응대직원의 보호를 위한 조치)

법 제63조의2제1항제4호에서 "법적 조치 등 대통령령으로 정하는 조치"란 다음 각 호의 조치를 말한다.

1. 고객의 폭언이나 성희롱, 폭행 등(이하 "폭언등"이라 한다)이 관계 법률의 형사처벌규정에 위반된다고 판단되고 그 행위로 피해를 입은 직원이 요청하는 경우: 관할 수사기관 등에 고발

2. 고객의 폭언등이 관계 법률의 형사처벌규정에 위반되지는 아니하나 그 행위로 피해를 입은 직원의 피해정도 및 그 직원과 다른 직원에 대한 장래 피해발생 가능성 등을 고려하여 필요하다고 판단되는 경우: 관할 수사기관 등에 필요한 조치 요구

3. 직원이 직접 폭언등의 행위를 한 고객에 대한 관할 수사기관 등에 고소, 고발, 손해배상 청구 등의 조치를 하는 데 필요한 행정적, 절차적 지원

4. 고객의 폭언등을 예방하거나 이에 대응하기 위한 직원의 행동요령 등에 대한 교육 실시

5. 그 밖에 고객의 폭언등으로부터 직원을 보호하기 위하여 필요한 사항으로서 금융위원회가 정하여 고시하는 조치

[본조신설 2016. 6. 28.]

판 연 행 규 제65조(외국 금융투자업자의 영업기금 등)

① 법 제65조제1항에서 "대통령령으로 정하는 영업기금"이란 다음 각 호의 것을 말한다. 〈개정 2009. 2. 3.〉

1. 외국 금융투자업자가 지점, 그 밖의 영업소를 설치하거나 영업을 하기 위하여 그 지점, 그 밖의 영업소에 공급한 원화자금

2. 외국 금융투자업자의 지점, 그 밖의 영업소(이하 이 조에서 "국내지점등"이라 한다)의 적립금으로부터 전입한 자금

3. 외국 금융투자업자가 지점, 그 밖의 영업소를 추가로 설치하기 위하여 이미 국내에 설치된 지점, 그 밖의 영업소의 이월이익잉여금에서 전입한 자금

② 법 제65조제2항에 따라 국내지점등이 국내에 자산을 두어야 하는 방법은 다음 각 호와 같다. 〈개정 2009. 2. 3.〉

1. 현금이나 국내 금융기관에 대한 예금·적금·부금

2. 국내에 예탁하거나 보관된 증권

3. 국내에 있는 자에 대한 대여금, 그 밖의 채권

4. 국내에 있는 고정자산

5. 그 밖에 국내법에 따라 강제집행이 가능한 자산 중 금융위원회가 정하여 고시하는 자산

③ 국내지점등은 다음 각 호의 사항을 준수하여야 한다. 〈개정 2009. 2. 3.〉

1. 본점과 독립하여 결산할 것

2. 결산 결과 해당 국내지점등이 제2항 각 호의 방법으로 국내에 두고 있는 자산의 합계액이 법 제65조제1항에 따른 영업기금과 부채의 합계액에 미달하는 경우에는 결산이 확정된 날부터 60일 이내에 보전할 것

제2절 금융투자업자별 영업행위 규칙

제1관 투자매매업자 및 투자중개업자의 영업행위 규칙

판 연 행 **제66조(자기계약의 금지의 예외)**

제67조제2호에서 "대통령령으로 정하는 경우"란 다음 각 호의 어느 하나에 해당하는 경우를 말한다. 〈개정 2016. 6. 28., 2017. 5. 8.〉

1. 투자매매업자 또는 투자중개업자가 자기가 판매하는 집합투자증권을 매수하는 경우

2. 투자매매업자 또는 투자중개업자가 다자간매매체결회사를 통하여 매매가 이루어지도록 한 경우

3. 종합금융투자사업자가 제77조의6제1항제1호에 따라 금융투자상품의 장외매매가 이루어지도록 한 경우

4. 그 밖에 공정한 가격 형성과 매매, 거래의 안정성과 효율성 도모 및 투자자의 보호에 우려가 없는 경우로서 금융위원회가 정하여 고시하는 경우

[본조신설 2013. 8. 27.]

판 행 규 **제66조의2(최선집행의무)**

① 법 제68조제1항에서 "대통령령으로 정하는 거래"란 다음 각 호의 어느 하나에 해당하는 매매를 말한다.

1. 증권시장에 상장되지 아니한 증권의 매매

2. 장외파생상품의 매매

3. 다음 각 목의 어느 하나에 해당하는 금융투자상품 중 복수의 금융투자상품시장에서의 거래 가능성 및 투자자 보호의 필요성 등을 고려하여 총리령으로 정하는 금융투자상품의 매매

　　가. 증권시장에 상장된 증권

　　나. 장내파생상품

② 법 제68조제1항에 따른 최선집행기준(이하 "최선집행기준"이라 한다)에는 다음 각 호의 사항을 고려하여 최선의 거래조건으로 집행하기 위한 방법 및 그 이유 등이 포함되어야 한다. 다만, 투자자가 청약 또는 주문의 처리에 관하여 별도의 지시를 하였을 때에는 그에 따라 최선집행기준과 달리 처리할 수 있다.

1. 금융투자상품의 가격

2. 투자자가 매매체결과 관련하여 부담하는 수수료 및 그 밖의 비용

3. 그 밖에 청약 또는 주문의 규모 및 매매체결의 가능성 등

③ 법 제68조제1항 또는 제3항 후단에 따른 최선집행기준의 공표 또는 그 변경 사실의 공표는 다음 각 호의 모든 방법을 포함하는 방법으로 하여야 한다. 이 경우 최선집행기준의 변경 사실을 공표할 때에는 그 이유를 포함하여야 한다.

1. 투자매매업자 또는 투자중개업자의 본점과 지점, 그 밖의 영업소에 게시하거나 비치하여 열람에 제공하는 방법

2. 투자매매업자 또는 투자중개업자의 인터넷 홈페이지를 이용하여 공시하는 방법

④ 투자매매업자 또는 투자중개업자가 법 제68조제2항에 따라 투자자의 청약 또는 주문을 집행한 후 해당 투자자가 그 청약 또는 주문이 최선집행기준에 따라 처리되었음을 증명하는 서면 등을 요구하는 경우에는 금융위원회가 정하여 고시하는 기준과 방법에 따라 해당 투자자에게 제공하여야 한다.

⑤ 법 제68조제3항 전단에서 "대통령령으로 정하는 기간"이란 3개월을 말한다.

⑥ 법 제68조제4항 본문에서 "대통령령으로 정하는 방법"이란 팩스를 말한다.

⑦ 제1항부터 제6항까지에서 규정한 사항 외에 최선집행기준의 세부내용 및 관련 자료의 보관 등에 필요한 사항은 금융위원회가 정하여 고시한다.

[본조신설 2013. 8. 27.]

판 제67조(자기주식의 처분 기간)

법 제69조 후단에서 "대통령령으로 정하는 기간"이란 취득일부터 3개월을 말한다.

판 연 행 규 생 제68조(불건전 영업행위의 금지)

① 법 제71조 각 호 외의 부분 단서에서 "대통령령으로 정하는 경우"란 다음 각 호의 어느 하나에 해당하는 경우를 말한다. 〈개정 2012. 6. 29., 2013. 8. 27.〉

1. 법 제71조제1호를 적용할 때 다음 각 목의 어느 하나에 해당하는 경우

가. 투자자의 매매에 관한 청약이나 주문에 관한 정보를 이용하지 아니하였음을 증명하는 경우

나. 증권시장(다자간매매체결회사에서의 거래를 포함한다)과 파생상품시장 간의 가격 차이를 이용한 차익거래, 그 밖에 이에 준하는 거래로서 투자자의 정보를 의도적으로 이용하지 아니하였다는 사실이 객관적으로 명백한 경우

2. 법 제71조제2호를 적용할 때 다음 각 목의 어느 하나에 해당하는 경우

가. 조사분석자료의 내용이 직접 또는 간접으로 특정 금융투자상품의 매매를 유도하는 것이 아닌 경우

나. 조사분석자료의 공표로 인한 매매유발이나 가격변동을 의도적으로 이용하였다고 볼 수 없는 경우

다. 공표된 조사분석자료의 내용을 이용하여 매매하지 아니하였음을 증명하는 경우

라. 해당 조사분석자료가 이미 공표한 조사분석자료와 비교하여 새로운 내용을 담고 있지 아니한 경우

3. 법 제71조제3호를 적용할 때 해당 조사분석자료가 투자자에게 공표되거나 제공되지 아니하고 금융투자업자 내부에서 업무를 수행할 목적으로 작성된 경우

4. 법 제71조제5호를 적용할 때 투자권유대행인 및 투자권유자문인력이 아닌 자에게 금적립계좌등에 대한 투자권유를 하게 하는 경우

② 법 제71조제3호에서 "대통령령으로 정하는 기업금융업무"란 다음 각 호의 어느 하나에 해당하는 업무를 말한다. 〈개정 2012. 6. 29., 2015. 10. 23., 2021. 10. 21.〉

1. 인수업무

2. 모집·사모·매출의 주선업무

3. 기업의 인수 및 합병의 중개·주선 또는 대리업무

4. 기업의 인수·합병에 관한 조언업무

4의2. 설비투자, 사회간접자본 시설투자, 자원개발, 그 밖에 상당한 기간과 자금이 소요되는 프로젝트를 수주(受注)한 기업을 위하여 사업화 단계부터 특수목적기구(특정 프로젝트를 사업으로 운영하고 그 수익을 주주 등에게 배분하는 목적으로 설립된 회사, 그 밖의 기구를 말한다)에 대하여 신용공여, 출자, 그 밖의 자금지원(이하 이 항에서 "프로젝트금융"이라 한다)을 하는 자금조달구조를 수립하는 등 해당 사업을 지원하는 프로젝트금융에 관한 자문업무

4의3. 프로젝트금융을 제공하려는 금융기관 등을 모아 일시적인 단체를 구성하고 자금지원조건을 협의하는 등 해당 금융기관 등을 위한 프로젝트금융의 주선업무

4의4. 제4호의2에 따른 자문업무 또는 제4호의3에 따른 주선업무에 수반하여 이루어지는 프로젝트금융

5. 사모집합투자기구의 집합투자재산 운용업무(법 제249조의7제5항 각 호의 방법으로 운용하는 경우로 한정한다)

③ 법 제71조제4호 각 목 외의 부분에서 "대통령령으로 정하는 기간"이란 40일을

말한다. 〈개정 2009. 2. 3.〉

④ 법 제71조제4호나목에서 "대통령령으로 정하는 주권 관련 사채권"이란 전환사채권, 신주인수권부사채권, 교환사채권(주권, 전환사채권 또는 신주인수권부사채권과 교환을 청구할 수 있는 교환사채권만 해당한다) 및 제176조의12에 따른 전환형 조건부자본증권을 말한다. 〈개정 2009. 2. 3., 2013. 8. 27.〉

⑤ 법 제71조제7호에서 "대통령령으로 정하는 행위"란 다음 각 호의 어느 하나에 해당하는 행위를 말한다. 〈개정 2010. 6. 11., 2017. 5. 8., 2017. 10. 17., 2019. 1. 15., 2019. 8. 20., 2021. 2. 9., 2021. 6. 18., 2021. 10. 21.〉

1. 법 제9조제5항 단서에 따라 일반투자자와 같은 대우를 받겠다는 전문투자자(제10조제1항 각 호의 자는 제외한다)의 요구에 정당한 사유 없이 동의하지 아니하는 행위

1의2. 제10조제3항제17호가목에 따른 서류를 제출한 이후에는 전문투자자와 같은 대우를 받지 않겠다는 의사를 표시하기 전까지는 전문투자자로 대우받는다는 사실을 일반투자자에게 설명하지 않고 서류를 제출받는 행위

1의3. 제10조제3항제17호에 따른 요건을 갖추지 못했음을 알고도 전문투자자로 대우하는 행위

2. 삭제 〈2021. 3. 23.〉

2의2. 개인인 일반투자자 중 「금융소비자 보호에 관한 법률」 제17조제2항 또는 제18조제1항에 따라 투자목적·재산상황 및 투자경험 등의 정보를 파악한 결과 판매 상품이 적합하지 않거나 적정하지 않다고 판단되는 사람 또는 65세 이상인 사람을 대상으로 금융투자상품(투자자 보호 및 건전한 거래질서를 해칠 우려가 없는 것으로서 금융위원회가 정하여 고시하는 금융투자상품은 제외한다)을 판매하는 경우 다음 각 목의 어느 하나에 해당하는 행위

　　가. 판매과정을 녹취하지 않거나 투자자의 요청에도 불구하고 녹취된 파일을 제공하지 않는 행위

　　나. 투자자에게 권유한 금융투자상품의 판매과정에서 금융투자상품의 매매에 관한 청약 또는 주문(이하 "청약등"이라 한다)을 철회할 수 있는 기간(이하 이 호에서 "숙려기간"이라 한다)에 대해 안내하지 않는 행위

　　다. 투자권유를 받고 금융투자상품의 청약등을 한 투자자에게 2영업일 이상의 숙려기간을 부여하지 않는 행위

　　라. 숙려기간 동안 투자자에게 투자에 따르는 위험, 투자원금의 손실가능성, 최대 원금손실 가능금액 및 그 밖에 금융위원회가 정하여 고시하는 사항을 고지하지 않거나 청약등을 집행하는 행위

마. 숙려기간이 지난 후 서명, 기명날인, 녹취 또는 그 밖에 금융위원회가 정하여 고시하는 방법으로 금융투자상품의 매매에 관한 청약등의 의사가 확정적임을 확인하지 않고 청약등을 집행하는 행위

바. 청약등을 집행할 목적으로 투자자에게 그 청약등의 의사가 확정적임을 표시해 줄 것을 권유하거나 강요하는 행위

　2의3. 고난도금융투자상품(투자자 보호 및 건전한 거래질서를 해칠 우려가 없는 것으로서 금융위원회가 정하여 고시하는 고난도금융투자상품은 제외한다)을 판매하는 경우 다음 각 목의 어느 하나에 해당하는 행위

가. 개인인 일반투자자를 대상으로 하는 제2호의2 각 목의 어느 하나에 해당하는 행위

나. 개인인 투자자에게 고난도금융투자상품의 내용, 투자에 따르는 위험 및 그 밖에 금융위원회가 정하여 고시하는 사항을 해당 투자자가 쉽게 이해할 수 있도록 요약한 설명서를 내어 주지 않는 행위. 다만, 다음의 어느 하나에 해당하는 경우는 제외한다.

　1) 투자자가 해당 설명서를 받지 않겠다는 의사를 서면, 전신, 전화, 팩스, 전자우편 또는 그 밖에 금융위원회가 정하여 고시하는 방법으로 표시한 경우

　2) 집합투자증권의 판매 시 법 제124조제2항제3호에 따른 간이투자설명서 또는 법 제249조의4제2항 전단에 따른 핵심상품설명서를 교부한 경우

3. 투자자(투자자가 법인, 그 밖의 단체인 경우에는 그 임직원을 포함한다) 또는 거래상대방(거래상대방이 법인, 그 밖의 단체인 경우에는 그 임직원을 포함한다) 등에게 업무와 관련하여 금융위원회가 정하여 고시하는 기준을 위반하여 직접 또는 간접으로 재산상의 이익을 제공하거나 이들로부터 재산상의 이익을 제공받는 행위

4. 증권의 인수업무 또는 모집·사모·매출의 주선업무와 관련하여 다음 각 목의 어느 하나에 해당하는 행위

가. 발행인이 법 제119조제3항에 따른 증권신고서(법 제122조제1항에 따른 정정신고서와 첨부서류를 포함한다)와 법 제123조제1항에 따른 투자설명서(법 제124조제2항제2호에 따른 예비투자설명서 및 법 제124조제2항제3호에 따른 간이투자설명서를 포함한다) 중 중요사항에 관하여 거짓의 기재 또는 표시를 하거나 중요사항을 기재 또는 표시하지 않는 것을 방지하는 데 필요한 적절한 주의를 기울이지 않는 행위

나. 증권의 발행인·매출인 또는 그 특수관계인에게 증권의 인수를 대가로 모집·사모·매출 후 그 증권을 매수할 것을 사전에 요구하거나 약속하는 행위

다. 인수(모집·사모·매출의 주선을 포함한다. 이하 이 호에서 같다)하는 증권의 배정을 대가로 그 증권을 배정받은 자로부터 그 증권의 투자로 인하여 발생하는 재산상의 이익을 직접 또는 간접으로 분배받거나 그 자에게 그 증권의 추가적인 매수를 요구하는 행위

라. 인수하는 증권의 청약자에게 증권을 정당한 사유 없이 차별하여 배정하는 행위

마. 그 밖에 투자자의 보호나 건전한 거래질서를 해칠 염려가 있는 행위로서 금융위원회가 정하여 고시하는 행위

4의2. 주권을 상장하지 않은 증권시장에 주권을 상장하기 위한 모집·매출과 관련하여 이루어지는 다음 각 목의 행위

가. 증권금융회사를 통해 청약자의 중복청약(투자매매업자 또는 투자중개업자에게 청약한 이후에 다른 투자매매업자 또는 투자중개업자에게 추가로 청약하는 행위를 말하며, 법 제165조의6제4항제4호에 따른 청약은 제외한다. 이하 같다) 여부를 확인하지 않는 행위

나. 청약자의 중복청약 사실을 확인했음에도 불구하고 해당 청약자에게 주식을 배정(최초로 청약을 받은 투자매매업자 또는 투자중개업자가 배정하는 경우는 제외한다)하는 행위

5. 금융투자상품의 가치에 중대한 영향을 미치는 사항을 미리 알고 있으면서 이를 투자자에게 알리지 아니하고 해당 금융투자상품의 매수나 매도를 권유하여 해당 금융투자상품을 매도하거나 매수하는 행위

6. 투자자가 법 제174조·제176조 및 제178조를 위반하여 매매, 그 밖의 거래를 하려는 것을 알고 그 매매, 그 밖의 거래를 위탁받는 행위

7. 금융투자상품의 매매, 그 밖의 거래와 관련하여 투자자의 위법한 거래를 감추어 주기 위하여 부정한 방법을 사용하는 행위

8. 금융투자상품의 매매, 그 밖의 거래와 관련하여 결제가 이행되지 아니할 것이 명백하다고 판단되는 경우임에도 정당한 사유 없이 그 매매, 그 밖의 거래를 위탁받는 행위

9. 투자자에게 해당 투자매매업자·투자중개업자가 발행한 자기주식의 매매를 권유하는 행위

10. 투자자로부터 집합투자증권(증권시장에 상장된 집합투자증권은 제외한다)을 매수하거나 그 중개·주선 또는 대리하는 행위. 다만, 법 제235조제6항 단서에 따라 매수하는 경우는 제외한다.

11. 법 제55조 및 제71조에 따른 금지 또는 제한을 회피할 목적으로 하는 행위로서 장외파생상품거래, 신탁계약, 연계거래 등을 이용하는 행위

12. 채권자로서 그 권리를 담보하기 위하여 백지수표나 백지어음을 받는 행위

12의2. 집합투자업자와의 이면계약 등에 따라 집합투자업자에게 집합투자재산의 운용에 관한 명령·지시·요청 등을 하는 행위

13. 집합투자증권의 판매업무와 집합투자증권의 판매업무 외의 업무를 연계하여 정당한 사유 없이 고객을 차별하는 행위

13의2. 종합금융투자사업자가 제77조의6제2항을 위반하여 같은 조 제1항제2호에 따른 단기금융업무를 하는 행위

13의3. 종합금융투자사업자가 제77조의6제3항을 위반하여 같은 조 제1항제3호에 따른 종합투자계좌업무를 하는 행위

13의4. 법 제117조의10제4항 단서에 따라 온라인소액증권발행인이 정정 게재를 하는 경우 온라인소액투자중개업자가 정정 게재 전 해당 증권의 청약의 의사를 표시한 투자자에게 다음 각 목의 행위를 하지 않는 행위

　　가. 정정 게재 사실의 통지

　　나. 제118조의9제1항 각 호의 어느 하나에 해당하는 방법을 통한 투자자 청약 의사의 재확인(제130조제1항제1호가목에 따른 모집가액 또는 매출가액이 증액되거나 같은 호 나목에 따른 사항이 변경됨에 따라 정정 게재를 하는 경우는 제외한다)

13의5. 법 제117조의10제6항제2호에 따른 투자자가 온라인소액투자중개의 방법을 통하여 증권을 청약하려는 경우 온라인소액투자중개업자가 해당 투자자에게 투자에 따르는 위험 등에 대하여 이해했는지 여부를 질문을 통하여 확인하지 않거나, 확인한 결과 투자자에게 온라인소액투자중개의 방법을 통한 투자가 적합하지 않음에도 청약의 의사표시를 받는 행위

13의6. 청약금액이 모집예정금액에 제118조의16제5항에 따른 비율을 곱한 금액을 초과하여 증권의 발행이 가능한 요건이 충족되었음에도 온라인소액투자중개업자가 해당 사실을 청약자에게 통지하지 않는 행위

14. 그 밖에 투자자의 보호나 건전한 거래질서를 해칠 염려가 있는 행위로서 금융위원회가 정하여 고시하는 행위

판 연 행 규 **제69조(신용공여)**

제69조(신용공여) ① 투자매매업자 또는 투자중개업자는 법 제72조제1항에 따라 다

음 각 호의 어느 하나에 해당하는 방법으로 투자자에게 신용을 공여할 수 있다. 〈개정 2019. 6. 25., 2021. 5. 18.〉

1. 해당 투자매매업자 또는 투자중개업자에게 증권 매매거래계좌를 개설하고 있는 자에 대하여 증권의 매매를 위한 매수대금을 융자하거나 매도하려는 증권을 대여하는 방법

2. 해당 투자매매업자 또는 투자중개업자에게 계좌를 개설하여 「주식·사채 등의 전자등록에 관한 법률」 제2조제4호에 따른 전자등록주식등을 보유하고 있거나 증권을 예탁하고 있는 자에 대하여 그 전자등록주식등 또는 증권을 담보로 금전을 융자하는 방법

② 제1항에도 불구하고 투자매매업자 또는 투자중개업자가 전담중개업무를 제공하는 경우에는 다음 각 호의 방법으로 그 전담중개업무를 제공받는 일반사모집합투자기구등에 대하여 신용을 공여할 수 있다. 〈신설 2011. 9. 30., 2013. 8. 27., 2015. 10. 23., 2021. 10. 21.〉

1. 증권의 매매를 위한 매수대금을 융자하거나 매도하려는 증권을 대여하는 방법

2. 전담중개업무로서 보관·관리하는 일반사모집합투자기구등의 투자자재산인 증권을 담보로 금전을 융자하는 방법

③ 제1항 및 제2항에 따른 신용공여의 구체적인 기준과 담보의 비율 및 징수방법 등은 금융위원회가 정하여 고시한다. 〈개정 2011. 9. 30.〉

판 연 행 규 **제70조(매매명세의 통지 방법)**

① 투자매매업자 또는 투자중개업자는 법 제73조에 따라 통지를 하는 경우에는 다음 각 호에서 정하는 방법에 따라야 한다. 〈개정 2019. 1. 15., 2021. 1. 5., 2021. 10. 21., 2025. 6. 2.〉

1. 다음 각 목에 따른 기한 내에 통지할 것
   가. 매매의 유형, 종목·품목, 수량, 가격, 수수료 등 모든 비용, 그 밖의 거래내용: 매매가 체결된 후 지체 없이
   나. 집합투자증권 외의 금융투자상품의 매매가 체결된 경우, 월간 매매내역·손익내역, 월말 현재 잔액현황·미결제약정현황 등의 내용: 매매가 체결된 날의 다음 달 20일까지
   다. 집합투자증권의 매매가 체결된 경우, 집합투자기구에서 발생한 모든 비용을 반영한 실질 투자 수익률, 투자원금 및 환매예상 금액, 그 밖에 금융위원회가 정하여 고시하는 사항: 매월 마지막 날까지

2. 다음 각 목의 방법 중 투자매매업자 또는 투자중개업자와 투자자 간에 미리 합의

된 방법(계좌부 등에 따라 관리·기록되지 않는 매매거래는 가목만 해당한다)으로 통지할 것. 다만, 투자자가 보유한 집합투자증권이 상장지수집합투자기구, 단기금융집합투자기구, 사모집합투자기구의 집합투자증권이거나 평가기준일의 평가금액이 10만원 이하인 경우(집합투자증권의 매매가 체결된 경우에 한정한다) 또는 투자자가 통지를 받기를 원하지 않는 경우에는 지점, 그 밖의 영업소에 비치하거나 인터넷 홈페이지에 접속하여 수시로 조회가 가능하게 함으로써 통지를 갈음할 수 있다.

　　가. 서면 교부

　　나. 전화, 전신 또는 팩스

　　다. 전자우편, 그 밖에 이와 비슷한 전자통신

　　라. 그 밖에 금융위원회가 정하여 고시하는 방법

② 제1항에 따른 통지와 관련하여 필요한 세부사항은 금융위원회가 정하여 고시한다.

판 규 **제71조(증권금융회사 예치 등의 예외)**

법 제74조제2항 전단에서 "대통령령으로 정하는 투자매매업자 또는 투자중개업자"란 다음 각 호의 자를 말한다.

1. 은행

2. 「한국산업은행법」에 따른 한국산업은행

3. 「중소기업은행법」에 따른 중소기업은행

4. 보험회사

판 연 규 **제72조(투자자예탁금의 예외적 양도 등)**

법 제74조제4항에서 "대통령령으로 정하는 경우"란 다음 각 호의 어느 하나에 해당하는 경우를 말한다. 〈개정 2021. 5. 18.〉

1. 법 제74조제4항에 따른 예치금융투자업자(이하 "예치금융투자업자"라 한다)가 다른 회사에 흡수합병되거나 다른 회사와 신설합병함에 따라 그 합병에 의하여 존속되거나 신설되는 회사에 예치기관에 예치 또는 신탁한 투자자예탁금을 양도하는 경우

2. 예치금융투자업자가 금융투자업의 전부나 일부를 양도하는 경우로서 양도내용에 따라 양수회사에 예치기관에 예치 또는 신탁한 투자자예탁금을 양도하는 경우

3. 법 제40조제1항제4호에 따른 자금이체업무와 관련하여 금융위원회가 정하여 고시하는 한도 이내에서 금융위원회가 정하여 고시하는 방법에 따라 예치금융투자업자가 은행에 예치기관에 예치 또는 신탁한 투자자예탁금을 담보로 제공하는 경우

4. 그 밖에 투자자의 보호를 해칠 염려가 없는 경우로서 금융위원회가 정하여 고시하는 경우

판 연 행 제73조(투자자예탁금의 지급 방법 및 절차)

① 예치기관이 법 제74조제5항에 따라 투자자예탁금을 지급하는 경우에는 다음 각 호의 기준에 따라야 한다.

1. 투자자 및 예치금융투자업자로부터 투자자예탁금에 관한 자료 또는 정보를 제출받아 확인한 후 지급할 것

2. 법 제74조제6항에 따른 금융위원회의 통지를 받은 날을 기준으로 예치기관에 예치 또는 신탁되어 있는 투자자예탁금의 총액의 범위에서 지급할 것

3. 예치기관에 예치 또는 신탁되어 있는 투자자예탁금 총액을 투자자가 예치금융투자업자에게 예탁한 투자자예탁금 총액으로 나눈 비율에 투자자별 투자자예탁금을 곱한 금액을 기준으로 지급할 것. 다만, 예치기관의 투자자예탁금 총액이 투자자가 예치금융투자업자에게 예탁한 투자자예탁금 총액보다 크거나 같은 경우에는 투자자별 투자자예탁금 전액을 모두 지급한다.

② 예치기관은 법 제74조제5항에 따른 투자자예탁금의 지급이나 같은 조 제7항 본문에 따른 공고를 위해 필요한 경우에는 「예금자보호법」에 따른 예금보험공사나 예치금융투자업자에게 관계 자료, 정보 또는 의견의 제출을 요청하거나 필요한 협의를 할 수 있다.

③ 제1항 및 제2항에서 규정한 사항 외에 투자자예탁금의 지급 방법 및 절차 등에 관하여 필요한 세부사항은 금융위원회가 정하여 고시한다.

[전문개정 2021. 12. 9.]

판 행 제73조의2(투자자예탁금의 지급보류)

① 법 제74조제8항에서 "대통령령으로 정하는 특수관계"란 「금융회사의 지배구조에 관한 법률 시행령」 제3조제1항 각 호의 어느 하나에 해당하는 관계를 말한다.

② 예치기관이 법 제74조제8항에 따라 투자자예탁금의 지급을 보류하는 경우에는 다음 각 호의 사항을 투자자에게 서면으로 알려야 한다.

1. 지급보류 금액

2. 지급보류 사유

3. 지급보류 기간

4. 지급보류 사유의 소멸이나 지급보류 기간의 경과에 따른 투자자예탁금의 지급

청구에 관한 사항

③ 예치기관은 법 제74조제8항에 따라 투자자가 투자자예탁금의 지급보류 대상자에 해당하는지를 확인하기 위해 필요한 경우 관계 행정기관, 공공기관, 법인·단체 등에 필요한 협조를 요청할 수 있다.

④ 제1항부터 제3항까지에서 규정한 사항 외에 투자자예탁금의 지급보류의 방법 및 절차 등에 관하여 필요한 세부사항은 금융위원회가 정하여 고시한다.

[본조신설 2021. 12. 9.]

판 연 행 **제74조(투자자예탁금의 운용)**

① 법 제74조제12항제2호에서 "대통령령으로 정하는 금융기관"이란 다음 각 호의 금융기관을 말한다. 〈개정 2016. 5. 31., 2021. 12. 9.〉

1. 은행

2. 「한국산업은행법」에 따른 한국산업은행

3. 「중소기업은행법」에 따른 중소기업은행

4. 보험회사

5. 투자매매업자 또는 투자중개업자

6. 증권금융회사

7. 종합금융회사

8. 「신용보증기금법」에 따른 신용보증기금

9. 「기술보증기금법」에 따른 기술보증기금

② 법 제74조제12항제3호에서 "대통령령으로 정하는 방법"이란 다음 각 호의 방법을 말한다. 〈개정 2021. 12. 9.〉

1. 증권 또는 원화로 표시된 양도성 예금증서를 담보로 한 대출

2. 한국은행 또는 「우체국 예금·보험에 관한 법률」에 따른 체신관서에의 예치

3. 특수채증권의 매수

4. 그 밖에 투자자예탁금의 안전한 운용이 가능하다고 인정되는 것으로서 금융위원회가 정하여 고시하는 방법

판 연 행 규 **제75조(투자자예탁금의 범위 등)**

① 법 제74조제1항 및 제2항에 따라 투자매매업자 또는 투자중개업자가 예치기관에 예치 또는 신탁해야 하는 투자자예탁금의 범위는 제1호의 금액에서 제2호의 금액을 뺀 것으로 한다. 〈개정 2009. 2. 3., 2013. 8. 27., 2021. 2. 9.〉

1. 다음 각 목의 금액의 합계액

　　가. 투자자가 금융투자상품의 매매, 그 밖의 거래를 위하여 예탁한 금액

　　나. 투자자예탁금의 이용료 등 투자매매업자 또는 투자중개업자가 투자자에게 지급한 금액

　　다. 투자자가 보유하는 장내파생상품의 일일정산에 따라 발생한 이익금액

2. 다음 각 목의 금액의 합계액

　　가. 투자자가 증권시장(다자간매매체결회사에서의 거래를 포함한다) 또는 파생상품시장에서 행하는 금융투자상품의 매매, 그 밖의 거래를 위하여 투자매매업자 또는 투자중개업자가 거래소(금융위원회가 정하여 고시하는 자를 포함한다)와 다른 투자매매업자 또는 투자중개업자에게 예탁 중인 금액

　　나. 투자자가 해외에서 행하는 금융투자상품의 매매, 그 밖의 거래를 위하여 투자매매업자 또는 투자중개업자가 해외 증권시장(그 결제기관을 포함한다), 외국 다자간매매체결회사(외국 법령에 따라 외국에서 다자간매매체결회사에 상당하는 업무를 하는 자를 말하며, 그 결제기관을 포함한다) 또는 해외 파생상품시장(그 결제기관을 포함한다)과 외국 투자매매업자 또는 외국 투자중개업자에게 예탁 중인 금액

　　다. 위탁수수료 등 투자자가 행한 금융투자상품의 매매, 그 밖의 거래와 관련된 모든 비용액

　　라. 「예금자보호법 시행령」 제3조제3항제1호·제2호·제3호(법 제76조제1항에 따라 투자자가 집합투자증권의 취득을 위하여 투자매매업자 또는 투자중개업자에게 납입한 금전은 제외한다) 및 제4호의 금전

　　마. 투자자가 보유하는 장내파생상품의 일일정산에 따라 발생한 손실금액

② 투자매매업자 또는 투자중개업자는 제1항에 따라 산출된 금액의 100분의 100 이상을 예치기관에 예치 또는 신탁하여야 한다.

③ 예치금융투자업자는 다음 각 호의 기준에 따라 예치기관에 예치 또는 신탁한 투자자예탁금을 인출할 수 있다.

1. 이미 예치 또는 신탁한 투자자예탁금이 예치 또는 신탁하여야 할 투자자예탁금보다 많은 경우: 예치 또는 신탁한 투자자예탁금과 예치 또는 신탁하여야 할 투자자예탁금의 차액

2. 삭제 〈2021. 12. 9.〉

3. 투자자로부터 일시에 대량으로 투자자예탁금의 지급청구가 있는 등 금융위원회가 투자자예탁금의 인출이 필요하다고 인정하는 경우: 인정받은 금액

④ 예치기관은 예치 또는 신탁받은 투자자예탁금을 자기재산과 구분하여 신의에 따라 성실하게 관리하여야 한다.

⑤ 제1항에 따른 투자자예탁금의 범위, 예치 또는 신탁의 시기·주기·비율·방법, 인출 및 관리 등을 위하여 필요한 세부사항은 금융위원회가 정하여 고시한다.

판 연 행 제76조(투자자 예탁증권의 예탁)

법 제75조제1항 본문에서 "대통령령으로 정하는 것"이란 다음 각 호의 것을 말한다. 〈개정 2013. 8. 27.〉

1. 삭제 〈2019. 6. 25.〉

2. 그 밖에 금융위원회가 정하여 고시하는 것

② 법 제75조제1항 단서에서 "대통령령으로 정하는 경우"란 제63조제2항 각 호의 어느 하나에 해당하는 경우를 말한다. 〈개정 2013. 8. 27.〉

③ 법 제75조제2항에서 "대통령령으로 정하는 방법"이란 금융위원회가 정하여 고시하는 외국 보관기관에 개설된 예탁결제원 계좌로 계좌대체 등을 통하여 예탁하는 방법을 말한다. 〈개정 2013. 8. 27.〉

판 연 행 규 생 제77조(집합투자증권 판매 등에 관한 특례)

① 법 제76조제1항 단서에서 "대통령령으로 정하는 경우"란 다음 각 호의 경우를 말한다. 〈개정 2009. 2. 3., 2009. 12. 21., 2016. 6. 28., 2022. 8. 30.〉

1. 투자자가 집합투자규약으로 정한 집합투자증권의 매수청구일을 구분하기 위한 기준시점을 지나서 투자매매업자 또는 투자중개업자에게 금전등을 납입하는 경우

2. 투자매매업자 또는 투자중개업자가 단기금융집합투자기구의 집합투자증권을 판매하는 경우로서 다음 각 목의 어느 하나에 해당하는 경우

　가. 투자자가 금융투자상품 등의 매도나 환매에 따라 수취한 결제대금으로 결제일에 단기금융집합투자기구의 집합투자증권을 매수하기로 집합투자증권을 판매하는 투자매매업자 또는 투자중개업자와 미리 약정한 경우

　나. 투자자가 급여 등 정기적으로 받는 금전으로 수취일에 단기금융집합투자기구의 집합투자증권을 매수하기로 집합투자증권을 판매하는 투자매매업자 또는 투자중개업자와 미리 약정한 경우

　다. 「국가재정법」제81조에 따라 여유자금을 통합하여 운용하는 경우로서 환매청구일에 공고되는 기준가격으로 환매청구일에 환매한다는 내용이 집합투자규약에 반영된 단기금융집합투자기구의 집합투자증권을 판매하는 경우

3. 다음 각 목의 어느 하나에 해당하는 자에게 단기금융집합투자기구의 집합투자증권을 판매하는 경우

　　가. 「외국환거래법」 제13조에 따른 외국환평형기금

　　나. 「국가재정법」 제81조에 따라 여유자금을 통합하여 운용하는 단기금융집합투자기구 및 증권집합투자기구

4. 법 제76조제1항 본문에 따른 기준가격을 적용할 경우 해당 집합투자기구의 투자자 이익 등을 침해할 우려가 있다고 제261조에 따른 집합투자재산평가위원회가 인정하는 경우

5. 투자자가 집합투자기구를 변경하지 아니하고 그 집합투자기구의 집합투자증권을 판매한 투자매매업자 또는 투자중개업자를 변경할 목적으로 집합투자증권을 환매한 후 다른 투자매매업자 또는 투자중개업자를 통하여 해당 집합투자증권을 매수하는 경우

6. 다음 각 목의 요건을 모두 갖춘 집합투자기구의 집합투자증권을 판매하는 경우

　　가. 「국가재정법」 제81조에 따라 여유자금을 통합하여 운용하는 집합투자기구일 것

　　나. 집합투자재산을 다음의 금융상품에 대해서만 운용하고 있을 것. 이 경우 제2호다목에 따른 단기금융집합투자기구의 집합투자증권에 대하여 운용하고 있어야 한다.

　　　1) 다른 집합투자기구의 집합투자증권

　　　2) 예금

② 법 제76조제1항 단서에서 "대통령령으로 정하는 기준가격"이란 다음 각 호의 구분에 따른 기준가격을 말한다. 〈개정 2009. 2. 3., 2009. 12. 21., 2021. 10. 21., 2022. 8. 30.〉

1. 제1항제1호의 경우: 금전등의 납입일부터 기산하여 3영업일에 산정(사모집합투자기구의 집합투자증권만 해당한다)되거나 공고되는 기준가격

2. 제1항제2호, 제3호 및 제6호의 경우: 금전등의 납입일에 공고되는 기준가격

3. 제1항제4호의 경우: 금전등의 납입일부터 기산하여 3영업일 또는 그 이후에 산정(사모집합투자기구의 집합투자증권만 해당한다)되거나 공고되는 기준가격

4. 제1항제5호의 경우: 집합투자증권을 환매한 후 15일 이내에 집합투자규약에서 정하는 투자매매업자 또는 투자중개업자 변경의 효력이 발생하는 날에 산정(사모집합투자기구의 집합투자증권만 해당한다)되거나 공고되는 기준가격

③ 법 제76조제3항 단서에서 "대통령령으로 정하는 경우"란 관련 법령의 개정에 따

라 새로운 형태의 집합투자증권의 판매가 예정되어 있어, 그 집합투자기구의 개괄적인 내용을 광고하여도 투자자의 이익을 해칠 염려가 없는 경우를 말한다. 이 경우 관련 법령의 개정이 확정되지 아니한 경우에는 광고의 내용에 관련 법령의 개정이 확정됨에 따라 그 내용이 달라질 수 있음을 표시하여야 한다.

④ 법 제76조제5항에 따라 투자매매업자 또는 투자중개업자가 취득하는 판매수수료와 판매보수(법 제76조제4항에 따른 판매보수를 말한다. 이하 "판매보수"라 한다)는 다음 각 호의 한도를 초과하여서는 아니 된다. 〈개정 2009. 12. 21., 2010. 6. 11.〉

1. 판매수수료: 납입금액 또는 환매금액의 100분의 2

2. 판매보수: 집합투자재산의 연평균가액의 100분의 1. 다만, 투자자의 투자기간에 따라 판매보수율이 감소하는 경우로서 금융위원회가 정하여 고시하는 기간을 넘는 시점에 적용되는 판매보수율이 100분의 1 미만인 경우 그 시점까지는 100분의 1에서부터 1천분의 15까지의 범위에서 정할 수 있다.

⑤ 투자매매업자 또는 투자중개업자는 집합투자규약으로 정하는 바에 따라 다음 각 호의 방법으로 판매수수료나 판매보수를 받을 수 있다.

1. 판매수수료: 판매 또는 환매시 일시에 투자자로부터 받거나 투자기간 동안 분할하여 투자자로부터 받는 방법

2. 판매보수: 매일의 집합투자재산의 규모에 비례하여 집합투자기구로부터 받는 방법

⑥ 판매수수료는 집합투자규약으로 정하는 바에 따라 판매방법, 투자매매업자·투자중개업자, 판매금액, 투자기간 등을 기준으로 차등하여 받을 수 있다.

⑦ 제1항제1호에 따른 기준시점 및 같은 항 제5호에 따른 투자매매업자 또는 투자중개업자의 변경에 관한 사항, 제4항 및 제5항에 따른 판매수수료와 판매보수의 구체적인 한도 산정기준, 그 밖에 필요한 세부적인 사항은 금융위원회가 정하여 고시한다. 〈개정 2009. 12. 21.〉

판 제77조의2 (투자성 있는 예금계약에 준하는 계약)

법 제77조제1항 전단에서 "대통령령으로 정하는 계약"이란 금적립계좌등의 발행을 위한 계약을 말한다.

[본조신설 2013. 8. 27.]

판 연 행 규 제77조의3 (종합금융투자사업자의 지정 등)

① 법 제77조의2제1항제3호에서 "대통령령으로 정하는 금액"이란 다음 각 호의 구분에 따른 금액을 말한다. 〈개정 2017. 5. 8.〉

1. 전담중개업무, 기업에 대한 신용공여 업무 및 제77조의6제1항제1호에 따른 업무를 하려는 종합금융투자사업자: 3조원

2. 제1호에 따른 업무 및 제77조의6제1항제2호에 따른 업무를 하려는 종합금융투자사업자: 4조원

3. 제2호에 따른 업무 및 제77조의6제1항제3호에 따른 업무를 하려는 종합금융투자사업자: 8조원

② 법 제77조의2제1항제4호에서 "대통령령으로 정하는 기준"이란 다음 각 호의 기준을 말한다. 〈개정 2021. 5. 18.〉

1. 종합금융투자사업자의 업무와 관련한 위험관리 및 내부통제 등을 위한 적절한 인력, 전산시스템 및 내부통제장치를 갖출 것

2. 다음 각 목의 요건을 모두 갖출 것

　가. 법 제44조에 따라 이해상충이 발생할 가능성을 파악·평가·관리할 수 있는 적절한 내부통제기준을 갖출 것

　나. 법 제45조제1항 및 제2항에 따라 정보의 교류를 차단할 수 있는 적절한 체계를 갖출 것

③ 법 제77조의2제2항에 따라 종합금융투자사업자로 지정받으려는 자는 같은 조 제1항 각 호의 요건을 갖추었음을 확인할 수 있는 서류를 첨부하여 금융위원회에 지정신청서를 제출하여야 한다.

④ 금융위원회는 제3항의 지정신청서를 접수한 경우에는 그 내용을 검토하여 2개월 이내에 종합금융투자사업자 지정 여부를 결정하고, 그 결과와 이유를 지체 없이 신청인에게 문서로 통지하여야 한다. 이 경우 지정신청서에 흠결이 있는 때에는 보완을 요구할 수 있다.

⑤ 제4항의 검토기간을 산정할 때 지정신청서 흠결의 보완기간 등 총리령으로 정하는 기간은 검토기간에 산입하지 아니한다.

⑥ 금융위원회는 제4항의 종합금융투자사업자 지정 여부를 결정할 때 다음 각 호의 어느 하나에 해당하는 사유가 없는 한 지정을 하여야 한다.

1. 법 제77조의2제1항의 종합금융투자사업자 지정요건을 갖추지 아니한 경우

2. 제3항의 지정신청서를 거짓으로 작성한 경우

3. 제4항 후단의 보완요구를 이행하지 아니한 경우

⑦ 금융위원회는 제4항에 따라 종합금융투자사업자 지정을 결정한 경우 종합금융투

자사업자 지정부에 필요한 사항을 적어야 하며, 지정결정한 내용을 관보 및 인터넷 홈페이지 등에 공고하여야 한다.

⑧ 금융위원회는 법 제77조의2제4항에 따라 종합금융투자사업자 지정을 취소한 경우에는 그 내용을 기록하고, 이를 유지·관리하여야 하며, 그 사실을 관보 및 인터넷 홈페이지 등에 공고하여야 한다.

⑨ 제1항부터 제8항까지에서 규정한 사항 외에 종합금융투자사업자 지정요건의 세부기준, 지정신청과 검토, 지정신청서의 서식 및 지정취소의 절차 등에 관하여 필요한 사항은 금융위원회가 정하여 고시한다.

[본조신설 2013. 8. 27.]

판 연 규 제77조의4 (전담중개업무에 관한 계약 등)

① 법 제77조의3제2항 각 호 외의 부분에서 "투자대상, 차입 여부 등을 감안하여 대통령령으로 정하는 자"란 일반사모집합투자기구등을 말한다. 〈신설 2015. 10. 23., 2021. 10. 21.〉

② 법 제77조의3제2항 각 호 외의 부분에서 "그 밖에 대통령령으로 정하는 자"란 종합금융투자사업자로부터 법 제6조제10항제3호의 업무를 위탁받은 자 및 일반사모집합투자기구등으로부터 법 제184조제6항제2호의 업무를 위탁받은 일반사무관리회사를 말한다. 〈개정 2015. 10. 23., 2018. 9. 28., 2021. 10. 21.〉

③ 법 제77조의3제2항제2호에서 "대통령령으로 정하는 방법"이란 환매조건부매매, 그 밖에 전담중개업무의 효율적인 수행 등을 고려하여 총리령으로 정하는 방법을 말한다. 〈개정 2015. 10. 23.〉

④ 법 제77조의3제2항제4호에서 "대통령령으로 정하는 사항"이란 다음 각 호의 사항을 말한다. 〈개정 2015. 10. 23.〉

1. 전담중개업무의 범위와 기준 및 절차 등에 관한 사항
2. 전담중개업무 제공에 따른 수수료 또는 그 밖의 비용 등에 관한 사항
3. 계약 종료의 사유 및 절차, 계약당사자의 채무불이행에 따른 손해배상 등에 관한 사항

[본조신설 2013. 8. 27.]

판 연 행 제77조의5 (신용공여의 범위 등)

① 법 제77조의3제3항제1호에 따른 신용공여의 범위는 다음 각 호와 같다.

1. 대출

2. 삭제 〈2016. 6. 28.〉

3. 기업어음증권에 해당하지 아니하는 어음의 할인·매입

② 법 제77조의3제5항 단서에서 "대통령령으로 정하는 경우"란 다음 각 호의 어느 하나에 해당하는 경우를 말한다. 〈개정 2015. 10. 23., 2016. 6. 28., 2018. 9. 28., 2021. 10. 21.〉

1. 금융위원회가 정하여 고시하는 방법에 따라 일반사모집합투자기구등으로부터 받은 담보를 활용하여 제삼자로부터 조달한 자금으로 신용공여를 하는 경우

2. 제68조제2항 각 호의 업무와 관련하여 총리령으로 정하는 기간 이내의 신용공여를 하는 경우

3. 국가, 지방자치단체, 외국 정부, 제362조제8항 각 호의 금융기관 또는 이에 준하는 외국 금융기관이 원리금의 상환에 관하여 보증한 신용공여(원리금의 상환이 보증된 부분에 한정한다)를 하는 경우

③ 법 제77조의3제7항에서 "대통령령으로 정하는 신용위험을 공유하는 자"란 같은 기업집단(「독점규제 및 공정거래에 관한 법률」 제2조제11호에 따른 기업집단을 말한다. 이하 이 조에서 같다)에 속하는 회사를 말한다. 〈개정 2018. 9. 28., 2021. 12. 28.〉

④ 법 제77조의3제7항에서 "대통령령으로 정하는 비율"이란 100분의 25를 말한다. 〈개정 2018. 9. 28.〉

⑤ 법 제77조의3제9항 본문에서 "대통령령으로 정하는 해외법인"이란 종합금융투자사업자가 기업집단에 속하는 경우로서 그 동일인과 「독점규제 및 공정거래에 관한 법률 시행령」 제4조제1항1호나목부터 라목까지의 어느 하나에 해당하는 관계에 있는 외국법인을 말한다. 〈개정 2018. 9. 28., 2021. 6. 18., 2021. 12. 28., 2022. 12. 27.〉

⑥ 법 제77조의3제9항 단서에서 "대통령령으로 정하는 기준에 의하여 사실상 경영을 지배하는 해외현지법인"이란 종합금융투자사업자가 발행주식총수 또는 출자총액의 100분의 50 이상을 소유 또는 출자한 해외현지법인이 그 발행주식총수 또는 출자총액의 100분의 50 이상을 소유 또는 출자한 다른 해외현지법인(금융투자업을 영위하고 있는 법인으로 한정한다)을 말한다. 〈신설 2021. 6. 18.〉

⑦ 법 제77조의3제9항 단서에 따라 종합금융투자사업자가 해외현지법인에 대해 신용공여를 하는 경우에는 다음 각 호의 구분에 따른 신용공여액에 모두 적합해야 한다. 〈신설 2021. 6. 18.〉

1. 개별 해외현지법인에 대한 신용공여액: 종합금융투자사업자의 자기자본의 100

분의 10 이하의 금액

2. 전체 해외현지법인에 대한 신용공여액: 종합금융투자사업자의 자기자본의 100분의 40 이하의 금액

⑧ 제2항부터 제7항까지에서 규정한 사항 외에 신용공여의 기준 및 신용공여의 현황에 대한 보고 등에 필요한 세부사항은 금융위원회가 정하여 고시한다. 〈개정 2021. 6. 18.〉

[본조신설 2013. 8. 27.]

판 연 행 규 **제77조의6 (종합금융투자사업자의 업무)**

① 법 제77조의3제3항제2호에서 "종합금융투자사업자에만 허용하는 것이 적합한 업무로서 대통령령으로 정하는 것"이란 다음 각 호의 어느 하나에 해당하는 업무를 말한다. 〈개정 2017. 5. 8.〉

1. 증권시장에 상장된 주권, 증권시장에 상장되지 아니한 주권, 그 밖에 금융위원회가 정하여 고시하는 금융투자상품에 관하여 동시에 다수의 자를 거래상대방 또는 각 당사자로 하는 장외매매 또는 그 중개·주선이나 대리업무로서 다음 각 목의 기준에 적합한 업무

가. 해당 금융투자상품의 매매주문이 금융위원회가 정하여 고시하는 매매금액 또는 매매수량 기준을 초과할 것

나. 증권시장에 상장된 주권인 경우 그 주권이 상장된 거래소에서 형성된 매매가격에 근거하여 매매가격을 결정할 것

2. 법 제360조에 따른 단기금융업무

3. 종합투자계좌[고객으로부터 예탁받은 자금을 통합하여 기업신용공여 등 금융위원회가 정하여 고시하는 기업금융 관련 자산(이하 이 조에서 "기업금융관련자산"이라 한다) 등에 운용하고, 그 결과 발생한 수익을 고객에게 지급하는 것을 목적으로 종합금융투자사업자가 개설한 계좌를 말한다]업무

② 종합금융투자사업자는 제1항제2호에 따른 단기금융업무를 하는 경우 다음 각 호의 기준을 준수하여야 한다. 〈신설 2017. 5. 8.〉

1. 고객으로부터 단기금융업무를 통하여 조달한 자금의 합계가 자기자본의 100분의 200 이내일 것. 이 경우 구체적인 비율 산정방식 및 비율 충족 여부에 대한 기준 등 필요한 사항은 금융위원회가 정하여 고시한다.

2. 제1호에 따른 자금으로 운용한 자산을 고유재산과 금융위원회가 정하여 고시하는 방법으로 구분하여 관리할 것

3. 제1호에 따른 자금의 100분의 50 이상을 기업금융관련자산에 운용할 것. 이 경우 구체적인 비율 산정방식 및 비율 충족 여부에 대한 기준 등 필요한 사항은 금융위원회가 정하여 고시한다.

4. 제3호의 방법으로 운용하고 남은 자금을 다음 각 목의 어느 하나에 해당하는 방법으로 운용하지 아니할 것

　　가. 개인에 대한 신용공여

　　나. 기업금융업무와 관련이 없는 파생상품에 대한 투자

　　다. 그 밖에 기업금융업무와 관련성이 없거나 종합금융투자사업자의 경영건전성을 해할 우려가 있는 것으로서 금융위원회가 정하여 고시하는 운용방법

5. 제1호에 따른 자금의 100분의 30 이내에서 금융위원회가 정하여 고시하는 비율을 초과하여 부동산, 부동산 관련 증권 등 금융위원회가 정하여 고시하는 부동산 관련 자산(이하 이 조에서 "부동산관련자산"이라 한다)에 운용하지 아니할 것. 다만, 종합금융투자사업자의 해외 대규모 프로젝트 지원을 위한 경우로서 금융위원회가 정하여 고시하는 경우에는 금융위원회가 별도로 정하여 고시하는 비율까지 운용할 수 있다.

6. 제326조부터 제328조까지의 규정을 준수할 것. 이 경우 "종합금융회사"는 "종합금융투자사업자"로 본다.

7. 그 밖에 기업금융업무와의 관련성 및 종합금융투자사업자의 경영건전성 유지 등을 고려하여 금융위원회가 정하여 고시하는 기준을 준수할 것

③ 종합금융투자사업자는 제1항제3호에 따른 종합투자계좌업무를 하는 경우 다음 각 호의 기준을 준수하여야 한다. 〈신설 2017. 5. 8.〉

1. 종합투자계좌 수탁금의 운용자산을 고유재산과 금융위원회가 정하여 고시하는 방법으로 구분하여 관리할 것

2. 종합투자계좌 수탁금의 운용자산을 종합금융투자사업자의 고유재산 또는 종합금융투자사업자가 운용하는 집합투자재산, 투자일임재산 또는 신탁재산과 거래하는 경우에는 공정한 가격으로 거래할 것. 이 경우 공정한 가격으로 거래하기 위한 구체적인 방법은 금융위원회가 정하여 고시한다.

3. 종합투자계좌 수탁금의 100분의 70 이상을 기업금융관련자산에 운용할 것. 이 경우 구체적인 비율 산정방식 및 비율 충족 여부에 대한 기준 등 필요한 사항은 금융위원회가 정하여 고시한다.

4. 제3호의 방법으로 운용하고 남은 금전을 다음 각 목의 어느 하나에 해당하는 방법으로 운용하지 아니할 것

가. 개인에 대한 신용공여

나. 기업금융업무와 관련이 없는 파생상품에 대한 투자

　다. 그 밖에 기업금융업무와 관련성이 없거나 종합투자계좌 고객의 이익을 해할
　　　우려가 있는 것으로서 금융위원회가 정하여 고시하는 운용방법

　5. 분기별로 1회 이상 종합투자계좌 수탁금의 운용자산을 금융위원회가 정하여 고
시하는 방법에 따라 시가로 평가하되, 평가일 현재 신뢰할 만한 시가가 없는 경우에
는 금융위원회가 정하여 고시하는 공정가액으로 평가할 것. 다만, 고객이 수시로 변
경되는 등 고객 보호를 저해할 우려가 적은 경우로서 금융위원회가 정하여 고시하는
경우에는 금융위원회가 정하여 고시하는 기준에 따라 장부가격으로 평가할 수 있다.

　6. 같은 기업 및 그 기업과 금융위원회가 정하여 고시하는 신용위험을 공유하는 자
에 대하여 종합투자계좌 수탁금의 100분의 25에 해당하는 금액을 초과하여 신용공여
(대출, 어음의 할인, 지급보증, 자금지원적 성격의 증권의 매입, 그 밖에 금융거래상
의 신용위험을 수반하는 직접·간접적 거래를 포함한다. 이하 이 조에서 같다)를 하
지 아니할 것

　7. 삭제 〈2021. 3. 23.〉

　8. 종합투자계좌 수탁금의 100분의 30 이내에서 금융위원회가 정하여 고시하는 비
율을 초과하여 부동산관련자산에 운용하지 아니할 것. 다만, 종합금융투자사업자의 해
외 대규모 프로젝트 지원을 위한 경우로서 금융위원회가 정하여 고시하는 경우에는 금
융위원회가 별도로 정하여 고시하는 비율까지 운용할 수 있다.

　9. 그 밖에 기업금융업무와의 관련성 및 고객 보호를 고려하여 금융위원회가 정하
여 고시하는 기준을 준수할 것

　[본조신설 2016. 6. 28.]

판 연 행 규 생 **제78조 (다자간매매체결회사의 업무기준 등)**

　① 법 제78조제1항 각 호 외의 부분에서 "대통령령으로 정하는 업무기준"이란 다음
각 호의 기준을 말한다. 〈개정 2016. 7. 28., 2019. 6. 25., 2025. 6. 2.〉

　1. 다음 각 목의 어느 하나에 해당하는 매매체결대상상품에 대해서는 다자간매매체
결업무를 영위하지 아니할 것

　가. 거래소가 법 제390조에 따른 증권상장규정에 따라 관리종목 또는 이에 준하
　　　는 종목으로 지정한 매매체결대상상품

　나. 의결권이 없는 상장주권

　다. 그 밖에 매매거래계약의 체결실적이 낮은 매매체결대상상품 등 투자자 보호와
　　　거래의 특성 등을 고려하여 금융위원회가 정하여 고시하는 매매체결대상상품

2. 거래참가자(법 제78조제1항제1호에 따른 다자간매매체결회사에서의 거래에 참가하는 자를 말한다)는 매매체결대상상품에 관한 투자매매업자 또는 투자중개업자로 할 것

3. 거래소가 매매체결대상상품의 거래를 정지하거나 그 정지를 해제하였을 때에는 해당 매매체결대상상품의 거래를 정지하거나 그 정지를 해제할 것

4. 매수하거나 매도하려는 호가·수량의 공개기준 및 매매체결의 원칙과 방법 등을 정할 것. 이 경우 매매체결대상상품의 가격의 변동에 관한 제한의 범위는 그 매매체결대상상품을 상장한 거래소의 기준에 따라야 한다.

5. 법 제378조제1항에 따라 청산기관으로 지정된 거래소의 증권시장업무규정(법 제393조제1항에 따른 증권시장업무규정을 말한다. 이하 이 조에서 같다)에서 정하는 바에 따라 매매확인, 채무인수, 차감 및 결제불이행에 따른 처리 등 청산에 관한 사항을 정할 것. 이 경우 매매거래에 따른 청산업무를 위하여 관련 내역을 거래소에 제공하는 절차 및 방법을 포함하여야 한다.

6. 전자등록기관의 결제업무규정(법 제303조제1항에 따른 결제업무규정을 말한다)에서 정하는 바에 따라 증권의 인도와 대금의 지급 등 결제에 관한 사항을 정할 것

7. 법 제78조제3항에 따른 지정거래소(이하 "지정거래소"라 한다)의 증권시장업무규정에 따라 수탁을 거부하여야 하는 사항 등 수탁에 관한 사항을 정할 것

8. 종목별 매일의 가격과 거래량을 공표할 것

9. 다자간매매체결업무를 정지하는 기간과 그 사유 및 중단하는 날을 정할 것

10. 지정거래소의 시장감시규정(법 제403조에 따른 시장감시규정을 말한다)에서 정하는 바에 따라 법 제78조제3항 각 호의 사항을 지정거래소에 제공하는 절차 및 방법 등을 정할 것

11. 지정거래소의 분쟁조정규정(법 제405조제1항에 따른 분쟁조정규정을 말한다)에서 정하는 바에 따라 지정거래소에 자료 등을 제공하는 절차 및 방법 등을 정할 것

12. 법 제8조의2제5항제1호에 따른 경쟁매매의 방법을 사용할 경우 매매체결대상상품의 평균거래량이 제7조의3제2항 각 호의 요건에 적합하도록 다자간매매체결업무를 영위하는 기준과 방법을 정할 것

13. 그 밖에 투자자 보호 및 다자간매매체결업무의 공정성 확보 등을 위하여 금융위원회가 정하여 고시하는 사항을 준수할 것

② 다자간매매체결회사는 제1항 각 호의 사항이 포함된 업무규정을 정하여야 한다.

③ 다자간매매체결회사는 제2항에 따라 업무규정을 정하거나 이를 변경하였을 때에는 금융위원회에 지체 없이 보고하고, 인터넷 홈페이지 등을 이용하여 공시하

여야 한다.

④ 금융위원회는 시장의 공정한 가격형성 및 투자자 보호 등을 위하여 필요한 경우 해당 다자간매매체결회사에 대하여 업무규정의 변경을 요구할 수 있다.

⑤ 법 제78조제3항제4호에서 "대통령령으로 정하는 것"이란 매매가격·거래량 및 매매체결의 시간 등 매매체결대상상품의 매매체결에 관한 정보를 말한다.

⑥ 법 제78조제5항제3호에 따라 다음 각 호의 어느 하나에 해당하는 경우에는 금융위원회의 승인을 받아 다자간매매체결회사의 의결권 있는 발행주식총수의 100분의 15를 초과하여 다자간매매체결회사가 발행한 주식을 소유할 수 있다.

1. 외국 다자간매매체결회사(외국 법령에 따라 외국에서 다자간매매체결회사에 상당하는 업무를 하는 자를 말한다. 이하 같다)가 다자간매매체결회사와의 제휴를 위하여 소유하는 경우

2. 다자간매매체결회사의 공정한 운영을 해칠 우려가 없는 경우로서 총리령으로 정하는 금융기관, 금융투자업관계기관 또는 외국 다자간매매체결회사가 다자간매매체결회사의 의결권 있는 발행주식총수의 100분의 30까지 주식을 소유하는 경우

3. 제2호에 따른 금융기관이 공동으로 주식을 소유하는 경우로서 다음 각 목의 어느 하나에 해당하는 자의 다자간매매체결회사에 대한 주식보유비율을 초과하여 주식을 소유하는 경우

　　가. 「외국인투자 촉진법」 제2조제1항제1호에 따른 외국인

　　나. 비금융회사(금융위원회가 정하여 고시하는 금융업이 아닌 업종을 영위하는 회사를 말한다)

⑦ 법 제78조제7항에서 "대통령령으로 정하는 기준을 넘는 경우"란 매매체결대상상품의 거래량이 다음 각 호의 어느 하나에 해당하는 경우를 말한다.

1. 매월의 말일을 기준으로 법 제4조제2항에 따른 증권의 구분별로 과거 6개월간 해당 다자간매매체결회사의 매매체결대상상품의 평균거래량이 같은 기간 중 증권시장에서의 매매체결대상상품의 평균거래량의 100분의 5를 초과하는 경우

2. 매월의 말일을 기준으로 과거 6개월간 해당 다자간매매체결회사의 종목별 매매체결대상상품의 평균거래량이 같은 기간 중 증권시장에서의 그 종목별 매매체결대상상품의 평균거래량의 100분의 10을 초과하는 경우

⑧ 법 제78조제7항에서 "대통령령으로 정하는 조치"란 다음 각 호의 조치를 말한다.

1. 다자간매매체결회사의 사업계획 및 이해상충방지체계 등이 투자자 보호와 거래의 공정성 확보에 적합하도록 하는 조치

2. 다자간매매체결업무를 안정적으로 영위하기 위하여 필요한 인력과 전산설비 등

물적 설비를 갖추도록 하는 조치

⑨ 제1항부터 제8항까지에서 규정한 사항 외에 다자간매매체결업무의 보고, 업무 방법 및 절차 등에 관하여 필요한 세부사항은 금융위원회가 정하여 고시한다.

[전문개정 2013. 8. 27.]

제2관 집합투자업자의 영업행위 규칙

판 연 행 규 생 **제79조 (자산운용의 지시방법 등)**

① 법 제80조제1항 본문 및 같은 조 제5항 전단에서 "대통령령으로 정하는 방법"이란 그 지시내용을 전산시스템에 의하여 객관적이고 정확하게 관리할 수 있는 방법을 말한다. 〈개정 2009. 2. 3.〉

② 법 제80조제1항 단서에서 "대통령령으로 정하는 경우"란 신탁계약서에 다음 각 호의 어느 하나에 해당하는 방법을 정하여 투자대상자산을 운용하는 경우를 말한다. 〈개정 2015. 10. 23., 2019. 6. 25.〉

1. 다음 각 목의 어느 하나에 해당하는 증권의 매매

   가. 증권시장이나 해외 증권시장에 상장된 지분증권, 지분증권과 관련된 증권예탁증권, 수익증권 및 파생결합증권

   나. 법 제390조에 따른 증권상장규정에 따라 상장예비심사를 청구하여 거래소로부터 그 증권이 상장기준에 적합하다는 확인을 받은 법인이 발행한 지분증권, 지분증권과 관련된 증권예탁증권, 수익증권 및 파생결합증권

   1의2. 다음 각 목의 어느 하나에 해당하는 채무증권(이와 유사한 것으로서 외국에서 발행된 채무증권을 포함한다)의 매매

   가. 국채증권

   나. 지방채증권

   다. 특수채증권

   라. 사채권(신용평가회사로부터 신용평가를 받은 것으로 한정한다. 이 경우 신용평가 등에 필요한 사항은 금융위원회가 정하여 고시한다)

   마. 제183조제1항 각 호의 기준을 충족하는 기업어음증권 또는 단기사채(「주식·사채 등의 전자등록에 관한 법률」 제59조에 따른 단기사채등 중 같은 법 제2조제1호나목에 해당하는 것에 한정한다)

2. 장내파생상품의 매매

3. 법 제83조제4항에 따른 단기대출

4. 법 제251조제4항에 따른 대출

5. 다음 각 목의 어느 하나에 해당하는 금융기관이 발행·할인·매매·중개·인수 또는 보증하는 어음의 매매

　　가. 은행

　　나. 「한국산업은행법」에 따른 한국산업은행

　　다. 「중소기업은행법」에 따른 중소기업은행

　　라. 「한국수출입은행법」에 따른 한국수출입은행

　　마. 투자매매업자 또는 투자중개업자

　　바. 증권금융회사

　　사. 종합금융회사

　아. 「상호저축은행법」에 따른 상호저축은행

6. 양도성 예금증서의 매매

7. 「외국환거래법」에 따른 대외지급수단의 매매거래

8. 투자위험을 회피하기 위한 장외파생상품의 매매 또는 금융위원회가 정하여 고시하는 기준에 따른 법 제5조제1항제3호에 따른 계약의 체결

8의2. 환매조건부매매

9. 그 밖에 투자신탁재산을 효율적으로 운용하기 위하여 불가피한 경우로서 금융위원회가 정하여 고시하는 경우

　③ 투자신탁을 제외한 집합투자기구의 집합투자업자가 그 집합투자재산을 운용하는 경우 집합투자재산별로 투자대상자산의 취득·처분 등을 하는 방법 및 그 집합투자기구의 신탁업자에게 취득·처분 등을 한 자산의 보관·관리에 필요한 지시를 하는 방법에 대해서는 제1항 및 법 제80조제3항·제4항을 준용한다. 〈개정 2015. 10. 23.〉

　판　연　행　규　생　**제80조(자산운용한도 제한의 예외 등)**

　① 법 제81조제1항 각 호 외의 부분 단서에서 "대통령령으로 정하는 경우"란 다음 각 호의 행위를 하는 경우를 말한다. 〈개정 2009. 2. 3., 2009. 7. 1., 2010. 6. 11., 2012. 6. 29., 2013. 8. 27., 2015. 4. 7., 2015. 10. 23., 2016. 6. 28., 2017. 5. 8., 2018. 10. 30., 2019. 1. 15., 2019. 10. 8., 2020. 3. 10., 2021. 5. 18., 2021. 10. 21., 2022. 8. 30., 2025. 3. 18.〉

1. 법 제81조제1항제1호가목을 적용할 때 다음 각 목의 어느 하나에 해당하는 투자

대상자산에 각 집합투자기구[라목부터 사목까지의 경우에는 법 제229조제2호에 따른 부동산집합투자기구(이하 "부동산집합투자기구"라 한다), 아목부터 타목까지의 경우에는 법 제229조제3호에 따른 특별자산집합투자기구(이하 "특별자산집합투자기구"라 한다)로서 그 집합투자규약에 해당 내용을 정한 경우만 해당한다] 자산총액의 100분의 100까지 투자하는 행위

가. 국채증권

나. 「한국은행법」 제69조에 따른 한국은행통화안정증권

다. 국가나 지방자치단체가 원리금의 지급을 보증한 채권

라. 특정한 부동산을 개발하기 위하여 존속기간을 정하여 설립된 회사(이하 "부동산개발회사"라 한다)가 발행한 증권

마. 부동산, 그 밖에 금융위원회가 정하여 고시하는 부동산 관련 자산을 기초로 하여 「자산유동화에 관한 법률」 제2조제4호에 따라 발행된 유동화증권(이하 "유동화증권"이라 한다)으로서 그 기초자산의 합계액이 「자산유동화에 관한 법률」 제2조제3호에 따른 유동화자산(이하 "유동화자산"이라 한다) 가액의 100분의 70 이상인 유동화증권

바. 「한국주택금융공사법」에 따른 주택저당채권담보부채권 또는 주택저당증권(「한국주택금융공사법」에 따른 한국주택금융공사 또는 제79조제2항제5호가목부터 사목까지의 금융기관이 지급을 보증한 주택저당증권을 말한다)

사. 다음의 요건을 모두 갖춘 회사(이하 "부동산투자목적회사"라 한다)가 발행한 지분증권

　1) 부동산(법 제229조제2호에 따른 부동산을 말한다. 이하 이 목에서 같다) 또는 다른 부동산투자목적회사의 증권, 그 밖에 금융위원회가 정하여 고시하는 투자대상자산에 투자하는 것을 목적으로 설립될 것

　2) 해당 회사와 그 종속회사(「주식회사 등의 외부감사에 관한 법률 시행령」 제3조제1항에 따른 종속회사를 말한다. 이하 이 호에서 같다)가 소유하고 있는 자산을 합한 금액 중 부동산을 합한 금액이 100분의 90 이상일 것

아. 「사회기반시설에 대한 민간투자법」에 따른 사회기반시설사업의 시행을 목적으로 하는 법인이 발행한 주식 및 채권

자. 「사회기반시설에 대한 민간투자법」에 따른 사회기반시설사업의 시행을 목적으로 하는 법인에 대한 대출채권

차. 「사회기반시설에 대한 민간투자법」에 따라 하나의 사회기반시설사업의 시행을 목적으로 하는 법인이 발행한 주식 및 채권을 취득하거나 그 법인에 대한

대출채권을 취득하는 방식으로 투자하는 것을 목적으로 하는 법인(같은 법에 따른 사회기반시설투융자회사는 제외한다)의 지분증권

카. 사업수익권

타. 다음의 요건을 모두 갖춘 회사(이하 "특별자산투자목적회사"라 한다)가 발행한 지분증권

    1) 법 제229조제3호에 따른 특별자산(이하 "특별자산"이라 한다) 또는 다른 특별자산투자목적회사의 증권, 그 밖에 금융위원회가 정하여 고시하는 투자대상자산에 투자하는 것을 목적으로 설립될 것

    2) 해당 회사와 그 종속회사가 소유하고 있는 자산을 합한 금액 중 특별자산 관련 금액이 100분의 90 이상일 것

1의2. 법 제81조제1항제1호가목을 적용할 때 외화[제301조제1항제2호가목에 따른 국가(홍콩을 포함한다)의 통화로 한정한다]로 표시된 단기금융상품에만 투자하는 단기금융집합투자기구가 다음 각 목의 증권에 집합투자기구 자산총액의 100분의 100까지 투자하는 행위

가. 외국정부가 자국의 통화로 표시하여 발행한 국채증권

나. 외국정부가 원리금의 지급을 보증한 채무증권 중 자국의 통화로 표시하여 발행된 채무증권

다. 외국 중앙은행이 자국의 통화로 표시하여 발행한 채무증권

2. 법 제81조제1항제1호가목을 적용할 때 다음 각 목의 어느 하나에 해당하는 투자대상자산에 각 집합투자기구 자산총액의 100분의 30까지 투자하는 행위

가. 지방채증권

나. 특수채증권(제1호나목 및 다목은 제외한다) 및 직접 법률에 따라 설립된 법인이 발행한 어음(기업어음증권 및 제79조제2항제5호 각 목의 금융기관이 할인·매매·중개 또는 인수한 어음만 해당한다)

다. 파생결합증권

라. 제79조제2항제5호가목부터 사목까지의 금융기관이 발행한 어음 또는 양도성 예금증서와 같은 호 가목, 마목부터 사목까지의 금융기관이 발행한 채권

마. 제79조제2항제5호가목부터 사목까지의 금융기관이 지급을 보증한 채권(모집의 방법으로 발행한 채권만 해당한다) 또는 어음

바. 경제협력개발기구에 가입되어 있는 국가나 투자자 보호 등을 고려하여 총리령으로 정하는 국가가 발행한 채권

사. 「자산유동화에 관한 법률」제31조에 따른 사채 중 후순위 사채권 또는 같은 법

제32조에 따른 수익증권 중 후순위 수익증권(집합투자규약에서 후순위 사채권 또는 후순위 수익증권에 금융위원회가 정하여 고시하는 비율 이상 투자하는 것을 정한 집합투자기구만 해당한다)

아. 「한국주택금융공사법」에 따른 주택저당채권담보부채권 또는 주택저당증권(「한국주택금융공사법」에 따른 한국주택금융공사 또는 제79조제2항제5호가목부터 사목까지의 금융기관이 지급을 보증한 주택저당증권을 말한다)

자. 제79조제2항제5호가목부터 사목까지의 규정에 따른 금융기관에 금전을 대여하거나 예치·예탁하여 취득한 채권

2의2. 법 제81조제1항제1호가목을 적용할 때 이 항 제5호의3에 따른 부동산·특별자산투자재간접집합투자기구가 동일한 부동산투자회사(「부동산투자회사법」 제14조의8제3항에 따른 부동산투자회사를 말한다)가 발행한 지분증권에 부동산·특별자산투자재간접집합투자기구 자산총액의 100분의 50까지 투자하는 행위

3. 법 제81조제1항제1호가목을 적용할 때 동일법인 등이 발행한 지분증권(그 법인 등이 발행한 지분증권과 관련된 증권예탁증권을 포함한다. 이하 이 항에서 같다)의 시가총액비중이 100분의 10을 초과하는 경우에 그 시가총액비중까지 투자하는 행위. 이 경우 시가총액비중은 거래소가 개설하는 증권시장 또는 해외 증권시장별로 산정하며 그 산정방법, 산정기준일 및 적용기간 등에 관하여 필요한 사항은 금융위원회가 정하여 고시한다.

3의2. 법 제81조제1항제1호가목을 적용할 때 동일법인 등이 발행한 증권(그 법인 등이 발행한 증권과 관련된 증권예탁증권을 포함한다. 이하 이 호에서 같다)에 각 집합투자기구 자산총액의 100분의 25까지 투자하는 행위로서 다음 각 목의 요건을 모두 충족하는 행위

가. 투자자 보호 및 집합투자재산의 안정적 운용의 필요성을 고려하여 금융위원회가 정하여 고시하는 법인 등이 발행한 증권에 투자하지 아니할 것

나. 해당 집합투자기구 자산총액의 100분의 50 이상을 다른 동일법인 등이 발행한 증권에 그 집합투자기구 자산총액의 100분의 5 이하씩 각각 나누어 투자할 것. 다만, 제1호가목부터 다목까지의 어느 하나에 해당하는 증권의 경우에는 각각 100분의 30까지 투자할 수 있고, 제2호 각 목의 어느 하나에 해당하는 증권의 경우에는 각각 100분의 10까지 투자할 수 있다.

3의3. 법 제81조제1항제1호가목을 적용할 때 동일종목의 증권에 법 제234조제1항제1호의 요건을 갖춘 각 집합투자기구 자산총액의 100분의 30까지 투

자하는 행위. 다만, 금융위원회가 정하여 고시하는 지수에 연동하여 운용하는 집합투자기구의 경우 동일종목이 차지하는 비중이 100분의 30을 초과하는 경우에는 해당 종목이 지수에서 차지하는 비중까지 동일종목의 증권에 투자할 수 있다.

4. 법 제81조제1항제1호나목 또는 다목을 적용할 때 각 집합투자업자가 운용하는 전체 부동산집합투자기구의 자산총액 또는 각 부동산집합투자기구의 자산총액으로 다음 각 목의 어느 하나에 해당하는 지분증권에 그 지분증권 총수의 100분의 100까지 투자하는 행위

　가. 부동산개발회사가 발행한 지분증권

　나. 부동산투자목적회사가 발행한 지분증권

4의2. 법 제81조제1항제1호다목을 적용할 때 이 항 제5호의3에 따른 부동산·특별자산투자재간접집합투자기구의 자산총액으로 「부동산투자회사법」 제14조의8제3항에 따른 동일한 부동산투자회사가 발행한 지분증권의 100분의 50까지 투자하는 행위

5. 법 제81조제1항제1호나목 또는 다목을 적용할 때 각 집합투자업자가 운용하는 전체 특별자산집합투자기구의 자산총액 또는 각 특별자산집합투자기구의 자산총액으로 다음 각 목의 어느 하나에 해당하는 지분증권에 그 지분증권 총수의 100분의 100까지 투자하는 행위

　가. 「사회기반시설에 대한 민간투자법」에 따른 사회기반시설사업의 시행을 목적으로 하는 법인이 발행한 주식

　나. 「사회기반시설에 대한 민간투자법」에 따른 하나의 사회기반시설사업의 시행을 목적으로 하는 법인이 발행한 주식 또는 채권을 취득하거나 그 법인에 대한 대출채권을 취득하는 방식으로 투자하는 것을 목적으로 하는 법인(같은 법에 따른 사회기반시설융자회사는 제외한다)의 지분증권

　다. 다음의 어느 하나와 관련된 특별자산에 투자하는 특별자산투자목적회사가 발행한 지분증권

　　1) 「사회기반시설에 대한 민간투자법」에 따른 사회기반시설사업

　　2) 선박, 항공기, 그 밖에 이와 유사한 자산으로서 금융위원회가 정하여 고시하는 특별자산

　　5의2. 법 제81조제1항제3호가목을 적용할 때 일반사모집합투자기구(법 제249조의7제5항 각 호의 방법으로 집합투자재산을 운용하지 않는 일반사모집합투자기구로 한정한다) 또는 이와 유사한 집합투자기구로서 법 제279조제1항에 따라 등록한 외국 집합투자기구가 발행하는 집합투자증권에 자산총액의

100분의 50을 초과하여 투자한 집합투자기구(이하 "사모투자재간접집합투자기구"라 한다)가 같은 집합투자업자(외국 집합투자업자를 포함한다)가 운용하는 집합투자기구(이와 유사한 집합투자기구로서 법 제279조제1항에 따라 등록한 외국 집합투자기구를 포함한다)의 집합투자증권에 각 집합투자기구 자산총액의 100분의 100까지 투자하는 행위

　　가. 삭제 〈2019. 10. 8.〉

　　나. 삭제 〈2019. 10. 8.〉

　5의3. 법 제81조제1항제3호가목을 적용할 때 다음 각 목의 집합투자기구 등의 집합투자증권(라목의 경우에는 「부동산투자회사법」 제14조의8제3항에 따른 부동산투자회사가 발행한 지분증권을 포함한다. 이하 이 호 및 제8호의3나목에서 같다)에 대한 투자금액을 합산한 금액이 자산총액의 100분의 80을 초과하는 집합투자기구(이하 "부동산ㆍ특별자산투자재간접집합투자기구"라 한다)가 같은 집합투자업자가 운용하는 집합투자기구 등의 집합투자증권에 각 집합투자기구 등의 자산총액의 100분의 100까지 투자하는 행위

　　가. 부동산집합투자기구

　　나. 제5호다목1) 및 2)에 해당하는 특별자산에 투자하는 특별자산집합투자기구

　　다. 다음의 자산에 자산총액의 100분의 50을 초과하여 투자하는 일반사모집합투자기구(법 제249조의7제5항 각 호의 방법으로 집합투자재산을 운용하지 않는 일반사모집합투자기구로 한정한다)

　　　1) 법 제229조제2호에 따른 부동산

　　　2) 나목에 따른 특별자산

　　　3) 제5호다목에 따른 특별자산투자목적회사가 발행한 지분증권

　　라. 「부동산투자회사법」 제2조제1호에 따른 부동산투자회사

　　마. 제5호다목에 따른 특별자산투자목적회사에 투자하는 특별자산집합투자기구

　　5의4. 법 제81조제1항제3호가목을 적용할 때 다음 각 목의 요건을 모두 충족한 집합투자기구가 같은 집합투자업자(외국 집합투자업자를 포함한다)가 운용하는 집합투자기구(외국 집합투자기구를 포함한다)의 집합투자증권에 각 집합투자기구 자산총액의 100분의 100까지 투자하는 행위

　　가. 집합투자재산을 주된 투자대상자산ㆍ투자방침과 투자전략이 상이한 복수의 집합투자기구(외국 집합투자기구를 포함한다)에 투자할 것

　　나. 집합투자기구가 투자한 집합투자증권의 비율을 탄력적으로 조절하는 투자전략을 활용할 것

다. 집합투자업자가 본인이 운용하는 집합투자기구의 집합투자증권에 각 집합투자기구의 집합투자재산의 100분의 50을 초과하여 투자하는 경우에는 일반적인 거래조건에 비추어 투자자에게 유리한 운용보수 체계를 갖출 것

6. 법 제81조제1항제3호가목 또는 나목을 적용할 때 다음 각 목의 어느 하나에 해당하는 집합투자증권에 각 집합투자기구(자산총액의 100분의 40을 초과하여 투자할 수 있는 집합투자기구만 해당하되, 나목은 자산총액의 100분의 60 이상 채무증권에 투자할 수 있는 증권집합투자기구도 포함한다) 자산총액의 100분의 100까지 투자하는 행위

가. 집합투자업자(외국 집합투자업자를 포함한다. 이하 이 호, 제6호의2 및 제7호에서 같다)가 운용하는 집합투자기구(외국 집합투자기구의 경우에는 법 제279조제1항에 따라 등록한 것만 해당한다. 이하 이 목 및 다목에서 같다)의 집합투자재산을 외화자산으로 100분의 70 이상 운용하는 경우에 그 집합투자기구의 집합투자증권

나. 금융위원회가 정하여 고시하는 상장지수집합투자기구(상장지수집합투자기구와 비슷한 것으로서 외국 상장지수집합투자기구를 포함한다. 이하 이 목, 제7호 및 제9호의2에서 같다)의 집합투자증권(외국 집합투자증권의 경우에는 법 제279조제1항에 따라 등록한 집합투자기구의 집합투자증권만 해당한다)

다. 같은 집합투자업자가 운용하는 집합투자기구의 집합투자재산을 둘 이상의 다른 집합투자업자에게 위탁하여 운용하는 경우에 그 집합투자기구의 집합투자증권(같은 집합투자업자가 운용하는 집합투자기구의 자산총액의 100분의 90 이상을 외화자산에 운용하는 경우에 한한다)

6의2. 법 제81조제1항제3호가목을 적용할 때 같은 집합투자업자가 운용하는 집합투자기구(법 제279조제1항의 외국 집합투자기구를 포함한다. 이하 이 호에서 같다)의 집합투자재산을 둘 이상의 다른 집합투자업자에게 위탁하여 운용하는 경우에 그 집합투자기구의 집합투자증권(같은 집합투자업자가 운용하는 집합투자기구의 자산총액의 100분의 90 이상을 외화자산에 운용하는 경우만 해당한다)에 각 집합투자기구 자산총액의 100분의 100까지 투자하는 행위

7. 법 제81조제1항제3호나목을 적용할 때 상장지수집합투자기구(투자자 보호 등을 고려하여 금융위원회가 정하여 고시하는 상장지수집합투자기구에 한정한다)의 집합투자증권이나 같은 집합투자업자가 운용하는 집합투자기구(외국 집합투자기구를 포함한다. 이하 이 호에서 같다)의 집합투자재산을 둘 이상의 다른 집합투자업자에게 위탁하

여 운용하는 경우에 그 집합투자기구의 집합투자증권(같은 집합투자업자가 운용하는 집합투자기구의 자산총액의 100분의 90 이상을 외화자산에 운용하는 경우만 해당한다)에 각 집합투자기구 자산총액의 100분의 30까지 투자하는 행위

7의2. 법 제81조제1항제3호나목을 적용할 때 부동산·특별자산투자재간접집합투자기구가 같은 집합투자기구의 집합투자증권에 각 집합투자기구 자산총액의 100분의 50까지 투자하는 행위

8. 법 제81조제1항제3호가목 또는 나목을 적용할 때 같은 집합투자기구(외국 집합투자기구를 포함한다)에 법 제251조제1항에 따라 보험회사가 설정한 각 투자신탁 자산총액의 100분의 100까지 투자하는 행위. 다만, 보험회사가 설정한 전체 투자신탁 자산총액의 100분의 50을 초과하여 그의 계열회사가 운용하는 집합투자기구에 투자하여서는 아니 된다.

8의2. 법 제81조제1항제3호다목을 적용할 때 제5호의4 각 목의 요건을 모두 충족하는 집합투자기구의 재산을 다음 각 목의 어느 하나에 해당하는 집합투자기구의 집합투자증권에 투자하는 행위

　　가. 부동산집합투자기구(이와 유사한 집합투자기구로서 법 제279조제1항에 따라 등록한 외국 집합투자기구를 포함한다)의 집합투자증권에 집합투자재산의 100분의 40을 초과하여 투자하는 집합투자기구(법 제279조제1항에 따라 등록한 외국 집합투자기구를 포함한다)

　　나. 특별자산집합투자기구(이와 유사한 집합투자기구로서 법 제279조제1항에 따라 등록한 외국 집합투자기구를 포함한다)의 집합투자증권에 집합투자재산의 100분의 40을 초과하여 투자하는 집합투자기구(법 제279조제1항에 따라 등록한 외국 집합투자기구를 포함한다)

　　다. 「부동산투자회사법」에 따른 부동산투자회사가 발행한 주식(이와 유사한 것으로서 외국 증권시장에 상장된 주식을 포함한다)에 집합투자재산의 100분의 40을 초과하여 투자하는 집합투자기구(법 제279조제1항에 따라 등록한 외국 집합투자기구를 포함한다)

　　8의3. 법 제81조제1항제3호다목을 적용할 때 상장지수집합투자기구의 재산을 다음 각 목의 어느 하나에 해당하는 집합투자기구 등의 집합투자증권에 투자하는 행위. 이 경우 상장지수집합투자기구의 집합투자업자가 본인이 운용하는 가목에 따른 상장지수집합투자기구의 집합투자증권에 투자할 때 또는 나목에 따른 공모부동산투자회사로부터 자산의 투자·운용을 위탁받은 「부동산투자회사법」에 따른 자산관리회사로서 해당 공모부동산투자회사가 발

행한 주식에 투자할 때 해당 상장지수집합투자기구는 일반적인 거래조건에 비추어 투자자에게 유리하고, 같은 명목의 운용보수를 중복하여 받지 않도록 하는 운용보수 체계를 갖추어야 한다.

　가. 부동산집합투자기구(이와 유사한 집합투자기구로서 법 제279조제1항에 따라 등록한 외국 집합투자기구를 포함한다)의 집합투자증권 또는 「부동산투자회사법」 제49조의3제1항에 따른 공모부동산투자회사가 발행한 주식에 대한 투자금액을 합산한 금액이 자산총액의 100분의 40을 초과하는 상장지수집합투자기구(나목에 따른 공모부동산투자회사가 발행한 주식으로서 증권시장에 상장된 주식에 투자하는 상장지수집합투자기구는 제외한다)의 집합투자증권

　나. 제5호의3 각 목의 어느 하나에 해당하는 집합투자기구 등의 집합투자증권에 대한 투자금액을 합산한 금액이 자산총액의 100분의 40을 초과하는 「부동산투자회사법」 제49조의3제1항에 따른 공모부동산투자회사가 발행한 주식으로서 증권시장에 상장된 주식

　8의4. 법 제81조제1항제3호라목을 적용할 때 사모투자재간접집합투자기구가 일반사모집합투자기구(법 제249조의7제5항 각 호의 방법으로 집합투자재산을 운용하지 않는 일반사모집합투자기구로 한정한다) 또는 이와 유사한 집합투자기구로서 법 제279조제1항에 따라 등록한 외국 집합투자기구의 집합투자증권에 각 집합투자기구 자산총액의 100분의 100까지 투자하는 행위

　8의5. 법 제81조제1항제3호라목을 적용할 때 부동산ㆍ특별자산투자재간접집합투자기구가 일반사모집합투자기구(법 제249조의7제5항 각 호의 방법으로 집합투자재산을 운용하지 않는 일반사모집합투자기구로 한정한다)의 집합투자증권에 각 집합투자기구 자산총액의 100분의 100까지 투자하는 행위

9. 법 제81조제1항제3호마목을 적용할 때 법 제251조제1항에 따라 보험회사가 설정한 투자신탁재산으로 같은 집합투자기구(외국 집합투자기구를 포함한다)의 집합투자증권 총수의 100분의 100까지 투자하는 행위

9의2. 법 제81조제1항제3호마목을 적용할 때 각 집합투자기구의 집합투자재산으로 상장지수집합투자기구의 집합투자증권 총수의 100분의 50까지 투자하는 행위

9의3. 법 제81조제1항제3호마목을 적용할 때 각 사모투자재간접집합투자기구의 집합투자재산으로 같은 집합투자기구(법 제279조제1항에 따라 등록한 외국 집합투자기구를 포함한다)의 집합투자증권 총수의 100분의 50까지 투자하는 행위

9의4. 법 제81조제1항제3호마목을 적용할 때 각 부동산ㆍ특별자산투자재간접집합투자기구의 집합투자재산으로 같은 집합투자기구의 집합투자증권 총수의 100분의 50

까지 투자하는 행위

10. 법 제81조제1항제3호바목을 적용할 때 법 제251조제1항에 따라 보험회사가 설정한 투자신탁재산으로 법 제81조제1항제3호바목에 따른 기준을 초과하여 투자하는 행위

11. 「국가재정법」 제81조에 따른 여유자금을 통합하여 운용하는 경우 법 제81조제1항제3호를 적용할 때 같은 호에 따른 기준을 초과하여 투자하는 행위

12. 그 밖에 투자자의 보호 및 집합투자재산의 안정적 운용을 해칠 염려가 없는 행위로서 금융위원회가 정하여 고시하는 행위

② 법 제81조제1항제1호 각 목 외의 부분에서 "대통령령으로 정하는 증권"이란 법 제279조제1항에 따른 외국 집합투자증권을 말한다.

③ 법 제81조제1항제1호 각 목 외의 부분에서 "대통령령으로 정하는 투자대상자산"이란 다음 각 호의 어느 하나에 해당하는 투자대상자산을 말한다. 〈개정 2013. 8. 27.〉

1. 원화로 표시된 양도성 예금증서

2. 기업어음증권 외의 어음

3. 제1호 및 제2호 외에 대출채권, 예금, 그 밖의 금융위원회가 정하여 고시하는 채권(債權)

4. 사업수익권

④ 법 제81조제1항제1호가목 전단에서 "대통령령으로 정하는 비율"이란 100분의 10을 말한다.

⑤ 법 제81조제1항제1호라목에서 "대통령령으로 정하는 적격 요건"이란 제10조제1항 각 호의 어느 하나에 해당하는 자가 다음 각 호의 어느 하나에 해당하는 요건을 충족하는 것을 말한다. 〈개정 2010. 6. 11.〉

1. 신용평가회사(외국 법령에 따라 외국에서 신용평가업무에 상당하는 업무를 수행하는 자를 포함한다. 이하 제2호에서 같다)에 의하여 투자적격 등급 이상으로 평가받은 경우

2. 신용평가회사에 의하여 투자적격 등급 이상으로 평가받은 보증인을 둔 경우

3. 담보물을 제공한 경우

⑥ 법 제81조제1항제1호마목에서 "대통령령으로 정하는 기준"이란 각 집합투자기구의 자산총액에서 부채총액을 뺀 가액의 100분의 100을 말한다. 다만, 가격변동의 위험이 크지 아니한 경우로서 금융위원회가 정하여 고시하는 기준을 충족하는 상장지수집합투자기구 또는 법 제234조제1항제1호의 요건을 갖춘 집합투자

기구의 경우에는 100분의 200으로 한다. 〈개정 2011. 9. 30., 2013. 8. 27., 2015. 10. 23., 2016. 6. 28., 2020. 3. 10.〉

⑦ 법 제81조제1항제2호가목 본문에서 "대통령령으로 정하는 기간"이란 다음 각 호의 기간을 말한다. 〈개정 2009. 7. 1., 2012. 6. 29., 2014. 12. 9., 2016. 8. 11.〉

1. 국내에 있는 부동산 중 「주택법」 제2조제1호에 따른 주택: 1년. 다만, 집합투자기구가 미분양주택(「주택법」 제54조에 따른 사업주체가 같은 조에 따라 공급하는 주택으로서 입주자모집공고에 따른 입주자의 계약일이 지난 주택단지에서 분양계약이 체결되지 아니하여 선착순의 방법으로 공급하는 주택을 말한다)을 취득하는 경우에는 집합투자규약에서 정하는 기간으로 한다.

1의2. 국내에 있는 부동산 중 「주택법」 제2조제1호에 따른 주택에 해당하지 아니하는 부동산: 1년

2. 국외에 있는 부동산: 집합투자규약으로 정하는 기간

⑧ 법 제81조제1항제2호가목 단서에서 "대통령령으로 정하는 경우"란 집합투자기구가 합병·해지 또는 해산되는 경우를 말한다.

⑨ 법 제81조제1항제2호나목 단서에서 "대통령령으로 정하는 경우"란 부동산개발사업을 하기 위하여 토지를 취득한 후 관련 법령의 제정·개정 또는 폐지 등으로 인하여 사업성이 뚜렷하게 떨어져서 부동산개발사업을 수행하는 것이 곤란하다고 객관적으로 증명되어 그 토지의 처분이 불가피한 경우를 말한다.

⑩ 법 제81조제1항제3호라목에서 "대통령령으로 정하는 비율"이란 100분의 5를 말한다. 〈신설 2015. 10. 23.〉

⑪ 법 제81조제1항제3호바목에서 "대통령령으로 정하는 기준"이란 제77조제4항에서 정한 한도를 말한다. 〈개정 2015. 10. 23.〉

판 연 행 생 **제81조 (자산운용의 제한의 예외적 한도 초과사유 등)**

① 법 제81조제1항제4호에서 "대통령령으로 정하는 행위"란 다음 각 호의 어느 하나에 해당하는 행위를 말한다.

1. 각 집합투자기구에 속하는 증권 총액의 범위에서 금융위원회가 정하여 고시하는 비율을 초과하여 환매조건부매도(증권을 일정기간 후에 환매수할 것을 조건으로 매도하는 경우를 말한다. 이하 같다)를 하는 행위

2. 각 집합투자기구에 속하는 증권의 범위에서 금융위원회가 정하여 고시하는 비율을 초과하여 증권을 대여하는 행위

3. 각 집합투자기구의 자산총액 범위에서 금융위원회가 정하여 고시하는 비율을 초과하여 증권을 차입하는 행위

② 법 제81조제3항에서 "대통령령으로 정하는 사유"란 다음 각 호의 어느 하나에 해당하는 사유를 말한다. 〈개정 2013. 8. 27.〉

1. 집합투자재산에 속하는 투자대상자산의 가격 변동

2. 투자신탁의 일부해지 또는 투자회사·투자유한회사·투자합자회사·투자유한책임회사·투자합자조합 및 투자익명조합의 집합투자증권의 일부소각

3. 담보권의 실행 등 권리행사

4. 집합투자재산에 속하는 증권을 발행한 법인의 합병 또는 분할합병

5. 그 밖에 투자대상자산의 추가 취득 없이 법 제81조제1항에 따른 투자한도를 초과하게 된 경우

③ 법 제81조제3항에서 "대통령령으로 정하는 기간"이란 3개월을 말한다. 다만, 다음 각 호의 경우에는 해당 호에 따른 기간을 말한다. 〈개정 2022. 8. 30.〉

1. 집합투자업자의 운용 책임이 강화된 집합투자기구로서 금융위원회가 정하여 고시하는 집합투자기구의 집합투자재산의 경우: 6개월

2. 부도 등으로 처분이 불가능하거나 집합투자재산에 현저한 손실을 초래하지 않으면 처분이 불가능한 투자대상자산의 경우: 그 처분이 가능한 시기

3. 제1호 및 제2호에도 불구하고 제1호에 따른 집합투자기구의 집합투자재산에 속하는 투자대상자산이 제2호에 따른 투자대상자산에 해당하는 경우: 그 처분이 가능한 시기(처분이 가능한 시기가 6개월 미만인 경우에는 6개월)

④ 법 제81조제4항에서 "대통령령으로 정하는 기간"이란 다음 각 호의 구분에 따른 기간을 말한다. 〈개정 2010. 6. 11., 2016. 6. 28.〉

1. 부동산집합투자기구: 1년

2. 특별자산집합투자기구: 6개월

3. 그 밖의 집합투자기구: 1개월

판 규 생 제82조 (자기집합투자증권의 처분)

투자신탁이나 투자익명조합의 집합투자업자는 법 제82조제1호 전단에 따라 취득한 집합투자증권을 취득일부터 1개월 이내에 다음 각 호의 어느 하나에 해당하는 방법으로 처분하여야 한다.

1. 소각

2. 투자매매업자 또는 투자중개업자를 통한 매도

제83조(금전차입 등의 제한)

　① 집합투자업자는 법 제83조제1항 단서에 따라 집합투자기구의 계산으로 금전을 차입하는 경우에는 다음 각 호의 어느 하나에 해당하는 금융기관으로부터 금전을 차입할 수 있다.

　1. 제79조제2항제5호 각 목의 어느 하나에 해당하는 금융기관

　2. 보험회사

　3. 제1호 또는 제2호에 준하는 외국 금융기관

　② 법 제83조제1항제3호에서 "대통령령으로 정하는 때"란 다음 각 호의 어느 하나에 해당하여 환매대금의 지급이 일시적으로 곤란한 때를 말한다. 〈신설 2018. 9. 28.〉

　1. 증권시장이나 해외 증권시장의 폐쇄·휴장 또는 거래정지, 그 밖에 이에 준하는 사유로 집합투자재산을 처분할 수 없는 경우

　2. 거래 상대방의 결제 지연 등이 발생한 경우

　3. 환율의 급격한 변동이 발생한 경우

　③ 집합투자업자는 제1항에 따라 금전을 차입한 경우에는 그 차입금 전액을 모두 갚기 전까지 투자대상자산을 추가로 매수(파생상품의 전매와 환매는 제외한다)하여서는 아니 된다. 〈개정 2018. 9. 28.〉

　④ 법 제83조제4항에서 "대통령령으로 정하는 금융기관"이란 제345조제1항 각 호의 어느 하나에 해당하는 금융기관을 말한다. 〈개정 2018. 9. 28.〉

제84조(이해관계인의 범위)

　법 제84조제1항 각 호 외의 부분 본문에서 "대통령령으로 정하는 이해관계인"이란 다음 각 호의 어느 하나에 해당하는 자를 말한다. 〈개정 2009. 7. 1., 2020. 3. 10.〉

　1. 집합투자업자의 임직원과 그 배우자

　2. 집합투자업자의 대주주와 그 배우자

　3. 집합투자업자의 계열회사, 계열회사의 임직원과 그 배우자

　4. 집합투자업자가 운용하는 전체 집합투자기구의 집합투자증권(「국가재정법」 제81조에 따라 여유자금을 통합하여 운용하는 집합투자기구가 취득하는 집합투자증권은 제외한다)을 100분의 30 이상 판매·위탁판매한 투자매매업자 또는 투자중개업자(이하 이 관에서 "관계 투자매매업자·투자중개업자"라 한다)

　5. 집합투자업자가 운용하는 전체 집합투자기구의 집합투자재산의 100분의 30 이상을 보관·관리하고 있는 신탁업자. 이 경우 집합투자재산의 비율을 계산할 때 다음

각 목의 어느 하나에 해당하는 집합투자기구의 집합투자재산은 제외한다.

  가. 「국가재정법」 제81조에 따라 여유자금을 통합하여 운용하는 집합투자기구

  나. 「주택도시기금법」 제3조 및 제10조에 따라 기금을 위탁받아 운용하는 집합투자기구

  다. 「산업재해보상보험법」 제95조 및 제97조에 따라 기금을 위탁받아 운용하는 집합투자기구

 6. 집합투자업자가 법인이사인 투자회사의 감독이사

판 연 행 규 생 **제85조(이해관계인과의 거래제한의 예외)**

법 제84조제1항제4호에서 "대통령령으로 정하는 거래"란 다음 각 호의 어느 하나에 해당하는 거래를 말한다. 〈개정 2009. 7. 1., 2011. 9. 30., 2012. 6. 29., 2013. 8. 27., 2015. 10. 23., 2018. 9. 28., 2024. 11. 12.〉

 1. 이해관계인의 중개·주선 또는 대리를 통하여 금융위원회가 정하여 고시하는 방법에 따라 이해관계인이 아닌 자와 행하는 투자대상자산의 매매

 2. 이해관계인의 매매중개(금융위원회가 정하여 고시하는 매매형식의 중개를 말한다)를 통하여 그 이해관계인과 행하는 다음 각 목의 어느 하나에 해당하는 투자대상자산의 매매

  가. 채무증권

  나. 원화로 표시된 양도성 예금증서

  다. 어음(기업어음증권은 제외한다)

 3. 각 집합투자기구 자산총액의 100분의 10 이내에서 이해관계인(집합투자업자의 대주주나 계열회사는 제외한다)과 집합투자재산을 다음 각 목의 어느 하나에 해당하는 방법으로 운용하는 거래

  가. 법 제83조제4항에 따른 단기대출

  나. 환매조건부매수(증권을 일정기간 후에 환매도할 것을 조건으로 매수하는 경우를 말한다. 이하 같다)

 4. 이해관계인인 금융기관(제83조제1항제1호에 따른 금융기관과 이에 준하는 외국금융기관만 해당한다. 이하 이 호에서 같다)에의 예치. 이 경우 집합투자업자가 운용하는 전체 집합투자재산 중 이해관계인인 금융기관에 예치한 금액은 전체 금융기관에 예치한 금액의 100분의 10을 초과하여서는 아니 된다.

 5. 이해관계인인 신탁업자와의 거래로서 다음 각 목의 어느 하나에 해당하는 거래

  가. 「외국환거래법」에 따른 외국통화의 매매(환위험을 회피하기 위한 선물환거래

를 포함한다)

    나. 환위험을 회피하기 위한 장외파생상품의 매매로서 법 제5조제1항제3호에 따른 계약의 체결(그 기초자산이 외국통화인 경우로 한정한다)

    다. 법 제83조제1항 단서에 따른 금전차입의 거래. 이 경우 신탁업자의 고유재산과의 거래로 한정한다.

5의2. 이해관계인(전담중개업무를 제공하는 제84조제4호 및 제5호에 따른 이해관계인인 경우만 해당한다)과 전담중개업무로서 하는 거래

5의3. 환매기간을 금융위원회가 정하여 고시하는 기간으로 하여 이해관계인(제7조제4항제3호 각 목의 어느 하나에 해당하는 자를 거래상대방 또는 각 당사자로 하는 환매조건부매매의 수요·공급을 조성하는 자로 한정한다. 이하 이 호에서 같다)과 환매조건부매매를 하거나 그 이해관계인이 환매조건부매매를 중개·주선 또는 대리하는 거래

5의4. 집합투자기구의 운용목적을 달성하기 위한 거래로서 다음 각 목의 어느 하나에 해당하는 계열회사와의 거래(법 제249조의7제5항 각 호의 방법으로 운용하는 거래로 한정한다)

    가. 해당 집합투자업자가 그 집합투자재산을 운용하는 일반사모집합투자기구가 투자한 투자대상기업 또는 투자목적회사

    나. 가목의 투자대상기업이나 투자목적회사에 제271조의10제16항 각 호의 방법으로 공동 운용함으로써 그 투자대상기업이나 투자목적회사에 투자한 다른 일반사모집합투자기구와 그 집합투자업자

    다. 그 밖에 금융시장의 안정 또는 건전한 거래질서를 해칠 우려가 없는 회사로서 금융위원회가 정하여 고시하는 회사

6. 그 밖에 거래의 형태, 조건, 방법 등을 고려하여 집합투자기구와 이해가 상충될 염려가 없다고 금융위원회의 확인을 받은 거래

판 행 규 생 제86조 (계열회사 증권의 취득제한 등)

① 법 제84조제4항에서 "대통령령으로 정하는 한도"란 다음 각 호의 한도를 말한다. 〈개정 2015. 10. 23.〉

1. 집합투자업자가 운용하는 전체 집합투자기구의 집합투자재산으로 계열회사가 발행한 지분증권(그 지분증권과 관련된 증권예탁증권을 포함한다. 이하 이 조에서 같다)을 취득하는 경우에 계열회사가 발행한 전체 지분증권에 대한 취득금액은 집합투자업자가 운용하는 전체 집합투자기구 자산총액 중 지분증권에 투자 가능한 금액의 100분

의 5와 집합투자업자가 운용하는 각 집합투자기구 자산총액의 100분의 25. 다만, 다음 각 목의 어느 하나에 해당하는 경우는 제외한다.

　　가. 계열회사가 발행한 전체 지분증권의 시가총액비중(제80조제1항제3호 후단에 따라 산정한 시가총액비중을 말한다. 이하 이 호에서 같다)의 합이 집합투자업자가 운용하는 전체 집합투자기구 자산총액 중 지분증권에 투자 가능한 금액의 100분의 5를 초과하는 경우로서 그 계열회사가 발행한 전체 지분증권을 그 시가총액비중까지 취득하는 경우

　　나. 계열회사가 발행한 전체 지분증권의 시가총액비중의 합이 100분의 25를 초과하는 경우로서 집합투자업자가 운용하는 각 집합투자기구에서 그 계열회사가 발행한 전체 지분증권을 그 시가총액비중까지 취득하는 경우

　　다. 다수 종목의 가격수준을 종합적으로 표시하는 지수 중 금융위원회가 정하여 고시하는 지수의 변화에 연동하여 운용하는 것을 목표로 하는 집합투자기구의 집합투자재산으로 그 계열회사가 발행한 전체 지분증권을 해당 지수에서 차지하는 비중까지 취득하는 경우

2. 각 집합투자업자가 운용하는 전체 집합투자기구의 집합투자재산으로 계열회사(법률에 따라 직접 설립된 법인은 제외한다. 이하 이 호에서 같다)가 발행한 증권(법 제84조제4항에 따른 증권 중 지분증권을 제외한 증권을 말한다)에 투자하는 경우에는 계열회사 전체가 그 집합투자업자에 대하여 출자한 비율에 해당하는 금액. 이 경우 계열회사 전체가 그 집합투자업자에 대하여 출자한 비율에 해당하는 금액은 계열회사 전체가 소유하는 그 집합투자업자의 의결권 있는 주식수를 그 집합투자업자의 의결권 있는 발행주식 총수로 나눈 비율에 그 집합투자업자의 자기자본(자기자본이 자본금 이하인 경우에는 자본금을 말한다)을 곱한 금액으로 한다.

② 법 제84조제4항에서 "대통령령으로 정하는 증권"이란 다음 각 호의 어느 하나에 해당하는 증권을 말한다.

1. 집합투자증권(투자신탁의 수익증권은 제외한다) 및 법 제279조제1항에 따른 외국 집합투자증권

2. 파생결합증권

3. 법 제110조에 따른 수익증권

③ 법 제84조제4항에서 "대통령령으로 정하는 투자대상자산"이란 다음 각 호의 어느 하나에 해당하는 투자대상자산을 말한다.

1. 원화로 표시된 양도성 예금증서

2. 기업어음증권 외의 어음

3. 제1호 및 제2호 외에 대출채권, 예금, 그 밖에 금융위원회가 정하여 고시하는 채권(債權)

④ 집합투자업자는 제1항제1호 각 목에 따라 계열회사의 전체 주식을 각 집합투자기구 자산총액의 100분의 5를 초과하여 취득하는 경우에는 집합투자기구 자산총액의 100분의 5를 기준으로 집합투자재산에 속하는 각 계열회사별 주식의 비중을 초과하는 계열회사의 주식에 대하여는 법 제87조제2항에 따라 의결권을 행사하여야 한다. 〈개정 2013. 8. 27., 2015. 10. 23.〉

⑤ 집합투자업자는 법 제84조제4항에 따른 증권을 추가적으로 취득하지 아니하였음에도 불구하고 금융위원회가 정하여 고시하는 사유로 인하여 제1항 각 호에 따른 한도를 초과하게 된 때에는 그 사유가 발생한 날부터 3개월 이내에 제1항 각 호에 따른 한도에 적합하도록 운용하여야 한다.

판 연 행 규 생 제87조 (불건전 영업행위의 금지)

① 법 제85조 각 호 외의 부분 단서에서 "대통령령으로 정하는 경우"란 다음 각 호의 어느 하나에 해당하는 경우를 말한다. 〈개정 2009. 12. 21., 2012. 6. 29., 2013. 8. 27., 2013. 11. 13., 2015. 10. 23., 2019. 4. 23., 2020. 3. 10., 2025. 6. 2.〉

1. 법 제85조제1호를 적용할 때 다음 각 목의 어느 하나에 해당하는 경우
   가. 집합투자재산의 운용과 관련한 정보를 이용하지 아니하였음을 증명하는 경우
   나. 증권시장(다자간매매체결회사에서의 거래를 포함한다)과 파생상품시장 간의 가격 차이를 이용한 차익거래, 그 밖에 이에 준하는 거래로서 집합투자재산의 운용과 관련한 정보를 의도적으로 이용하지 아니하였다는 사실이 객관적으로 명백한 경우

2. 법 제85조제2호를 적용할 때 인수일부터 3개월이 지난 후 매수하는 경우

2의2. 법 제85조제2호를 적용할 때 인수한 증권이 국채증권, 지방채증권, 「한국은행법」 제69조에 따른 한국은행통화안정증권, 특수채증권 또는 법 제4조제3항에 따른 사채권(주권 관련 사채권 및 제176조의13제1항에 따른 상각형 조건부자본증권은 제외한다. 이하 이 호에서 같다) 중 어느 하나에 해당하는 경우. 다만, 사채권의 경우에는 투자자 보호 및 건전한 거래질서를 위하여 금융위원회가 정하여 고시하는 발행조건, 거래절차 등의 기준을 충족하는 채권으로 한정한다.

2의3. 법 제85조제2호를 적용할 때 인수한 증권이 증권시장에 상장된 주권인 경우로서 그 주권을 증권시장 또는 다자간매매체결회사에서 매수하는 경우

2의4. 법 제85조제2호를 적용할 때 일반적인 거래조건에 비추어 집합투자기구에 유리한 거래

3. 법 제85조제5호를 적용할 때 집합투자업자가 운용하는 집합투자기구 상호 간에 자산(제224조제4항에 따른 미지급금 채무를 포함한다)을 동시에 한쪽이 매도하고 다른 한쪽이 매수하는 거래로서 다음 각 목의 어느 하나에 해당하는 경우. 이 경우 집합투자업자는 매매가격, 매매거래절차 및 방법, 그 밖에 투자자 보호를 위하여 금융위원회가 정하여 고시하는 기준을 준수하여야 한다.

　　가. 법, 이 영 및 집합투자기구의 집합투자규약상의 투자한도를 준수하기 위한 경우

　　나. 집합투자증권의 환매에 응하기 위한 경우

　　다. 집합투자기구의 해지 또는 해산에 따른 해지금액 등을 지급하기 위한 경우

　　라. 그 밖에 금융위원회가 투자자의 이익을 해칠 염려가 없다고 인정한 경우

4. 법 제85조제5호를 적용할 때 특정 집합투자재산을 그 집합투자업자의 고유재산과 제85조제2호에 따른 매매중개를 통하여 같은 호 각 목의 투자대상자산을 매매하는 경우

5. 법 제85조제7호를 적용할 때 전자적 투자조언장치를 활용하여 집합투자재산을 운용하는 경우

② 법 제85조제2호에서 "대통령령으로 정하는 관계인수인"이란 다음 각 호의 어느 하나에 해당하는 인수인을 말한다. 〈개정 2020. 3. 10., 2021. 12. 28., 2022. 12. 27.〉

1. 집합투자업자와 같은 기업집단(「독점규제 및 공정거래에 관한 법률」 제2조제11호에 따른 기업집단을 말한다. 이하 같다)에 속하는 인수인

2. 집합투자업자가 운용하는 전체 집합투자기구의 집합투자증권(「국가재정법」 제81조에 따라 여유자금을 통합하여 운용하는 집합투자기구가 취득하는 집합투자증권은 제외한다)을 금융위원회가 정하여 고시하는 비율 이상 판매한 인수인

③ 법 제85조제3호에서 "대통령령으로 정하는 인수업무"란 발행인 또는 매출인으로부터 직접 증권의 인수를 의뢰받아 인수조건 등을 정하는 업무를 말한다.

④ 법 제85조제8호에서 "대통령령으로 정하는 행위"란 다음 각 호의 어느 하나에 해당하는 행위를 말한다. 〈개정 2020. 3. 10., 2021. 3. 16., 2021. 10. 21.〉

1. 집합투자규약이나 투자설명서 또는 법 제249조의4제2항 전단에 따른 핵심상품설명서를 위반하여 집합투자재산을 운용하는 행위

2. 집합투자기구의 운용방침이나 운용전략 등을 고려하지 아니하고 집합투자재산으

로 금융투자상품을 지나치게 자주 매매하는 행위

3. 집합투자업자가 운용하는 집합투자기구의 집합투자증권을 판매하는 투자매매업자 또는 투자중개업자(그 임직원과 투자권유대행인을 포함한다)에게 업무와 관련하여 금융위원회가 정하여 고시하는 기준을 위반하여 직접 또는 간접으로 재산상의 이익을 제공하는 행위

4. 투자매매업자 또는 투자중개업자(그 임직원을 포함한다) 등으로부터 업무와 관련하여 금융위원회가 정하여 고시하는 기준을 위반하여 직접 또는 간접으로 재산상의 이익을 제공받는 행위

5. 투자자와의 이면계약 등에 따라 그 투자자로부터 일상적으로 명령·지시·요청 등을 받아 집합투자재산을 운용하는 행위

6. 집합투자업자가 운용하는 집합투자기구의 집합투자증권을 판매하는 투자매매업자 또는 투자중개업자와의 이면계약 등에 따라 그 투자매매업자 또는 투자중개업자로부터 명령·지시·요청 등을 받아 집합투자재산을 운용하는 행위

7. 법 제55조, 제81조, 제84조 및 제85조에 따른 금지 또는 제한을 회피할 목적으로 하는 행위로서 장외파생상품거래, 신탁계약, 연계거래 등을 이용하는 행위

8. 채권자로서 그 권리를 담보하기 위하여 백지수표나 백지어음을 받는 행위

8의2. 단기금융집합투자기구의 집합투자재산을 제241조제1항 각 호 외의 자산에 투자하거나 같은 조 제2항에서 정하는 방법 외의 방법으로 운용하는 행위

8의3. 자신이 운용하는 둘 이상의 집합투자기구(교차하거나 순환하여 투자하기 위해 다른 집합투자업자가 운용하는 집합투자기구를 이용하는 경우에는 그 집합투자기구를 포함한다)가 교차하거나 순환하여 투자하는 행위

8의4. 집합투자기구를 운용하는 과정에서 증권을 취득하거나 금전을 대여할 때 그 증권을 발행하거나 금전을 대여받은 자에게 취득 또는 대여의 대가로 자신이 운용하는 집합투자기구에서 발행하거나 발행할 예정인 집합투자증권의 취득을 강요하거나 권유하는 행위

8의5. 법 제192조제2항제5호·제202조제1항제7호(법 제211조제2항, 제216조제3항 및 제217조의6제2항에서 준용하는 경우를 포함한다) 또는 제221조제1항제4호(법 제227조제3항에서 준용하는 경우를 포함한다)에 따른 해지나 해산을 회피할 목적으로 자신이 운용하는 다른 집합투자기구 또는 다른 집합투자업자가 운용하는 집합투자기구를 이용하는 행위

8의6. 집합투자재산을 금전대여로 운용하는 경우 그 금전대여의 대가로 금전이나 이에 준하는 재산적 가치를 지급받는 행위

9. 그 밖에 투자자의 보호와 건전한 거래질서를 해칠 염려가 있는 행위로서 금융위원회가 정하여 고시하는 행위

판 연 행 규 생 **제88조(성과보수의 제한)**

① 법 제86조제1항제2호에서 "대통령령으로 정하는 경우"란 다음 각 호의 요건을 모두 갖춘 경우를 말한다. 이 경우 성과보수의 산정방식, 지급시기 등에 대하여 필요한 사항은 금융위원회가 정하여 고시한다. 〈개정 2017. 5. 8., 2022. 8. 30.〉

1. 집합투자업자가 임의로 변경할 수 없는 객관적 지표 또는 수치(이하 이 조에서 "기준지표등"이라 한다)를 기준으로 성과보수를 산정할 것

2. 집합투자기구의 운용성과가 기준지표등의 성과보다 낮은 경우에는 성과보수를 적용하지 아니하는 경우보다 적은 운용보수를 받게 되는 보수체계를 갖출 것

3. 삭제 〈2022. 8. 30.〉

4. 삭제 〈2017. 5. 8.〉

5. 집합투자기구의 형태별로 다음 각 목의 구분에 따른 요건을 갖출 것

　가. 다음의 집합투자기구인 경우: 존속기한을 1년 이상으로 설정·설립할 것

　　1) 법 제230조에 따른 환매금지형집합투자기구

　　2) 법 제230조에 따른 환매금지형집합투자기구가 아닌 집합투자기구로서 설정·설립 이후에 집합투자증권을 추가로 발행할 수 없는 집합투자기구

　나. 가목에 해당하지 아니하는 집합투자기구인 경우: 존속기한 없이 설정·설립할 것

6. 성과보수의 상한을 정할 것

② 법 제86조제2항에서 "대통령령으로 정하는 사항"이란 다음 각 호의 사항을 말한다. 〈개정 2009. 12. 21., 2017. 5. 8.〉

1. 성과보수가 지급된다는 뜻과 그 한도

2. 성과보수를 지급하지 아니하는 집합투자기구보다 높은 투자위험에 노출될 수 있다는 사실

3. 성과보수를 포함한 보수 전체에 관한 사항

4. 기준지표등 및 성과보수의 상한(법 제86조제1항제2호의 경우로 한정한다)

5. 성과보수의 지급시기

6. 성과보수가 지급되지 아니하는 경우에 관한 사항

7. 그 밖에 투자자를 보호하기 위하여 필요한 사항으로서 금융위원회가 정하여 고시하는 사항

제89조 (의결권행사의 제한 등)

① 법 제87조제2항제1호가목에서 "대통령령으로 정하는 이해관계가 있는 자"란 특수관계인 및 제141조제2항에 따른 공동보유자를 말한다. 〈개정 2013. 8. 27.〉

② 법 제87조제2항제1호나목에서 "대통령령으로 정하는 자"란 다음 각 호의 어느 하나에 해당하는 자를 말한다. 〈개정 2013. 8. 27.〉

1. 관계 투자매매업자·투자중개업자와 및 그 계열회사

2. 집합투자업자(법 제87조제1항에 따른 집합투자업자를 말한다)의 대주주(최대주주의 특수관계인인 주주를 포함한다)

③ 법 제87조제2항제2호나목에서 "대통령령으로 정하는 관계"란 제2항 각 호의 어느 하나에 해당하는 자가 되는 관계를 말한다. 〈개정 2013. 8. 27.〉

제90조 (의결권행사내용 등의 기록유지)

① 법 제87조제7항에서 "대통령령으로 정하는 비율 또는 금액"이란 각 집합투자기구 자산총액의 100분의 5 또는 100억원을 말한다.

② 법 제87조제7항에서 "대통령령으로 정하는 방법"이란 법 제87조제7항에 따른 의결권공시대상법인에 대한 의결권의 행사 여부 및 그 내용(의결권을 행사하지 아니하는 경우에는 그 사유)을 법 제90조에 따른 영업보고서에 기재하는 것을 말한다. 〈개정 2009. 12. 21.〉

제91조 (의결권행사의 공시 등)

① 법 제87조제8항 각 호 외의 부분 전단에서 "대통령령으로 정하는 주식"이란 법 제9조제15항제3호가목에 따른 주권상장법인으로서 법 제87조제7항에 따른 의결권공시대상법인이 발행한 주식을 말한다. 〈신설 2009. 2. 3., 2015. 10. 23.〉

② 법 제87조제8항 각 호 외의 부분 후단에 따라 집합투자업자는 매년 4월 30일까지 직전 연도 4월 1일부터 1년간 행사한 의결권 행사 내용 등을 증권시장을 통하여 공시하여야 한다. 〈개정 2009. 2. 3., 2012. 6. 29., 2015. 10. 23.〉

③ 삭제 〈2012. 6. 29.〉

④ 법 제87조제9항에서 "대통령령으로 정하는 자료"란 다음 각 호의 자료를 말한다. 〈개정 2009. 2. 3.〉

1. 의결권 행사와 관련된 집합투자업자의 내부지침

2. 집합투자업자가 의결권 행사와 관련하여 집합투자기구별로 소유하고 있는 주식 수 및 증권예탁증권 수

3. 집합투자업자와 의결권 행사 대상 법인의 관계가 제89조제1항 또는 같은 조 제2항에서 정하고 있는 관계에 해당하는지 여부

판 연 행 규 생 **제92조(자산운용보고서)**

① 법 제88조제1항 단서에서 "대통령령으로 정하는 경우"란 다음 각 호의 경우를 말한다. 〈개정 2009. 2. 3., 2009. 12. 21., 2013. 8. 27., 2022. 8. 30.〉

1. 투자자가 법 제88조에 따른 자산운용보고서(이하 "자산운용보고서"라 한다)의 수령을 거부한다는 의사를 서면, 전화ㆍ전신ㆍ팩스, 전자우편 또는 이와 비슷한 전자통신의 방법으로 표시한 경우

2. 집합투자업자가 단기금융집합투자기구를 설정 또는 설립하여 운용하는 경우로서 매월 1회 이상 금융위원회가 정하여 고시하는 방법으로 자산운용보고서를 공시하는 경우

3. 집합투자업자가 법 제230조에 따른 환매금지형집합투자기구를 설정 또는 설립하여 운용하는 경우(같은 조 제3항에 따라 그 집합투자증권이 상장된 경우만 해당한다)로서 3개월마다 1회 이상 금융위원회가 정하여 고시하는 방법으로 자산운용보고서를 공시하는 경우

4. 투자자가 소유하고 있는 집합투자증권의 평가금액이 10만원 이하인 경우로서 집합투자규약에 자산운용보고서를 교부하지 아니한다고 정하고 있는 경우

② 법 제88조제2항제4호에서 "대통령령으로 정하는 매매회전율"이란 해당 운용기간(법 제88조제2항제2호에 따른 해당 운용기간을 말한다) 중 매도한 주식가액의 총액을 그 해당 운용기간 중 보유한 주식의 평균가액으로 나눈 비율을 말한다.

③ 법 제88조제2항제5호에서 "대통령령으로 정하는 사항"이란 다음 각 호의 사항을 말한다. 다만, 회계기간 개시일로부터 3개월, 6개월, 9개월이 종료되는 날을 기준일(법 제88조제2항제1호에 따른 기준일을 말한다. 이하 이 조에서 같다)로 하여 작성하는 자산운용보고서에는 제2호 및 제7호의 사항을 기재하지 않을 수 있다. 〈개정 2009. 12. 21., 2021. 10. 21.〉

1. 기준일 현재 집합투자재산에 속하는 투자대상자산의 내용

2. 집합투자기구의 투자운용인력에 관한 사항

3. 집합투자기구의 투자환경 및 운용계획

4. 집합투자기구의 업종별ㆍ국가별 투자내역

5. 집합투자기구의 투자전략

6. 집합투자기구의 투자대상 범위 상위 10개 종목

7. 집합투자기구의 구조

8. 집합투자기구의 유동성 위험

8의2. 집합투자기구의 운용위험에 대한 관리방안

9. 그 밖에 투자자를 보호하기 위하여 필요한 사항으로서 금융위원회가 정하여 고시하는 사항

④ 집합투자업자는 투자자에게 자산운용보고서를 교부하는 경우에는 집합투자증권을 판매한 투자매매업자·투자중개업자 또는 전자등록기관을 통하여 기준일부터 2개월 이내에 직접, 전자우편 또는 이와 비슷한 전자통신의 방법으로 교부하여야 한다. 다만, 투자자가 해당 집합투자기구에 투자한 금액이 100만원 이하이거나 투자자에게 전자우편 주소가 없는 등의 경우에는 법 제89조제2항제1호의 방법에 따라 공시하는 것으로 갈음할 수 있으며, 투자자가 우편발송을 원하는 경우에는 그에 따라야 한다. 〈개정 2009. 12. 21., 2012. 6. 29., 2015. 10. 23., 2019. 1. 15., 2019. 6. 25.〉

⑤ 자산운용보고서를 작성·교부하는 데에 드는 비용은 집합투자업자가 부담한다. 〈개정 2009. 2. 3.〉

⑥ 자산운용보고서의 서식과 작성방법, 그 밖에 필요한 사항은 금융위원회가 정하여 고시한다.

판 연 행 규 생 **제93조 (수시공시의 방법 등)**

① 법 제89조제1항제1호에 따라 투자신탁이나 투자익명조합의 집합투자업자가 공시하여야 하는 투자운용인력의 운용경력은 투자운용인력을 변경한 날부터 최근 3년 이내의 운용경력으로 한다. 〈신설 2011. 11. 4.〉

② 법 제89조제1항제3호에서 "대통령령으로 정하는 부실자산"이란 발행인의 부도, 「채무자 회생 및 파산에 관한 법률」에 따른 회생절차개시의 신청 등의 사유로 인하여 금융위원회가 부실자산으로 정하여 고시하는 자산을 말한다. 〈개정 2009. 2. 3.〉

③ 법 제89조제1항제5호에서 "대통령령으로 정하는 사항"이란 다음 각 호의 어느 하나에 해당하는 사항을 말한다. 〈개정 2009. 2. 3., 2010. 6. 11., 2015. 10. 23., 2017. 5. 8., 2022. 8. 30.〉

1. 투자설명서의 변경. 다만, 다음 각 목의 어느 하나에 해당하는 경우는 제외한다.
가. 법 및 이 영의 개정 또는 금융위원회의 명령에 따라 투자설명서를 변경하는 경우
나. 집합투자규약의 변경에 따라 투자설명서를 변경하는 경우
다. 투자설명서의 단순한 자구수정 등 경미한 사항을 변경하는 경우

라. 투자운용인력의 변경이 있는 경우로서 법 제123조제3항제2호에 따라 투자설
　　명서를 변경하는 경우

2. 집합투자업자의 합병, 분할, 분할합병 또는 영업의 양도·양수

3. 집합투자업자 또는 일반사무관리회사가 기준가격을 잘못 산정하여 이를 변경하
는 경우에는 그 내용(제262조제1항 후단에 따라 공고·게시하는 경우에 한한다)

4. 사모집합투자기구가 아닌 집합투자기구(존속하는 동안 투자금을 추가로 모집할
수 있는 집합투자기구로 한정한다. 이하 이 항에서 같다)로서 설정 및 설립 이후 1년
(제81조제3항제1호의 집합투자기구의 경우에는 설정 및 설립 이후 2년)이 되는 날에
원본액이 50억원 미만인 경우 그 사실과 해당 집합투자기구가 법 제192조제1항 단서
에 따라 해지될 수 있다는 사실

5. 사모집합투자기구가 아닌 집합투자기구가 설정 및 설립되고 1년(제81조제3항제
1호의 집합투자기구의 경우에는 설정 및 설립 이후 2년)이 지난 후 1개월간 계속하여
원본액이 50억원 미만인 경우 그 사실과 해당 집합투자기구가 법 제192조제1항 단서
에 따라 해지될 수 있다는 사실

6. 부동산집합투자기구 또는 특별자산집합투자기구(부동산·특별자산투자재간접집
합투자기구를 포함한다)인 경우 다음 각 목의 어느 하나에 해당하는 사항

가. 제242조제2항 각 호 외의 부분 단서에 따른 시장성 없는 자산의 취득 또는 처분

나. 부동산집합투자기구 또는 특별자산집합투자기구의 집합투자증권의 취득 또는
　　처분. 다만, 이미 취득한 것과 같은 집합투자증권을 추가로 취득하거나 일부를
　　처분하는 경우는 제외한다.

다. 지상권·지역권 등 부동산 관련 권리 및 사업수익권·시설관리운영권 등 특별
　　자산 관련 중요한 권리의 발생·변경

라. 금전의 차입 또는 금전의 대여

7. 그 밖에 투자자의 투자판단에 중대한 영향을 미치는 사항으로서 금융위원회가 정
하여 고시하는 사항

④ 제1항부터 제3항까지의 규정에 따른 공시와 관련하여 그 서식과 작성방법, 기재
　　사항 등에 관한 구체적인 기준은 금융위원회가 정하여 고시한다. 〈신설 2011.
　　11. 4.〉

판 행 규 생 **제94조(집합투자재산에 관한 보고 및 공시)**

① 집합투자업자(법 제90조제1항에 따른 집합투자업자를 말한다. 이하 이 조에서
　　같다)는 법 제90조제1항에 따라 집합투자재산(투자신탁재산 및 투자익명조합재

산만 해당한다. 이하 이 조에서 같다)에 관한 영업보고서를 금융위원회가 정하여 고시하는 기준에 따라 다음 각 호의 서류로 구분하여 작성하여야 한다. 〈개정 2013. 8. 27.〉

1. 투자신탁의 설정 현황 또는 투자익명조합의 출자금 변동 상황

2. 집합투자재산의 운용 현황과 집합투자증권(투자신탁 수익증권과 투자익명조합 지분증권만 해당한다)의 기준가격표

3. 법 제87조제8항제1호·제2호에 따른 의결권의 구체적인 행사내용 및 그 사유를 적은 서류

4. 집합투자재산에 속하는 자산 중 주식의 매매회전율(법 제88조제2항제4호에 따른 매매회전율을 말한다)과 자산의 위탁매매에 따른 투자중개업자별 거래금액·수수료와 그 비중

② 협회는 법 제90조제4항에 따라 각 집합투자재산의 운용실적을 비교·공시하는 경우에는 다음 각 호의 항목별로 구분하여 금융위원회가 정하여 고시하는 기준에 따라 비교·공시하여야 한다. 〈개정 2010. 6. 11.〉

1. 집합투자업자

2. 투자매매업자·투자중개업자

3. 집합투자기구의 종류

4. 금융위원회가 정하여 고시하는 주된 투자대상자산(이하 "주된 투자대상자산"이라 한다)

5. 운용보수

6. 판매수수료·판매보수

7. 수익률. 이 경우 사모집합투자기구가 아닌 집합투자기구(존속하는 동안 투자금을 추가로 모집할 수 있는 집합투자기구로 한정한다. 이하 이 호에서 같다)로서 원본액 50억원 미만과 50억원 이상의 집합투자기구의 수익률은 별도로 비교·공시하여야 한다.

8. 그 밖에 금융위원회가 정하여 고시하는 것

③ 협회는 집합투자기구의 운용실적을 비교·공시하기 위하여 필요한 범위에서 각 집합투자기구의 집합투자규약, 투자설명서 및 기준가격 등에 관한 자료의 제출을 투자신탁이나 투자익명조합의 집합투자업자 또는 법 제182조제1항에 따른 투자회사등(이하 "투자회사등"이라 한다)에 요청할 수 있다.

판 규 생 **제95조(장부·서류의 열람 및 공시 등)**

① 법 제91조제1항 후단에서 "대통령령으로 정하는 정당한 사유"란 다음 각 호의 어느 하나에 해당하는 경우를 말한다. 이 경우 집합투자업자(법 제91조제1항에 따른 집합투자업자를 말한다)는 열람이나 교부가 불가능하다는 뜻과 그 사유가 기재된 서면을 투자자에게 내주어야 한다.

1. 집합투자재산의 매매주문내역 등이 포함된 장부·서류를 제공함으로써 제공받은 자가 그 정보를 거래 또는 업무에 이용하거나 타인에게 제공할 것이 뚜렷하게 염려되는 경우

2. 집합투자재산의 매매주문내역 등이 포함된 장부·서류를 제공함으로써 다른 투자자에게 손해를 입힐 것이 명백히 인정되는 경우

3. 해지 또는 해산된 집합투자기구에 관한 장부·서류로서 제62조제1항에 따른 보존기한이 지나는 등의 사유로 인하여 투자자의 열람제공 요청에 응하는 것이 불가능한 경우

② 법 제91조제1항에 따라 투자자가 열람이나 등본 또는 초본의 교부를 청구할 수 있는 장부·서류는 다음 각 호와 같다.

1. 집합투자재산 명세서
2. 집합투자증권 기준가격대장
3. 재무제표 및 그 부속명세서
4. 집합투자재산 운용내역서

판 행 규 생 **제96조(파생상품의 운용 특례)**

① 법 제93조제1항 전단에서 "대통령령으로 정하는 기준"이란 집합투자기구 자산총액의 100분의 10을 말한다.

② 법 제93조제1항 전단에서 "대통령령으로 정하는 위험에 관한 지표"란 다음 각 호의 지표를 말한다. 다만, 위험에 관한 지표 산출을 위한 자료가 부족하여 지표의 산출이 불가능한 경우 등 금융위원회가 정하여 고시하는 파생상품인 경우에는 제2호를 적용하지 아니한다.

1. 파생상품 매매에 따른 만기시점의 손익구조

2. 시장상황의 변동에 따른 집합투자재산의 손익구조의 변동 또는 일정한 보유기간에 일정한 신뢰구간 범위에서 시장가격이 집합투자기구에 대하여 불리하게 변동될 경우에 파생상품 거래에서 발생할 수 있는 최대손실예상금액

3. 그 밖에 투자자의 투자판단에 중요한 기준이 되는 지표로서 금융위원회가 정하여 고시하는 위험에 관한 지표

③ 제2항에 따른 위험에 관한 지표의 구체적인 산정방식, 그 밖에 필요한 사항은 금융위원회가 정하여 고시한다.

④ 법 제93조제2항에서 "대통령령으로 정하는 기준"이란 집합투자기구 자산총액의 100분의 10을 말한다.

판 행 규 생 제97조(부동산의 운용 특례)

① 법 제94조제1항에서 "대통령령으로 정하는 방법"이란 집합투자업자가 다음 각 호의 어느 하나에 해당하는 금융기관 등에게 부동산을 담보로 제공하거나 금융위원회가 정하여 고시하는 방법으로 금전을 차입하는 것을 말한다. 다만, 집합투자자총회에서 달리 의결한 경우에는 그 의결에 따라 금전을 차입할 수 있다.

1. 제79조제2항제5호 각 목의 금융기관

2. 보험회사

3. 「국가재정법」에 따른 기금

4. 다른 부동산집합투자기구

5. 제1호부터 제4호까지의 규정에 준하는 외국 금융기관 등

② 법 제94조제2항에서 "대통령령으로 정하는 자"란 「부동산투자회사법」에 따른 부동산투자회사 또는 다른 집합투자기구를 말한다.

③ 법 제94조제2항에서 "대통령령으로 정하는 방법"이란 다음 각 호의 요건을 모두 충족하는 방법을 말한다.

1. 집합투자규약에서 금전의 대여에 관한 사항을 정하고 있을 것

2. 집합투자업자가 부동산에 대하여 담보권을 설정하거나 시공사 등으로부터 지급보증을 받는 등 대여금을 회수하기 위한 적절한 수단을 확보할 것

④ 집합투자업자가 법 제94조제2항에 따라 금전을 대여하는 경우 그 대여금 한도는 해당 집합투자기구의 자산총액에서 부채총액을 뺀 가액의 100분의 100으로 한다.

⑤ 법 제94조제3항에서 "대통령령으로 정하는 사항"이란 다음 각 호의 사항을 말한다.

1. 부동산의 거래비용

2. 부동산과 관련된 재무자료

3. 부동산의 수익에 영향을 미치는 요소

4. 그 밖에 부동산의 거래 여부를 결정함에 있어 필요한 사항으로서 금융위원회가 정하여 고시하는 사항

⑥ 법 제94조제4항에서 "대통령령으로 정하는 사항"이란 다음 각 호의 사항을 말한다.

1. 건축계획 등이 포함된 사업계획에 관한 사항

2. 자금의 조달·투자 및 회수에 관한 사항

3. 추정손익에 관한 사항

4. 사업의 위험에 관한 사항

5. 공사시공 등 외부용역에 관한 사항

6. 그 밖에 투자자를 보호하기 위하여 필요한 사항으로서 금융위원회가 정하여 고시하는 사항

⑦ 집합투자업자가 법 제94조제1항에 따라 금전을 차입하는 경우에 그 차입금 한도는 다음 각 호와 같다.

1. 부동산집합투자기구의 계산으로 차입하는 경우: 그 부동산집합투자기구의 자산총액에서 부채총액을 뺀 가액의 100분의 200. 다만, 집합투자자총회에서 달리 의결한 경우에는 그 의결한 한도

2. 부동산집합투자기구가 아닌 집합투자기구의 계산으로 차입하는 경우: 그 집합투자기구에 속하는 부동산 가액의 100분의 100의 범위에서 금융위원회가 정하여 고시하는 비율. 이 경우 부동산 가액의 평가는 법 제238조제2항에 따른 평가위원회(이하 "집합투자재산평가위원회"라 한다)가 같은 조 제3항에 따른 집합투자재산평가기준에 따라 정한 가액으로 한다.

⑧ 집합투자업자는 법 제94조제1항에 따라 차입한 금전을 부동산에 운용하는 방법 외의 방법으로 운용하여서는 아니 된다. 다만, 집합투자기구의 종류 등을 고려하여 금융위원회가 정하여 고시하는 경우에는 부동산에 운용하는 방법 외의 방법으로 운용할 수 있다.

⑨ 삭제 〈2015. 10. 23.〉

제3관 투자자문업자 및 투자일임업자의 영업행위 규칙

판 연 행 규 **제98조(용어의 정의)**

① 법 제97조제1항제8호에서 "대통령령으로 정하는 사항"이란 다음 각 호의 사항을 말한다.〈개정 2016. 2. 5.〉

1. 임원 및 대주주에 관한 사항

2. 투자일임계약인 경우에는 투자자가 계약개시 시점에서 소유할 투자일임재산의 형태와 계약종료 시점에서 소유하게 되는 투자일임재산의 형태

3. 투자일임재산을 운용할 때 적용하는 투자방법에 관한 사항

4. 법 제99조제1항에 따른 투자일임보고서(이하 "투자일임보고서"라 한다)의 작성대상 기간

4의2. 자산구성형 개인종합자산관리계약의 경우에는 제2항제2호 전단에 따라 투자자에게 제시되는 운용방법의 내용 및 같은 호 후단에 따라 둘 이상으로 마련되는 운용방법 간 내용상의 차이에 관한 사항

5. 그 밖에 투자자가 계약체결 여부를 결정하는 데에 중요한 판단기준이 되는 사항으로서 금융위원회가 정하여 고시하는 사항

② 제1항에 따른 자산구성형 개인종합자산관리계약은 「조세특례제한법」 제91조의18 제1항에 따른 개인종합자산관리계좌(같은 조 제3항제2호에 따라 신탁업자와 특정금전신탁계약을 체결하여 개인종합자산관리계좌의 명칭으로 개설한 계좌는 제외한다)에 관한 투자일임계약으로서 다음 각 호의 요건을 모두 갖춘 투자일임계약으로 한다.〈신설 2016. 2. 5., 2019. 3. 12.〉

1. 삭제〈2019. 3. 12.〉

2. 투자일임업자는 투자일임계약을 체결하기 전에 투자대상자산의 종류·비중·위험도 등의 내용이 포함된 운용방법을 투자자에게 제시할 것. 이 경우 투자자의 투자목적·재산상황·투자경험·위험감수능력 등을 고려하여 둘 이상의 운용방법을 마련하여 제시하여야 한다.

3. 투자일임업자는 다음 각 목의 내용이 포함된 투자일임계약을 투자자와 체결할 것

가. 투자자로부터 투자대상자산에 대한 투자판단의 전부를 일임받지 아니한다는 내용

나. 제2호 전단에 따라 투자자에게 제시하여 투자자가 선택한 운용방법의 내용

다. 투자일임업자는 나목에 따른 운용방법으로 투자일임재산을 운용한다는 내용

라. 제4호부터 제7호까지의 규정에 따른 내용

4. 해당 투자자가 제3호나목에 따라 투자일임계약의 내용으로 정한 운용방법의 변경을 요구하는 경우 투자일임업자는 그 요구에 따를 것

5. 투자일임업자가 제3호나목에 따라 투자일임계약의 내용으로 정한 운용방법에 따라 투자일임재산을 운용할 때 취득·처분하려는 투자대상자산의 종목·수량 및 취득·처분의 방법 등을 취득·처분하기 전에 해당 투자자에게 통지할 것

6. 해당 투자자가 제5호에 따른 통지를 받은 후 그 취득·처분을 하지 아니할 것을 요구하거나 취득·처분한 투자대상자산의 종목·수량 및 취득·처분의 방법 등의 변경을 요구하는 경우 투자일임업자는 그 요구에 따를 것

7. 투자일임업자는 제4호에 따른 투자자의 요구가 없더라도 매 분기별로 1회 이상 다음 각 목의 사항을 평가하여 제3호나목에 따라 투자일임계약의 내용으로 정한 운용방법을 변경할지 여부를 검토한 후 그 변경이 필요하다고 인정되는 경우 그 운용방법을 변경할 것

가. 제3호나목에 따라 투자일임계약의 내용으로 정한 운용방법으로 투자대상자산을 취득·처분한 결과에 따른 투자일임재산의 안전성 및 수익성

나. 해당 투자자의 투자목적·재산상황·투자경험·위험감수능력 등을 고려하여 그 투자일임재산으로 운용한 투자대상자산의 종목·수량 등이 적합한지 여부

다. 투자자 보호 및 건전한 거래질서의 유지를 위하여 필요한 사항으로서 금융위원회가 정하여 고시하는 사항

판 연 행 규 **제99조(불건전 영업행위의 금지)**

① 법 제98조제1항 각 호 외의 부분 단서에서 "대통령령으로 정하는 경우"란 다음 각 호의 경우를 말한다. 〈개정 2013. 8. 27., 2017. 5. 8., 2019. 4. 23.〉

1. 법 제98조제1항제1호 및 제2호를 적용할 때 투자자문업자 또는 투자일임업자가 다른 금융투자업, 그 밖의 금융업을 겸영하는 경우로서 그 겸영과 관련된 해당 법령에서 법 제98조제1항제1호 및 제2호에 따른 행위를 금지하지 아니하는 경우

1의2. 법 제98조제1항제3호를 적용할 때 전자적 투자조언장치를 활용하여 일반투자자를 대상으로 투자자문업 또는 투자일임업을 수행하는 경우

2. 법 제98조제1항제5호를 적용할 때 다음 각 목의 어느 하나에 해당하는 경우

가. 투자자문 또는 투자일임재산의 운용과 관련한 정보를 이용하지 아니하였음을 증명하는 경우

나. 차익거래 등 투자자문 또는 투자일임재산의 운용과 관련한 정보를 의도적으

로 이용하지 아니하였다는 사실이 객관적으로 명백한 경우

② 법 제98조제2항 각 호 외의 부분 단서에서 "대통령령으로 정하는 경우"란 다음 각 호의 경우를 말한다. 〈개정 2009. 12. 21., 2012. 6. 29., 2013. 11. 13., 2015. 10. 23., 2019. 1. 15., 2020. 3. 10., 2025. 6. 2.〉

1. 삭제 〈2013. 8. 27.〉

2. 법 제98조제2항제2호를 적용할 때 인수일부터 3개월이 지난 후 매수하는 경우

2의2. 법 제98조제2항제2호를 적용할 때 인수한 증권이 국채증권, 지방채증권, 「한국은행법」 제69조에 따른 한국은행통화안정증권, 특수채증권 또는 법 제4조제3항에 따른 사채권(주권 관련 사채권 및 제176조의13제1항에 따른 상각형 조건부자본증권은 제외한다. 이하 이 호에서 같다) 중 어느 하나에 해당하는 경우. 다만, 사채권의 경우에는 투자자 보호 및 건전한 거래질서를 위하여 금융위원회가 정하여 고시하는 발행조건, 거래절차 등의 기준을 충족하는 채권으로 한정한다.

2의3. 법 제98조제2항제2호를 적용할 때 인수한 증권이 증권시장에 상장된 주권인 경우로서 그 주권을 증권시장 또는 다자간매매체결회사에서 매수하는 경우

2의4. 법 제98조제2항제2호를 적용할 때 일반적인 거래조건에 비추어 투자일임재산에 유리한 거래인 경우

2의5. 법 제98조제2항제5호를 적용할 때 투자자의 요구에 따라 동일한 투자자의 투자일임재산 간에 거래하는 경우

3. 법 제98조제2항제6호를 적용할 때 다음 각 목의 어느 하나에 해당하는 경우

가. 이해관계인이 되기 6개월 이전에 체결한 계약에 따른 거래인 경우

나. 증권시장 등 불특정 다수인이 참여하는 공개시장을 통한 거래인 경우

다. 일반적인 거래조건에 비추어 투자일임재산에 유리한 거래인 경우

라. 환매조건부매매

마. 투자일임업자 또는 이해관계인의 중개·주선 또는 대리를 통하여 금융위원회가 정하여 고시하는 방법에 따라 투자일임업자 또는 이해관계인이 아닌 자와 행하는 투자일임재산의 매매

바. 이해관계인이 매매중개(금융위원회가 정하여 고시하는 매매형식의 중개를 말한다)를 통하여 채무증권, 원화로 표시된 양도성 예금증서 또는 어음(기업어음증권은 제외한다)을 그 이해관계인과 매매하는 경우

사. 투자에 따르는 위험을 회피하기 위하여 투자일임재산으로 상장지수집합투자기구의 집합투자증권을 차입하여 매도하는 거래인 경우

아. 그 밖에 금융위원회가 투자자의 이익을 해칠 염려가 없다고 인정하는 경우

3의2. 법 제98조제2항제6호 및 같은 항 제9호나목을 적용할 때 증권에 관한 투자매매업자 또는 투자중개업자인 투자일임업자가 제182조제2항에 따라 증권의 대차거래 또는 그 중개·주선이나 대리 업무를 하기 위하여 투자자로부터 동의를 받아 투자일임재산(증권인 투자일임재산으로 한정한다. 이하 이 호에서 같다)으로 해당 투자일임업자의 고유재산과 거래하거나 투자자로부터 투자일임재산의 인출을 위임받는 경우. 이 경우 해당 업무를 하기 전에 다음 각 목의 사항에 관하여 준법감시인의 확인을 받아야 한다.

　　가. 해당 투자일임재산이 제182조제2항에 따른 대차거래의 중개의 목적으로만 활용되는지 여부

　　나. 그 대차거래의 중개로 해당 투자일임재산과 고유재산이 혼화(混和)됨에 따라 투자자 보호와 건전한 거래질서를 저해할 우려가 없는지 여부

　　다. 그 밖에 금융위원회가 정하여 고시하는 사항

4. 법 제98조제2항제8호를 적용할 때 개별 투자일임재산을 효율적으로 운용하기 위하여 투자대상자산의 매매주문을 집합하여 처리하고, 그 처리 결과를 투자일임재산별로 미리 정하여진 자산배분명세에 따라 공정하게 배분하는 경우

5. 법 제98조제2항제9호다목을 적용할 때 다음 각 목의 어느 하나에 해당하는 경우

　　가. 주식매수청구권의 행사

　　나. 공개매수에 대한 응모

　　다. 유상증자의 청약

　　라. 전환사채권의 전환권의 행사

　　마. 신주인수권부사채권의 신주인수권의 행사

　　바. 교환사채권의 교환청구

　　사. 파생결합증권의 권리의 행사

　　아. 법 제5조제1항제2호에 따른 권리의 행사

　　자. 투자자의 이익을 보호하기 위하여 금융위원회가 정하여 고시하는 요건을 갖춘 투자일임업자가 제10조제3항제12호에 따른 기금(이에 준하는 외국인을 포함한다), 같은 항 제13호에 따른법인(이에 준하는 외국인을 포함한다) 또는 「우정사업 운영에 관한 특례법」 제2조제2호에 따른 우정사업총괄기관으로부터 위임받은 의결권의 행사. 이 경우 의결권 행사의 제한에 관하여는 법 제112조제2항부터 제4항까지의 규정을 준용하며, "신탁업자"는 "투자일임업자"로, "신탁재산"은 "투자일임재산"으로, "신탁계약"은 "투자일임계약"으로 본다.

③ 법 제98조제2항제3호에서 "대통령령으로 정하는 인수업무"란 발행인이나 매출

인으로부터 직접 증권의 인수를 의뢰받아 인수조건 등을 정하는 업무를 말한다.

④ 법 제98조제2항제10호에서 "대통령령으로 정하는 행위"란 다음 각 호의 어느 하나에 해당하는 행위를 말한다. 〈개정 2016. 2. 5., 2021. 2. 9.〉

1. 법 제9조제5항 단서에 따라 일반투자자와 같은 대우를 받겠다는 전문투자자(제10조제1항 각 호의 자는 제외한다)의 요구에 정당한 사유 없이 동의하지 아니하는 행위

1의2. 제68조제5항제2호의2 각 목 외의 부분에 따른 일반투자자와 투자일임계약(투자자 보호 및 건전한 거래질서를 해칠 우려가 없는 것으로서 금융위원회가 정하여 고시하는 투자일임계약은 제외한다)을 체결하는 경우 다음 각 목의 어느 하나에 해당하는 행위

　가. 계약 체결과정을 녹취하지 않거나 투자자의 요청에도 불구하고 녹취된 파일을 제공하지 않는 행위

　나. 투자권유를 받은 투자자와의 계약 체결과정에서 투자일임계약을 해지할 수 있는 기간(이하 이 호에서 "숙려기간"이라 한다)에 대해 안내하지 않는 행위

　다. 투자권유를 받고 계약을 체결한 투자자에게 2영업일 이상의 숙려기간을 부여하지 않는 행위

　라. 숙려기간 동안 투자자에게 투자에 따르는 위험, 투자원금의 손실가능성, 최대원금손실 가능금액 및 그 밖에 금융위원회가 정하여 고시하는 사항을 고지하지 않거나 투자일임재산을 운용하는 행위

　마. 숙려기간이 지난 후 서명, 기명날인, 녹취 또는 그 밖에 금융위원회가 정하여 고시하는 방법으로 그 계약 체결 의사가 확정적임을 확인하지 않고 투자일임재산을 운용하는 행위

　바. 투자일임재산을 운용할 목적으로 투자자에게 그 계약 체결 의사가 확정적임을 표시해 줄 것을 권유하거나 강요하는 행위

1의3. 고난도투자일임계약을 체결하는 경우 다음 각 목의 어느 하나에 해당하는 행위

　가. 개인인 일반투자자를 대상으로 한 제1호의2 각 목의 어느 하나에 해당하는 행위

　나. 개인인 투자자에게 고난도투자일임계약의 내용, 투자에 따르는 위험 및 그 밖에 금융위원회가 정하여 고시하는 사항을 해당 투자자가 쉽게 이해할 수 있도록 요약한 설명서를 내어 주지 않는 행위. 다만, 투자자가 해당 설명서를 받지 않겠다는 의사를 서면, 전신, 전화, 팩스, 전자우편 또는 그 밖에 금융위원회가 정하여 고시하는 방법으로 표시한 경우는 제외한다.

2. 투자일임계약을 위반하여 투자일임재산을 운용하는 행위

2의2. 제98조제2항에 따른 자산구성형 개인종합자산관리계약을 체결한 투자일임업자의 경우 같은 항 각 호의 요건에 따르지 아니하는 행위

3. 투자일임의 범위, 투자목적 등을 고려하지 아니하고 투자일임재산으로 금융투자상품을 지나치게 자주 매매하는 행위

4. 투자자(투자자가 법인, 그 밖의 단체인 경우에는 그 임직원을 포함한다) 또는 거래상대방(거래상대방이 법인, 그 밖의 단체인 경우에는 그 임직원을 포함한다) 등에게 업무와 관련하여 금융위원회가 정하여 고시하는 기준을 위반하여 직접 또는 간접으로 재산상의 이익을 제공하거나 이들로부터 제공받는 행위

5. 법 제55조 및 제98조에 따른 금지 또는 제한을 회피할 목적으로 하는 행위로서 장외파생상품거래, 신탁계약, 연계거래 등을 이용하는 행위

6. 채권자로서 그 권리를 담보하기 위하여 백지수표나 백지어음을 받은 행위

7. 그 밖에 투자자 보호 또는 건전한 거래질서를 해칠 염려가 있는 행위로서 금융위원회가 정하여 고시하는 행위

판 행 **제99조의2 (성과보수의 제한 등)**

① 법 제98조의2제1항 단서에서 "대통령령으로 정하는 경우"란 다음 각 호의 어느 하나에 해당하는 경우를 말한다.

1. 투자자가 전문투자자인 경우

2. 투자자가 일반투자자인 경우에는 다음 각 목의 요건을 모두 충족하는 경우

가. 성과보수가 금융위원회가 정하여 고시하는 요건을 갖춘 기준지표 또는 투자자와 합의에 의하여 정한 기준수익률(이하 이 조에서 "기준지표등"이라 한다)에 연동하여 산정될 것

나. 운용성과(투자자문과 관련한 투자결과 또는 투자일임재산의 운용실적을 말한다. 이하 이 항에서 같다)가 기준지표등의 성과보다 낮은 경우에는 성과보수를 적용하지 아니하는 경우보다 적은 운용보수를 받게 되는 보수체계를 갖출 것

다. 운용성과가 기준지표등의 성과를 초과하더라도 그 운용성과가 부(負)의 수익률을 나타내거나 또는 금융위원회가 정하여 고시하는 기준에 미달하는 경우에는 성과보수를 받지 아니하도록 할 것

라. 그 밖에 성과보수의 산정방식, 지급시기 등에 관하여 금융위원회가 정하여 고시하는 요건을 충족할 것

② 법 제98조의2제2항에서 "대통령령으로 정하는 사항"이란 다음 각 호를 말한다.

1. 성과보수가 지급된다는 뜻과 그 한도

2. 성과보수를 지급하지 아니하는 경우보다 높은 투자위험에 노출될 수 있다는 사실

3. 성과보수를 포함한 보수 전체에 관한 사항

4. 기준지표등

5. 성과보수의 지급시기

6. 성과보수가 지급되지 아니하는 경우에 관한 사항

7. 그 밖에 투자자를 보호하기 위하여 필요한 사항으로서 금융위원회가 정하여 고시하는 사항

[본조신설 2013. 8. 27.]

판 연 행 규 **제100조(투자일임보고서의 교부 등)**

① 법 제99조제1항에 따른 투자일임보고서에는 해당 투자일임보고서 작성대상 기간에 대하여 다음 각 호의 사항을 기재하여야 한다.

1. 운용경과의 개요 및 손익 현황

2. 투자일임재산의 매매일자, 매매가격, 위탁수수료 및 각종 세금 등 운용현황

3. 투자일임재산에 속하는 자산의 종류별 잔액현황, 취득가액, 시가 및 평가손익

4. 투자일임수수료를 부과하는 경우에는 그 시기 및 금액

5. 그 밖에 투자자를 보호하기 위하여 필요한 사항으로서 금융위원회가 정하여 고시하는 사항

② 투자일임업자는 투자자에게 투자일임보고서를 내주는 경우에는 투자일임보고서 작성대상 기간이 지난 후 2개월 이내에 직접 또는 우편발송 등의 방법으로 내주어야 한다. 다만, 일반투자자가 전자우편 또는 이와 비슷한 전자통신의 방법을 통하여 투자일임보고서를 받는다는 의사표시를 한 경우 또는 제99조제1항제1호의 2에 따른 전자적 투자조언장치를 활용하여 투자일임업을 수행하는 경우에는 전자우편 또는 이와 비슷한 전자통신의 방법을 통하여 보낼 수 있다. 〈개정 2017. 5. 8., 2019. 1. 15.〉

③ 투자일임업자는 제2항 본문에 따라 우편발송 등의 방법으로 내준 투자일임보고서가 3회 이상 반송된 경우 투자자가 요구할 때 즉시 내줄 수 있도록 지점이나 그 밖의 영업소에 투자일임보고서를 비치하는 것으로 그에 갈음할 수 있다. 〈신설 2019. 1. 15.〉

④ 투자일임보고서의 서식과 작성방법, 교부방법, 그 밖에 필요한 사항은 금융위원회가 정하여 고시한다. 〈개정 2019. 1. 15.〉

101조 (역외투자자문업자 등의 특례)

① 법 제100조제1항에 따른 역외투자자문업자(이하 이 조에서 "역외투자자문업자" 라 한다) 또는 같은 항에 따른 역외투자일임업자(이하 이 조에서 "역외투자일임 업자"라 한다)는 같은 조 제5항에 따라 매 사업연도 개시일부터 3개월간·6개월 간·9개월간 및 12개월간의 업무보고서를 금융위원회가 정하여 고시하는 기준에 따라 작성하여 그 기간이 지난 후 1개월 이내에 금융위원회에 제출하여야 한다.

② 법 제100조제6항에서 "대통령령으로 정하는 자"란 다음 각 호의 어느 하나에 해 당하는 자를 말한다.

1. 국가

2. 한국은행

3. 제10조제2항제1호부터 제17호까지의 어느 하나에 해당하는 자

4. 제10조제3항제1호부터 제14호까지의 어느 하나에 해당하는 자

③ 법 제100조제7항에서 "대통령령으로 정하는 외국 보관기관"이란 제63조제3항에 따른 외국 보관기관을 말한다. 〈개정 2013. 8. 27.〉

④ 역외투자일임업자는 금융위원회가 정하여 고시하는 기준에 따라 작성한 투자일 임보고서를 월 1회 이상 투자자에게 직접 또는 우편발송 등의 방법으로 내주어야 한다. 다만, 투자자가 전자우편을 통하여 해당 투자일임보고서를 받는다는 의사 표시를 한 경우에는 전자우편을 통하여 보낼 수 있다.

⑤ 제1항부터 제4항까지에서 규정한 사항 외에 역외투자자문업자 또는 역외투자일 임업자의 업무방법 및 절차 등에 관하여 필요한 사항은 금융위원회가 정하여 고 시한다.

제102조 (유사투자자문업의 신고)

① 법 제101조제5항제1호에서 "이 법, 「유사수신행위의 규제에 관한 법률」 또는 「방 문판매 등에 관한 법률」 등 대통령령으로 정하는 금융 또는 소비자 보호 관련 법 령"이란 다음 각 호의 법령을 말한다.

1. 금융관련법령

2. 「방문판매 등에 관한 법률」

3. 「전자상거래 등에서의 소비자보호에 관한 법률」

② 유사투자자문업자는 법 제101조제6항에 따른 유효기간이 끝난 후에도 계속하여 유사투자자문업을 영위하려는 경우에는 유효기간 만료일 3개월 전부터 1개월 전 까지 금융위원회에 그 유효기간의 갱신을 신청할 수 있다.

[전문개정 2024. 8. 13.]

판 연 제102조의2(불건전 영업행위 금지 등)

법 제101조의2제2항제5호에서 "대통령령으로 정하는 표시 또는 광고"란 다음 각 호의 표시 또는 광고를 말한다.

1. 금융투자상품의 수익률이나 운용실적을 표시 또는 광고하는 경우 수익률이나 운용실적이 좋은 기간의 수익률이나 운용실적만을 제시하는 표시 또는 광고

2. 불확실한 사항에 대해 단정적 판단을 제공하거나 확실하다고 오인하게 할 소지가 있는 내용을 알리는 표시 또는 광고

3. 계약 체결 여부나 투자자의 권리·의무에 중대한 영향을 미치는 사항을 사실과 다르게 알리거나 분명하지 않게 표현하는 표시 또는 광고

4. 그 밖에 투자자 보호 또는 건전한 거래질서를 해칠 우려가 있는 표시 또는 광고로서 금융위원회가 정하여 고시하는 표시 또는 광고

[본조신설 2024. 8. 13.]

1만포인트시대 코스피200선물옵션주가지수

해외선물비트코인 최고수익률 전략

초판1쇄 2025년 11월20일

저자 OX경제연구소
펴낸곳 글로벌
발행인 김정수
주소 서울 강남구 선능로704 청담빌딩

전화 01089612867
팩스 05040172867

ISBN 9791193186633
정가　28670원